永康文献丛书

吕公望集

七

吕公望　著

卢礼阳
邵余安　编校

浙江省长公署咨省议会

为准咨送女子蚕业讲习所议决案再交复议由[①]

浙江省长公署为咨行事。

案于本年十月三十日准贵议会咨送《省立女子蚕业讲习所议决案》一件到署。准此，查女子蚕业讲习所，为养成应用人才而设，毕业年限不取过长，亦不能过短，原拟实习之外，添授学理，二年毕业，实费斟酌而定。兹《议决案》第二条规定，毕业期限为一年半，姑无论授课无多，难资深造，即学理与实习恐未能始终贯澈，使之出而问世，窃恐贻误事机。不仅此也，先后班次因入学时期不同，即毕业程度从而互异。盖蚕期实习各有定时，按照规定，毕业期限则第一次招生在民国六年一月，毕业在七年六月，势不能将讲习所停办半年，俟届八年一月开始第二次招生，则第二次毕业定在八年十二月。是第一次毕业生经过两期实习，若第二次毕业生仅经过实习一期，实习、学理互有轻重，办事、授课两方面且不免诸感困难。本省长为实事求是起见，拟请仍定为二年毕业。再，毕业年限既须延长，则《议决案》第六条规定，毕业生服务年限，亦不妨随之加长一年，权利义务庶几相当。准咨前因，相应备文咨请贵议会查照复议，并祈见复施行。此咨

---

① 讲习所，底本误作"讲习厅"，径改。

浙江省议会议长

浙江省长吕公望

中华民国五年十一月一日

（原载《浙江公报》第一千六百六十九号，一九一六年十一月五日，三页，咨）

浙江省长公署咨省议会

准咨送森林学校及修浚浙西水利两议决案
并将水利案再交复议由

浙江省长公署为咨行事。

本年十月三十日准贵议会咨送《省立甲种森林学校议决案》《修浚浙西水利修正案议决案》各一件到署。查水利受益情形各县不同，《议决案》于所组议事会并未定有监督机关，设由该会议决之工程先后缓急，于各县实际未能尽合，人民发生异议，或议决事件有违法时，无从救济。且办理之情形及经费之支出，官厅亦须接洽。拟援县自治会之例，省长有监督该会之权，即于组织第一条添"浙西水利议事会受省长之监督"一项，同条附加税说明内，"浙西水利议事会"句下改为"由省长令行浙西各县知事转咨各县议会，各举一人组织之"。又，第三条拟加"但须呈由省长核准"八字。第四条"充任"二字改为"呈由省长委任"。至经费末条，"连署签字"下，拟加"仍呈报省长备案"七字。工程条文，改为"工程之缓急先后，由议事会议决，呈由省长核定；其局部之施工计划，由事务所主任拟具理由书，提出议事会议决，呈由省长核定，以利进行而期完善"。此不能不有待复议者一也。

又，议事会各会员既系县举一人，势须常驻会中，是否为有给职，议案中似须明白规定，且被选会员虽不限于县议员，然被选在为县议员时[①]，

---

① 选在为，"在"字疑衍。

则县议会开会期间,该员对于两方职务如何处置,亦须预为议及,以免发生困难。此不能不有待复议者二也。

又,临安一县,前据该县士绅以县属水利宜蓄不宜泄,疏浚苕溪为修浚浙西水利必要之工程,而于该县农田则有害无利,呈请免提水利经费,经令水利委员会复勘。据复属实,是以前此提出议案,始将该县与於潜、昌化、新登、富阳四县一并除算,今议决案仍照加入一律摊征水利经费,似与实际情形稍有窒碍。此不能不有待复议者三也。

准咨前因,除将省立甲种森林学校一案,依法公布外,相应备文咨请贵议会查照复议,见复施行。此咨
浙江省议会议长

浙江省长吕公望

中华民国五年十一月一日

（原载《浙江公报》第一千六百六十九号,三至四页,咨）

浙江省长公署委任令第三十五号

令委余光凝代理景宁县知事由

令代理景宁县知事余光凝

查景宁县知事秦琪请假三月,业经电准在案。遗缺查有本署政务参议会会员余光凝堪以委代,除另令外,合将发去任命状一纸祗领,迅行赴任,将该县印信、文卷等项妥为接收,遵章会算交代,清结具报,并将接篆日期连同履历先行分报备查。此令。

计发任命状一道。

中华民国五年十一月一日

省长吕公望

（原载《浙江公报》第一千六百六十九号,五页,训令）

浙江省长公署训令第　号①

令警政厅令发蒋夔交该厅委充差遣令发外海厅遣用由

令警政厅

案查江西讲武堂毕业学员蒋夔，堪以发交该厅委充差遣，月支薪水二十元。合行令仰该厅遵照办理。此令。

省长吕公望

附　浙江警政厅训令第五百五十二号
令外海水警厅奉省长令发蒋夔交本厅委充
差遣令发外海厅遣用由

令外海水上警察厅长王萼

本月二日奉省长训令内开，"案查江西讲武堂毕业学员蒋夔，堪以发交该厅委充差遣，月支薪水二十元。合行令仰该厅遵照办理。此令"等因。奉此，查该员蒋夔堪以委充该厅差遣，月薪遵令支给，以资办公，除注册并填给任命状令饬该员祗领到差外，合行令仰厅长知照，并查取该员到差日期暨详细履历具报备查。此令。

中华民国五年十一月九日

警政厅长夏超

（原载《浙江公报》第一千六百七十七号，一九一六年十一月十三日，一九页，训令）

---

① 本文由浙江警政厅训令第五百五十二号析出，因警政厅于十一月二日收文，姑列十一月。

浙江督军公署训令第四〇一号[①]
浙江省长公署训令第一一一三号

令各属警察厅警备司令官及警备条例应并撤销废止由

令各属

为通令事。照得浙省警备队防务各条例，同为欧战发生，根据局外中立条规而订。本年十月间据该厅长呈，"以各统带兼管道区防务事宜，办理殊多窒碍，嗣后地方防务拟即责成各该统带各就管区完全负责，请将防务正副指挥官兼衔及《防务暂行条例》一律撤销废止"等情，业经批准照办在案。兹查浙省情形今昔不同，前订警备办法亦与事实不符，所有警备司令官名义及《警备暂行条例》应并撤销废止，嗣后关于中立事件，仍由各该地方文武随时注意请示办理，以免纷歧而昭专一。除分令各该司令官遵照并分别咨令外，合行令仰该厅长即便转令所属一体知照。此令。

中华民国五年十一月　日

督军兼署省长吕公望

附　浙江警政厅训令第五百四十八号

令各属奉督军省长训令警备司令官及

警备条例应并撤销废止由

令各警察厅厅长、各区统带、各模范警队营营长

本年十一月六日奉督军公署训令第四〇一号、省长公署训令第一一一三号，内开，"为通令事。照得浙省警备队防务各条例，同为欧战发生，根据局外中立条规而订。本年十月间据该厅长呈，'以各统带兼管道区防务事宜，办理殊多窒碍，嗣后地方防

---

① 本文由浙江警政厅训令第五百四十八号析出。

务拟即责成各该统带各就管区完全负责,请将防务正副指挥官兼衔及《防务暂行条例》一律撤销废止'等情,业经批准照办在案。兹查浙省情形今昔不同,前订警备办法亦与事实不符,所有警备司令官名义及《警备暂行条例》应并撤销废止,嗣后关于中立事件,仍由各该地方文武随时注意请示办理,以免纷歧而昭专一。除分令各该司令官遵照并分别咨令外,合行令仰该厅长即便转令所属一体知照。此令"等因。奉此,除分令外,合行令仰该厅长、该统带、该营长即便转令所属一体知照。此令。

中华民国五年十一月八日

警政厅长夏超

(原载《浙江公报》第一千六百七十七号,一七至一八页,训令)

浙江省长公署训令第一千一百二十七号

令警政厅杭县等各县保护杭诸公司

暨振兴号越和聚兴两轮由

令警政厅,杭县、萧山、嘉兴、诸暨、吴兴等县

案准交通部咨开,"据江海关监督呈称,'准税务司函,以华商杭诸汽船公司新租和记号之越和汽油船一只,又振兴号新置聚兴小轮一只,均备具呈式请注册给照。并据杭诸公司称,行驶江干至临浦,每年应贴之堤岸修费已于同丰小轮请照时禀明按约分缴等因。查该轮等所定航线尚无不合,杭诸公司之轮行驶临浦等处应贴修堤经费,查案亦经议定立约分缴,尚属相符,理合将送到之呈式,呈部察核'等情,并据该商等禀缴册照费到部。查越和船行驶航线,起杭州江干,讫诸暨,经过临浦、尖山、金浦桥、三江口、姚公埠等处;聚兴小轮行驶航线,起苏州,讫杭州,经过嘉兴、湖州等处。除由本部分别注册,填就执照二纸,发交该监督转给承领,并分咨江苏省长暨训令苏、杭两关监督外,相应咨请查照,分令各该属随时保护,实纫公谊"等因。准此,除分

令外,合就令仰该厅长转令各该水警署队/知事,妥为保护可也。此令。

中华民国五年十一月一日

省长吕公望

（原载《浙江公报》第一千六百六十九号,五至六页,训令）

浙江省长公署训令第一千一百二十八号

令杭县知事据委员查复省城三堂办理情形
暨整顿意见转令遵办具报由

令杭县知事

案查省城三堂暨其他附属各机关,有办理不善①,经前民政厅派委澈查,并将从前办理情形暨此后整顿方法分别开叙具复在案。兹据该委呈称,查得三堂之名,系由同善、普济、育婴三堂而起。现在同善堂旧址一部分已借作杭县第二高等小学校,其一部分为该三堂总董办公处所,惟另有一材埋局属焉,余则空无所有,是同善堂之名,已等于有名无实。其育婴堂之设置,限于经费,不能十分完密。所有四处送婴来堂者,地甚广远,计逐年进出婴孩约有八九百名,而夭殇竟至六七百人以上。因查得该堂号舍湫溢异常,窗户过少,且左右两方及屋后均属泥壁,空气未能流通,兼之一般婴妇怠惰性成,于洒扫屋舍及整理床褥率多置之不问,其婴孩夭殇之多,要亦一大原因。虽据该三堂总董声称,婴孩送堂,大率系不甚健全,然于到堂后苟抚养得宜,夭殇之数当可稍减。现任堂董朱瀛侪,人颇长厚,虽于办理婴堂,尚属相宜,而管理一方,似宜责令注意。至普济堂内容,含有老人、清节、栖流、病旅、女残废等项事业。老人号舍尚属清洁,人亦颇为安分,有茹素诵经者,有自由操作者,公家设此所以养其天年,从不责以生产,以故操作之工资为盈为绌,悉由本人自理,堂中并不经管。其

---

① 机关之下底本衍一"关"字,径删。

清节一部分，率多中年妇女，且非绝无亲族可依者，乃既不课其女红，复为教养其子女，不免以多数公款，惠此少数不急之人，当在应革之列。前杭县县议会议决，此后清节一项如果出有额缺，概不招补，此系为将来起见。就目前而论，该堂所收妇女尚有三十人左右，前此胡绅藻馨等经管时，曾创有织布一科，教以工作，后来不知如何，遽尔废止。查该堂内闲屋甚多，布机高搁，果能查照胡绅所创办法，授以织布、毛巾等技术，在该妇女等既可以博得工资，为零星日用之补助，而堂内亦不至徒多坐食之人。前规具在，自可仿行。女残废大都系残疾无告旗民，尚有能工作者，手糊纸盏等类，以资小补。是与清节一部，苦乐相反，尤当减彼之额，扩充于此。栖流、病旅与惠民病院收容贫病，似近骈枝，然既院舍狭窄，势不能宽容多人，借此以为尾闾，尚属为有举莫废之事。统观该堂全局，似应将女残废一项设法推广，而清节则照县议会原议办理，尚不为过。其余如残废院、惠民病院，皆属新创事业，病院发达寖盛，每日至千号左右，其医愈出院者，自开办以后，共计达五百七十余名，死亡者仅十四名，成绩已著。惜院舍限于地址，未能推廓，致内外各科医士暨来院待诊者拥挤于一厅事之间，似属不便耳。残废院系划出普济堂残废之一部推广而设，院中布置尚属相宜。住院各人，有实在残废不堪动作者，有虽残废如跛聋哑之类，责以轻便工业尚能裕如者，该院曾备有毛巾机两具，为能操工作者轮流学习之用，立意甚善。惜机械太少，普及为难，似应酌量添设，使一般类似残废之人，得以有所事事。否则择送贫民习艺所肄业，亦可使青年之子不至终为待食之民。此委员等调查三堂及其附属机关之实在情形，并整顿之大略意见也。至其逐年报销，业据造送至三年分止，曾呈报杭县公署有案。自四年一月至十二月各项支款，据该总董声称，不日可以报县，但其中是否核实，县议会成立在即，似应由县并案造具决算报告，交会审查。一面并请饬县将该堂历年报册汇案送署，以便查考。是否有当，理合取具清摺六扣、表二纸，备文呈复,仰祈察核施行。再,委员等自奉委后,早经调查就绪,嗣因嘱该总董等填报基本金流源总表,迭催迄今未据造送,只得先行具报,俟后另呈,合并声明等情,并附摺表等件前来。为此令行该知事仰即督同各该总董,按照呈称各节,切实整顿。该县既不兼理司法,警察又由警察厅办理,应即将教育、慈善等事切实监督,力求精进,毋稍放任,是为至要。仍将办理情形分别报由该县汇转候核,一面并饬将基本金源流总表,限日填造,呈由该县转报,毋再玩延,切切。此令。

中华民国五年十一月一日

省长吕公望

（原载《浙江公报》第一千六百六十九号,六至七页,训令）

浙江省长公署训令第一千一百三十七号

令景宁县知事为电陈请假委余光凝接充由

令景宁县知事秦琪

查该知事前因电陈请假,业经照准在案。遗缺查有本署政务参议会会员余光凝堪以委充,除另令外,合行令仰该知事查照,一俟新任到日,即便妥为交卸,并遵章会算交代,分报备查。此令。

中华民国五年十一月一日

省长吕公望

（原载《浙江公报》第一千六百六十九号,七至八页,训令）

浙江省长公署指令第二千六百八十六号

令高等检察厅殷汝熊

呈一件呈报县民金老虎被杀一案验讯情形由

呈及格结均悉。此案凶犯,既着有灰布号衣,是否匪徒假冒,抑系真正兵士;方阿三既被凶犯掳去,何以该家属并不来案呈报,反行远飏,察阅案情,殊多疑窦。仰该厅转令该县知事严密侦查,务得确情，一面会督营警，暨咨请邻封营、县一体上紧侦缉，务将正凶获案诉究，并将方阿三查明下落设法追回具报，毋稍延误，切切。此令。格结存。十一月一日

附嘉善县原呈

为呈报事。

案于本年十月十日，据县属胥五区南水圩民妇金张氏呈诉称，"氏夫金老虎到治下耕田已三年，去春由胞兄张长兴介绍，迁南门外三里许胥五区南水圩亭子桥种租田七十余亩，素安本分。昨夜四更时，忽有人敲门，氏随夫开门探门何人[①]，门甫辟，即见兵士六人，穿灰布号衣红镶边，将氏夫金老虎乱击数枪，氏夫血流倒地。急问何故，击人凶手答云，此地非是方姓，误打误打，遂去。来船一只，夜暗不见何样。氏夫现将垂毙，奄奄一息，急赐验伤缉凶救命"等情到县。当经知事带同检验吏当众检验，金张氏之夫金老虎委系生前枪伤身死，并无别故，当场填格取具各结附卷，并准该尸妻张氏声称，"自愿将尸领回棺殓"。查是案凶犯，讯据金张氏供称，"系兵士身穿灰布红镶边号衣，枪伤金老虎后，即自称错误，相率至邻右方姓家将方阿三擒掳，向南而去"等语。当经饬传方姓，均已远飏，复经迭饬队警访查，据报称，"方阿三确被凶犯拿，向嘉兴路上而去"，即经飞文咨请驻禾水警第二区长暨嘉兴县知事查缉去后，尚未准复到县。所有金张氏状报伊夫金老虎被枪毙命一案，验讯情形，除分呈并仍咨令水陆营警严密查缉务获究办，一面查访方阿三下落设法追回外，理合备文先行呈报省长察核示[②]。谨呈。

（原载《浙江公报》第一千六百六十九号，二〇至二一页，指令）

---

① 探门，疑为"探问"之误。
② 察核示，疑下脱"遵"字。

浙江省长公署指令第二千六百八十八号

令高等检察厅长殷汝熊

呈一件呈该县监狱内部事务可否由地方厅督饬管理由

呈悉。查各属设有审检厅,地方监狱事宜,均仍由县知事管理,该县事同一律,未便独异。况监狱内部事务,管狱员本负有专责,该知事仅处于监督地位,与他项行政之必须亲自处理者不同,虽与县署距离稍远,当亦无甚妨碍,所请应毋庸议。仰该厅转行遵照。此令。

十一月一日

(原载《浙江公报》第一千六百六十九号,二一页,指令)

浙江省长公署指令第二千七百十一号

令永嘉县知事郑彤雯

呈一件为查明陈瑞金等控警佐应鸣谷一案请察夺由

案据该县呈政务厅查复警佐应鸣谷被控一案,该警佐处罚陈嘉权,既呈由该局长咨准,该知事核销,尚无不合。自治委员叶寿梓出而请愿,为整顿风俗起见,更非不是。且所控各节,既据查明,均非实在,自应免予置议。陈瑞金等挟嫌诬控,罪有应得,仰即依法诉办具报毋延。此令。十一月一日

(原载《浙江公报》第一千六百六十九号,二一页,指令)

浙江省长公署指令第二千七百三十三号

令宁海县知事何公旦

呈一件呈禁烟查勘各费预请指款垫给由

呈悉。据"拟挑选警队警察各八名,派员督率,周历四乡查勘,以三个月为限,每月约费三十余元"等情,尚属可行。惟烟苗下种,虽在冬间,而发生则在春季,于此下种之时,固宜严加查禁,而发生之际亦

未便稍从放任，致涉疏虞。应将三个月之限，分为三期，例如本年十一月为第一期，则即以明年一月、三月为第二、第三期，其间仍由该知事随时查察，或会同邻县于交界处所互相履勘，庶较周密。至前《禁烟委员章程》，早经消灭，未便牵据。如各月烟案罚金收入，不足前项开支，准即在准备金项下暂行借垫，以利进行。仰即遵照办理，随时具报。此令。十一月一日

（原载《浙江公报》第一千六百六十九号，二一至二二页，指令）

浙江省长公署指令第二千七百五十四号

令警政厅长夏超

呈一件为警正魏佑孚请开去会审公堂兼差由

呈悉。此案并据交涉员林鹍翔呈称，"该警正魏佑孚，在拱十余年，情形颇为熟悉，办事亦极有经验，对于租界及商场各种权限，尤极瞭然，彼疆此界，均不容稍有侵越，偶有事件发生，即与租界日长警随时议结，不致酿成交涉重案。"并称"会审一差，事虽简单，然必须熟习外情兼谙警务者，始克称职，应请加给委任状，并饬知该警正遇有交涉事件，随时呈报职署核办，以资接洽"等情。查该警正兼办是项会审事宜，尚属称职，未便遽易生手，致滋窒碍。应行加给委状，令发该厅转给祗领，并咨行交涉员知照。再，查交涉员呈，有该员照章不另支薪，惟廨役工食及纸张笔墨各项杂费，似宜量予开支，以示体恤一节，亦系实情，并仰转令该警正将应支各款列表，呈候核夺。此令。十一月一日

计发委任状一件。

（原载《浙江公报》第一千六百六十九号，二二页，指令）

浙江省长公署牌示

景宁县知事秦琪请假，遗缺以余先凝代理。十一月一日

（原载《浙江公报》第一千六百六十九号，二六页，牌示）

浙江省长公署咨复省议会

准咨迅将前巡按使公署提取各县警察经费
由省支配之非法命令即日废止由

浙江省长公署为咨复事。

案于十月三十日准贵会咨开，"案查浙省各县警察经费向出于固有警捐（就地铺捐为多数）、店屋捐及三成县税三项，均属地方自治经费。盖警察之设，所以保持地方之治安。地方繁盛，警察需要随而增加；地方简僻，警察需要随而减少。经费之多寡，亦各与之为正比例。所谓以地方之款用之于地方，实属法良意美。民国三年前巡按使屈乘议会停止，藉口统一办法，以便私图，遂有提各县警察经费由省支配之举。于是裁减繁盛地方警察，限止其经费，俾无发展整顿之余地，而以提省款项充按署侦探检查以及省模范警队之用，一面以该款小数补助贫瘠各县，藉博美名。夫警察为地方治安所关，各县诚均宜逐渐推广，然移繁盛各县固有之警费以补助贫瘠之区，则贫瘠者未见有发达之效果，而繁盛者已直受其影响。割臂肥指，截鹤续凫，断无如此办法。查《县自治章程》第十九条，县自治应行议决事件第四项，为县自治经费处理方法。各县警察经费，既为地方自治款项，其处理之权应属于县自治，绝无疑义，业经本会提议公决，相应咨行省长，请迅将前巡按使公署提取各县警察经费由省支配之非法命令，即日废止，其各县警察经费，仍由县自治处理，以符法案"等由过署。准此，查地方自治尚未经明令回复，《自治章程》自未便遽行适用。贵会议决"各县警察经费由县自治处理"一节，本省长认为应俟奉到回复自治明令后，方可照章办理，此时未便即将前项命令废止。至警察关系地方治安，支配经费自应加以审慎。现经本署汇核各地方情形筹议办法，务期于发展警务、处理经费两无窒碍。准咨前由，相应备文咨请查照。此咨

省议会

浙江省长吕公望

中华民国五年十一月一日

（原载《浙江公报》第一千六百七十号，一九一六年十一月六日，四至五页，咨）

浙江省长公署咨农商部

据金华县呈报该县商会启用钤记日期由

浙江省长公署为咨行事。

案准大部咨开，"本年八月二十九日接准'咨送《金华县商会章程》暨职员名册，并钤记公费十五元，请察核见复'等因前来。查该商会依法改组，所送《章程》大致均属妥协，所举会长丁文樾、副会长黄世觉等，核阅名册，亦属合格，应并准予备案。附去钤记一颗，请饬具领，并将启用日期报部备核。相应咨复贵省长查照饬遵可也。并附发钤记一颗"等因。准此，当经令行前民政厅，转令该县函知该商会遵照在案。兹据该县知事呈称，"遵经检同奉发钤记，函知商会遵照办理去后。旋准复称，'奉颁钤记一颗，敬谨收领，遵于十月十五日启用，其旧用之图记一颗，自应截角缴销'等由，函请转报前来。除将旧用截角图记存县备案外，合将金邑商会启用钤记日期备文呈报，仰祈省长察核转咨，实为公便"等情。据此，除指令外，相应备文咨请大部查照备案。此咨

农商总长

浙江省长吕公望

中华民国五年十一月二日

（原载《浙江公报》第一千六百七十号，五页，咨）

浙江省长公署训令第一千一百四十五号

令各县知事调查各县毕业生徒状况由

令各县知事

照得立国端赖教育，教育首贵实用。欲觇教育施行方法之良善与否，当在各生徒肄业之时；欲觇受教育者之果能应用于社会与否，则在各生徒毕业之后。我浙自戊戌政变以还，即废科举而设学校，屈指迄今，已经十有九年。此十九年中，凡教育界之费多少心血，各地方因办学而费多少金钱，已难计数。所有各该县历年毕业男女生徒，凡经中外各普通学校毕业以后者，究竟升入何校肄业；凡经中外各级师范学校及讲习所毕业以后者，究竟设教何方；凡经中外各种实业学校、习艺所毕业以后者，究竟是否用其所学而兴实业于地方；诸如此类，在教育统计均未查明。设不详加查察，将我浙因办学而费去十九年之心血与金钱，其成绩究属安在，自余方面究获有何种利益，均属茫然不知。为此特制男女毕业生徒状况调查表，附加说明书，随同令文令发该县，仰该知事于文到一月内分项详实查注明白，呈署备查，毋稍延误，切切。此令。

附调查表并说明书。

中华民国五年十一月二日

省长吕公望

县男女毕业生徒状况调查表　民国　年　月　日查造							
姓名	年岁	籍贯	住址	何校毕业	毕业年月	毕业生徒之状况	备考

说明

一、凡该县毕业男女生徒或升学何处学校,或在何校担任何种教科及职务而为职教员,或办何种实业而置身实业界,或办何种地方公益事宜及任何种职务,置身政界、议会等类,均须注明状况栏内。

二、凡该县毕业男女生徒或曾经升学及曾任教职、实业各务因事中止者,或未经升学及未任教职、实业各务毕业后闲居者,均须注明状况栏内。

三、凡生徒曾经毕业二校以上者,则依据该毕业生最后毕业之学校注入之,所有前次曾经何校毕业之处,注入备考栏内。

四、凡该县生徒毕业于普通学校(如半日夜学校、各小学校、各中学校及前清之高等学堂等类是)、师范学校(如传习所、讲习所、初优级师范学校等类是)、实业学校(如甲乙种农工商业学校、蚕桑学校、徒弟学校、习艺所、传习所等类是)者,调竣后须分钉三册填送,毕业女生则须另造一册。

(原载《浙江公报》第一千六百七十号,六至七页,训令)

浙江省长公署训令第一千一百四十六号

令黄岩县知事准运使函已令该县场知事会办灶地清丈由

令黄岩县知事汤赞清

案准两浙盐运使函开,"十月二十五日接准函开,'据黄岩县知事汤赞清呈,以黄岩奉准筹办清丈,因县、场连壤,必须会商,同时并举,方可以资齐一而祛弊碍。据情呈请转令场知事剋期会商,照章同办等情到署。查清丈一事于清理田赋、保护私权,关系至为巨大,该县知事不畏烦难,毅然举行,殊堪嘉许。据称前情,经本公署详加复核,确属实情。为此函请贵署令行黄岩场知事剋日会商该县知事妥筹办理,是为至要'等因。准此,除令行黄岩场知事遵照办理外,相应函复查照"等情。准此,查该知事前请转令该县场知事会办清丈灶地坦涂一节,业经指令,准予函知盐运使转令在案。据函前情,合即令行该知事迅行会同该县场知事遵照核定章程妥办报核。此令。

中华民国五年十一月二日

省长吕公望

（原载《浙江公报》第一千六百七十号,七至八页,训令）

浙江省长公署训令第一千一百四十七号

令平阳县令饬查复朱志正等所组织振华矾业
公司及采制矾矿由

令平阳县知事

案据朱志正等呈为呈请调拨军队保护矿场维持商业事。

"窃平阳三十一都矾山地方矾窑林立,惟阻滨海,南与闽疆接壤,匪类不时出没,乘机劫夺,居民常有戒心。加以近年矾业发达,矿工挑夫数以万计,良莠不齐,遇事哄动,势尤不免。本年夏间,各窑以矾业失败,公司发起招集资本三十万元,合组振华矾业股份有限公司,并禀设矿场警察十名,藉资弹压。乃地僻民蛮,憨不畏法,不逞之徒竟敢于公司组织未成之际,先后放火烧毁朱慎思、林宝燊矾窑柴堆二次,计损失一千多金。又于公司组织以后,聚众捣毁发起人朱绍廉、朱松溪等屋物。奈该案虽由被害人赴县请究,未沐严办,以致该痞势甚猖獗,近更发生殴辱矿警情事,案仍冰阁。循此以往,窃恐该痞狃于官厅水懦之政策,恶胆愈肆,不免勾结外来匪徒,入境骚扰,星火燎原,殊足寒心。窃幸共和再造,政治刷新,国家提倡实业,保护工商,无微不至。平阳矾业产额几达百万,其于国际贸易亦占一部分,每年关税、统捐收入,约可五万余金。现值公司成立,资本增加,有识者均以公司之设立,上足以增长税源,下足以裨益民生。乃该地痞棍聚沙相语,谣诼反因之日甚。查警备队有保护地方之责,而矾业公司业经禀部注册,应在保护之列。商等用敢不揣冒昧,金恳省长准予转饬第六区统带调拨警备队二棚驻扎矾山,以保护矿场而维持商业,不胜激切待命之至"等情到署。据此,查明矾石经本公署电询农商部复称,列入第二类矿质,该朱志正等所称各情,未据转呈核准有案,显与《矿业条例》及《公司组织条例》均不符合,除批以"呈悉。明矾石属第二类矿质,经本公司询明农商部电复有案,所称矾业公司何时成立,报由何处注册,是否按照《矿业条例》及《公司组织条例》办理,均属无案可稽。该商等以何种资格具呈,未据明叙,迹涉支离,尤难受理。惟察阅案情关系重大,姑候令行该县切实查复,以凭核夺"等语挂发外,合行令仰该知事即便跟查复夺,毋得徇延,切切。此令。

中华民国五年十一月二日
省长吕公望
(原载《浙江公报》第一千六百七十号,八至九页,训令)

浙江省长公署训令第一千一百五十二号

令德清县知事据该县民沈卫等呈劣绅组织公裕
肥料所禁民肩挑勒令购买乞饬取销由

令德清县知事

案据德清新市农民沈卫等呈为劣绅组织公裕肥料所,禁民肩挑,勒民购买,乞饬取销等情,如果属实,农业不无妨碍。除批示外,合亟照抄原呈,令仰该知事查明核办具报勿延。此令。

中华民国五年十一月二日
省长吕公望
(原载《浙江公报》第一千六百七十号,九页,训令)

浙江省长公署指令第二千七百四十八号

令临海县知事

呈一件呈报牟兴梅愿赴海军考试请转送由

呈及牟兴梅履历表均悉①。仰候届期汇案送考,并咨部可也。履历存。十一月一日

（原载《浙江公报》第一千六百七十号,一七页,指令）

浙江省长公署指令第二千七百四十九号

令财政厅长莫永贞

呈一件转据龙泉县呈请该县八都庄警捐能否邀免由

呈悉。龙泉县知事前于呈复该县吴遇恩等禀请豁免特捐案内,声饬派警备队一棚,常驻该县西乡八都庄一节,当经令据警政厅呈复以"据该区统带复称,该处'向无盗劫案件,无常驻兵队之必要,拟请毋庸置议'等情前来,并经指令"在案。至吴遇恩等所请"豁免特捐",亦经该知事查复以"事出误会",批饬应免置议。兹复据该知事转据吴遇恩等呈请邀免,事关警务计划,应由该知事剀切晓谕,照旧缴捐,以凭统筹核办,仰即转令遵照。此令。十一月一日

（原载《浙江公报》第一千六百七十号,一七至一八页,指令）

浙江省长公署指令第二千七百五十号

令孝丰县知事

呈一件为呈请将保卫团团总团丁等给奖由

呈悉。该县永和区保卫团团总潘裔祺暨团丁宣荣根、董有根,拿获邻省盗犯,在场出力,仰即该总监督查照《条例》,酌量给奖,具报查

---

① 悉,底本脱字,径补。

考。此令。清单存。十一月一日

（原载《浙江公报》第一千六百七十号，一八页，指令）

浙江省长公署指令第二千七百五十三号

令警政厅长夏超

呈一件为呈警备五区统带呈报巡阅情形暨拟具指饬办法由

据呈警备队第五区统带刘凤威呈报巡阅各情形暨拟具指饬办法均悉。管带吴德馨，应即追记大过一次，以肃纪律；其哨长吴舜臣等三员，着即另候差委，仍遴选胜任人员接替。至缙云北半部，既据称地方重要，规制固难破坏，防务尤宜兼顾，应饬该统带遵照该厅前令办理，惟界限必须妥为划定，免临事之时互于推诿，致成瓯脱。余均照所拟办理。仰即转令该统带遵照，仍候督军指令施行。此令。十一月一日

附原呈

为呈请核示事。

本年十月九日据警备队第五区统带刘凤威呈称，"窃统带定期出巡金属，业于衢、严两属巡毕回防文内具报在案。计自九月十六日离部出发，至九月三十日回防，行历金华、义乌、永康，以及义属低田、佛堂，东属周村、千祥、大盘，永属樟树、桦溪，缙属大皿、壶镇等处，博采舆情，考查防务，大都秋收丰稔，秩序安宁，足慰厪念。至金属驻防各该营哨，关于军纪风纪、教育训练、防务缉捕以及民情现状，其中优劣利弊，巡阅所得，敢即据实为我厅长缕晰陈之。

"查金属除兰溪、汤溪划为第一营防地，又浦江、义乌及金属孝顺，现在系由第一营派兵驻扎外，其余金、东、永、武各县为第三、第四、第六三营划地分防。就军纪风纪论，第四营最为整饬，

第六营次之，第三营自新任管带刘同律八月到差后，严加整顿，近已旧非尽革。当今面饬各该管带，随时注意，毋稍放任。然在八月以前，第三营所属什兵，军纪风纪败坏已极，往往茶寮酒肆，三五成群，亵服便衣，避荡自若，证诸舆轮，众口同声。追原祸始，前任该营管带吴德馨约束不严，疏于督察，咎有应得，拟请追记大过一次，以示惩儆。至教育训练一层，第六营较为纯熟，第三营次之，第四营又次之。当经面饬各该管带，务必严督所属官长，勤加训练，俾成劲旅。惟各该营新由差遣委充之，各该哨长多系不谙操练，才具缺乏，难期胜任。内除到差未久各员，饬令各该管带随时督勖，务令勉自淬励，藉观后效。余则非予澈换，不足以资整顿，应俟专案另呈。此金属驻防各该营关于军纪风纪、教育训练上之实在情形也。

"近查八堡山，向为盗匪巢穴，号称难治，而八堡山出入要隘，实在永康、东阳等境。现在永属翠峰寺、樟村，东属大盘、千祥、周村、岭口等处，分兵驻防，各该官长尚能督率所属严密梭巡，认真服务，故盗匪不致发生，而地方甚形安谧，是非各该营哨对于防务认真办理，不克臻此。惟职区金属方面形势险要，欲御外寇之侵入，当视缙云为转移。盖缙为东、永门户，天、仙匪寇，舍缙云无窥东、永。查照新制，缙云北半部划归职区管辖，而兵力初无增益，其策究非万全。统带此次复至大皿、壶镇左近，躬亲周历，查知缙云全境，重在迤北半部区域绵旷，盗匪充斥，第六区驻缙第五营完全一营，如能划归职区节制调遣，则与东、永所驻两营声势联络，呼应灵便，否则必由壶镇驻兵内调一哨或半哨移驻大皿，于必要时归职区直接调遣，庶几有备无患。藉曰不然，是缙云北半部划入职区，分兵则兼顾为难，遇警则鞭长莫及，以明系最为扼要之区，而视若无足重轻之地，统带万万不敢出此。前经历举困难情形，呈请变通辖地在案。现在巡阅所及于觉于防务大局关系重要①,不惜重言声叙,究应如何办理,伏候核示遵循。查金华、义乌、永康、东阳等县,花会、白心宝赌博恶习为害颇巨,自经统带前次呈奉通令从严拿禁,并由统带通饬所属严厉遵办,赌徒闻风稍稍敛迹。然就访闻所得,金之东乡,义之西乡,如低田、垅头朱等处,地当两邑交界,民情向称顽悍,赌徒啸聚,此拿彼窜,驻扎孝顺镇之第一营第四哨哨长喻诸焜未能勤奋禁缉,致赌博时有发生,当经面加申斥,并令会同各该地方就近警佐,订期指地挨班会哨,务使禁绝根株,毋萌祸乱,并令各该管带督属严行禁捕,以熄赌焰。惟前年焚劫东阳县署一案,周匪永广余党,籍隶东阳、永康、缙云者为数甚众。此次统带行巡所及,被害事主纷纷禀请拿办,察阅禀黏匪犯姓名,动至数百或至千余,受理则拿不胜拿、办不胜办,不理则保护地方责无旁贷。且匪犯之中,又分数种,其抢劫为业著名积匪自应严拿惩办,此外被胁附从及无知受惑之徒,若非量加矜察,何足以示持平?统带当经面饬各该营哨侦查明确,如系著匪积盗,即予勒缉,解县讯办,余则具报核夺,以防扰累。兹由统带拟具缉抚办法,专案另文请示。此金属驻防各该营关于防务缉捕以及民情现状之实在情形也。

"查上江地方交通隔阂,风气未能大开,当此共和再造,民权伸张,平等自由之说,深恐易滋误会。统带行巡各属,每至村集,邀致绅耆父老,务以奉公守法、安居乐业,不惮辞费,谆谆劝勉,并令传谕地方不肖悔过自新,切勿作奸犯科,自贻伊戚,其乡僻地方,即令村警为之传谕,以资劝迪。此又统带此项巡防接见士民之经过情形也。

"以上各节,均就统带巡阅所及据实胪陈,除出巡费用另文

---

① 于觉,"于"字疑衍。

呈报外，理合备文呈报，仰祈察核示遵"等情。据此，查该统带原呈所称，"第三营什兵军纪风纪败坏，均由现任第二营管带吴德馨前在第三营管带任内，约束不严，疏于督察所致"等情，拟准如所请将该管带吴德馨追记大过一次，以示警惕。又，原呈所称"各营新由差遣委充哨长，多系不谙操练，才具缺乏"等语，业据该统带另文呈报，请将新由差遣委充哨长之吴舜臣、叶联芳、赵大年三员，分别记过示惩。当经查明吴舜臣等均由该统带所保荐，且既限于才学之不良，断非记过所能补救，业经饬令一并另候差委，并饬该统带嗣后对于用人一项务须慎重将事，不得轻率更动，致滋纷扰在案。缙云北半部划归第五区管辖，前于警备队改组案内呈奉核准在案。原为缙云北半部大皿等处与永属八宝山毗连，向为盗匪出没之区，防务极关重要，第六区仅有五营，地广兵单，不敷分驻。第五区第六营，业经按照新编制完全组织成立，以之分驻永康全境及缙云北半部，于防务上较为便利。据第五、第六二区统带呈请核示划区办法前来，业经批饬，自缙云壶镇以南及本镇由第六区派兵驻防，壶镇以北由第五区第六营派兵驻防，分别指令遵照在案。该统带所请将第六区驻缙全营划归该区管辖，或由第六区抽兵移驻大皿归该统带直接调遣各节，均系破坏规制，未便准行，应请毋庸置议。周匪余党，虽多漏网，其间被胁盲从者，实居多数，若轻听人民一面之词，遽令各哨兵按名查拿，诚恐藉端滋扰，流弊不可胜言。拟饬查明曾经缉拿有案或确系著名积匪，始得督属拿获解报，以戢匪风而杜纷扰。至赌博一项，于风俗、治安均有关系，亦应会同县警随时查明首要，拿获解究，务绝根株而靖地方。所有第五区统带呈报巡阅情形，暨拟具指饬办法各缘由，是否有当，理合备文省长察核训示饬遵。除分呈外，谨呈。

（原载《浙江公报》第一千六百七十号，一八至二一页，指令）

浙江省长公署指令第二千七百五十四号

令警政厅夏超

呈一件为呈复安吉客民郑老三以防营诈欺控请查办一案由

据呈,该哨官刘毅拿获赌犯,并未呈送讯办,擅自处理,逾越职权,咎有应得,着即照章记过二次。余如所拟办理。至前次禀控,既据查明,郑老三尚在监禁,实不知情,究系何人冒名具控,仰即令县澈查严究,以惩刁狡,并具报核夺。清单、供词存。此令。十一月一日

(原载《浙江公报》第一千六百七十号,二一页,指令)

浙江省长公署指令第二千七百七十六号

令长兴县知事

呈一件呈吴秉钧等请试探金牛山铁矿按诸
《矿业条例》尚无不合请咨部给照由

呈悉。查《修正特准探采铁矿暂行办法》第一条第四项,有关于探采铁矿公司须用完全中国资本,不适用《矿业条例》及其他关系诸法律内关于中外合办矿业之规定。该吴秉钧等请探金牛山铁矿,资本是否充足,有无招附外股,仰再切实查明,呈候核转。此令。十一月二日

(原载《浙江公报》第一千六百七十号,二一至二二页,指令)

浙江省长公署指令第二千七百七十九号

令青田县知事

呈一件为呈送条陈兴革事宜案内关于实业教育清摺由

呈、摺均悉。查修改《推广森林办法简章》尚欠妥洽,业经逐条改拟签示,仰再照缮一份,呈候备案。至据拟于年暑假期内,开单级教授研究会,作单级学校师资之筹备,事属可行,开办时应将详情呈报。

其呈叙警务一案,查议就绪,仰即呈候核办。实业清摺发还,余件存。此令。十一月二日

（原载《浙江公报》第一千六百七十号,二二页,指令）

浙江省长公署指令第二千七百八十号

令改良靛青制造工厂厂长柳堂

呈一件呈送试办章程经费预算职员履历由

呈、件并悉。察阅所拟《试办章程》及经费预算表,尚属可行,应准照办,职员履历,并予备案。仍仰将《办事细则》及商标送候核夺。件存。此令。十一月二日

浙江试办靛青制造模范工厂章程

第一章　总则

第一条　本厂以制造靛青、发达靛业为宗旨。

第二条　本厂择定衢县龚家埠地方,租赁民产为设厂试办地点。

第三条　本厂以改良全省靛业为责任,故定名曰改良制造模范工厂,请发图记,以资信守。

第四条　本厂应设植蓝场一处,研究种植及多留苗种为发达改良之基础。现在试办期内不及筹设,拟将植蓝法刷印传布。

第五条　本厂运销靛青,得就各处设总分发行所。

第六条　本厂暂以四个月为试办之期,果有成效,准另请款正式开办。

第七条　本厂各项详细规则,由厂长规定,呈报省长核准。

第二章　组织

第八条　本厂共分事务、工艺两部。

第九条　本厂暂定职员如左:

甲、厂长兼技术员一员,总理全厂事务;

乙、技术员兼监工一员,监督工厂及商承厂长计划改良各事宜;

丙、文牍一员,管理一切文牍事宜;

丁、会计一员,管理一切款项支收事宜;

戊、庶务二员,管理一切庶务及收叶过磅、核算给价等事宜。

第十条　本厂除上列职员外,因事务之必要,得酌设工头、助手、小工、公役。

第十一条　本厂厂长由省长委任,其他职员、工头等由厂长分别聘雇。

第十二条　本厂试办期满,制造工竣,各项职员得由厂长随时辞退。

第三章　经费

第十三条　本厂试办经费另以预算定之。

第四章　工人传习

第十四条　本厂工头、助手经制造两期以上者(每年三个月为一期),察其文理清通、品行端正、确有成绩者,得由厂长给与制靛技司证书,呈请省长立案。

第十五条　本厂咨请产靛各县知事及商、农各会函送传习生一人或二人来厂传习,期满由厂长考核,成绩优美者给与证书。惟每人每月应贴缮宿费洋三元,试习费原料洋六元。

第五章　附则

第十六条　本章程以省长核准之日发生效力。

第十七条　本章程及预算适用于试办期内,为有应行删增之处,得随时呈请省长核准施行。

(原载《浙江公报》第一千六百七十号,二二至二四页,指令)

浙江省长公署指令第二千七百八十三号

令义乌县知事

呈一件为商人金志安拟在苏溪设立义丰茧行请核准由

呈悉。该县商民金志安等，拟在苏溪地方开设茧行，既据查与《条例》相符，准先备案。仰即饬取商会保结呈县转送到署，再行核准给帖。此令。十一月二日

（原载《浙江公报》第一千六百七十号，二四页，指令）

浙江省长公署指令第二千八百零四号

令余姚县知事

呈一件呈请将不愿移赠各赛品给还由

呈、单并悉。应候整理就绪，再行令知派员具领，仰即转行该商会知照。来单暂存。此令。十一月二日

（原载《浙江公报》第一千六百七十号，二四页，指令）

浙江省长公署指令第二千八百零七号

令上虞县知事

呈一件呈筹办苗圃请给款补助由

呈、件均悉。该县苗圃补助费，应准令行财政厅给发银八十元，仰即录案赴厅具领报查。附件存。此令。十一月二日

（原载《浙江公报》第一千六百七十号，二四页，指令）

浙江省长公署批第六百九十四号

原具呈人松阳养正高小学教员陈樾

呈一件声明前呈请奖该县知事余生球一件系属背列由

呈悉。背列请奖，情极可恶，惟该员所指为学务委员毛成骏背列

一节,仍是相像之词,未能证实。前呈业经批斥不准,应毋庸另议。此批。十一月一日

（原载《浙江公报》第一千六百七十号,二六页,批示）

浙江省长公署批第六百九十五号

原具呈人原任余姚县知事王嘉曾

呈一件为请给假回籍省亲由

查该知事前于余姚县任内交代,虽据电明算结,惟款项已否交清,未据现任具报。所请给假一节,应俟款项交清,会衔具报后,另呈核夺。此批。十一月一日

（原载《浙江公报》第一千六百七十号,二六页,批示）

浙江省长公署批第六百九十八号

原具呈人嘉兴俞光

呈一件呈租户高大违禁售烟聚赌请饬查究惩由

呈及抄件、影片均悉。案经高等检案厅饬县集讯察办,仰即自赴该县呈催可也。此批。抄件附,影片发还。十一月一日

（原载《浙江公报》第一千六百七十号,二六页,批示）

浙江省长公署批第七百零二号

原具呈人绍兴胡永安

呈一件为委鹤鸣冒垦谋买请饬县回复原案由

此案既经该县知事集讯断结,并呈报财政厅核准,察阅案情,办理尚无不合,所请应毋庸议。此批。结发还。余存。此批。十一月一日

（原载《浙江公报》第一千六百七十号,二六至二七页,批示）

浙江省长公署批第七百零三号

原具呈人建德余开田等

呈一件为许汉澄标买官产霸占民产

请饬还管业由

此案业据财政厅查明，许汉澄并无藉端霸产情事，所有溢余地亩，系由许汉澄遵章承买，该县奉令执行，亦无不合。所请着毋庸议。此批。十一月一日

（原载《浙江公报》第一千六百七十号，二七页，批示）

浙江省长公署批第七百零八号

原具禀人陈植培

禀一件请保送赴海军考试由

禀悉。查考选海军学生一案，前经本署通令各县知事按章办理在案。该生有志投考，资格是否符合，仰即速行回籍，呈县核转可也。此批。十一月一日

（原载《浙江公报》第一千六百七十号，二七页，批示）

浙江省长公署批第七百零九号

原具呈人赵玉田

呈一件呈为对于警政厅所为盔头巷粪厕一案之

诉愿决定不服再提起诉愿由

呈悉，并据仇在震等呈明委任事由，仰俟原决定官署辩明书呈送到署，再行核办。此批。十一月一日

（原载《浙江公报》第一千六百七十号，二七页，批示）

浙江省长公署批第七百十六号

原具呈人兰溪郑荫甫等

呈一件为与金子安互控案不服县署处分提起诉愿由

呈、件均悉。既据依法提起诉愿,应存俟该县署收到该商等诉愿副本,备具答辩,检同必要书件送署,再行核案决定,仰即知照。此批。件存。十一月二日

（原载《浙江公报》第一千六百七十号,二七至二八页,批示）

浙江省长公署批第七百十九号

原具呈人高达丰

呈一件据呈控叶球觊觎山场请密委查勘等情由

呈、件均悉。查此案前按署据前金华道详,"据寿昌县详称,'方包坞、大箬坞、羊二岗三处,山势陡削,毗连水坑,拟令造林,不准开垦。包湾、深湾二处,寻山泉起落之迹,左右各封禁五十弓,仍准沿流种树。并据称羊二等处,上以本山之顶为界,下以庙前田为界,偏东北以山路为界,偏西南以山脊为界'等语,并附图说,请予核示"各情,经以水利、农林,本应兼筹并顾,似此分别办理,事属可行,批准照办在案。兹据称,全山四界,都有禁垦石碑,核与原详岐出,绘呈图说,亦与前金华道详转之图不同,究竟是否实在,姑候令行该县知事明白声复核夺,仰即知照。附件存。此批。十一月二日

（原载《浙江公报》第一千六百七十号,二八页,批示）

浙江省长公署批第七百二十号

原具呈人矿商何显芳

呈一件呈请发还呈文公费由

呈悉。查呈请探矿,无论废止或脱退,所有公费银元,定例概不

发还,仰即知照。此批。十一月二日

（原载《浙江公报》第一千六百七十号,二八页,批示）

浙江省长公署批第七百二十一号

原具呈人永嘉吴恩鸿等

呈一件据呈被选为农会会长郑知事任意阻挠请查办由[①]

呈悉。查此案前据廖桂芳来呈,业经明白批示。该民等被选会长,果无不合情事,何至该县辄予批销,不实不尽,显而易见,所请应毋庸议。此批。十一月二日

（原载《浙江公报》第一千六百七十号,二八页,批示）

浙江省长公署咨省议会

准咨送浙省茧行单行条例第三条窒碍难行请核议由

浙江省长公署为咨行事。

本年十月三十一日准贵会咨送《浙江省茧行条例议决案》一件到署。准此,查《茧行条例》全注重在第三条,兹议决案规定,地点“四周距离,确在原有茧行十里以外,准新设茧行”等因,节经详加研究,与完全开放无甚差异,未敢辄予赞同。本省原有茧行达二百余家,丝绸机织各业感其不便,犹幸《茧行条例》限刷尚严[②],自夏间修正《条例》之议兴,仅嘉兴一县历向前民政厅呈请新设茧行者计百余起。夫茧丝为吾浙出产大宗,果无其他窒碍,未始非好现象,徒以蚕茧只有此数,供求不能相剂,并足引起直接、间接与有关系者之恐慌,事关工商业利害甚巨,此本省长所以未即批准者也。顾或谓多设茧行,便利蚕户,宽其限制,似足发达蚕业。不知民以食为天,蚕以桑为本。近据

---

① 郑知事,指郑彤雯,字庸斋,直隶（今天津）人。民国四年十一月至民国七年四月任永嘉县知事。

② 限刷,疑为“限制”之误。

杭、嘉、湖、绍各属调查报告,旧有桑树日渐衰败,而新植桑田未见加多,若贪图售茧便利,多收蚁量,其结果必致叶价腾贵,因此亏本而丧生者,本年已有所闻。东西先进各国,对于人民生产事业,不纯取放任主义,殆别有深意存焉。或又谓开放茧行,可杜原有茧行之垄断。不知商民以图利为天职,供少求多,恐遭亏折,联合抑价随之而起,即使官厅查察较严,各茧商一方以竞收而价昂,一方必以竞售而价跌,彼长袖善舞、多财善贾之洋商,辄得操奇计赢,抑价收买。在蚕户幸免茧行垄断之虞,在茧商反受洋商垄断之弊,直接虽属茧商,间接仍在蚕户。两利取重,两害取轻,自应先事审择。况茧业资本甚重,稍一失败,必致牵动市面,百业因之停顿。查前清本省茧行之盛,首推光绪二十五六年,其失败亦是数年为最烈,金融紊乱达于极点。殷鉴不远,诚可恫也。或又谓茧商收茧运销上海,仍由丝厂制丝出口,对外贸易,提倡不暇,营业自由,奚容限制?如虑丝绸原料缺乏,机织工人可责令改业。不知吾浙织业久已蜚声全国,近且山西各省咸欲选派生徒前来学习,人方羡慕不置,而我反自毁其固有之本,能有是理乎?况洋商运丝出口,一部分仍织成绸转销吾国。泰西缎每年进口达八百万,近来日本铁机缎亦有进口,其藉以稍资抵制者,厥惟吾浙之各种新式绸缎,乃因此而改业而停工,微论治安前途,殊堪危虑,而盈虚消长,不啻为外货畅其销路,所谓对外贸易,挽回利权者,亦属得半失半,岂能全操胜算耶?或又谓旧有《条例》设行地点限定五十里一茧行,得设两分行,今《修正条例》限二十里设一行,仍取消其分行,名虽宽而实严。不知茧行收茧须经杀蛹、茧干两种手续,自以茧灶为主体,前定五十里一正行,两不过设置单灶十乘,今定二十里一行,则六十里内当有茧灶三十乘,灶乘增添,茧行收茧量亦必随之加增,蚕户售茧较前自形便利。试以方八十里之地计算,四周距离二十里得设一茧行,其数仅十六,以十里计,其数为六十四,开设太骤,何堪设想?况茧商私用重秤、联合抑价之弊,本《条例》已规定罚办明文,从此茧商当可知所警惕。是二十里之限制,准诸上述理由,一时实无可再予减免者也。总之,限制茧行原属现时治标之策,而根本解决,端在发达蚕桑与改良丝织。顾改良丝织、发达蚕桑二者,均非一蹴可几。本省长业令所属通盘筹划,推广、改良同时并举,一俟茧产稍丰,仍当渐次开放,庶于商业、民生两有裨益。近自各报登载贵会议决是项《条例》,规定十里,迭据江浙丝绸机织联合会及中华民国国货维持会,苏州、南京、镇江、盛泽、丹阳各绸业等电呈请交复议各情,足征限制茧行之宽严,不仅关于吾浙工商业利害而已。准咨前因,相应备文咨请贵会查照复议,见复施行。此咨

浙江省议会议长

浙江省长吕公望

中华民国五年十一月一日

(原载《浙江公报》第一千六百七十一号,一九一六年十一月七日,三至四页,咨)

浙江省长公署咨省议会

准该会咨行议决夏烈士之麒应附祀浙江先烈祠由

浙江省长公署为咨行事。

本月二十六日准贵会咨行议决,"夏烈士之麒应附祀浙江先烈祠,藉示表扬"等由过署。查夏烈士奔走国事垂十余年,丰功伟烈,并驾徐、陶[①],既经贵会议决,自应附祠享祀,以慰英灵而昭崇报。准咨前由,除公布并敬恭照办外,相应备文咨请贵会查照。此咨

浙江省议会

浙江省长吕公望

中华民国五年十一月二日

---

① 徐、陶,徐指徐锡麟,字伯荪,陶指陶成章,字焕卿。

附原咨

浙江省议会为咨行事。

案照报功旌烈，国有常经；哀死励生，民之矜式。本会查本省青田县人夏烈士之麒，奔走革命垂十余年，丰功伟烈，并驾徐、陶。不幸国体漂摇，政潮播荡，烈士力图护国，竟为党逆者所忌，于去岁十一月七日，被刺沪寓。生为民望，死作国殇，迄今毅骨已寒，忠魂罔托，亟应附祀先烈，以妥英灵。特撮举其生平事实、附祀理由如下。

烈士于前清光绪丙午年，任安徽督练公所提调。是年四月，徐烈士锡麟谋举义皖垣，烈士力与赞助，连络标营，不遗余力，约定乘巡警学堂行毕业式时响应。乃临时提前日期，不及再约，以致失败。虽幸未波及，其苦心孤诣，要与徐烈士同符。此应附祀者一也。

徐烈士就义后，烈士思竟其未竟之志，阳则任事维谨，阴则进行日亟，力劝熊烈士成基于丙午年冬谋再举于皖垣。奈清运未终，事仍失败，熊烈士间关亡命，烈士虽得同事营救，仅以免职寝事。要其热忱毅力，较熊烈士实有过之无不及焉。此应附祀者二也。

辛亥武昌起义，烈士在赣任陆军小学堂监督，正谋响应，被冯抚侦知①，几罹于难。幸人心一致，大势风靡，于是年九月初十日夜督率生徒身先标营，攻入抚署，事成后，力辞都督，转让吴介璋，其组织临时军政府，与维持秩序，功实居首。此应附祀者三也。

癸丑二次革命，烈士任江西都督府参谋长，愤袁氏违法借债，暗刺异己，因是力促李督烈钧举义湖口，烈士身列戎行，苦战

---

① 冯抚，即冯汝骙（1863—1911），字星岩，河南祥符（今开封）人，清代最后一任江西巡抚。

经月,迨事败力尽,亡命至沪。二次政治革命之举,实由烈士主动。此应附祀者四也。

二次革命失败后,烈士以与袁势不两立,仍纠集同志定策沪上,谋举义于浙赣两省,虽屡举屡败,仍再接再厉,阅时两载,矢志不渝。此次滇黔起义,共和复活,党人四出,叠树义旗,大都系烈士旧部,其拥护共和之功,昭然在人耳目。此应附祀者五也。

业经本会提议公决:夏烈士之麒应附祀浙江先烈祠,藉示表扬而垂久远。相应咨行省长,请烦查照施行。此咨

浙江省长吕

浙江省议会议长沈定一

中华民国五年十月二十六日

(原载《浙江公报》第一千六百七十一号,四至六页,咨)

浙江省长公署咨教育部

据丁求真呈送证书履历请转咨存记提先补费由

浙江省长公署为咨行事。

案据日本千叶医校毕业生丁求真呈称,"窃生于前清光绪三十三年留学日本千叶医学专门学校,于民国三年六月间毕业,先后入本校附属医院、东京帝国大学附属医院等处实地练习,已告完竣。惟是医学一道穷无底止,泰西学者研究医理几日有月异一日千里之势,日本步武欧美,所授学科容不免肤浅陈旧之病。窃不自量,颇思阐发,力学数载,未敢自信。伏查浙省向有派遣西洋官费学生二十名,将次陆续毕业,当有缺额可补。求真查此项学科以德国为欧美各邦冠,若留学该国,专工数年,医术当能更进,异日出而问世,虽难臻起死回生之妙,或可免庸医误人之讥。为此呈请转咨准予尽先补给官费,以资造就。再,求真禀请在先,并恳提前准补"等情,并送证明书、履历到署。正在核办间,复据本署顾问张翅等呈称,"窃日本千叶专门医学校毕

业生丁求真,前清光绪年间入同盟会,于国事多所奔走。辛亥光复,丁君先期返国,组织国民尚武会,提倡尚武精神。厥后匿居上海法租界锐进学社,共策东南各省进行方略。逮沪浙相继告成,联军北伐,丁君号召医学界同志组织赤十字会,随军进克金陵。南北统一后返东留学,于民国三年六月毕业,再入千叶县立病院及帝国大学附属病院实习。民国四年归国,即经前巡按使屈委充模范警队军医长。去岁帝制问题发生,丁君秘密联络各界,以维共和。旋以职务羁绊,未便自由行动,乃辞军医长职,专事奔走,间关险阻,劳瘁不辞。此次浙江独立,丁君之力实有足多。丁君非惟绝口不言功,且对于部下力事约束,纳诸正轨,对于个人憩退自甘,绝主张权利①。惟思丁君自毕业以后奔走国事,时以继续求学为念。现在大局粗定,志愿留学德国,研究医学,以求深造而竟全功,无如经费困难,有志莫遂。嗣后如有西洋官费留学生缺出,恳请首先准补,以资造就"等情。据此,查该留学毕业生丁求真,对于医学一层,学识经验均属富有,凡在就医者有口皆碑,而该生绝无自满之心,热心向学,殊堪嘉尚。况该生曾于民国四年五月间禀请省署拨费留学,有案可稽。而该生于辛亥金陵一役,组织赤十字会,施救伤残,不知凡几,事后绝口利禄,尤足为当世士林之冠。本省长察阅种种,与寻常呈请留学者确属大有不同。除批示该生准予遇缺尽先补费外,相应备文连同证书、履历,咨请大部备案。此咨

教育总长

计送证书一纸,履历一扣。

浙江省长吕公望

中华民国五年十一月三日

（原载《浙江公报》第一千六百七十一号,六至七页,咨）

---

① 绝,下疑脱"不"字。

浙江督军公署训令第四二五号
浙江省长公署训令第一一七〇号

令各属为日人野岛恕势夫赴浙游历令保护由

令特派交涉员、温州交涉员、宁波交涉员、警政厅厅长、各县知事、暂编第一师师长、暂编第二师师长、混成旅旅长、嘉湖镇守使、宁台镇守使

本年十月二十七日准江苏省公署咨开，"案据特派江苏交涉员杨晟呈称，'顷准日本国总领事函，以野岛恕势夫赴江苏、浙江、安徽游历，缮给护照请盖印前来。除将护照印发外，理合呈请省长察照，转饬各属，俟该日人到境呈验护照时照约保护'等情。据此，除训令各属保护并分咨外，相应咨请查照，希即转行各属照约一体保护"等由。准此，除分令外，合行令仰该　即便转令所属一体照约保护，并将该日人出入境日期及在境行为具报。此令。（刊登《公报》，不另行文）

督军兼署省长吕公望

中华民国五年十一月二日

（原载《浙江公报》第一千六百七十一号，八页，训令）

附　浙江警政厅训令第五百七十二号

令各属保护日人野岛恕势夫赴江浙等处游历由

令各警厅、各区统带

本年十一月四日奉浙江督军公署训令第四二五号、浙江省长公署训令第一一七〇号内开，"本年十一月二十七日准江苏省长公署咨开，'案据特派江苏交涉员杨晟呈称，顷准日本国总领事函，以野岛恕势夫赴江苏、浙江、安徽游历，缮给护照请盖印前来。除将护照印发外，理合呈请省长察照，转饬各属，俟该日人到境呈验护照时照约保护等情。据此，除训令各属保护并分咨

外,相应咨请查照,希即转行各属照约一体保护’等由。准此,除分令外,合行令仰该厅长即便转令所属一体照约保护,并将该日人出入境日期及在境行为具报”等因。奉此,合行令仰该厅长、该统带即便转令所属一体照约保护,并将该日本人入境出境日期及在境行为随时具报备查。此令。(刊登《公报》,不另行文)

警政厅长夏超

中华民国五年十一月十日

(原载《浙江公报》第一千六百七十七号,一九一六年十一月十三日,一九至二〇页,训令)

浙江督军公署训令第四二六号
浙江省长公署训令第一一六七号

令各属保护日人山田广吉来浙游历由

令特派交涉员、温州交涉员、宁波交涉员、警政厅厅长、各县知事、暂编第一师师长、暂编第二师师长、混成旅旅长、嘉湖镇守使、宁台镇守使

本年十月二十五日准江苏省公署咨开,“案据特派江苏交涉员杨晟呈称,‘顷准日本国总领事函,以山田广吉赴江苏、江西、山西、直隶、山东、河南、安徽、福建、浙江、湖南、湖北、四川、云南、贵州、东三省、广西、广东游历,缮给护照请盖印前来。除将护照印发外,理合呈请省长察照,转饬各属,俟该日人到境呈验护照时照约保护’等情。据此,除训令各属保护并分咨外,相应咨请查照,希即转行各属照约一体保护”等由。准此,除分令外,合行令仰该　　即便转令所属一体照约保护,并将该日人出入境日期呈报备查。此令。(刊登《公报》,不另行文)

中华民国五年十一月二日

督军兼署省长吕公望

(原载《浙江公报》第一千六百七十一号,八至九页,训令)

浙江督军公署训令第四二七号
浙江省长公署训令第一一六九号

令各属为奥人柯习安赴浙游历令保护由

令特派交涉员、温交涉员、宁交涉员、警政厅长、各县知事、暂编第一师长、暂编第二师长、嘉湖镇守使、宁台镇守使、暂编混成旅长

本年十月二十七日准江苏省公署咨开，"案据特派江苏交涉员杨晟呈称，'顷准奥国总领事函，以柯习安赴江苏、江西、安徽、浙江、湖南、山东、湖北、直隶游历，缮给护照请盖印前来。除将护照印发外，理合呈请省长察照，转饬各属，俟该奥人到境呈验护照时照约保护'等情。据此，除训令各属保护并分咨外，相应咨请查照，希即转行各属照约一体保护"等由。准此，除分令外，合行令仰该　即便转令所属一体照约保护，并将该外人出入境日期具报。此令。（刊登《公报》，不另行文）

中华民国五年十一月二日

督军兼署省长吕公望

（原载《浙江公报》第一千六百七十一号，九页，训令）

附　浙江警政厅训令第五百七十四号
令各属保护奥国人柯习安赴江浙等处游历由

令各警厅、各区统带

本年十一月四日奉浙江督军公署训令第四二七号、浙江省长公署训令第一一六九号内开，"本年十一月二十七日准江苏省长公署咨开，'案据特派江苏交涉员杨晟呈称，顷准奥国总领事函，以柯习安赴江苏、江西、安徽、浙江、河南、山东、湖北、直隶游历，缮给护照请盖印前来。除将护照印发外，理合呈请省长察

照,转饬各属,俟该奥人到境呈验护照时照约保护等情。据此,除训令各属保护并分咨外,相应咨请查照,希即转行各属照约一体保护'等由。准此,除分令外,合行令仰该厅长即便转令所属一体照约保护,并将该外人出入境日期具报"等因。奉此,合行令仰该厅长、该统带即便转令所属一体照约保护,并将该奥国人入境出境日期及在境行为随时具报备查。此令。(刊登《公报》,不另行文)

警政厅长夏超

中华民国五年十一月十日

(原载《浙江公报》第一千六百七十七号,一九一六年十一月十三日,二〇至二一页,训令)

浙江督军公署训令第四二八号
浙江省长公署训令第一一六五号

令各属为日人谷舞福松赴浙游历保护由

令特派交涉员、温州交涉员、宁波交涉员、各县知事、警政厅厅长、暂编第一师师长、暂编第二师师长、混成旅旅长、嘉湖镇守使、宁台镇守使

本年十月二十七日准江苏省公署咨开,"案据特派江苏交涉员杨晟呈称,'顷准日本国总领事函,以谷舞福松赴江苏、江西、浙江、安徽游历,缮给护照请盖印前来。除将护照印发外,理合呈请省长察照,转饬各属,俟该日人到境呈验护照时照约保护'等情。据此,除训令各属保护并分咨外,相应咨请查照,希即转行各属照约一体保护"等由。准此,除分令外,合行令仰该　　即便转令所属一体照约保护,并将该日人出入境日期及在境行为具报。此令。(刊登《公报》,不另行文)

中华民国五年十一月二日

督军兼署省长吕公望

(原载《浙江公报》第一千六百七十一号,九至一〇页,训令)

附　浙江警政厅训令第五百七十三号

令各属保护日人谷舞福松赴江浙等省游历由

令各警厅、各区统带

本年十一月四日奉浙江督军公署训令第四二八号、浙江省长公署训令第一一六五号内开，"本年十一月二十七日准江苏省公署咨开，'案据特派江苏交涉员杨晟呈称，顷准日本国总领事函，以谷舞福松赴江苏、江西、浙江、安徽游历，缮给护照请盖印前来。除将护照印发外，理合呈请省长察照，转饬各属，俟该日人到境呈验护照时照约保护等情。据此，除训令各属保护并分咨外，相应咨请查照，希即转行各属照约一体保护'等由。准此，除分令外，合行令仰该厅长即便转令所属一体照约保护，并将该日人出入境日期及在境行为具报"等因。奉此，合行令仰该厅长、该统带即便转令所属一体照约保护，并将入境出境日期及在境行为随时具报备查。此令。（刊登《公报》，不另行文）

警政厅长夏超

中华民国五年十一月十日

（原载《浙江公报》第一千六百七十七号，一九一六年十一月十三日，二〇页，训令）

浙江督军公署训令第四二九号
浙江省长公署训令第一一六八号

令各属为日人北田宗治郎赴浙游历通令保护由

令特派交涉员、温州交涉员、宁波交涉员、嘉湖镇守使、宁台镇守使、警政厅厅长、暂编第一师师长、暂编第二师师长、混成旅旅长、各县知事

本年十月二十七日准江苏省公署咨开，"案据特派江苏交涉员杨晟呈称，'顷准日本国总领事函，以北田宗治郎赴江苏、江西、浙江、安

徽、湖南、湖北、四川、广东、山东、直隶、福建游历,缮给护照请盖印前
来。除将护照印发外,理合呈请省长察照,转饬各属,俟该日人到境
呈验护照时照约保护'等情。据此,除训令各属保护并分咨外,相应
咨请查照,希即转行各属照约一体保护"等由。准此,除分令外,合行
令仰该　　即便转令所属一体照约保护,并将该日人出入境日期及
在境行为具报。此令。(刊登《公报》,不另行文)

中华民国五年十一月二日

督军兼署省长吕公望

(原载《浙江公报》第一千六百七十一号,一○至一一页,训令)

浙江督军公署训令第四三○号
浙江省长公署训令第一一六六号

令各属为英国汇丰银行英伙庞纳司林才赴浙游历令保护由

　　令特派交涉员、温州交涉员、宁波交涉员、警政厅厅长、各县
知事、暂编第一师师长、暂编第二师师长、混成旅旅长、嘉湖镇守
使、宁台镇守使

　　本年十月二十七日准江苏省公署咨开,"案据特派江苏交涉员杨
晟呈称,'顷准英国总领事函,以汇丰银行英伙庞纳司、林才赴江苏、
浙江、安徽游历,缮给护照请盖印前来。除将护照印发外,理合呈请
省长察照,转饬各属,俟该英人到境呈验护照时照约保护'等情。据
此,除训令各属保护并分咨外,相应咨请查照,希即转行各属照约一
体保护"等由。准此,除分令外,合行令仰该　　即便转令所属一体
照约保护,并将该外人出入境日期具报。此令。(刊登《公报》,不另
行文)

中华民国五年十一月二日

督军兼署省长吕公望

(原载《浙江公报》第一千六百七十一号,一一页,训令)

附　浙江警政厅训令第五百七十五号

令各属保护英汇丰银行伙友庞纳司等赴江浙游历由

令各警厅、各区统带

本年十一月四日奉浙江督军公署训令第四三○号、浙江省长公署训令第一一六六号内开，"本年十一月二十七日准江苏省公署咨开，'案据特派交涉员杨晟呈称，顷准英国总领事函，以汇丰银行英伙庞纳司、林才赴江苏、浙江、安徽游历，缮给护照请盖印前来。除将护照印发外，理合呈请省长察照，转饬各属，俟该英人到境呈验护照时照约保护等情。据此，除训令各属保护并分咨外，相应咨请查照，希即转行各属照约一体保护等由。准此，除分令外，合行令仰该厅长即便转令所属一体照约保护，并将该外人出入境日期具报"等因。奉此，合行令仰该厅长、该统带即便转令所属一体照约保护，并将该外国人入境出境日期及在境行为随时具报备查。此令。（刊登《公报》，不另行文）

警政厅长夏超

中华民国五年十一月十日

（原载《浙江公报》第一千六百七十七号，一九一六年十一月十三日，二一页，训令）

浙江省长公署训令第一千一百五十四号

令财政厅准省议会咨行议决回复浙省地丁及

抵补金滞纳处分案由

令财政厅长莫永贞

本年十月三十日准省议会咨开，"案查本省《地丁滞纳处分暂行法》及《抵补金滞纳处分暂行条例》，均经前临时省议会议决，复经本会于民国二年第一届常会期内修正，咨请前民政长公布施行在案。自本会停止后，财政厅擅自修改，任意增减，迭以命令变更，实属违法。当兹共和再造,前项法案当然回复。惟《地丁滞纳处分暂行法》原案第二条,上忙催传限期过促,应将立限五十日改为立限六十日,余条仍照原文。业经本会提出修正案,由大会讨论审查修正,三读通过,相应将《修正浙江省地丁滞纳处分暂行法》第二条议决案缮具清摺,咨行省长请烦查照公布施行,并将《浙江省抵补金滞纳处分暂行条例》迅即通令一并回复,以重法案"等因。准此,合行令仰该厅通行各属依照议决案办理。至原案各条,尚有应酌量修改之处,现因议会闭会期届,须俟开临时会议时,再行提案交议。此令。

中华民国五年十一月二日

省长吕公望

(原载《浙江公报》第一千六百七十一号,一一至一二页,训令)

浙江省长公署训令第一千一百五十七号

令绍兴县知事调集绕门山产权确据传同两造讯决以息争端由

令绍兴县知事

查该县金城等请采绕门山石岩一案,迭据陶方琯等及姚福祥等呈请查禁,即经明白批示,并委员前往该处切实查勘,绘具图说,呈候核办在案。兹据该委员复称,"金城等请采岩矿区起点距陶烈士祠实有百丈以外"等语,则与《矿业条例》第十四条第四款规定并无违背,惟石材为三类矿质,按照定例,须地面业主或地主租与他人,始能开采。除指令"合行黏抄查复原呈,令仰该知事即便调集确可证明该处产权之各凭据,传同两造讯明实在,从速决定,以息争端",仍将遵令办理情形呈报察夺,毋稍违延,切切。此令。

计黏抄。

中华民国五年十一月二日

省长吕公望

(原载《浙江公报》第一千六百七十一号,一二页,训令)

浙江省长公署训令第二千八百零六号

令财政厅据上虞县请给苗圃补助费由

案据上虞县知事张应铭呈称，"窃查上虞县农会筹办森林苗圃一案，前经该农会查虞城附近无大片官私荒地，足敷筹办三十亩苗圃之用。再为寻觅，只有城内等慈寺后余地一块，尚堪试办。查该地即系等慈寺之产，应由该农会向寺僧订定租用一节，业于九月三日呈报在案。旋于九月十五日奉前民政厅指令知事呈报苗圃情形由内开，'呈悉。该县农会应办苗圃既经勘定地点，仰即督率积极进行，并饬将该地弓数、亩分、四址等查明，绘具图说，连同照录租赁契约呈候核夺。此令'等因，奉经转令该农会遵照办理去后。兹据该农会会长朱鸿儒复称，'勘定苗圃基地，曾经敝会测量面积，计只二十亩零二分五厘，其四址东至城边泥墙，南至寺后基地，西至泥墙，北至高墈，拟先将此地着手种苗，余另觅地再行垦辟，以符三十亩之规定。惟查该地内有两块，前经住僧福堂出押与吴、余两姓，共押价洋二十三元正；余亦零星出租与就近各户。其出押之地由敝会备价赎回，其出租之地亦由敝会限各租户于阴历九月底一概理清交还。兹将该地绘图立标，办理完竣。惟敝会财力棉薄，凡所兴作，在在需费，所有规定每亩补助四元，希即呈请照给，以资应付'等因，并送合同租约暨苗圃地图各二纸前来。知事复查该农会租定等慈寺苗圃地基手续已经完备，现筹另觅他地补足三十亩之数，以符定章，但经费异常支绌，筹办开始已属勉为其难，若无省款拨助，仍恐无力继续进行。察阅函陈需费一节，尚属实情，除将原送契图各抽一分备案外，所有筹办苗圃请给助款缘由，理合连同契图备文呈请，仰祈察核准予发款，以助其成，实为公便"等情。据此，查是项各农会苗圃补助费，经前按署列入四年下半年度预算实业费内，并饬另款存储备拨有案。所有该县请领补助费，应准即在前项存款内给发银八十元，除指令赴厅具领外，合行令仰该厅知照。此令。

　　　　　　　　　　　　　中华民国五年十一月二日

　　　　　　　　　　　　　　　省长吕公望

　　（原载《浙江公报》第一千六百七十一号，一二至一三页，训令）

浙江省长公署指令第二千六百九十四号

令临海县知事戚思周

　　呈一件呈海门振市公司请将房捐暂予缓收由

　　查店屋捐系全省统一办法，未便通融展缓，致滋援藉。所请该县海门振市公司房屋暂予免缴之处，应毋庸议，仰该知事转行知照。此令。十一月一日

　　　　　（原载《浙江公报》第一千六百七十一号，一四页，指令）

浙江省长公署指令第二千七百六十六号

令财政厅兼烟酒公卖局长

　　呈一件为呈报公卖五厘经费足敷归抵公卖正款由

　　呈悉。应准分别划账归抵，以符原案，仰即知照。此令。十一月二日

　　　　　（原载《浙江公报》第一千六百七十一号，一四页，指令）

浙江省长公署指令第二千七百六十九号

令代理遂昌县知事①

　　呈一件为呈报管理财政主任及会计员姓名籍贯由

　　呈及清单均悉。单存。此令。十一月二日

----

　　①　底稿为"遂安县"，据《更正》"本月七日本报载省长公署第二千七百六十九号指令，遂昌县之'昌'字当日抄送稿误为遂'安'县，今既查明，合亟更正。又，文内第三字'清'，误刊'请'，一并更正。"(《浙江公报》第一千六百八十二号，二二页)

附原呈

呈为呈报事。

案照《知事交代补则》第四条内开，"知事到任后，应将管理财政之主任及会计员，分详巡按使、财政厅及该管道尹"等语。查知事于本月十五日到任，业将接印日期呈报在案。除各科主任及助理员另文呈报外，理合先将管理财政主任及会计员姓名、籍贯开具清单，备文呈请省长察核。谨呈。

附清单

谨将职署财政主任及会计员姓名、年岁、籍贯，缮具清单，开呈钧鉴。

财政主任佘应铎，二十九岁，平湖县人。

会计员周宗濂，三十五岁，吴兴县人。

（原载《浙江公报》第一千六百七十一号，一四至一五页，指令）

浙江省长公署指令第二千七百七十二号

令杭县知事姚应泰

呈一件为呈送更正修理沈塘湾等处塘岸补助费报销册由

呈、册均悉。册列工程支款多在预算之外，应再切实查明声复，以凭核夺。款关公益，不能以并未超过预算，辄可任意变更也，仰即遵照。来册暂存。此令。十一月二日

（原载《浙江公报》第一千六百七十一号，一五页，指令）

浙江省长公署指令第二千七百七十三号

令桐乡县知事

呈一件为拟订植桑奖惩单行章程请核示由

呈、件均悉。查桑为饲蚕必要之品，该知事拟订植桑奖惩专章，

以期推广蚕桑，事属切要，应准照行。惟察阅《章程》第五、六、七、八各条，有碍地主用人收益及所有权，应即另拟修正，并将拟办模范养蚕场，妥议章程、预算书并呈核夺。来件发还。此令。十一月二日

　　　　（原载《浙江公报》第一千六百七十一号，一五页，指令）

浙江省长公署指令第二千七百七十五号

令绍兴县知事

　　呈一件为转送朱世恩等组织垦牧公司简章图说由

　　呈、件均悉。该县公民朱世恩等拟集资购地，兴办垦牧，事属可行。惟按照《公司条例》第五、第六两条规定，凡公司之设立，非在本店该管官厅注册后，不得着手于开业之准备及对抗第三者，是未经注册先请立案，手续已多错误。况拟购地亩，尚未经查丈明确，放垦有无窒碍，尤属无凭查核。所请未便遽准，并转该公民等知照。图说、简章均发还。此令。十一月二日

　　　　（原载《浙江公报》第一千六百七十一号，一五至一六页，指令）

浙江省长公署指令第二千八百零八号

令海宁县知事

　　呈一件为请改派农工银行筹备员以利进行由

　　呈悉。褚嘉猷既因病辞职，应准改派张鹏翔为筹备委员，仰即转行知照。此令。十一月二日

　　　　（原载《浙江公报》第一千六百七十一号，一六页，指令）

浙江省长公署指令第二千八百二十九号

令余姚县知事邢炳旦

　　呈一件送劝学经费预算表并各员履历由

　　呈及履历、预算表均悉。应准照办。所长并准先予委任，仍俟

《施行细则》由部颁到,再令开办。仰即遵照,并将发去任命状转令祗领。附件。此令。十一月三日

（原载《浙江公报》第一千六百七十一号,一六页,指令）

浙江省长公署指令第二千八百三十二号

令临海县知事戚思周

呈一件为呈送十月份缮正讲稿请备案由

据呈已悉,应准备案。稿存。此令。十一月三日

（原载《浙江公报》第一千六百七十一号,一六页,指令）

浙江省长公署指令第二千八百三十四号

令义乌县知事邱峻

呈一件请变通县税小学费分配办法由

呈悉。据拟办法,既无条款可备兴办,又于各校原有经费之盈绌绝不顾问,殊与《规程》相背,所请应毋庸议。此令。十一月三日

（原载《浙江公报》第一千六百七十一号,一六页,指令）

浙江省长公署指令第二千八百四十一号

令永嘉县知事郑彤雯

呈一件呈前民政厅呈解第三年教育公报半费由

据呈,解到第三年度《教育公报》自五年二月起至六月止六期报费银六角二分。查此项报费,应全年一次清缴,业经前民政厅于原令内饬遵在案。该县仍仅先解半费,殊属不合,应将其余一半克日补解汇转,毋再延误,切切。此令。十一月三日

（原载《浙江公报》第一千六百七十一号,一七页,指令）

浙江省长公署指令第二千八百四十四号

令景宁县知事秦琪

呈一件呈前民政厅送劝学所预算表并所长履历由

呈、件均悉。所长准予委任,俟《施行细则》由部颁到,再令开办。预算姑准照办,仍速加筹经费具报,以资进行。仰即遵照,并将发去任命状转令祗领。件存。此令。十一月三日

计发任命状一纸。

（原载《浙江公报》第一千六百七十一号,一七页,指令）

浙江省长公署指令第二千八百四十五号

令省立甲种商业学校校长周锡经

呈一件为呈送七月分报销册请核销由

呈悉。查会计年度,现已变更,所有六月分结存洋六十二元八分一厘,应缴解金库核收,并分报财政厅备查,以清年度。仰即遵照,并将四柱册改正送核。册发还。此令。十一月三日

（原载《浙江公报》第一千六百七十一号,一七页,指令）

浙江省长公署指令第二千八百五十四号

令第十联合县立师范讲习所所长叶正度

呈一件呈前民政厅送十月份支付预算书及请款单请核发由

呈、件均悉。杂支、购置两项,仍应遵照迭次指令,按照十二个月平均匀发,计每月五十四元一角。所有该所十月份应领经费,连同附属国民学校,共银七百二十七元三角,仰即填具领款收据,呈候核发可也。预算书存,请款凭单发还。此令。十一月三日

附还请款凭单一纸。

（原载《浙江公报》第一千六百七十一号,一七至一八页,指令）

浙江省长公署指令第二千八百六十二号

令省立第八中学校校长孙士琦

　　呈一件呈送九月分报销册请核销由

　　呈、册均悉。应准照销，仰即照造支出计算书表，连同收据黏存簿，一并送候核转。册存。此令。十一月三日

　　　　（原载《浙江公报》第一千六百七十一号，一八页，指令）

浙江省长公署指令第二千八百六十六号

令孝丰县知事芮钧

　　呈一件送义务教育程序内调查表册由

　　呈及表、册均悉。查事项册内，于经费一项，未据按照说明将种类逐项详列。又，教育机关设立之情形一项，亦未将将来之概况叙入，均须补填。原册发还，仰即照补，并加造一册速送，以凭存转。表存，册发还。此令。十一月三日

　　计发还册一本。

　　　　（原载《浙江公报》第一千六百七十一号，一八页，指令）

浙江省长公署指令第二千八百七十一号

令第四联合县立师范讲习所所长吴震瀛

　　呈一件呈送九月分收支清册由

　　呈、册均悉。应准照销，仰即造具支出计算书，并取齐各项证凭单据，一并黏簿送核。至九月分溢领经费，业经另文指令在案，仰并知照。册存。此令。十一月三日

　　　　（原载《浙江公报》第一千六百七十一号，一八页，指令）

浙江省长公署指令第二千八百七十二号

令第四联合县立师范讲习所所长吴震瀛

呈一件呈送八月分支出计算书据由

呈、件均悉,应准备案。支出计算书、单据均存。此令。十一月三日

（原载《浙江公报》第一千六百七十一号,一九页,指令）

浙江省长公署指令第二千八百七十四号

令第四联合县立师范讲习所所长吴震瀛

呈送六七两月分杂支各款证明单并印花由

呈、件均悉。查油烛纸笔等项,凡系向商店购买之物,均应取具原店收据。此次单开各款,既据声明,系属零星购买,准予照销。以后务应一律取具原店单据呈送,以凭查核。其由原购办人开具之证明单,并须按月分开,不得两月以上并开一单,仰并遵照。证明单、印花均存。此令。十一月三日

（原载《浙江公报》第一千六百七十一号,一九页,指令）

浙江省长公署指令第二千九百一十九号

令黄岩县知事汤赞清

呈一件为查明牟晨梁明等捏名谎禀请澈究由

呈悉。该县既无小学联合会与牟晨、梁明之人,禀称各节又均不实,究系何人捏控,仰即确切查究,以儆浇风。此令。十一月三日

（原载《浙江公报》第一千六百七十一号,一九页,指令）

浙江省长公署指令第二千九百二十三号

令东阳县知事俞景朗

呈一件为呈送拟编十一月份讲稿请核改由

呈、稿均悉。仰即将修正讲稿发还,遵照讲演,仍缮清二份,呈送

备案。至改委讲演员,应即取具详细履历,专案呈报备核,并仰遵照。此令。十一月三日

计发还讲稿一份。

（原载《浙江公报》第一千六百七十一号,一九至二〇页,指令）

浙江省长公署指令第二千九百二十五号

令东阳县知事俞景朗

呈一件呈送四年度学校视察录并视学员意见书由

呈、件均悉。察阅《视察录》,尚觉详明,应准备案。惟间有数校,未经注明视察月日,嗣后应饬一律注明,以便稽考。至意见书内所列各节,查上芦、吴良等处,应设国民学校,已据该知事列入应增国民学校地点调查表内呈报有案。师范生应服务及各校须任用师范生,亦由前巡按使公署通饬有案。取缔私塾,应俟本公署另定条例颁布,再行遵办。各校毕业由各校自行考查成绩,系遵部令办理,毋庸改作会考;分配县税小学费,应遵《规程》办理,未便变更,致涉纷歧;均无庸议。余准照办。仰即分别遵照。书、《录》均存。此令。十一月三日

附意见书

一、督促创办国民学校。东邑如上芦、吴良、郭宅、南上湖、溪店等庄,均有烟店三四百,或四五百户不等,乃至无一国民学校为儿童就学之地,以致穷乡僻壤,借为口实,教育何由普及?应请知事亲诣各该庄,招集公正士绅,促令筹定经费,克期举办,以期逐渐扩充。

二、取缔私塾。东邑自奖进私塾之令下,私塾日形发达,学校日就颓败。厦程马一庄私塾多至七所,塾生增至百六十余人,高初一校学生仅五十二人。不独该庄然也,若巍山、湖溪等庄,无不皆然。虽经各学务委员劝导改良,该塾师等异常顽固,置若

周闻,若非严加取缔,实为学校之一大障碍,应遵照前学部通令,距学校里半以内,绝对禁止,里半以外,勒令改良。

三、取缔开设高小学校。东邑高小学校,合县立、区立、私立,计二十六所,学生仅一千三百余人。各校以学生稀少,每当学年开始,必由校长、教员或学董等踵门请托,但求学生多人,而学校办理之善否,不知也;但得年龄合格,而学生之可升学与否,不问也。故各校成绩诸多陋劣,应请将已办各校饬令切实整顿。嗣后,暂行停止创办,俟国民学校发达后,再行扩充,果有经费充裕,办理遵章,并学生能足额定人数者,始准设立。

四、甄别教员。东邑各校教员,滥竽充数者甚多,师资不良,教授妄求得法,儿童虚掷光阴,无怪为父兄者,均以学校为诟病。若非严加甄别,贻误学童,良非浅鲜。

五、躬亲考察。知事于每年亲莅各校一次,将主要科目分门考试,并购备学校用品,择优给奖,果有成绩卓著者,并将该校长等分别请奖,以引起办学者之兴趣。惟知事公事忙迫,尽可分期举行。

六、会考毕业。各校办理毕业前,系由道派员抽查;道裁撤后,奉经前民政厅转饬各校,自行考试。由是,但有学生,无不毕业,既不足以昭慎重,而对于社会上,且全失信用。应请每期办理毕业各校指期会集来城,由知事命题考试,汇出总榜,使优者知所激劝,劣者知所愧耻,似于教育前途,不无裨益。

七、设立暑假校长研究会。东邑各校校长,除县立各校外,系前清宿儒居多,虽旧学不无根底,乡望亦素崇隆,要之学校教育则盲乎不知,应请知事筹定临时款项,每年暑假期内,全行召聚,将关于教育教授、管理、训练诸端,详加研究。

八、设立模范国民学校。东邑办学程度,尚属幼稚,故设备、编制、管理等事项,诸多背谬,应于城厢设立模范国民学校,俾各乡办学人员参观考察,使知有一定程序,一致进行。

九、调查并强迫任用师范生及师范生之服务。师范生多系官费养成,故定有义务年限。东邑毕业师范者,已实不少,而任各校职教员者,则寥若晨星,应请通令各校聘用师范生,一面强制师范生遵章服务,而其入手办法,则应从调查始。至已聘有中学毕业生及有任教职员三年以上,卓著成绩者,不在此限。

十、慎重筹拨学款。东邑学款非由庵产提入,即由公常拨充。办学者每多藉学强取,故创办一校,而诉讼即随之。应于禀请备案,慎重将事,妥为处理而免纠葛。

十一、变通县税小学分配费。东邑自学童风潮后,学龄儿童虽经张前知事赓续调查①,而挂一漏万,并无确数。例如玉山一乡,计人口七万余,学童人数仅报至三千有奇;宁寿一镇,约得小学费全数之二。不均若此,各乡咸啧有烦言。应请专案呈请或暂照学生数分配,或按照人口数分配,俟自治区恢复后,再行调查,以期确实而免偏枯。

十二、推广单级学校。东邑学款奇绌,自非多设单级学校,不足以谋普及。惟无是项师资,则于是项学校之如何编制,如何教授,均未明瞭,应请先入单级教员讲习所,以再短之期间造就此项师资。至因经费困难,则可附入暑假校长研究会,同加研究。

(原载《浙江公报》第一千六百七十一号,二〇至二二页,指令)

浙江省长公署指令第二千九百二十七号

令淳安县知事汤国琛

呈一件送四年度县税小学费分配各表由

呈、表均悉,应准备案。惟送省工业学生学费,不应在小学费内

---

① 张前知事,即张寅,字翰庭,浙江太平(今温岭)人。民国三年十二月至民国五年八月任东阳县知事。

支给，仰即改支。又，余存数栏内，不将历期存数递滚，致难统计，并已为更正。查该县存署余款，连前共计五百二十六元七角五分二厘，存区余款，连前共计二千九百三十四元九角五分，仰即将存县表内照改。表存。此令。十一月三日

（原载《浙江公报》第一千六百七十一号，二二页，指令）

浙江省长公署指令第二千九百三十七号

令省立第七中学校校长金兆梓

呈一件呈送本学年招收新生及收受转学生管教员一览表由

呈、表均悉。叶凤飞等三名，既系旧生留级，应填原入校年月。又，收受转学生，照章应令呈验原校证明书，或在学证书，而证明书与证书，在中等以上学校，以经地方行政长官核准之学校所发给者为限。表列朱章赓一名，原校查未核准有案，未便收受；其李发琳等六名，准予编入。惟成绩表，应照原校抄送，不应列为该校成绩表。仰即将各该生原呈证明书或在学证书各抄录二分，并将新生一览表、转学生一览表及成绩表，各改造二分，一并送候核转。一览表四分，成绩表十四纸均发还，余存。此令。十一月三日

发还一览表四本、成绩表十四纸。

（原载《浙江公报》第一千六百七十一号，二二至二三页，指令）

浙江省长公署指令第二千九百四十号

令省立第十一中学校校长王复

呈一件呈报四年级生拟于本年十二月毕业试验请派员会考由

呈悉。查派员会考，业经前民政厅通饬停止在案。该校第十班该生既修业期满，准届时自行照章举行试验可也，仰即遵照。此令。十一月三日

（原载《浙江公报》第一千六百七十一号，二三页，指令）

浙江省长公署批第七百零七号

原具呈人长兴商民赵步陞

奫一件呈控夹浦水警邹署长纵盗殃民各节听候查办由

据呈是否属实,仰候查明核办。此批。十一月一日

（原载《浙江公报》第一千六百七十一号,二三页,批示）

浙江省长公署批第七百十三号

原具呈人平阳朱志正等

呈一件呈请调拨军队保护矿场由

呈悉。明矾石属第二类矿质,经本公署询明农商部电复有案。所称矾业公司,何时成立,报由何处注册,是否按照《矿业条例》及《公司组织条例》办理,均属无案可稽。该商等以何种资格具呈,未据明叙,迹涉支离,尤难受理。惟察阅案情关系重大,姑候令行该县切实查复,以凭核夺。此批。十一月二日

（原载《浙江公报》第一千六百七十一号,二三页,批示）

浙江省长公署批第七百二十二号

原具呈人沈德庆等

呈一件为张梦龄矇缴地价请令官产处吊回执照由

此案前据该民等具呈到署,业经明晰批示在案,着即知照。此批。十一月二日

（原载《浙江公报》第一千六百七十一号,二三至二四页,批示）

浙江省长公署批第七百二十三号

原具呈人赵家荃等

呈一件为续请准拨曲院风荷公地捐建赵公祠由

呈、图均悉。查此案前据该民等呈请前来,当经令据前民政厅会

同财政厅呈称,转令杭县知事查议具复在案。据呈前情,仰候照绘原图,令催该县并案查议复夺可也。此批。十一月二日

(原载《浙江公报》第一千六百七十一号,二四页,批示)

浙江省长公署批第七百二十四号

原具禀人汪以楫等

禀一件为津贴偏枯请饬县平均分配由

查此案前据衢县知事呈请到署,业经批驳在案。所请饬县,应毋庸议,仰即知照。此批。十一月三日

(原载《浙江公报》第一千六百七十一号,二四页,批示)

浙江省长公署批第七百二十五号

原具呈人卢寿祺

呈一件呈送证书履历请转咨以留学官费存记由

呈、件均悉。查该生请求官费存记一案,业经本署汇咨在案,仰即知照。此批。履历存,证书发还。十一月三日

(原载《浙江公报》第一千六百七十一号,二四页,批示)

浙江督军公署浙江省长公署咨陆军部财政部

据呈勘定设立水产品工厂地址请核复由

浙江督军公署、浙江省长公署为咨行事。

案照本省长公署前拟于定海县地方设立制造水产品模范工厂,经委任曹文渊为该厂厂长,并令会同定海县知事张寅于该县轮埠左近勘拨官地,呈候核夺在案。兹据该知事及该厂长会衔呈称,"遵经知事寅查勘轮埠相近一带,绝少大段地亩,且价极昂贵,依照计划亩分及原定预算数万难办到。惟南城有旧绿营大教场废地一片,计共五十三亩,内有仅留椽柱之大小破房一十六架,坏墙一方,东南绕以

河流,转运既便,距埠亦迩,似尚适用。随经厂长文渊驰抵会勘,意见相同,拟即定为建筑工厂地点。惟该处系属国有产业,知事、厂长未敢擅专,理合会衔备文呈请,仰祈察核,迅赐从权拨用,俾得早日兴建,着手开办,免致耽延费累,实为公便"等情到署。查该县既无其他官地堪以拨用,是项大教场地亩尚在荒废,并经查明现无军用之必要,应请准予拨给,以资提倡而利进行。除分咨财政部、陆军部,并批示外,相应会衔咨请大部查核见复。此咨

陆军总长、财政总长

浙江督军省长吕公望
中华民国五年十一月三日

（原载《浙江公报》第一千六百七十二号,一九一六年十一月八日,四页,咨）

浙江省长公署咨省议会

咨送议决省立中等学校校长任用规程请公布由

浙江省长公署为咨复事。

案准贵会咨开,"案查校长为学校表率,教育之良否,与校长大有关系,设非慎之于任用之始,则一校内容难期完善。兹由本会提出《浙江省立中等学校校长任用规程案》,经付大会讨论审查修正,三读通过,相应缮具清摺,咨送查照"等由。准此,除公布外,相应咨复贵会查照。此咨

浙江省议会议长

浙江省长吕公望
中华民国五年十一月三日

（原载《浙江公报》第一千六百七十二号,四至五页,咨）

浙江省长公署咨省议会

据财政厅呈复项议员关于承粮户摺征收
手数料质问各端请转咨由

浙江省长公署为咨明事。

案查前准贵议会咨送项议员廷桢提出《关于承粮户折征收手数料事项质问书》一件，希即如期答复等由到署。当以是案系属财政厅主管，即经检同原《质问书》令行该厅查复，并先行依期答复均在案。兹据该厅呈称，"查承粮户摺一项，原定办法，摺列所有产十行已内收手数料银圆五分，十一行以上递加五分，系专指第一次掣发之户摺而言，并非逐年必须换给，亦非按年征收。其第一次掣给之户摺，与三年上忙征粮由单同时并发者，无非为手续上图便捷起见，实与办法毫无关系。至此次修正《推收户粮规则》，纯然为办理推收而设，其第九条所定，'按亩收手数料大银圆一角，畸零分数一律以亩计算'，即指自亩以下之零数而言，无论分厘丝毫，均作亩论，其义甚明。惟推收户粮，有一户一产而单独推收者，有一户数产而合并推收者，故同条之下，特加'但书'之规定，并举例以示合并推收计算之法，并非零数须满六分方作一亩论，可晓然矣。又，永嘉所办承粮户摺，无论户之大小、行数多寡，概收银圆五分，系为体恤民艰起见，当经呈明有案。惟摺内应行记载各项，是否遵式逐一详细填注，应由本厅令饬该县明白呈复核办。至此项户摺，本为承粮之证据，如果业户于产权上并无其他纠葛，当然有效。惟办理手续本极繁赜，稍一不慎，易致误漏，设有或出或入之处，自可向该管官厅呈明更正。奉令前因，合将质问各端具文呈复，仰祈察核转咨"等情。据此，除指令外，相应备文咨明贵议会，请烦查照。此咨

浙江省议会

浙江省长吕公望

中华民国五年十一月　　日

（原载《浙江公报》第一千六百七十二号，五至六页，咨）

浙江省长公署咨农商部

据余光启呈试探临海县鸡龙山铅矿请核给探照由

浙江省长公署为咨行事。

案据矿商余光启呈称，"愿在临海县鸡笼山等处，试探铅矿，共计矿区面积二百五十五亩另五厘五毫，先后遵章备具矿图、保结并注册费及第一期矿区税银，送请核给探照"等情。经前民政厅令县查复，并无纠葛、错误，所呈矿图、保结等件，核与《矿业条例》，亦属符合，应准给予探矿权。惟查此项探照，依例应由大部查核填发转给。除批示并将矿区税汇发财政厅核存外，相应检同该矿商所呈矿图、保结及注册公费银元，一并咨送大部，请烦查核见复。此咨

农商总长

计附送矿商余光启矿图四份，履历保结一纸，注册费银元一百元。

浙江省长吕公望

中华民国五年十一月四日

（原载《浙江公报》第一千六百七十二号，五页，咨）

浙江省长公署咨农商部

据杭县呈大有利公司加股改订章程请转咨注册由

浙江省长公署为咨行事。

据杭县知事姚应泰呈称，"浙省大有利官商合股商办电灯股份有限公司函称，'窃公司于前清宣统元年十一月间集资二十万元创办，曾于民国二年十二月二十四日缮具章程呈请屈民政长核转注册[①]，于民国

---

① 屈民政长，即屈映光，字文六，浙江临海人。民国二年九月署民政长，民国三年五月改任巡按使。

三年二月奉工商部给照在案。至民国四年开股东常会时提议，因扩充营业增加资本十五万元，由老股东尽先摊缴，不足则另招新股，到会股东全体赞成议决。本年开股东常会时提议，因社会日进文明，工业日渐发达，需用电力之处必日多一日，将大有利电灯有限公司改为大有利电汽有限公司，预备将来添开日机，以供工业界需电之用。又，因从前《章程》多与新颁《公司条例》抵触，逐条照《公司条例》提出修正，均经股东当场议决在案。理合将增加资本、扩充范围、修正《章程》缘由，抄录民国四、五两年股东常会议决案，并新旧股东名册、修正《章程》，除前缴一百五十元注册费，兹照公司注册第三条之规定原缴银数得扣除之应缴洋五十元，一并备文函请核转注册，以资信守'等由。准此，查该公司于民国二年十二月间呈部注册有案，此次增加资本、修正《章程》，核与《注册条例》尚属相符。除遵照向章将注册费留县五元外，合将《章程》、议案及名册并注册费一并备文呈送，仰祈鉴核俯赐转咨注册，实为公便"等情，并附修正《章程》、四、五两年股东会议案，新旧股东名册各二份，注册费银四十五元到署。除指令并抽存《章程》等件各一份备查外，相应检同原送各件及注册费，一并备文咨请大部查核见复施行。此咨
农商总长

　　附大有利公司修正章程，四五两年股东会议案，新旧股东名册各一份，注册费银四十五元。

浙江省长吕公望

中华民国五年十一月四日

（原载《浙江公报》第一千七百零一号，一九一六年十二月七日，六至七页，咨）

浙江省长公署公布第二号

　　省议会议决添设省立甲种森林学校一案，兹照《省议会暂行法》第三十七条规定公布之。此令。

计抄《省立甲种森林学校议决案》并预算表一件。

中华民国五年十一月三日

省长吕公望

筹设省立甲种森林学校议决案

第一条　甲种森林学校就金、衢、严、处森林发达、交通较便之处筹设一所。

第二条　甲种森林学校应拨用官荒设置左列各场：

一实习场，于学校附近，筹设一处；

一造林场，于金、衢、严、处范围以内，择设三处。

以上各场，如无官荒可拨时，得购用民地。

第三条　甲种森林学校设校长一人，学监兼舍监一人，庶务一人，会计一人，书记一人，林场管理员三人。

第四条　第一年先招学生二班，每班定额五十名。

第五条　甲种森林学校之学科修业期限及入学资格，悉照教育部《实业学校规程令》办理。

第六条　甲种森林学校开办、经常等费，另于预算表定之。

第七条　甲种森林学校于民国六年度学年开始时，应筹备成立。

省立甲种森林学校经费预算表①

岁入经常门		
款　　目	全年度预算数	备　　考
第一款　学生学费	一二〇〇	学生每人每年学费十二元。
第一目　学费	一二〇〇	

---

① 底本无表格，由整理者添线成表。

款　　目	全年度预算数	备　　考
岁出经常门		
第一款　甲种森林学校经费	七五一〇	
第一项　俸给	五八一六	
第一目　薪修	五四五六	
第一节　职员薪水	二三七六	校长一人，八十元；学监一人，三十元；庶务一人，十八元；会计一人，十八元；书记一人，十六元；造林场管理员三人，各十二元；以上十二个月计，合如上数。
第二节　教员薪修	三三六〇	学生二班，每班每星期教授时间三十五小时，每小时预科以一元计算，专科以一元五角计算，在第一年初办时，仅有预科二班，月需薪水二百八十元，以十二个月计，合如上数。
第二目　工资	三六〇	工役五人，每名每月六元，以十二个月计算，合如上数。
第二项　办公	八〇〇	
第一目　文具	八〇	
第一节　纸张	二〇	
第二节　簿册	一〇	
第三节　笔墨	一〇	
第四节　印刷	五〇	
第五节　杂件	一〇	
第二目　邮电	六〇	
第一节　电费	三〇	
第二节　邮费	三〇	
第三目　添置	二八〇	

续　表

岁出经常门		
款　　目	全年度预算数	备　　考
第一节　仪器	一二〇	
第二节　图书	一〇〇	
第三节　器具	六〇	
第四目　消耗	三八〇	
第一节　试验用品	八〇	
第二节　茶水	三〇	
第三节　薪炭	三〇	
第四节　油烛	二四〇	
第三项　实习造林等场用费	五九四	
第一目　工资	三八四	巡守夫四名,每名每月八元,以十二个月计,合如上数。
第二目　苗木种子	一六〇	
第三目　杂支	五〇	
临时费		
第一款　甲种森林学校开办费	一九七〇〇	
第一项　建筑	一二〇〇〇	
第一目　建筑	一二〇〇〇	建筑校舍及造林场、实习场、看守室,计如上数。
第二项　地价	三五〇〇	
第一目　校基	八〇〇	校基以十亩计算,约计如上数。
第二目　实习场造林场	二七〇〇	购用实习场、造林,计如上数。
第三项　购置	四二〇〇	
第一目　仪器	二〇〇〇	
第二目　图书	二〇〇	
第三目　器具	二〇〇〇	

（原载《浙江公报》第一千六百七十二号,七至一〇页,公布）

浙江省长公署公布第三号

省议会议决本省《省立中等学校校长任用规程》一案,兹照《省议会暂行法》第三十七条规定公布之。此令。

计抄本省《省立中等学校校长任用规程议决案》一件。

中华民国五年十一月四日

省长吕公望

《浙江省立中等学校校长任用规程》议决案

第一条　省长任用中等学校校长,适用本规程之规定。

第二条　有左列资格之一者,以其所习实业专科为准,得任用为省立甲种实业学校校长:

一、在本国或外国大学或教育部认可之私立大学农工商科毕业者;

二、在本国或外国实业专门学校毕业,且曾充甲种实业学校教职员一年以上者。

第三条　有左列资格之一者,得任用为省立师范学校校长:

一、在本国或外国大学文科毕业者;

二、在本国或外国高等师范学校毕业,曾充师范学校教员一年以上者;

三、在优级师范学校选科毕业,曾充师范学校教员三年以上者。

第四条　有左列资格之一者,得任用为省立中学校校长:

一、在本国或外国大学文科理科毕业者;

二、在本国或外国高等师范学校毕业,曾充中学校教员一年以上者;

三、在优级师范学校选科毕业,曾充中学校教员三年以上者;

四、曾充中等学校教员五年以上者。

第五条　各学校校长,先就本省人任用之。

第六条　曾受学务上之惩戒处分者,不得任用。

第七条　本规程自公布日施行。

（原载《浙江公报》第一千六百七十二号,一〇至一一页,公布）

浙江省长公署训令第一千一百七十一号

令第六中校据省视学查报该校闹学情形由

令第六中学校校长张炘

案据省视学谢师枋呈报该校此次闹学风潮始末详情,并附呈逐日到课人数表到署。查该校此次孔子诞日改于九月二十四日放假,本无不合,该二年级学生始则不服命令,坚求再假,继复有不守规则之举动,迨记过后又敢停课要挟,提出条件,并敢哄动各级学生,多方煽惑,及哄击会计室,勒还学膳费,种种举动,实属狂悖已极。前据该校长呈称,"已将为首之邬荣枢、俞尔戊、陈畴、许绍棣、董绍晋、应耀彩、徐育民、朱璋等八名,悬示斥革",应准照办。其余各生,除因事故准假外,现在是否已一律到校上课,仰即详细具报。至于该校校风嚣张,殊堪愤慨,以后务由校长认真管教,于训练一端,尤须随时格外注意,其有习惯不良、不堪教诲之学生,并准随时从严惩戒,务期革除嚣风,力求整饬,仰并遵照。此令。

中华民国五年十一月三日

省长吕公望

（原载《浙江公报》第一千六百七十二号,一二页,训令）

浙江省长公署训令第一千一百七十五号

令嘉善县据该县教育会电请维持小学方法由

令嘉善县知事樊光

案据该县教育会会长夏翀电称,"闻严令催解师范讲习所经费,小学势难支持,乞示维持方法"等情到署。据此,查该县县税小学费截至四年度止,尚分配余存五百五十余元。据呈殊非事实。且《联合师范讲习所办法》,已准省议会议决公布,至本年十二月末日为止,仍由各县县税支出,现在各讲习所待款万急,该县欠解前学年度经费,自应克速筹解来署,以凭转发应用,合行训令该知事遵照,并仰转行该会长知照。此令。

中华民国五年十一月三日
省长吕公望

(原载《浙江公报》第一千六百七十二号,一二至一三页,训令)

浙江省长公署训令第一千一百七十六号

令第六中校据省视学呈报该校情形由

令省立第六中学校校长张炘

案据省视学谢师枋呈称,"窃视学视察临海学务,查省立第六中学校教授、管理均属合法,各科成绩以国文、算术为最优"等情,具见该校长实心任事,应予嘉奖,合行令仰知照。此令。

中华民国五年十一月三日
省长吕公望

(原载《浙江公报》第一千六百七十二号,一三页,训令)

浙江省长公署训令第一千一百七十八号

令财政厅据鄞县知事呈为甬江日狭亟宜
设法保护以垂永久由

令财政厅长莫永贞

案据鄞县知事祝绍箕呈称,"窃维商务发达,端赖交通便利。宁波为通商巨埠,所资以运输者,首惟甬江,若论振兴商埠,正应积极开广,希望最大轮舶可以驶入,其商业之进步,自可不言而喻。无如国人以习故蹈常为天性，又以兹事体大，决非少数人所能主张，更非数年间所能见效，故宁舍完全主权之商埠，不思经营，均挟资聚集沪上，寄足租界，为久安之计。时势所趋，原无足怪。独是对于根本之地，咸抱放任主义，尚何发展可言？而狃于近利者，并不意及甬江与甬人生活有密切关系，犹以侵占沿岸涂地为得计，始则托名驳塘，旋即建筑廊屋，一经买卖，视同己产，官厅难于觉察，地方徇情不言。迩以地价昂贵，效尤纷起，长此以往，妨碍江面，不堪设想。知事咨询地方父老，据云，'数十年前自江北岸遥望江东，斗大店号不能辨认，近则一目了然'等语，是两岸之日就接近，皆两岸之人侵占官涂之明证。但出之于渐，罔能知觉，官吏屡易，尤属茫然。似非订定规约，使家喻户晓，恐官厅不明责任，人民难资遵守。知事服务鄞邑，管见所及，谨拟数端，为省长详细陈之。一侵占宜严加禁止也。沿江沙涂本属官有，不容侵占。嗣后凡因私人利益，砌驳石塘，应就私有地内设法兴筑，不得侵及官涂，违者除依法惩罚外，并勒令拆除。责成该管警所随时查察，许人民据实告发，于罚款内酌提奖金，以资激劝。一官涂宜量免标卖也。官涂隶属官产，当然在清理范围，倘不察地形，专为目前收入起见，难免贻患将来。嗣后凡标卖官涂，应先查勘，有无关碍江面之处，绘图会核，如有朦蔽，治查塘者以相当处分，并取销原案。一沿江倾弃垃圾宜取缔也。江面污物，虽随潮流上下，但有桩石等障碍之处，则经年累月，积少成多，徐化淤浅，即涨涂之一大原因。应令自治公所暨商会协力开导，如有不肖之徒故意违背，由警察厅施以违警处分。一买卖地契宜禁用白水为界字样也。查民间契纸载明四址，每有'白水为界'字样，原意为白水以内皆其所有，似甚明晰。但沿江涂地时有新涨，借'白水为界'字样，预留子母相生地步，一有纠葛，恒执契为证，似乎新涂当然可以占有。诸如此类，数见不鲜。亟宜布告周知。凡立地契，须凭丈尺，嗣后禁用'白水为界'字样，以杜含混。以上四项，事关移易民俗，酌留官产，均属重大，是否有当，理合备文呈请,仰祈察核指示。如荷准行,俾凭布告,垂为定案,不胜待命之至"等情。据此,除以"呈悉。侵占官涂,本于例禁,甬江为宁波通商要道,据称两岸沙涂,人民逐渐侵占,以致江面日狭等情,实于商业交通大有妨碍,是应从严取缔,以儆效尤。该知事所拟办法四条,尚属妥洽,应准照行,并候令知财政厅查照"等语指令外,合行令仰该厅长查照。此令。

中华民国五年十一月三日

省长吕公望

(原载《浙江公报》第一千六百七十二号,一三至一四页,训令)

浙江省长公署训令第一千一百八十一号

令临安县知事据委员楼汝蘅查复
习艺所因利局情形由

令临安县知事黄鹗之

据委员楼汝蘅查复该县习艺所、因利局情形,并附表册前来。查该县习艺所,自本年举办,毕业以后,在所者仅有十四人,何以迟滞至今,迄未补足?查该所《章程》,艺徒名额至少应以四十人为限,即招足二十名,亦尚缺其半,何并此而置之,殊不可解。仰即宽筹款项,照章如数收补。至所中经常开支,除艺徒火食外,杂用尚宜节减,薪水一项,自所长以下亦均应酌量核减,事务员并应裁撤。仰即迅速遵办,一面仍查照前民政厅指令,连同各项报册呈候察核。其省拨因利局基金,存于何种商号,每月计利若干,局内开支之款如何指拨,均未据专案呈报,无凭察核,仰一并汇案声复,毋违。此令。

中华民国五年十一月三日

省长吕公望

(原载《浙江公报》第一千六百七十二号,一四至一五页,训令)

浙江省长公署训令第一千一百八十二号

令新任慈溪林知事查拿该县花会匪犯并撤换陈云程由

令慈溪县知事林觐光

案据该县在日华侨吴作镆以"县属北乡匪首沈阿宏等开设花会,贻祸地方,县警队长得贿包庇,请分别严禁查拿撤惩"等情具呈到署。查沈阿宏等开设花会,迭经前巡按使严缉查拿,并经该侨商允出赏格洋一千六百元,警队长陈云程亦经前巡按使饬令撤换,何以该县历任知事并不遵行,殊属泄玩。兹据前情,合行钞呈令仰该知事迅将该犯沈阿宏等严密缉拿,务获诉究,并将该处花会从严查禁,务绝根株。其警队长陈云程捕务废弛,无可辞咎,着即撤换。如查有得贿包庇情事,并应诉由专审员依法严究,毋稍徇纵。仍将遵办情形具报察夺,并转行知照。此令。

中华民国五年十一月三日

省长吕公望

(原载《浙江公报》第一千六百七十二号,一五页,训令)

浙江省长公署训令第一千一百八十三号

令财政厅各统捐局发各统捐局经过货物月报表式令即填报由

令财政厅、各统捐局局长

查农工商各项物产数量,关系于国民经济之变迁,至为重要。浙省幅员广袤,向无精确报告,致盈虚消长之数,无从查考,亟应厘定表式,令发各统捐局将经过输出输入各货物数量按月填报,俾有精确之统计,藉定进行之方针。除令各统捐局/财政厅外,合行检同表式二纸,令发该厅/局长,仰即转饬各该统捐局长/遵令迅将本年七月分起至十月分止,经过该局各货物数量按月依式分别查填,先行径呈来署。嗣届每月十日以前,将上月分两项表式填报查核,毋稍违误,切切。此令。

计发表式二纸。

中华民国五年十一月三日

省长吕公望

局经过输出货物月报表

类　别	数　量	用　途	价　值	输出地	纪　要
说明	经过货物来自何处,如输出者一部分或全部分,其最终地点在省内,抑在省外,应于纪要栏内,分别详细填注,以资查核。				

局经过输入货物月报表

类　别	数　量	用　途	价　值	输入地	纪　要
说明	经过货物来自何处,如输入者一部分或全部分,尚须转输他处,应于纪要栏内,分别详细填注,以资查核。				

（原载《浙江公报》第一千六百七十二号,一五至一七页,训令）

浙江省长公署指令第二千八百三十七号

令汤溪县知事丁燨

呈一件为县立模范国民学校添设高小学开送简章各表请备案由

准予备案。惟《模范国民学校简章》内,"学级项下称分三级教授,一年级、二年级,合组采用单级制,三年级、四年级,均各自为一级"等语。查单级制,系将全校各年级学生合为一学级教授,若如《简章》所称情形,系属多级复式制,原文谓采用单级制,殊属错误,应令改正。附件均存。此令。十一月三日

（原载《浙江公报》第一千六百七十二号,一九页,指令）

浙江省长公署指令第二千七百三十九号

令财政厅长莫永贞

呈一件为呈复议员项廷桢关于承粮户摺征收
手数料质问各端并缴原质问书由

呈悉。已据情咨复矣。仰即知照。原《质问书》存。此令。十一月一日

（原载《浙江公报》第一千六百七十二号，一九页，指令）

浙江省长公署指令第二千八百四十二号

令公立医药专门学校校长韩清泉

呈一件呈送订聘外国教员合同请存转由

呈、件均悉。查聘用洋员，照章应具正式合同一份，送外交部备案。兹据送到，均系抄合同，无凭转咨。又，查合同第十条载有"送省长公署备案"字样，应改为"送由省长转咨外交部备案"九字①，仰即另缮三份分别存送候转，并另抄二份一并呈送，以便本署及转发交涉署备查。抄合同发还。此令。十一月三日

计发还抄合同三扣。

（原载《浙江公报》第一千六百七十二号，一九页，指令）

浙江省长公署指令第二千八百五十一号

令崇德县知事汪寿鉴

呈一件为县教育会拟办会考及学校成绩
展览会请拨补助请核示由

呈悉。会考学生一节，如系在部章禁行试验事项以外，应准由各校自行联合办理，其费即由联合各校支给。学校成绩展览会一项，如

---

① 九字，据条文当为"十一字"。

系全县举行,属于行政范围,应改由该知事委任该会办理,其一应费用,即于县教育款项内实支实销。至该会应否补助,应仍由该知事酌量该会经费盈绌及应办会务,拟议呈核。仰即分别遵照。此令。十一月三日

(原载《浙江公报》第一千六百七十二号,一九至二○页,指令)

浙江省长公署指令第二千九百一十号

令财政厅长莫永贞

呈一件委员查复外海船舶征收验费情形
据情转报并附清摺由

呈、表①。船舶牌照局征收外海船舶验费,无论省内省外,应自各该局奉文之日起一律革除,仰速通令遵照,并由厅撰具布告,发由各该局晓谕商民知照。镇海闽船验费,既由自治会经收,是否拨充自治事业之用,其初是否经县议会议决有案;定海商渔验费,向归县署经收补助警察,当时如何定案;台属之渔盐局,是否属于盐务机关,本署无案可稽,无凭察核;均仰该厅分别行查录案具复核夺。至《外海船舶取缔规则》,现在既将验费一律革除,应由该厅迅速修正,加具理由呈候交议,一面仍咨明外海水警厅查照毋延,切切。此令。摺存。十一月三日

(原载《浙江公报》第一千六百七十二号,二○页,指令)

浙江省长公署指令第二千九百十八号

令黄岩县知事汤赞清

呈一件为阮道坤捐资兴学请核奖由

呈、件均悉。该民阮道坤以自置房屋器具,捐入学校,洵堪嘉许。

---

① 呈、表,下疑脱"均悉"两字。

应准奖给银色二等褒章,填明执照随文附发,仰即查照转发可也。清单存。此令。十一月三日

附发褒章一座、执照一张。

(原载《浙江公报》第一千六百七十二号,二〇至二一页,指令)

浙江省长公署指令第二千九百三十五号

令第九联合县立师范讲习所所长包汝義

呈一件呈为学生无故辍学请予饬县追缴学膳费由

呈、摺均悉。该所学生王丙书、刘均、齐崑、陈法祖、陈范、姚莲生、王钺等七名,无故不到所既一月有余,应准一并除名。所有每名应追缴一学期学膳费银十六元,应即由该所长责成各该保证人照缴,毋庸遽请饬追,仰即遵照办理具报。摺姑存。此令。十一月三日

(原载《浙江公报》第一千六百七十二号,二一页,指令)

浙江省长公署指令第二千九百四十一号

令高等检察厅长殷汝熊

呈一件呈复长兴看守所教养局界限

不明令县改正情形由

呈悉。仰仍转令该县知事,嗣后羁押人犯,务须督饬照章办理,毋稍牵混,切切。此令。十一月三日

附原呈

呈为呈复事。

案奉钧长第三五三号训令内开,"访闻吴兴、长兴两县看守所、教养局界限不明,务须转令一律改正具报"等因。奉此,当经职厅以"看守所专为管守未决人犯而设,其已决人犯,无论罪刑轻重,应监禁于监狱,不得兼收,界限本极分明。至教养局,专为

收容民事理曲人财产净绝、无子执行者,使之工作之所,与看守所之收押刑事未决人犯,性质迥乎不同。该县以教养局专押未决人犯,尤失设立教养局之本旨"等语,转令吴兴、长兴两县遵照改正,迅行呈复去后。前据吴兴县知事呈复,该县监狱、看守所、教养局内各犯人,尚无牵混寄押情事,曾经职厅呈复钧署在案。兹复据长兴县知事魏兰呈称,"转据管狱员魏世杰复查,'长邑监狱系用原有旧址,监舍无多,地势狭隘。自上年十一月间,添设教养局,划出监舍二间,其需用更为不敷。管狱员虽因房屋无多,皆照章程办理。所有监狱、看守所、教养局三处收押人犯,悉系分别羁禁,界限划清,严行隔离。本年七八月间,因天气炎热,收押未决人犯,尤为拥挤。当查教养局之屋宇较为宽舒,且被教养人日间又在工场习艺,管狱员为疏通人犯、预防疫病起见,即就教养局内寄押被看守人三四名,嗣经陆续开释,并未再有寄押'等情具复前来。知事亲往查察无异。除随时督令管狱员嗣后收押人犯务须分明界限外,奉令前因,理合具文复请核转"等情前来。据此,除指令该知事督同管狱员,嗣后管押人犯务须分明界限,不得再行牵混寄押外,理合据情转呈,仰祈钧长察核施行,诚为公便。谨呈。

(原载《浙江公报》第一千六百七十二号,二一至二二页,指令)

浙江省长公署指令第二千九百四十三号

令制造水产品模范工厂厂长

呈一件呈请修理旧屋藉资备用由

呈悉。仰即先将大教场亩分、四至勘量明确,并新旧工程计划绘具图说,并呈核夺,毋延。此令。十一月三日

(原载《浙江公报》第一千六百七十二号,二二页,指令)

浙江省长公署指令第二千九百四十四号

令新登县知事

呈一件呈报赴美赛品原出品人概愿

一律移赠填送清单由

呈、单均悉。该县运回赴美赛品,既经出品人声复概愿移赠,候发交陈列可也。单存。此令。十一月三日

（原载《浙江公报》第一千六百七十二号,二二页,指令）

浙江省长公署指令第二千九百四十五号

令杭县知事

呈一件呈运回赴美赛品分别原出品人愿赠与否由

呈、单并悉。该县运回赴美赛品,既据各出品人声复不愿移赠,候另令派员来署具领,余件准发交陈列可也。仰即分别转饬知照。单存。此令。十一月三日

（原载《浙江公报》第一千六百七十二号,二二页,指令）

浙江省长公署指令第一千九百五十一号

令警政厅长夏超

呈一件呈送沈少荫在盔头巷口建设粪厕

一案原卷及辩明书请核办由

呈及辩明书暨该厅原卷一宗均悉。所有省会警察厅关于是案原卷,仰即一并检呈,以凭察办。此令。十一月四日

（原载《浙江公报》第一千六百七十二号,二二至二三页,指令）

浙江省长公署指令第二千九百五十二号

令警政厅长夏超

呈一件呈请将警备三区二营在绍属西塘地方拿获

匪首余阿高等案内所获匪械请给奖洋由

呈悉。该营所获前膛枪四杆,既据查表列在"堪用"栏内,应准照章奖给赏洋四元。至其余所获小土手枪一杆,查定章既无规定,自应毋庸置议。仰即转令遵照。此令。十一月四日

(原载《浙江公报》第一千六百七十二号,二三页,指令)

浙江省长公署指令第二千九百五十三号

令警政厅长夏超

呈一件呈请将警备三区三营在下王庄拿获著匪胡雪堂

即宿肚一名案内所获小口径快枪一枝请核赏由

呈悉。该营所获小口径枪一杆,既据查表列在"堪用"栏内,应准照章给奖赏洋十元,仰即转令知照。此令。十一月四日

(原载《浙江公报》第一千六百七十二号,二三页,指令)

浙江省长公署指令第二千九百五十八号

令武康县知事

呈一件呈送应考海军学生钱选履历照片请汇送由

呈及钱选履历表、照片均悉。仰候届期汇案送考,并咨部可也。此令。件存。十一月四日

(原载《浙江公报》第一千六百七十二号,二三页,指令)

浙江省长公署指令第二千九百五十九号

令孝丰县知事

呈一件呈报境内无医院医校等请免填表由

呈悉。既据称该县境内并无医院、医校及西医药剂师等项,应准免予填表。此令。十一月四日

(原载《浙江公报》第一千六百七十二号,二三至二四页,指令)

浙江省长公署指令第二千九百六十号

令上虞县知事

呈一件呈送应考海军学生王祖旦宓志佳履历请汇转由

呈及王祖旦、宓志佳履历均悉。仰候届期汇案送考,并咨部可也。此令。履历表存。十一月四日

（原载《浙江公报》第一千六百七十二号,二四页,指令）

浙江省长公署指令第二千九百六十二号

令宣平县知事

呈一件请将防剿南乡土匪黄桂芬案内出力人员叙功由

呈悉。仰即补呈各员履历,再行核办。此令。十一月四日

（原载《浙江公报》第一千六百七十二号,二四页,指令）

浙江省长公署指令第二千九百八十八号

令永康县知事张元成

呈一件呈送教育行政会议章程请察核由

呈、摺均悉,应准备案。惟各条文内"议员"二字,应均改为"会员","议长"二字应改为"主席",仰即分别遵照改正。摺存。此令。十一月四日

永康县教育行政会议章程

第一条 本会议于教育行政范围内,依据现行法令,参酌地方情形,讨论督促设施方法,以谋全县教育之统一及改良普及为宗旨。

第二条 本会议会员,以左列各项人员充之:

甲 县知事公署教育主任及助理员;

乙　县视学员；

丙　劝学所所长及劝学员；

丁　各区学董；

戊　各学校校长，除县立各校外，其余各校校长，按照义丰、游仙、义孝、昇太、武合、长承六区，区各互选六人；

己　教育会会长；

庚　通俗教育讲演所所长及讲演员；

辛　其他办学人员，由本会会员五人以上之介绍，得本会许可者，但至多不得过十人。

第三条　本会议会员为名誉职，所需各种费用均各自行负担。

第四条　本会议以教育主任为主席，如有事故时，得以县视学员或劝学所所长代理之。

第五条　本会议议案，除由县知事公署提出外，会员亦得提出之，但须于开会三日前作成建议书，送请县知事察核交议。

第六条　本会议议决案，由主席呈请县知事采择施行，并转呈省长备案。

第七条　本会议常会于暑假寒假中举行之；其有重要事件，依县知事之职权或会员十人以上之请求，经县知事核准，得开临时会，其开会闭会日期由县知事定之，于七日前通知会员。但临时会得于三日前通告。

第八条　本会议议场设于县知事公署内，但遇公署房屋狭隘不适用时，得假公共场所为议场。

第九条　本会议议事细则另定之。

第十条　本章程俟呈准后施行，如有未尽事宜，得随时呈请修改。

（原载《浙江公报》第一千六百七十二号，二四至二六页，指令）

浙江省长公署指令第二千九百九十一号

令永嘉县知事郑彤雯

呈一件为呈报讲演员传习期满并送履历请备案由

呈、摺均悉，应准备案。惟查该县讲演所应报事项，尚未据报有案，仰即查照本年十月二十五日《浙江公报》登载，本公署核准《长兴县公立讲演所章程》《办事细则》《听讲规则》等项，参酌地方情形，妥速拟订，并另造所长、讲演员履历各二份，连同预算表，呈候核转。又，该所经费是否仍照原案开支，并应查明声叙备核。仰并遵照。摺存。此令。十一月四日

（原载《浙江公报》第一千六百七十二号，二六页，指令）

浙江省长公署指令第二千九百九十三号

令仙居县知事孙熙鼎

呈一件为开送劝学所长及劝学员履历请分别委任备案由

呈及履历均悉。所长准先委任，并将各劝学员一并备案，俟《施行细则》由部颁到，再令开办。仰即查明，并将发去任命状转令祗领。此令。十一月四日

计发任命状一件。

（原载《浙江公报》第一千六百七十二号，二六页，指令）

浙江省长公署批第七百二十六号

原具呈人新昌王廷鳌等

呈一件禀孔耕田等借办五堡小学觊觎庵产请饬收回由

该庵产拨办五堡小学，该民等何至于四年之后始知事实，据称各节，殊无理由，所请仍不准。此批。十一月三日

（原载《浙江公报》第一千六百七十二号，二七页，批示）

浙江省长公署批第七百二十七号

原具呈人张翅等

呈一件为丁求真志切留学经费困难请首先拨补官费由

该生丁求真有功民国,自是足多,本省长素所钦佩;且学业既精,实验亦富,又复请费游学,以求深造,其志尤属可嘉。应准予专案咨部,俟留德学生缺出尽先请补,以为功成不居、立志向学者劝。此批。

十一月三日

（原载《浙江公报》第一千六百七十二号,二七页,批示）

浙江省长公署批第七百二十八号

原具呈人丁求真

呈一件为遵送证书履历请咨部提前存记补费由

据呈及证明书类、履历均悉。该生学业既精,实验亦富,又复情殷向学,其志尤属可嘉。且查该生曾于民国四年五月呈请给费留德,业经前按署批准递补有案。应即准予专案咨部,俟有缺出尽先拨补,以资深造可也,仰即知照。附件存转。此批。十一月三日

（原载《浙江公报》第一千六百七十二号,二七页,批示）

浙江省长公署批第七百二十九号

原具呈人绍兴张恩德等

呈一件呈潘成灿等父子朋比为奸办学腐败请饬跟究由

呈悉。该潘成灿果有运动投票情事,尽可复呈该县核办,毋庸越渎。此批。十一月三日

（原载《浙江公报》第一千六百七十二号,二七至二八页,批示）

浙江省长公署批第七百三十号

原具呈人缙云陈竹浔等

呈一件为学务委员施焯徇情废学请严饬遵行由

查是案据该县知事将筹设澄川庄国民学校,暨办理丁唐福等强夺正本校租各情形呈报到署,业今指令在案①。该民等应即回籍听候核办,毋庸率渎。此批。十一月三日

（原载《浙江公报》第一千六百七十二号,二八页,批示）

浙江省长公署批第七百三十一号

原具呈人陈廷荐等

呈一件为县立第三高小学校长陈鸿逵侵蚀公款由

据呈是否属实,候令县查明复夺。此批。十一月三日

（原载《浙江公报》第一千六百七十二号,二八页,批示）

浙江省长公署批第七百三十二号

原具呈人瑞安林孟明等

呈一件为学董王润滥用职权校长鲍衡扣留证书请饬惩办由

查是案前据电禀,并据东南校长鲍衡呈控到署,业经并令该县知事查复核夺在案,应俟复到核办。此批。十一月三日

（原载《浙江公报》第一千六百七十二号,二八页,批示）

浙江省长公署布告第四号

浙江省长公署为布告事。

照得民刑诉讼及行政诉讼诉愿事件,均应照法定程序,向主管衙

---

① 业今,疑为"业经"之误。

门呈控,不得越诉。其控告官吏违法虐民者,亦应详列事实证据,并将本人籍贯、住址、职业、年岁,依照公文程式详细开列,画押加具坐诬切结,暨省城确实铺保,来辕亲投,方准受理。其余邮递禀件,概不批示。迭经前都督府暨本署出示晓谕,并饬由各县照稿缮录分别张贴在案。乃查阅近来所收呈状,仍有邮递及越级控诉等事,诚恐商民人等尚未周知,合再明白布告。嗣后凡有民、刑诉讼及行政诉讼诉愿等事,务各遵照前项告示分别办理,毋再违误,致干驳斥,切切。特此布告。

中华民国五年十一月三日

省长吕公望

（原载《浙江公报》第一千六百七十二号,二九页,布告）

浙江省长公署咨省议会

咨送革除酒类缸照捐及印花倍捐议决案请公布施行由

浙江省长公署为咨行事。

本年十月三十一日准贵议会咨行,案照本会"据孙议员如怡、包议员芝洲等提出《停免烟酒苛税议案》,正付议间,又叠据杭嘉湖旧府属酒商代表徐光溥、蒋世澄等,绍兴酒商代表章棋、周清等各送陈请书到会,均经分别审查付议、并案讨论。除酒类公卖捐另由本会请愿国会提议减轻捐率划一征收外,其缸照捐及印花倍捐两项,业经大会公决,即行革除,相应咨请查照公布施行"等因,并将议决案缮摺附送到署。准此,查本省缸照捐及印花倍捐诚不免于繁苛,本省长体察商情,力难负担,自系实在,惟是项捐款系属国家岁入,与国家预算有关,未便遽由省公布革除,应由本署陈述商艰咨请财政部核复办理。准咨前因,相应备文咨请贵议会查照,即希亮察为荷。此咨

浙江省议会

浙江省长吕公望

中华民国五年十一月三日

（原载《浙江公报》第一千六百七十三号，一九一六年十一月九日，三页，咨）

浙江省长公署咨省议会

据财政厅呈复省议会质问关于证券抵押所事项
请察核转咨并缴原质问书由

浙江省长公署为咨明事。

案查前准贵议会咨送张议员若骝等提出《关于证券抵押所事项质问书》一件，请即如期答复等由到署。当以是案系属财政厅主办，即经令厅按照质问各端查明具复，并依期答复均在案。兹据该厅呈称，"查证券抵押所于民国四年三月间经前将军、巡按使电达财政、农商两部核准开办，其设立本旨，一方为保持证券之信用，一方为流通市面之金融，原拟官商合资经营，嗣以商股无从筹集，由张前厅长于国税项下拨银十五万元先行试办①，所有简章系照按法定《证券交易所规则》及《银行抵押通例》参酌拟订。其简章第六条规定，抵押期限最少一个月、最多六个月者，因该所资本既有定额，自应酌定抵押期限，俾资周转。又《抵押章程》载明，期限未到不得取赎，及未到期而愿按到期计算照章取赎者，须于二十日以前预行关照等语。查'预行关照'一节，系为保障抵押人权利而设，因所掣收据或有遗失情事，若立时可以取赎，恐遗失者赴所声明或有不及，致受损失。是以规定先期报明，亦无非救济之方。至期限未到，不得取赎，如欲取赎，亦须按到期计算，实系抵押通例，是以《章程》如此规定。其利息一项，因金融市面松紧无常，该所含有营业性质，自不得不随市增减，藉资调剂，然较普通行号往往减轻，以示体恤。凡所以严杜奸弊，便益人民，似

① 张前厅长，即张寿镛(1875—1945)，字伯颂，号咏霓，别号约园，浙江鄞县人。民国元年九月任财政司长，民国三年五月改任财政厅长，民国四年六月免职。

已无所不至。该所收入利息,除逐月开支各项薪费外,自上年四月开办起至年底止,尚有盈余一千六百十七元三角八分三厘,业已报解金库存储。本年分截至九月底止,据该所经理开报,计有纯益银二千九百二十七元七角二分九厘,仍于年终汇总解库。该所自开办以迄现在,共计期满证券额银二万三千三百二十七元,折抵押本一万三千一百七十元五角,除已经移转票额三千十六元外,其余均由该所保存,仍随时按照《〈证券交易所法〉附属规则》第九条之规定,分别办理。其已经移转之票额,以原户购去者居其多数。查该所资本系在国税项下动拨,曾奉财政、农商两部核准有案,奉令前因,理合具文呈复,仰祈察核"等情。据此,除指令外,相应备文咨明贵议会查照。此咨
浙江省议会

浙江省长吕公望
中华民国五年十一月三日

（原载《浙江公报》第一千六百七十三号,三至四页,咨）

浙江督军公署训令第四三八号
浙江省长公署训令第一一九〇号

令各属保护英人波罗梭等来浙游历由

令特派交涉员、温交涉员、宁交涉员、警政厅长、各县知事、暂编第一师长、暂编第二师长、嘉湖镇守使、宁台镇守使、暂编混成旅长

为令知事。案准江苏及福建省长先后咨,以"英国人波罗梭等来浙游历,请令行各属保护"等因。准此,合将游历各外人姓名、国籍查照前次来文另单开列,仰该　　知悉,俟该外人等到境时即予照约保护,并将出入境日期呈报备查。此令。（刊登《公报》,不另行文）

中华民国五年十一月四日
督军兼署省长吕公望

计开

（英人）波罗梭　薛有森　苏拉锡司溪　毕克克

（台湾人）陈春木　张允明

（日本人）泽田作次郎　高石久次郎　佐佐木要吉　西冈英
吉　吉田早苗

（德人）克姆

（美人）伊云士

（义人）尤维吾

（原载《浙江公报》第一千六百七十三号，五页，训令）

浙江省长公署训令第一千一百二十八号[①]

令警政厅各县知事准交通部咨请转令所属
对于华商船只勿得再有抑勒骚扰等情事由

令警政厅、各县知事

案准交通部咨开，"据长、岳两关监督呈称，'职署奉前湖南督军
刘饬开[②]，案据军事厅呈称，职厅军务科报称，查省河军用小轮原属无
多，每当军事紧急，输运维艰，向例价租商轮，稍资便利，历经船政局
办理，相安无异。乃近数月以来，北兵入湘，往来如织，动辄威迫商轮
扣发运费，各商轮因受损失，相率悬挂洋旗，致迩来输送军队困难百
端。现在大局粗安，应饬将洋旗一律取消，不得久为悬挂，请即转饬
以维船政等情。查该科所报，均系实在情形，惟事关外交，未便轻率
从事，应请钧府转饬外交司先与各领事、洋行妥为交涉，勿任各商轮
再挂洋旗，恢复原状，以重国体而利军行等情，合行饬仰该署查照办

① 此文编号，与浙江省长公署训令第一千一百二十八号《令杭县知事据委员查复省
城三堂办理情形暨整顿意见转令遵办具报由》（见卷七，第 2273 页）重复，两者必有一误。

② 湖南督军刘，即刘人熙（1844—1919），字艮生，号蔚庐，湖南浏阳人。民国五年
七月任湖南督军兼省长，同年八月由谭延闿接任。

理等因。奉此,当经职署以案关内政,饬据商轮公会摺呈悬挂洋旗各轮六十余艘,声称各该轮或租或售,均与外人立有契约,未便取缔等语,复以词近狡饰,批令迅将何国商人租售何轮,以及契约年限,分别列表呈报各在案。查本口行驶内港各华轮,前闻北兵在境种种威迫,加以军用轮船局克扣摧残,不能营业,相率悬挂洋旗。今时局大定,监督到任以后,每以各该轮恃挂洋旗,违背关章,不一而足,迭经严重取缔,而各该轮恃有护符,迄难就范。谨按《轮船注册章程》第十三条第三项之规定,船只转售或租与他人时,应即报部,并将执照缴销。但一经执行,各该轮势必请由外人另领关牌,完全脱离华商范围,航政前途影响匪浅。应如何酌定办法,呈部察核示遵'等情前来。查华商船只悬挂洋旗最为恶习,民国元年九月间据福州商船公会呈称,'航商冒挂洋旗,航权日渐旁落'等语,当经本部通令各商会及商船公会实行劝诫,并通咨各省转行各关卡局严禁留难需索。二年十二月间准外交部函称,鄱阳湖民船悬挂英国旗帜一事,复经通行查禁各在案。政府对于此事何啻三令五申,乃数年以来,此风未革,固缘航商积习相沿,意存规避,而地方官吏保护未周,军队抑迫,有妨营业,为丛殴爵,实亦有以致之。长此放任,吾国航政前途可为隐忧,自宜严定规条,切实取缔,并由各省军民长官尽力保护,以免藉口。除由部令行该监督转饬该省商轮公会,将应挂洋旗各轮六十余艘据实调查,设法劝导,并通令各关监督妥议取缔办法,呈候核定,暨分咨陆军部、各省督军外,相应咨请查照,转行所属,严令对于华商船只勿得再有抑勒骚扰等情事,以维商业而重航权,实纫公谊"等因。准此,除通令外,合就令行该厅长仰即转令所属一体/该知事仰即遵照办理毋违。此令。

中华民国五年十一月四日

省长吕公望

（原载《浙江公报》第一千六百七十三号,五至七页,训令）

浙江省长公署训令第一千一百八十五号

令警政厅据南洋路矿学校函称该校学生
来西湖测量请饬保护由

令警政厅长夏超

案据南洋路矿学校校长林兆禧函呈内称,"窃敝校创办以来,迄今五年,土木工程专科第一班已经毕业,虽系私立性质,曾经禀准中央交通部正式备案,以故各学生向学之忱益加奋勉。兹有土木工程专科三年级演习测量,必须实地试验,而上海附近地方又少山脉交通之处,故拟到贵省西湖一带实行平地测量,定于十一月三日由教员王绳善督率该班学生十二人、校役一人乘沪杭火车前来,深恐该处人民未明原委,用特备具公函,请求贤长官通饬该地警察一体保护。事关教育前途,伏乞俯赐遵行"等情。据此,除咨督军公署转饬知照外,合亟训令该厅知照,并即转令各营警一体知照。此令。

中华民国五年十一月三日

省长吕公望

（原载《浙江公报》第一千六百七十三号,七页,训令）

浙江省长公署训令第一千一百九十三号

令各官署准税务处咨行调派税务司副税务司由

令各官署

案准税务处咨开,"据总税务司呈称,窃查总司署署管理汉文秘书科税务司副税务司阿拉已德,现经以署税务司另有差委,所遗之缺,即派销假来华之税务司赖发洛（英国人）充补。又,重庆关署税务司副税务司葛尼尔、珲春关署税务司副税务司林德厚、梧州关署税务司副税务司罗祝谢,均升补各该关税务司之任。又,总司署署襄办总务科副税务司超等帮办桑德克、厦门常关署副税务司超等帮办伟博德,均升补各该关副税务司之任。又,哈尔滨关署副税务司超等帮办费克森请假回国,当经准如所请,并令升为副税务司,其所遗哈尔滨关副税务司之缺,即派该关超等帮办贺伦德(英国人)署理。又,蒙自署税务司超等帮办覃书(法国人)升为副税务司,并令仍署税务司篆务。又,龙州关代理税务司超等帮办诺乐师古请假回国,亦经准如所请,所遗税务司之缺,查有江海关超等帮办骆思礼(英国人)堪以代理。又,芜湖常关署副税务司头等帮办莫澜(美国人)现经调充江海关头等帮办,所遗副税务司之缺,即派江海关头等帮办古禄编(丹国人)署理。又,瓯海关税务司阿歧森(英国人)呈请告退,亦经准如所请,所遗之缺即派岳州关税务司谭安(法国人)充补,递遗岳州关税务司一缺,查有销假来华之副税务司博兰恩(美国人)堪以署理。又,江海关管理账目副税务司何华地请假回国,亦经准如所请,所遗之缺查有销假来华之头等帮办司丹博(俄国人)堪以署理。又,江汉关副税务司哈密师请假回国,亦经准如所请,所遗之缺查有销假来华之副税务司马都纳(英国人)堪以充补。又,胶海关署副税务司头等帮办岸本广吉请假回国,亦经准如所请,所遗之缺即派大连关署副税务司头等帮办大陇八郎(日本国人)署理,递遗大连关副税务司一缺,查有东海关头等帮办北代真幸(日本国人)堪以署理。又,据请假回国之税务司阿理文(德国人)、江海关额外副税务司克乐思(英国人)、出差留名之税务司葛诺发(俄国人)、出差留名之副税务司斯泰老(德国人)先后呈请告退,均经准如所请。所有调派税务司、副税务司各缘由,理合备文呈请钧鉴施行等情前来,除分行外,相应咨行查照"等因。准此,合亟令仰该 一体查照。此令。(刊登《公报》,不另行文)

中华民国五年十一月四日

省长吕公望

(原载《浙江公报》第一千六百七十三号,七至八页,训令)

浙江省长公署训令第一千一百九十八号

令警政厅据韩泽等函称钱江振兴两公司争夺
生意价贱客多非常危险请饬取缔由

令警政厅长夏超

案据韩泽、方赞修、宋吉成、郭宝琮等函称，"吾浙航业自有轮舶以来，交通固称便利。但有一利即有一弊，近来闸口钱江、振兴两公司为争夺生意起见，价目过贱而搭客过多，不顾定章，漫无限制，此倾彼轧，在在皆有生命危险之虞。泽等目击情形，难安缄默，亦曾竭诚而忠告之。乃若辈悍然不顾，无论轮船拖船，几无立足余地，以致乘客上船落舱，非常危险。为此具函公恳钧署饬令水上警察厅长转饬南星、桐庐、富阳、闻堰、义桥、临浦各处水上警察查明本船及拖船舱位，限制搭客人数，而保护行旅生命。如有违反定限者，予以相当处分，庶于旅客前途，鲜遭危害"等情。据此，查轮船搭客本有一定，舱位岂容逾量重载，致生危险。据函前情，合就训令该厅长仰即迅令该处水警按站查明，如果确有逾量情事，即便勒令停驶，惟不得故意留难，致碍交通，是为至要，切切。此令。

省长吕公望

中华民国五年十一月四日

（原载《浙江公报》第一千六百七十三号，八至九页，训令）

浙江省长公署指令第二千九百四十六号

令财政厅长莫永贞

呈一件呈复省议会质问关于证券抵押所事项
请察核转咨并附缴原质问书由

呈悉。已据情转咨矣，仰即知照。原质问书存。此令。十一月三日

（原载《浙江公报》第一千六百七十三号，一七页，指令）

浙江省长公署指令第二千九百七十七号

令缫丝厂监理处主任员陆永

　　呈一件为呈报出售五厂解缴丝经并送承购单据由

据呈已悉。附件均存。此令。十一月四日

附原呈并清摺

　　为呈报事。窃五处模范缫丝厂陆续解缴存处丝,经前四年度购茧所缫至本年二月,历已招商承售具摺详报在案。所有二月以后解缴丝经,陈茧丝,第一厂一批计一千一百二十六两,第二厂一批计二千七百五十两零九钱五分,第三厂一批计一千零四十两,第四厂一批计一千八百零二两,第五厂一批计一千二百三十四两五钱;新茧丝,第一厂三批共计四千七百零九两四钱,第二厂一批计四千一百四十九两八钱,第三厂三批共计五千六百十七两,第四厂三批共计四千八百四十九两五钱,第五厂一批计三千二百七十九两。又有五厂缴存丝样二十两零一钱五分,业已陆续解缴点收存处。兹因年终在迩,理合出售归款,主任员四处出听各项丝价,将浙沪两界土丝、厂丝各价目通盘合算,并商同科长拟价招商,多方比较,惟振新公司出价最昂,每百觔计洋一千零四十元,拟允承购,当本月十六日同科长签请钧省长核准奉批照办在案。遂与该公司订定成约,当收定洋一千元,于本月二十四日过秤,除送议会二捆外,连定洋共售得银元一万九千七百六十七元八角六分五厘,缴存总务科会计股去讫。为此分别五厂新陈丝经缮成清摺一扣,连同该公司承购单据一纸备文附送,仰祈钧长察核施行。谨呈。

　　附清摺一扣、承购单据一纸。

　　缴存会计股洋一万九千七百六十七元八角六分五厘。

监理处主任员陆永,谨将四年度茧缫卖余存丝及本年九十两月解署丝出售分量及售洋数目分别缮摺呈核。

计开:

四年度茧缫丝

第一厂

原解数一千一百二十陆两;

四月分解署计一等六捆,二等八捆,三等七捆又一零,共计二十一捆一零,合上数。

现售仍一千一百二十陆两。

售得洋七百三十一元九角。

现售数除得七十觔零三七五,以价一千零四十乘之,合洋上数。

第二厂

原解数二千七百五十两零九钱五分;

原解本二千八百零六两二钱,当时复秤少五十五两二钱五分,已行签明在案,共五十一捆又一零,合上数。

现售数二千陆百五十五两九钱五分。

内有不列等粗丝二捆,共九十五两,提出另拟价外,合丝上数。

售得洋一千七百二十陆元三角陆分七厘五毫。

将售数除得一百六十五觔九九六八七五,以价一千零四十乘之,如上数。

第三厂

原解数一千零十四两。

计一等三捆,二等一捆,三等二捆,不列等十捆,杂丝一捆,共一十七捆,合丝上数。

现售数一千零三十九两五钱。

当时复秤照原数溢出二十五两五钱签明在案,照数出售如上数。

售得洋六百七十五元陆角七分五厘。

将现售数除得六十四觞九六八七五,以一零四乘之,合洋上数。

第四厂

原解数一千八百零二两。

计一等丝十八捆,二等九捆,三等八捆又二零,共三十五捆二零,如上数。

现售数一千七百陆十一两。

三等丝中又杂丝一捆分四十一两,系各色残丝掇拾成捆,提出另拟价目,余合如上数。

售得洋一千一百四十四元陆角五分。

现售数除得一百一十觞零零六二五,以一零四价乘之,合洋上数。

第五厂

原解数一千二百三十四两五钱。

一等丝十六捆,二等六捆,三等二捆,共二十四捆,合上数。

现售仍一千二百三十四两五钱。

售得洋八百零二元四角二分五厘。

将现售除得七十七斤一五六二五,以一零四价乘之,合洋上数。

合五厂,共计丝七千八百一十六两九钱五分。

除得斤,共计四百八十八斤五五九三七五。

共售得洋五千零八十一元零一分七厘五毫。

五年度新茧丝

第一厂

原解数四千七百零九两四钱。

九月十五解二箱三十二捆,九月二十七解二箱三十一捆又一另,十月十四解二箱三十二捆,共计九十五捆一另,合上数。

现售仍四千七百零九两四钱。

售得洋三千零六十一元一角一分。

将现售数除得二百九十四斤三三七五，以一零四价乘之，合洋上数。

第二厂

原解数四千一百四十九两八钱。

九月十六日解丝五箱共七十七捆，合上数。

现售仍四千一百四十九两八钱。

售得洋二千六百九十七元三角七分。

除得斤数二百五十九斤三六二五。

第三厂

原解数五千六百十七两。

八月五日解二箱三十二捆，八月三十日解二箱三十二捆，十月十四解二箱三十二捆，共九十六捆，合上数。

现售数五千五百五十五两。

除送议会一捆六十二两外，余合上数。

售得洋三千六百一十元零七角五分。

以现售数除得三百四十七斤一八七五，以一零四价乘之，合洋上数。

第四厂

原解数四千八百四十九两五钱。

八月初解二箱三十捆，九月二十二解二箱二十四捆，十月十九解二箱三十二捆，共计八十六捆，合上数。

现售仍四千八百四十九两五钱。

售得洋三千一百五十二元一角七分五厘。

以现售数除得三百零三斤零九三七五，以价一零四乘之，合洋上数。

第五厂

原解数三千二百七十九两。

九月二十三日解共四箱五十四捆,合上数。

现售数三千零九十二两五钱。

原解除不列等二捆,一百二十九两半,又除送议会一捆五十七两外,合上数。

售得洋二千零一十元零一角二分五厘。

以现售数除得一百九十三斤二八一二五,以价一零四乘之,合洋上数。

又五厂缴存丝样二十两零一钱五分(内有丝样十一两,系第四厂新茧丝缴存)。

售得洋一十三元零九分七厘五毫。

缴存数除得斤数一斤二五九三七五,以价一零四乘之,合洋上数。

合五厂新茧丝,共计二万二千三百七十六两三钱五分。

除得斤一千三百九十八斤五二一八七五。

共售得洋一万四千五百四十四元六角二分七厘五毫。

又有等外丝五捆。

共折净分二百一十八两八钱。

内第二厂陈茧丝二捆,第四厂陈丝一捆,第五厂新丝二捆,原二百六十五两复码本二百五十七两四钱,此等丝系污烂茧缫成、色泽条丈均属恶劣,因提出另拟价以八五折照原价出售折净分,如上数。

售得洋一百四十二元二角二分。

以折净数除得十三斤六七五,以一零四乘之,合洋上数。

新陈总共合洋一万九千七百六十七元八角六分五厘。

(原载《浙江公报》第一千六百七十三号,一七至二二页,指令)

浙江省长公署指令第二千九百九十四号

令财政厅长莫永贞

呈一件为邵江标买丁主源户佃地一案

究应如何处分请指令遵行由

呈悉。丁源户佃地既于该年三月间由徐有生承顶过户,换发佃照,该县经办是项事务人员,自应即时登注,乃至查丈时,仍不更正,致生缪辕,实属疏忽已极。仰即令行该县查取职名呈候核夺。至来文所引清理官产处饬知有"吊回部照,发还原价"之处分,究竟是项原价曾否由邵江具领,县署传知处分之日距邵江标买缴价之日为日几何,并仰一并克日查明具复。此令。十一月四日

(原载《浙江公报》第一千六百七十三号,二二至二三页,指令)

浙江省长公署指令第二千九百九十八号

令财政厅长莫永贞

呈一件温岭酒商黄云曦为酒捐征收王树名

勒捐索诈漏收国税请求提讯由

呈悉。此案前据该商具呈到署,即经令行财政厅查办在案。来呈既称赴省上诉,应候司法官厅依法审理。惟察阅附件注有"王、钟二巡丁借去印花"等语,巡丁为执行职务之人,何得向酒商借取印花,此项印花该巡丁作何用途,所呈如果非虚,应即从严查究,仰财政厅澈查核办具复察夺。此令。呈及黏件均抄发。

(原载《浙江公报》第一千六百七十三号,二三页,指令)

浙江省长公署指令第三千零四十三号

令瓶窑镇商会

呈一件为陈三益等拟开茧行一案续请核准由

呈悉。《修正茧行条例》尚未公布,所请应不准行,仰转知照。此

令。十一月四日

（原载《浙江公报》第一千六百七十三号，二三页，指令）

浙江省长公署批第七百三十三号

原具呈人泰顺夏公怀

呈一件为谋事无路请求给资回里由

据呈谋事不遂，请求给资回里等情，事非因公，碍难给费，仰即知照。此批。十一月三日

（原载《浙江公报》第一千六百七十三号，二五页，批示）

浙江省长公署批第七百三十四号

原具呈人於潜教育会长姚江等

呈一件胪陈代理知事政绩请求免调由

呈悉。该县代理知事平智础在任成绩如何，本省长自可考核，无庸该民等代为铺叙，仰即知照。此批。十一月三日

（原载《浙江公报》第一千六百七十三号，二五页，批示）

浙江省长公署批第七百三十五号

原具呈人嵊县金生标等

呈一件为金辅镜等假学占茔请求究办由

查是案前据该谢慕学校校长金振邦等禀，该民等免缴茔稍破坏学款等情①，并抄送县判及约据到前民政厅，经厅饬该县办理具复在案。来呈称并无约据，究竟详情如何，仰候令县查案并办复夺。附件存。十一月三日

（原载《浙江公报》第一千六百七十三号，二五页，批示）

---

① 稍，指稍租，明中后期浙东地区流行一种以预缴租金为前提的土地租佃种习惯。根据土地类型，大致分祭（茔）田、学田和庙（会）田三类，与其相对应的稍租类型分为"茔稍""学稍"和"庙稍"。参见于帅《从佃户到稍户：晚清民国浙东地区的公产稍租与管理》一文（载《中国农史》二〇二三年第一期）。

浙江省长公署批第七百三十七号

原具呈人丽水叶澍

呈一件为前办育英校垫有款项反被捏诬请饬算由

呈、摺均悉。既据呈请该县委算，应即静候核办，毋庸率渎。此批。十一月三日

（原载《浙江公报》第一千六百七十三号，二五页，批示）

浙江省长公署批第七百三十八号

原具呈人永嘉县民徐有亮

呈一件呈刘昌福不给撩荷薪工并朦报肃清由

呈、黏均悉。候令行该知事查明核办可也。此批。十一月三日

（原载《浙江公报》第一千六百七十三号，二六页，批示）

浙江省长公署批第七百四十号

原具呈人孝丰陈德明

呈一件呈自治委员潘尊乾抢收田稻请饬县停职严办由

据呈自治委员潘尊乾抢收禾稻等情，如果属实，应即自赴该县审检所呈请核办，毋得越控。此批。十一月三日

（原载《浙江公报》第一千六百七十三号，二六页，批示）

浙江省长公署批第七百四十一号

原具呈人瑞安姜桂兴

呈一件呈被邱阿芝等贿串警兵久羁不释请澈究由

呈及黏钞均悉。案经该县迭次集讯，如果该民并无寄顿赃物情事，何致日久羁押，显系捏饰，仍不准。此批。十一月三日

（原载《浙江公报》第一千六百七十三号，二六页，批示）

浙江省长公署批第七百四十二号

原具呈人嘉兴许长生

呈一件呈被王阿四挟嫌诬攀含冤久押请饬县讯办由

呈悉。该民究因何事被押，未据详细声叙，无凭核办。既经该县批候复讯，仰即赴县呈催可也。此批。十一月三日

（原载《浙江公报》第一千六百七十三号，二六页，批示）

浙江省长公署批第七百四十三号

原具呈人海宁陈颂年

呈一件拟在海宁胡家兜开设年丰茧行由

呈悉。是否与现行条例相符，未据声叙明白，无从核办，所请碍难照准。此批。十一月三日

（原载《浙江公报》第一千六百七十三号，二六至二七页，批示）

浙江省长公署批第七百四十五号

原具呈人冯永年

呈一件呈请转令高检厅查案录用由

呈悉。查各属地方检察厅所设检验吏，应由各厅自行遴派，所请分派一节，碍难照准。此批。十一月四日

（原载《浙江公报》第一千六百七十三号，二七页，批示）

浙江省长公署批第七百四十八号

原具呈人诸暨郭阮氏

呈一件呈伊子陈相被郭茂行等剖腹
毙命一案请饬县拿办由

呈及抄件均悉。案关人命，事出六年，凶犯一无弋获，殊属泄延，

候令高等检察厅转令该县知事迅行查照先今批令缉凶诉办可也。抄件附。十一月四日

浙江省长公署批第七百四十九号

原具呈人瑞安洪锦辉等

呈一件呈前民政厅为西北隅国民校长金联声浮冒校款由

呈悉。既据呈明，该县如果尚未办结，尽可续请办理，毋庸率渎。此批。十一月四日

浙江省长公署批第七百五十一号

原具呈人温岭县酒商黄云咙

呈一件为酒捐征收王树名勒捐索诈漏收国税请求提讯由

呈悉。此案前据该商具呈到署，即经令财政厅查办在案。来呈既称赴省上诉，应候司法官厅依法审理。惟察阅附件注有"王、钟二巡丁借去印花"等语，巡丁为执行职务之人，何得向酒商借取印花，此项印花该丁作何用途，所呈如果非虚，应即从严查究，仰财政厅澈查核办，具交察夺。此批。十一月四日

浙江督军署委任令第二十五号

令委成炳荣兼充浙江陆军规程暂行编制处处员由

令本署参谋成炳荣

查有该参谋堪以兼充浙江陆军规程暂行编制处处员，除分令外，合行令委，仰即遵照。此令。

中华民国五年十一月六日

督军吕公望

（原载《浙江公报》第一千六百七十四号，一九一六年十一月十日，五页，训令）

浙江督军公署训令第四百四十号

令陆军规程暂行编制处长为委成炳荣兼充该处处员由

令浙江陆军规程暂行编制处处长吴钟镕

查有本署参谋成炳荣堪以兼充该处处员，除令委外，合行令仰该处长知照。此令。

中华民国五年十一月六日

督军吕公望

（原载《浙江公报》第一千六百七十四号，五页，训令）

浙江督军公署训令第四百四十一号

令第一师长本署参谋军学补习所长为委石铎成炳荣二员
兼充军学补习所兵学教官由

令暂编浙江陆军第一师师长童保暄、本署参谋成炳荣、陆军军学补习所所长周凤岐

查有该师参谋石铎/该参谋/陆军第一师参谋石铎、本署参谋成炳荣二员，堪以兼充陆军军学补习所/该所兵学教官，除分令/任外，合将任命状发/行令仰该师长转给祗领遵照/参谋祗领遵照/所长知照。此令。

计发任命状一张。

中华民国五年十一月六日

督军吕公望

（原载《浙江公报》第一千六百七十四号，五至六页，训令）

浙江省长公署委任令第四十号

令委洪钟代理余杭县知事由

令新任代理余杭县知事洪钟

案查余杭县知事成健因病呈请给假三月,派员接替,业经指令照准。遗缺查有该员堪以委代,除分令外,合将任命状一道随令附发,仰即祗领,赶速赴任视事,仍将接印日期暨详细履历具报备查。此令。

计发任命状一道。

中华民国五年十一月六日

省长吕公望

(原载《浙江公报》第一千六百七十四号,六页,训令)

浙江省长公署训令第一千一百二十号

令知余杭县知事成健委洪钟代理该县知事由

令余杭县知事成健

前据该知事因病呈请给假三月,派员接替,当经指令照准在案。所遗县缺,查有洪钟堪以委代,除分令任命外,合亟令仰该知事知照,一俟代任到署,即行照章交替毋延。此令。

中华民国五年十一月六日

省长吕公望

(原载《浙江公报》第一千六百七十四号,六页,训令)

浙江省长公署训令第一千一百二十一号

令嘉兴等县示禁仿冒商标由

令海宁县知事、嘉兴县知事、绍兴县知事

案查特派浙江交涉员林鹍翔呈,驻杭英领事函请令县示禁冒牌由等因。据此,查商标关系于商民权利及信用者至深且巨,任意仿冒本干例禁,对于外人商标,载在约章,取缔尤为严密。现值振兴国货之际,正宜独标旗帜。因比较而生进步,因区别而促改良,何可模仿他人商标,希图朦混?须知盗人权利,损人信用,匪惟国家法律所不许,抑亦商业道德所不容,且事关外人商标,若有不法之徒仿冒影射,即易构成交涉案件,自非出示告诫,不足以防微杜渐。据呈前情,除指令及分令外,合就令知仰该知事连同抄发原呈详细察阅,拟缮告示,于王店、屠田、长安、硖石各镇一律张贴,俾得周知。仍呈报备查,毋违,切切。此令。

中华民国五年十一月六日

省长吕公望

（原载《浙江公报》第一千六百七十四号,六至七页,训令）

浙江省长公署训令第一千一百二十三号

令各属准督军咨据宁台镇守使差遣马晏清撤差一案由

令警政厅、财政厅、高等审检厅、永嘉警察局、宁波警察厅、各县知事

案准督军公署咨开,"案据宁台镇守使顾乃斌呈称,'差遣马晏清前因家有要事,于九月二十二日呈请给假,迄今逾限十日,既未回署,又不续假,似此藐玩,实属未便姑容,已将该差遣撤差示儆'等情。据此,除指令照准并分令外,相应咨请贵省长查照,请烦转行所属一体知照"等由过署。准此,除分行外,合行刊登《公报》,令仰该厅、该县、该局知照并即转饬所属一体知照。此令。

中华民国五年十一月四日

省长吕公望

（原载《浙江公报》第一千六百七十四号,七页,训令）

浙江省长公署训令第一千一百二十四号

令各属准督军署咨陆军第一师一旅二团三营
营附尉官成城撤差仰即知照由

令警政厅、财政厅、高等审检厅、宁波警察厅、永嘉警察局、各县知事

案准督军署咨开，"案据暂编浙江陆军第一师师长童保暄呈称，'窃据步兵第一旅旅长来伟良呈称，据第二团团长陈璠呈称，窃据职团第三营营长吴光呈称，窃职营营附尉官成城奉派后，曾据函称，因家属在沪，诸待料理，函请给假，当由营长转呈奉批准假七日在案。现逾限已久，未据该尉官禀报到营，应如何办理之处，理合请示等情前来。据此，查该营附尉官成城于未到差前，曾据该营代呈请假五日，路程二日，共计七日，当由职团批准。兹据该营呈报，尚未到差，应如何办理之处，理合备文呈请鉴核示遵施行等情前来。据此，理合备文呈请鉴核示遵等情。据此，查职师前将所属各差遣改为附属校尉官之际，曾经令知各员限文到五日内一律到差，倘敢逾期不到，即行撤差等语在案。兹据前情，应即查照前令规定，将该营附尉官成城一员即行撤差示儆'等情。据此，除指令照准并分令外，相应咨请贵省长查照，希即转令所属一体知照"等由过署。准此，除分令外，合行刊登《公报》，令仰该厅、该局、该县知照并转所属一体知照。此令。

中华民国五年十一月四日
省长吕公望

（原载《浙江公报》第一千六百七十四号，七至八页，训令）

浙江省长公署训令第一千一百二十六号

令各属准督军咨炮兵一团二营额外营附尉官
邹继峰撤差示儆仰即知照由

令警政厅、财政厅、高等审检厅、宁波警察厅、永嘉警察局、各县知事

案准督军署咨开，"案据暂编浙江陆军第一师师长童保暄呈称，'炮兵第一团第二营额外营附尉官邹继峰久假不归，实属旷废职务，应即撤差示儆'等情。据此，除指令照准并分令外，相应咨请贵省长查照，希即转令所属一体知照"等由过署。准此，除分行外，合行刊登《公报》，令仰该厅、该局、该县知照并转所属一体知照。此令。

中华民国五年十一月四日

省长吕公望

（原载《浙江公报》第一千六百七十四号，八至九页，训令）

浙江省长公署训令第一千一百三十一号

令省立甲种工业学校校长兼任机织传习所
所长许炳堃准部咨晋省需丝织人才该校所
能否量予分科练习即呈复核转由

令省立甲种工业学校校长

案准农商部咨开，"准山西省长咨开，'据山西农商总局呈称，晋省丝茧出品，日见增加，而纺织事业尚未发达。查农商部农事试验场设有蚕、织二科，成绩甚佳，拟请选送学生四名，前往分科学习等情，相应据情咨请查核办理'等因到部。查本部中央农事试验场设有蚕丝一科，原系注重饲蚕，缫丝纺绩一项，尚未设备。吾国织业尚以浙省为最，晋省如需造就丝织人才，自应派人前赴浙省工厂实地练习，应请查明官办或商办各丝织工厂能否入厂练习情形，咨复到部，以便

转咨选派学生前往练习,相应咨行查核办理,并希见复"等因。准此,查该校及机织传习所,本为讲求丝织之所,晋省如派人来浙,自应分派该校及传习所练习。惟练习情形若何,合行令仰该校长兼所长即便遵令详细呈复,以凭核转毋延。此令。

中华民国五年十一月六日

省长吕公望

(原载《浙江公报》第一千六百七十五号,一九一六年十一月十一日,一三页,训令)

浙江省长公署训令第一千一百三十二号

令永嘉县知事准部咨永嘉县商会职员
名表准备案附发钤记由

令永嘉县知事

本年十月二十六日准农商部咨开,"本年十月二日接准咨送永嘉县商会职员名表并钤记公费十五元,请察核见复等因。准此,查所送职员名表均属合格,应准备案,附去钤记一颗,请饬具领,并将启用日期报部备查,相应咨复贵省长查照饬遵可也"等因,并附钤记一颗到署。准此,合亟检同钤记,令仰该知事转给具领,并转知遵报启用日期,以凭核报。此令。

计附钤记一颗。

中华民国五年十一月六日

省长吕公望

(原载《浙江公报》第一千六百七十四号,九页,训令)

浙江省长公署指令第二千九百六十三号

令江山县知事程起鹏

呈一件为更委政务主任请予注册由

应准如呈注册。履历存。此令。十一月四日

附原呈

呈为更委政务主任取具履历并加考语报请察核注册事。

窃知事署内所有委定掾属,业经呈报前巡按使奉准注册在案。兹据政务主任杜振南因事辞职,亟应遴选合格人员接充,藉资助理。查有王应奎堪以充任,除由知事饬委外,理合取具该员履历加具考语,备文呈报,仰祈省长鉴核,准予注册,实为公便。谨呈。

（原载《浙江公报》第一千六百七十四号,一二页,指令）

浙江省长公署指令第二千九百七十号

令水利委员会技正林大同

呈一件呈各测量队均已出发无从酌派请察核由

据呈小渣及黄山、附子各湖主禁主垦,争论多年,应实地测勘方能解决,自是正办,仰即催饬各测量队将现测各处从速测竣,即行接测小渣等湖,毋延,切切。此令。十一月四日

（原载《浙江公报》第一千六百七十四号,一二页,指令）

浙江省长公署指令第二千九百七十一号

令第一苗圃圃长

呈一件呈请视察杭嘉湖旧府属各县辨别土宜事由

呈悉。查杭嘉湖各旧府属筹设之模范林场、模范桑园及县农会设立之森林苗圃,先后据报成立者,已非少数,究竟办理是否合法,业另令该员前往查勘报核在案。其各该县土宜自可便道视察,候即并令各该县知照。此令。十一月四日

（原载《浙江公报》第一千六百七十四号,一二至一三页,指令）

浙江省长公署指令第三千零五十二号

令公报处主任陈焕章

为呈送八月分收支计算书表收据簿由

呈及收支书表、单据均阅悉。该处八月分开支经常费,计银一千零零二元八角七分八厘,核数相符,应准支销,仰即知照。附件均存。此令。十一月五日

（原载《浙江公报》第一千六百七十四号,一三页,指令）

浙江省长公署指令第三千零六十二号

令警政厅长夏超

呈一件呈报警备第六区二营缉获花会

赌犯常大脚等三名送讯由

呈悉。仰仍督饬所属遵照前令严密侦缉,以杜匪源。此令。十一月六日

（原载《浙江公报》第一千六百七十四号,一三页,指令）

浙江省长公署指令第三千零六十六号

令汤溪县知事

呈一件呈报境内无医院中医中药铺应否填表由

呈悉。既据查明该县境内并无医院、医学校及西医药剂师等项,自应免予填送。至中医、中药铺,按照部咨,毋庸列表,仰即知照。此令。十一月六日

（原载《浙江公报》第一千六百七十四号,一三页,指令）

浙江省长公署指令第三千零六十七号

令警政厅长夏超

呈一件呈复老公茂商轮拖船翻没当时水警
并无强迫拖船情事请察核由

呈悉。既据称该内河水警厅查复,当时水警人员并无强迫拖船各节,尚属实在,应准免予置议,惟以后仍应饬属严禁非护送巡船不准附拖,以免藉口。除咨复外,合行指令,仰即转令遵照。此令。十一月六日

(原载《浙江公报》第一千六百七十四号,一三至一四页,指令)

浙江省长公署指令第三千零六十九号

令警政厅长夏超

呈一件为呈复第三区署长拟定拱埠各旅馆
现居妓女限制办法请察核由

呈悉。该妓等既系悬牌营业,不得居住客栈,有违规则,仰仍转饬勒令迁移,勿稍违延。此令。十一月六日

(原载《浙江公报》第一千六百七十四号,一四页,指令)

浙江省长公署指令第三千零七十号

令吴兴县知事吕俊恺

呈一件呈拟撤筹备地方自治人员以省经费由

呈悉。准如所拟办理。此令。十一月六日

附原呈

呈为拟撤筹备地方自治人员以省经费恳请鉴核指遵事。

窃缘前奉前大总统公布《试行地方自治条例》并奉前巡按使迭饬遵办,即经张前知事筹备进行①,曾于自治办公处内另添临时委员一人、临时书记二人,专司其事,计月需薪水公费洋四十

---

① 张前知事,即张嘉树,江苏吴江人。民国五年三月试署,至八月任。同年九月由吕俊恺接任。

五元,详奉前巡按使及前财政厅批准于契税附加税项下逐月开支在案。嗣以大局变更,进行停顿,后经张前知事请示行止,当奉前民政厅以"此项《条例》关于现行法令,在未经立法机关提议变更以前,自应循案办理,仰仍依限筹办可也"等因批缴下县。知事接准移交,遵查划区事项,虽经张前知事筹办呈报,迄今尚未奉批核准,其余各项事宜之进行,又须以区域为依旧。故奉批前因,事实上确难循案进行,此项人员不啻已同虚设,则此项月支薪公亦属縻费。且前项《试行地方自治条例》虽未奉有明令废止,而省议会已在提议恢复旧制,部令亦有已将恢复自治制速起草,俟提交国会议决即行公布等语,则此项《条例》已在提议变更之中,自不能无修正之处。若径循案进行,设有变更,尤未免多费手续,即在恢复自治制未公布以前,必须遵照前项《条例》循案办理,一俟划区事项奉令核准,尽可由知事督率原有自治委员筹备进行,亦无另添人员办理之必要。知事为实事求是、节省经费起见,拟将前项添设筹备地方自治人员一律裁撤,其经办事务概由原有自治委员接收办理,则费省而事仍不偏废。是否有当,理合备文呈请,仰祈钧长鉴核指示遵行。谨呈。

(原载《浙江公报》第一千六百七十四号,一四至一五页,指令)

浙江省长公署指令第三千零七十七号

令长兴县知事

呈一件呈报陈永水等两家被劫拒伤事主勘验情形由

呈及图、单、表均悉。该盗等连劫两家,复敢拒伤事主,不法已极,仰即分别会督营警迅将案内正盗真赃勒限严缉务获诉办具报,一面先查明盗匪姓名、年貌、籍贯,呈候通缉。此令。图、单、表均存。十一月六日

(原载《浙江公报》第一千六百七十四号,一五页,指令)

浙江省长公署指令第三千零七十九号

令余姚县知事

呈一件呈报吕禄甫家被劫勘验情形由

呈及单、表均悉。该盗等胆敢于县城附近地方肆行抢劫伤及事主，事后又一无弋获，该县平日捕务废弛，已可概见，殊堪痛恨。仰即分别会督营警迅将案内正盗真赃勒限缉获，依法诉办具报，一面先查明盗犯姓名、年貌、籍贯，呈候通缉，切切。此令。单、表均存。十一月六日

（原载《浙江公报》第一千六百七十四号，一五页，指令）

浙江省长公署指令第三千零八十三号

令高等检察厅长殷汝熊

呈一件呈报陈来香被寿瑞元戳毙相验情形由

呈及格结均悉。凶犯寿瑞元，既与朱氏挟有宿嫌，来家寻衅，何致移怒来香，将其戳毙，其中恐有隐情，仰该厅转令该知事侦查明确并将凶犯严缉到案，依法讯供诉办具报。此令。格结存。十一月六日

（原载《浙江公报》第一千六百七十四号，一五页，指令）

浙江省长公署指令第三千零八十四号

令高等检察厅长殷汝熊、警政厅长夏超

呈一件龙游县知事呈报逸犯姓名籍贯住址请准悬赏购缉由

呈及逸盗表均悉。该盗等行劫巨赃，复拒伤事主多人，情罪甚重，应准如呈悬赏购缉，已获盗犯余炳芝、沈老浩、李老五三名，并准讯明首从如数给赏，仍将给赏实数报查。仰即遵照分别办理，并仰警政、高等检察两厅通令所属一体协缉务获，送办具报。此令。十一月六日

（原载《浙江公报》第一千六百七十四号，一六页，指令）

浙江省长公署指令第三千零八十五号

令候补知事陈毓康

　　　呈一件为丁外艰请给假三月回籍治丧由

如呈照准,仰将起程日期呈报备查。此令。十一月六日

　　　（原载《浙江公报》第一千六百七十四号,一六页,指令）

浙江省长公署指令第三千零八十七号

令诸暨县知事魏炯

　　　呈一件为改委政务主任请注册由

准予如呈注册。履历存。此令。十一月六日

附原呈

　　呈为呈报改委掾属请赐鉴核注册事。窃职署政务主任田连璪因家有要事,力恳辞职,查有前充浙江司法筹备处第一科科长涂正逵,品学兼优,经验宏富,堪以委任,以资臂助。除委任外,理合取具履历备文呈请,仰祈察核俯赐注册。谨呈。

　　　（原载《浙江公报》第一千六百七十四号,一六页,指令）

浙江省长公署指令第三千零八十九号

令代理衢县知事王象泰

　　　呈一件为改委掾属请注册由

呈及履历、清单均悉。查掾属名称县官制虽无规定,然检察性质固非总务,而县知事现既不兼审判,即应于行政事务加意整理。行政事务中目下以教育为最要,自应照旧设政务、财政、教育三股,以期整理。至检察事务,本应由该知事亲自兼理,即有照章必须委代时,亦应就各掾属中选派法政毕业人员充任,不能以管理庶务等事之总务

人员办理,仰即改组呈核。履历、清单发还。此令。十一月六日

附原呈

呈为改委掾属加具考语并送履历仰祈鉴核注册事。

案查前按署饬知各县所委掾属应照《县官制》第七条,由各该知事自行委任佐理,检同履历加具切实考语详请核定注册等因。知事奉委代理斯缺,于十月一日接印任事。查原任设置政务、财政、教育三科,知事抵任后,以检察事务较繁,拟将教育一科裁并政务科办理,改设总务、政务、财政三科,总务设主任一员、助理一员,政务设主任一员、政务助理一员、教育助理一员,财政设主任一员、助理二员。惟原任掾属除已辞职外,尚留政务主任吴渶、政务助理赵勋、财政助理叶训箴、教育主任现改委教育助理周润芝等四员,业由知事加委,仍供原职,以资熟手。另委王思赞为总务主任、孙翼筹为财政主任、王思亮为总务助理、徐士俊为财政助理。查该员等佐治多年,经验富有,核与文职委令相符,所有各该员之俸薪,自应仍照规定行政经费范围内支给。除令委外,兹将现委掾属履历并加切实考语,开摺备文呈送,仰祈察核注册,实为公便。再,政务主任吴渶等四员,系继续留职,履历曾由桂前知事呈送在案,兹不再送,合并声明。谨呈。

（原载《浙江公报》第一千六百七十四号,一六至一七页,指令）

浙江省长公署指令第三千一百零六号

令桐庐县知事

呈一件呈录送禁止私采矿质布告由

呈、摺并悉。仍仰随时严密查察,勿以呈复了事,切切。摺存。此令。十一月六日

（原载《浙江公报》第一千六百七十四号,一七至一八页,指令）

浙江省长公署指令第三千一百零七号

令仙居县知事孙熙鼎

呈一件呈送调查实业报告书件由

呈悉。察阅调查实业报告书，尚属明晰，应予存候汇办，仍仰查照现状随时择要进行，期收实效，切切。件存。此令。十一月六日

（原载《浙江公报》第一千六百七十四号，一八页，指令）

浙江省长公署指令第三千一百零八号

令富阳县知事陈融

呈一件呈复赴美赛品均愿移赠陈列由

呈、单均悉。该县运回赴美赛品，既经各出品人声复，概愿移赠，候发交陈列可也。单存。此令。十一月六日

（原载《浙江公报》第一千六百七十四号，一八页，指令）

浙江省长公署指令第三千一百一十号

令宁海县知事何公旦

呈一件呈复赴美赛品均愿移赠陈列由

呈悉。该县运回赴美赛品，既据该商会询明各出品人，概愿移赠，应候发交陈列可也。仰即转饬知照。此令。十一月六日

（原载《浙江公报》第一千六百七十四号，一八页，指令）

浙江省长公署指令第三千一百十一号

令萧山县知事

呈一件呈报洽裕典被窃获犯讯供情形
并请抄示赔偿成案由

呈悉。查典当赔偿窃物，应仍照前清户律办理。仰即遵照，并将

姚阿金等限缉务获,及办结是案情形随时报核,切切。此令。十一月六日

(原载《浙江公报》第一千六百七十四号,一八页,指令)

浙江省长公署指令第三千一百十二号

令富阳县知事

呈一件为办理农商统计各表循案请支准备金由

呈悉。调查农商统计经费,应准在县税一成准备金项下分支银二十五元,仰即录报财政厅备案。此令。十一月六日

(原载《浙江公报》第一千六百七十四号,一九页,指令)

浙江省长公署指令第三千一百十六号

令平阳县知事张朝辅

呈一件陈施仁等呈前民政厅为保荐潮音校长学董勒索节规由

察阅黏抄,该原任潮音校长撤委业已数月,何以该区学董竟迭催不荐请委任,所称勒索如果非虚,尤属荒谬,亟应撤换严惩。仰平阳县知事迅即查明核办具复。此令。十一月六日

计抄发原呈一件。

(原载《浙江公报》第一千六百七十四号,一九页,指令)

浙江省长公署指令第三千一百二十一号

令省立第三中学校校长潘凤起

呈一件呈为预算不敷请予酌量增加由

查该校本年下半年原定预算仅报新生一班,现在会计年度虽经变更,而岁入仍属有限,自不得于原定班次以外另行添报。姑念学生业已收录,明年上半年准予加列一班经费,至本年下半年,应仍照原预算案规定数目,由该校长自行撙节弥补,嗣后不得再于预算规定班

次以外擅自添招，仰并遵照。此令。十一月六日

（原载《浙江公报》第一千六百七十四号，一九页，指令）

浙江省长公署指令第三千一百三十七号

令财政厅长莫永贞

呈一件呈复省议会单开各种章程或属国税
或属国家财务行政是以未经交议由

来呈所称，单开各种章程，或属于国税，或属于国家财务行政，是以未经交议等语，概括其词，并不分拆叙明，本署碍难据以转咨。仰迅就先后单开关于财政上各种章程，逐种说明性质及应否交议之理由，详细申叙，另开清单，备文送署，以凭核复，勿稍稽延，是为至要。此令。十一月六日

（原载《浙江公报》第一千六百七十四号，一九至二〇页，指令）

浙江省长公署批第七百四十四号

原具呈人冯世济等

呈一件呈请转令高检厅将现任未合资格
管狱员一律撤任另委由

呈悉。查现任各县管狱员，应由高等检察厅查照《甄用管狱员章程》第十四条办理，未经核定以前，自未便遽予更调。该员等率行藉词请求，殊有未合，不准。此批。十一月四日

（原载《浙江公报》第一千六百七十四号，二〇页，批示）

浙江省长公署批第七百四十六号

原具呈人商民张承绂

呈一件呈该民在临浦被劫一案请饬县获盗追赃由

呈悉。孙凤扬究竟有无受寄赃物情事，候令萧山县知事查明办理，

一面仍勒缉正盗陈牛老等务获,依法诉究可也。此批。十一月四日

（原载《浙江公报》第一千六百七十四号,二一页,批示）

浙江省长公署批第七百五十二号

原具呈人叶绪耕等

呈一件为请准开采杭县江干大岙山石矿由

呈件均悉。查石灰石属第三类矿质,应遵照《矿业条例》第十一条规定,径呈该管县知事核办,仰即知照。附件及呈文、费银均发还。此批。十一月四日

（原载《浙江公报》第一千六百七十四号,二一页,批示）

浙江省长公署批第七百五十五号

原具呈人海宁沈陈昌

呈一件为拟在海宁井栏庙地方开设恒昌茧行由

呈悉。是否与现行《条例》相符,未据声叙明白,无从核办,所请碍难照准。此批。十一月四日

（原载《浙江公报》第一千六百七十四号,二一页,批示）

浙江省长公署批第七百五十六号

原具呈人朱鸿达等

呈一件据呈前因创办长安利源电灯公司一案

韩希龄另换名称意图专利由

呈悉。前据海宁县知事转呈商民韩希龄等请设长安电灯公司并附送章程等件到署,当经指令转饬妥与呈请在前之朱鸿达等协议合股开设在案。仰仍遵照前民政厅及本公署批示办理可也。此批。十一月四日

（原载《浙江公报》第一千六百七十四号,二一页,批示）

浙江省长公署批第七百六十一号

原具禀人姚大炳等

呈一件禀为沈宏昌等庵产纠葛案县署延不呈送

辩明书乞迅予施行由

禀悉。候再据情严催可也。此批。十一月四日

（原载《浙江公报》第一千六百七十四号，二一至二二页，批示）

浙江省长公署批第七百六十二号

原具呈人郑雪亭等

呈一件为在周家浦开设茧行请求核准由

呈悉。《修正茧行条例》尚未公布，所请应不准行。此批。十一月

四日

（原载《浙江公报》第一千六百七十四号，二二页，批示）

浙江省长公署批第七百六十三号

原具呈人杭县同协和茧行商人张恺

呈一件为郑雪亭朦请添设茧行请依法批斥由

呈悉。商人请设茧行，准驳与否，本公署自有相当办法，毋庸该

商多虑。此批。

（原载《浙江公报》第一千六百七十四号，二二页，批示）

浙江省长公署批第七百六十四号

原具呈人崇德徐乃宣等

呈一件为抵补金非法加征请回复法案由

呈悉。抵补金一案现由本署提交省议会付议，应候议决后公布

施行，仰即知照。此批。名单附。十一月六日

（原载《浙江公报》第一千六百七十四号，二二页，批示）

浙江省长公署批第七百六十六号

原具禀人乐清叶造舟

禀一件为请派员从严查禁由

据禀是否属实,惟关系重大,姑候令行玉环县知事切实查禁具报。此批。十一月六日

(原载《浙江公报》第一千六百七十四号,二二页,批示)

浙江省长公署咨财政部

准省议会建议请将屠宰税咨部免除由

浙江省长公署为咨请核复事。

本年十一月二日准浙江省议会咨开,"案照牲畜价值各地不同,税则不宜统一,现屠宰税归入国税,无论牲畜价值若何,均通用同一之税则,则牲畜价贵贱不同之处,负担不均,是违反租税公平之原则。使划为地方税,则各地之税则得与牲畜之价值相应,且能相各地需要之状况以伸缩其税则而调剂其重轻。此按其性质而应归入地方税者也。牲畜隐匿甚易,调查其确数则极难,征收员扶同徇隐,往往不免。若划为地方税,则以地方之人而调查地方之营业,既可得其确实之数,又绝中饱之弊。此按之征收手续而应归入地方税者也。各地方向有肉捐、屠捐或性质类似屠宰税之各项捐款,今复加以屠宰税,而以地方原有之捐为附捐,此等营业甚微之屠户何以堪此叠床加屋之税。此按之现状而应免除部定屠宰税者也。本会据以上三种理由,业经提付大会讨论公决,建议于省长将屠宰税咨部免除"等由。准此,查是项屠宰税系由大部通行征收,能否免除之处,相应据情咨请大部核复施行。此咨

财政部

浙江省长吕公望

中华民国五年十一月六日

（原载《浙江公报》第一千六百七十五号，一九一六年十一月十一日，三至四页，咨）

浙江省长公署咨复省议会

为建议将屠宰税咨部免除由

浙江省长公署为咨行事。本年十一月二日准贵会咨请将屠宰税咨部免除等由过署。准此，除咨请财政部核复外，相应咨明贵会，即希查照。此咨

浙江省议会

浙江省长吕公望

中华民国五年十一月六日

（原载《浙江公报》第一千六百七十五号，四页，咨）

浙江省长公署咨省议会

准咨请令省立甲种农校添设兽医科由

浙江省长公署为咨复事。

案准贵会咨开，"案照兽医一科为发达农家副业所必需，其影响所及，若织毛、制革、宰牲、炼乳、贩卵诸业，若警政、若军事莫不有密切之关系，亟宜培养此项人才，以供社会之需要。本会查《实业学校规程》第十三条第一项，甲种农业学校之学科分为农学、森林学、兽医学、蚕学、水产学各科；同条第三项第二项，学科或全设或酌设一二科以上，得因地方情形定之。是于甲种农业学校得设置此项兽医学科，业经提出省立甲种农业学校添设兽医学科案，付大会讨论公决，应请令饬该校校长按照部定《规程》即行设置"等由。准此，除令该校于学年开始时即行遵照设置外，相应备文复请贵议会查照。此咨

浙江省议会议长

浙江省长吕公望

中华民国五年十一月六日

（原载《浙江公报》第一千六百七十五号,四至五页,咨）

浙江省长公署咨省议会

咨复浙省派遣留学生规程一案经出席议员
仍执前议请公布转咨由

浙江省长公署为咨复事。

十月三十日准贵会咨明准咨复议《浙江省派遣留学生规程》一案,经提付大会复议,出席议员全体仍执前议,请将原议决案如期公布施行,其三年部定《规程》应请咨行教育部分别中央选派及各省选派划清权限,则本案自无碍难照行之处等由。准此,除分别公布、转咨外,相应咨请贵会查照。此咨

浙江省议会议长

浙江省长吕公望

中华民国五年十一月六日

（原载《浙江公报》第一千六百七十五号,五页,咨）

浙江省长公署公布第四号

为省议会议决筹设改良制糖厂附设种蔗试验场议案由

省议会议决筹设改良制糖厂附设种蔗试验场议案,兹照《省议会暂行法》第三十七条公布之。特此公布。

中华民国五年十一月六日

省长吕公望

计开：

筹设改良制糖厂附设种蔗试验场议案

理由

查农工商部年前公布《奖励种蔗制糖及补助办法》，原为提倡国货、筹抵洋糖起见，意甚善也。吾浙土性除少数过于卑湿之区不宜种蔗外，其燥湿适宜及近山高燥者，大都与种蔗相宜。然各属农业家往往种蔗零售，用以制糖者殊鲜，即金、衢、温三旧府属产蔗较多，间或制糖，惜成品太劣，重量亦少，有碍销售。故吾浙昔日专销闽糖，今则一变而概销洋糖，漏卮甚巨，虽经农工商部设法以塞漏卮，而浙人罕有闻风兴起者。其故何在？查部令《奖励补助办法》必须种蔗制糖在二十亩以上，方与奖励补助，以此法施诸四川、福建产糖素富之区，诚足以资鼓励，若施诸吾浙，则必全无效力。盖制糖之法农工多未习闻，有无利益，有无把握，均属茫然。虽欲试种仿制，无从入手，此所以不得不任洋糖之盛销也。今欲为浙人提倡实业，糖业亦为要图。欲提倡糖业，应由省筹款，先就金华、温州两旧府属种蔗发达之处，各设一改良制糖厂，附设种蔗试验场，雇福建或四川糖匠发往各厂炼制，并教授农工，三年以后糖业必勃然而兴。此非凭臆悬揣，实因普通粗制之糖法甚单简易知易能故也。或谓洋糖较佳，故易销售。殊不知外洋精制之糖，惟冰糖、白糖最著，其红糖之通销吾浙者，仍杂有渣滓泥沙，较之闽蜀各糖，尚觉不及。但蜀道险远，闽产近年多东渡日本，致国货供不给求，坐视利权外溢耳。今先仿闽蜀制糖法试办，必有骎骎日上之机，断不如他项实业之茫无把握也。至种蔗制糖之利益，按亩计算，每亩可得蔗六千斤，可制红糖六百斤，至少亦有五百斤。就上海批发价计算，每百斤须洋八元至十元，是一亩可得洋五六十元，至少亦得四十元，获利甚厚，何乐不为？由公家筹款提倡，尤可事半功倍。此本案所以议决之理由也。

办法

第一条　改良制糖厂,就旧金属、温属种蔗最发达之处,各设一所,俟办有成效,再行推广。

第二条　设置年期三年为度,如有成效,得继续或扩充之。

第三条　厂屋就公产租用,无公产者租用民房,其附设之种蔗试验场,并拨用官地十亩以上。

第四条　各厂设厂长兼场长一人,庶务一人,技手一人,助手二人,工役四人;临时需用工匠,得另酌雇。

第五条　厂长兼场长,由省长委任,庶务、技手、助手,由厂长延用。

第六条　附近农民经厂长之许可,得入厂实习,规则由厂长定之。

第七条　各厂附近农民如有将自种之蔗托厂制糖者,得酌收工资。

第八条　经费概由省税支给,其数目另于预算案内规定之。

第九条　收支款项由厂长造具清册,分别呈请核销存储。

第十条　办事细则,由省长定之。

改良制糖厂附设种蔗试验场预算案①

支出经常门	共银二千二百二十元	
款　目	全年预算数	说　明
第一款	二二二〇	
第一项　俸给	一一二〇	厂长兼场长一人,月支二十元;庶务一人,月支十二元;技手一人,月支十五元;掌车助手一人,月支十元;掌灶助手一人,月支八元。以十二个月计,约如上数。

---

① 预算案无表格线,由整理者添加。

续 表

款　　目	全年预算数	说　　明
第一目　薪膳	七八〇	制糖时期年仅四个月，技手等在闽蜀本籍每人月支钱七八千文、四五千文不等，但远道而来，必须增价。且技手尤应有完全技术，能兼制白、黄、赤各糖，其支给应较厚。助手掌车、掌灶，虽无异能，若短期雇用，亦多窒碍，故各以年计。
第二目　工食	一二四〇	农工杂役四人，每人月支五元。以十二个月计，制糖期及种蔗期雇用短工约须百元。合计如上数。
第二项　租赁	一〇〇	
第一目　租赁	一〇〇	平屋十余间，租金约如上数。
第三项　流动基本	一〇〇〇	
第一目　原料	六〇〇	假定制糖一万五千斤，应购蔗十五万斤及石灰等料，约计如上数。
第二目　消耗	一五〇	制糖期燃料，约如上数。
第三目　牲畜	一五〇	制糖期用水牛二三只，约如上数。
第四目　肥料	五〇	种蔗肥料以油饼为主要品，人畜杂粪次之，就十亩以上计算，约如上数。
第五目　添置及杂费	五〇	装置添购，物品及纸张、油烛等杂费，约如上数。
收入门	共银一千八百七十元	
第一款	一八七〇	
第一项	一八七〇	
第一目　糖价	一七〇〇	购蔗制红糖一万五千斤，种蔗十亩以上，出红糖五千斤，共二万斤。就上海近年开盘廉价计算，约如上数。若兼制白糖，则红糖重量减少，而糖价总数仍无甚增减，合并声明。
第二目　牲畜	一五〇	制糖毕后，牛只售价。
第三目　残废渣滓	二〇	蔗渣可充燃料，糖滓可充牲畜饲料，虽琐碎，亦应计及，约如上数。

支出临时门	共银六百五十元	
款　目	预算数	说　明
第一款	六五〇	五年度下半年开办,即民国六年。
第一项	四五〇	
第一目　设备	二〇〇	租用平屋十余间,应备押金及整理灶房、车房、装灶、装车、装配储藏所等费,约计如上数。
第二目　器具	二五〇	普通家用器、农器,约一百余元,糖具如碾车、锅桶、缸篓、糖钵等费,约一百余元,合计如上数。
第二项	一五〇	
第一目　交通费	一五〇	延雇外省制糖技手、助手,应备川费及购运瓜哇、福建各蔗种转运、邮电等费,约如上数。
第三项	五〇	
第一目　杂费	五〇	笔墨、纸张、油茶等零用费,约如上数。

（原载《浙江公报》第一千六百七十五号,六至九页,公布）

浙江省长公署公布第五号

为省议会议决本省派遣留学生规程案由

省议会议决本省《派遣留学生规程》一案,兹照《省议会暂行法》第三十七条规定公布之。此令。

计抄本省《派遣留学生规程议决案》一件。

中华民国五年十一月七日

省长吕公望

《浙江省派遣留学生规程》议决案

第一章　总纲

第一条　本省派遣留学生出洋留学,适用本规程之规定。

第二条　留学欧美及日本之名额,以本省直接派遣之原有名额为准。

第二章　资格

第三条　派遣留学生以籍隶本省,年在二十岁以上,三十五岁以下,有左列资格之一者为限:

一、大学预科毕业者;

二、专门学校本科毕业者;

三、任专门学校教员或继续任甲种实业学校、师范学校、中学校教员二年以上者;

四、中等学校毕业后,曾习欧、美、日本一国语言三年以上,得有证明书者。

第三章　试验

第四条　派遣留学生每年依缺额之多寡,于七月间由省长举行试验,须于一月前布告。

第五条　合本规程之资格者,得受试验,但报名时须于志愿书认定拟赴何国学习何科。

第六条　凡报名投考者,先受左列各目之试验:

(一)检验体格;(二)国文;(三)本国历史;(四)本国地理;(五)代数。

第七条　经前条试验及格者,按其所拟习之各科,再受左列各目之试验:

甲　农科

(一)物理;(二)化学;(三)博物;(四)几何三角;(五)地质学。

乙　理工科

(一)物理;(二)化学;(三)几何三角;(四)微分积分。

丙　商科

（一）外国地理；（二）经济学概要；（三）法制概要；
（四）高等算术几何。

丁　医药科

（一）物理；（二）化学；（三）生理学；（四）博物学。

戊　文科

（一）外国历史；（二）伦理学；（三）论理学；（四）心
理学。

己　法律政治经济科

（一）外国历史；（二）外国地理；（三）经济学概要；
（四）法制概要。

右列各目均以拟赴留学之国语言文字试验之。

第八条　各科襄校员任命题评卷之责，由省长聘请之。

第九条　襄校员须具有左列资格之一：

（一）在外国大学或专门学校毕业，得有学位者；

（二）曾任本国大学教员二年以上，或任专门学校教员五年
以上者；

（三）硕学通儒夙著声望者。

第四章　学科限制及毕业后之服务

第十条　每年派遣留学生，习农商理工医药者，至少须占四
分之三。

第十一条　派遣之留学生，须按照预认科目前往学习，不得
改变，违者停止官费。

第十二条　如无不得已事故辍学者，由省长严饬地方官追
还费用。

第十三条　留学生毕业归国后，应在本省服务三年，不得他适。

第五章　附则

第十四条　试验规则由省长定之。

第十五条　本规程自公布日施行。

（原载《浙江公报》第一千六百七十五号，九至一一页，公布）

浙江省长公署训令第一千一百三十四号

令财政厅将收支各县征费开具细摺呈报察核由

令财政厅长莫永贞

查该厅所收各县征费余款及拨补各县不敷征费，仅于造送每月计算书内填列总数，而其中某县解到若干，拨补某县不敷若干，未据详细呈报，无凭察核。合行令仰该厅即将本年正月起至十月止收支细数先行开摺呈送，嗣后务须按月造报备查勿延，切切。此令。

中华民国五年十一月六日

省长吕公望

（原载《浙江公报》第一千六百七十五号，一三页，训令）

浙江省长公署训令第一千一百三十六号

令临海县据省视学呈报该县学务情形由

令临海县知事戚思周

案据省视学谢师枋呈称，"窃视学前赴临海县视察学务，该县公署内教育事务系由政务科办理，教育会会长尹慎修、副会长朱增离、视学王普恩，均尚克尽厥职。城内设讲演所一，讲员二人，采取有益白话小说编成讲稿，轮流演说，听者颇多。海门设阅报社一，社长一人，社员二人，择有关于人心风俗之报章分别张贴，阅者亦众。全县学校共计一百三十所，本年度增加五所，学生共六千八百一十人，职教员共二百八十四员。省立第六中学校，教授、管理均属合法，各科成绩以国文、算术为最优。省立甲种水产学校开办未久，而规模已具。台属椒江甲种商业学校，管教附属认真，风纪亦殊整肃，各科成绩复有可观。第六联合县立师范讲习所,办理认真,成绩亦优,惟校舍借用正学书院,于管理殊多不便。台属县立女子师范学校,教授合法,管理训练亦均周至,成绩以图画为尤佳。县立敬一高等小学校,管教合法,并知注重训练学生,成绩斐然可观。私立回浦高等小学校,设备虽未齐全,办理颇称合度,作文命题论说体与叙述体并重,尤得綮要。星期日上午由学生就教室讲演古今东西名人事实,使一面练习应用,一面引起则傚之心,办法亦善。私立哲商国民学校,管教认真,成绩亦良,校舍开朗,光线合宜。东塍国民学校,管理、教授、训练三者均合,成绩亦复优良。城立第一国民学校,教授算术讲解明白,学生演算亦甚纯熟。南城国民学校,管教均称切实。海葭镇立椒江国民学校,办理认真,教授国文于提示发问处亦颇得法。海门高等小学校、印山国民学校,职教员热心将事,学生亦均守校规。敦化国民学校,校长颇见热心,惟国文教授只依文顺解,殊为不合,抽问学生功课,未能明瞭。竞新国民学校,学生于国文字义颇能了解,惟校中管理、训练尚欠注意。椒江女子国民学校,校名尚沿初等小学旧称,教法亦未合宜。希鲁国民学校,抽问学生已授各课,其于国文字义半多未解,一二年各生且间有不识之无者,亟应整顿。理合将视察情形备文呈报,仰祈钧长察核施行"等情到署。查启发人民,开通社会,端惟讲演与报纸是赖,该县通俗讲演既听者颇多,阅报亦众,以后对于讲演、购报两事应益加注重,当于原有各处外,再行设法推广,以尽因势利导之功。至办理合法各校,除省立第六中校及第六联合县立师范讲习所另文令知外,该台属县立女子师范学校、椒江甲种商业学校、县立敬一高等小学校、私立回浦高等小学校、私立哲商国民学校、东塍国民学校、城立第一国民学校、南城国民学校、椒江国民学校、海门高等小学校、印山国民学校,应均传谕嘉奖,以示鼓励。该回浦校于星期日令学生在校演讲,自是善法,并应饬各校酌量仿行。其余应行改良各校,即按照该视学所指各节,令县视学详细考察,严切整顿,毋得再任贻误,是为至要。合令该知事遵照。此令。

中华民国五年十一月六日

省长吕公望

（原载《浙江公报》第一千六百七十五号,一三至一五页,训令）

浙江省长公署训令第一千一百三十七号[①]

令第六师范讲习所据省视学呈报视察该所情形由

令第六联合县立师范讲习所所长陈表

案据省视学谢师枋呈称,"窃视学视察临海学务,查第六联合县立师范讲习所办理认真,成绩亦优"等情,具见该所长实心任事,应予嘉奖,合行训令知照。此令。

中华民国五年十一月六日

省长吕公望

（原载《浙江公报》第一千六百七十五号,一五页,训令）

浙江省长公署训令第一千一百三十八号

令省立图书馆各县知事准山西省长咨送

局刻书籍样本价目表由

令公立图书馆馆长龚宝铨、各县知事

案准山西省长公署咨开,"案据山西官书局呈称,'奉前省长饬印旧存木板书籍样本由署咨送各省,将来各省认购时,俱用木匣装盛,以免沿途损污,已与邮政局函商清楚,并由署改定各种书籍价目表一纸发下,照样排印,一俟各省咨复认购书籍确数,由署拨款购料开工。兹已印就样本四百二十分,书价表四百二十张,理合一并备文呈送鉴核转咨'等情。据此,除分咨外,相应检同书籍样本暨书价表咨送察

---

① 此文编号,与浙江省长公署训令第一千一百三十七号《令景宁县知事为电陈请假委余光凝接充由》(卷七,2275页)重复,两者必有一误。

照,希即将认购书籍指定种类、部数见复,以便寄奉。此咨"等因,并附书籍样本十分、书价表十张到署。据此,察阅各种样本,颇觉清晰,合行检同书价表一份,令仰该馆长/知事转行境内公私立各图书馆查照,如需认购该省官书局木板书籍,即将种类、部数于文到五日内呈复/呈由该知事转呈本署,以凭转咨。再,此件登载《公报》,不另行文,仰并知照。此令。

附发书价表一份。

中华民国五年十一月六日

省长吕公望

山西官书局酌拟邮寄外省各种木板书籍暨书价木匣邮费等项数目一览表

书　名	每部本数	每部价目	每部装订木匣数目	每部木匣费	每部邮费	每部统共大洋价目
山西通志	九十六	毛边一十九元	五	一元	三元	毛边二十三元
		粉连二十三元五角				粉连二十七元五角
资治通鉴	一百二十	毛边二十七元五角	七	一元四角	四元二角	毛边三十三元一角
		粉连三十三元				粉连三十八元六角
十三经	六十五	毛边一十一元	三	六角	一元八角	毛边一十三元四角
		粉连一十四元				粉连一十六元四角
说文解字	一十二	毛边二元	一	二角	六角	毛边二元八角
		粉连二元四角				粉连三元二角
植物名实图考	六十	粉连一十五元	三	六角	一元八角	粉连一十七元四角

续　表

书　名	每部本数	每部价目	每部装订木匣数目	每部木匣费	每部邮费	每部统共大洋价目
说明	一、此表所列统共价目，系按轮船火车交通便利省会估计，如寄川陕两省另加邮费一倍，云贵甘三省另加邮费三倍，新疆照邮章别有规定，均不在此表统共价目以内。 　一、此表所列装订木匣，系按邮局章程每匣定限以库平八斤六两计算，即不足八斤六两或六斤七斤等数，邮费亦难减少，然各书本数多寡不齐，若就一部装寄，碍难一一恰合八斤六两之数，此中不无亏折，惟能汇寄多种，则可概装满匣，邮费必能减少。 　一、此表所列十三经，系将《易经》《诗经》《书经》《周礼》《仪礼》《礼记》《公羊传》《穀梁传》《春秋左传》《尔雅》《孝经》《论语》《孟子》等书合为一种，分装四匣，以为便于邮寄。如有分购者，临时指定何种经书，亦可另行核算。 　一、各种书籍外用木匣，为防沿途损污起见，故邮费增重，统共价目不免稍昂。倘作刷印品用纸包寄，则统共价目自然缩小，购阅者酌夺可也。					

（原载《浙江公报》第一千六百七十四号，九至一一页，训令）

浙江省长公署训令第一千一百三十九号

令饬财政厅查明向系自收自支未经
审计手续各款开摺送核由

令财政厅长莫永贞

　　查该厅经费除额定外，尚有向系自收自支，未经审计手续各款，如统捐局征费内提支办理联票牙帖等费，货物附加税征费内提拨厅费不敷，以及验契催验费之类，究竟共有几种，每年各收若干，如何支配，未据详细造报有案。本省长有监督财政之责，自应调查明确，以资稽核。合行令仰该厅立即遵照指饬事理逐一查明，务于五日内开具细摺，呈送察核，勿稍漏延，切切。此令。

中华民国五年十一月六日

省长吕公望

（原载《浙江公报》第一千六百七十五号，一五至一六页，训令）

浙江省长公署训令第一千一百四十号

令财政厅准省议会咨请通饬各统捐局
于新鲜蕃薯一项免予纳捐由

令财政厅长莫永贞

本年十一月二日准省议会咨开,"案照本会据余杭县北区农民杨金鳌、温培元等十人陈请书称,'窃农民环居山坡,所恃为生计者,除栽培竹木外,惟布种蕃薯,藉以充饥。秋季掘取除自食外,有余则装船分卖,每船约装二三十担,每担价洋不过三四角,实为农家最贱之生产物。无如所过关卡不察物价,责令纳税,所捐税目每船三元二元不等,物贱税重,贫民无力负担,痛苦万状,呼求无门。伏思贵会为人民代表,应顾念贫民生计之艰难,时值秋节,为蕃薯掘取之时,重税可惊,情尤迫切,为此恳请转咨官厅,速饬各关卡准予免捐,以苏贫民'等情到会。业经审查付议,由大会讨论公决,应请通饬各统捐局,于新鲜蕃薯一项,免予纳捐,以恤贫民"等由。准此,查此项蕃薯捐收数本属无多,且关系民食,与别种货物有间,自应准予免纳,以示体恤。除咨复外,合行令仰该厅即便通令各统捐局一体遵办具报。此令。

中华民国五年十一月六日

省长吕公望

(原载《浙江公报》第一千六百七十五号,一六页,训令)

浙江省长公署训令第一千一百四十一号

令义乌知事邱峻改代理为署理由

令代理义乌县知事邱峻

案查该代理知事任事以来,对于各项职务尚能实心整顿,堪改为署理,以专责成而观后效。合行填给任命状,随文令发该知事祗领,仰即慎始如终，无负任命，并将领到任命状日期具报。此令。

中华民国五年十一月六日

省长吕公望

（原载《浙江公报》第一千六百七十四号，一一页，训令）

浙江省长公署训令第一千一百四十二号

令杭县知事查明海慧寺崧骏祠改设宗忠简公祠由

令杭县知事

案据义乌绅民陈伟绩等函请执行民国二年省议会议决西湖海慧寺、崧骏祠改宗忠简公祠一案等情到署。据查此案前由省议会议决咨行前行政公署，并经前民政厅长公布登入第四百五十四册《浙江公报》各在案。中更改变①，此案遂未执行。兹省议会已经回复，从前议决法案自应有效，惟该崧骏旧祠是否有他项关系，改设宗祠有无阻碍，合行令仰该知事查明呈复察夺。此令。

中华民国五年十一月六日

省长吕公望

（原载《浙江公报》第一千六百七十五号，一六至一七页，训令）

浙江省长公署训令第一千一百四十三号

令农事试验场等会商振兴蚕桑改良丝织
办法分年计划列摺具复由

令农事试验场场长、原蚕种制造场场长、甲种蚕业学校校长、甲种商业学校校长、机织传习所所长

案照农桑乃立国根本至计，丝织为吾浙出产大宗，近自茧行问题发生，各方面主开、主禁趋于极端，业经详述理由，酌定办法，咨交省

---

① 改变，疑为"政变"之误。

议会复议在案。至发达蚕桑,改良丝织,在今日均不容缓,固百喙一辞,毫无疑义者也。本省长以浙人谋浙事,关系较深,利害尤切,亟应主此政策积极进行。查吾浙七十五县,无地不宜蚕桑,目前所称蚕桑较盛者实不过杭、嘉、湖、绍四旧府属,若偏僻各县,植桑饲蚕绝无仅有,语以缲丝织绸,则更不知不识,应如何施以教育、保护、监督、奖励,种种方法,俾能推广改良,分途并进,目张纲举,日起有功。农事试验场场长、原蚕种制造场场长、蚕业学校校长、机织传习所所长、商业学校校长等,谅皆研究有素,应即悉心会商,妥拟此后十年筹备进行办法,列表附说,陈候采择。务各内审民情,外观趋势,以普及种桑为起点,以丝绸事业能直接活动于外国之市场为归束,勿尚虚文,勿责近效,将以觇实学而兴大利。志愿如斯,企望曷极。除分令外,合亟令行遵照会议具复察夺。此令。

中华民国五年十一月六日
省长吕公望

(原载《浙江公报》第一千六百七十五号,一七页,训令)

浙江省长公署训令第一千一百四十六号

令各属准督军署咨缉逃兵牛玉山并附单由

令警政厅、宁波警察厅、永嘉警察局、各县知事

案准督军公署咨开,“本年十一月一日准陆军部咨开,'案据陆军近畿第二师呈称,职师二团二营六连三棚正兵牛玉山于九月二十二日派充夜间外卫兵,于二十三日早收更乘隙潜逃,并拐去枪弹、服装等件,情节重大,除文行该管原籍地方官严缉外,应请通缉归案严办,以肃军纪而儆将来。理合检同该逃兵年籍、斗保并拐去装械件数清单,具文呈请鉴核示遵等因前来。查该逃兵随队驻防要镇,胆敢于戒严期内拐带装械乘隙潜逃,实属貌法已极。除分行严缉外,相应抄录该兵年籍、斗保并拐去装械件数清单咨行贵督军查照,转饬所属一体

查拿,俟获案后径解该管长官归案讯办'等因,并附抄件到署。准此,除咨复并分行外,相应抄单咨请贵省长希即查照,转令所属一体查拿,务获解办"等由,并附抄单一件过署。准此,除分行外,合亟抄单令仰该厅、该局、该县查照办理,并转行所属一体查拿,务获究办。此令。

计照录钞单一件。

中华民国五年十一月七日

省长吕公望

计开:

牛玉山,年二十九岁,直隶定兴县西南五十里陈村营人。身长四尺九寸左右,斗全。保人宋武熊。民国二年一月一日入伍,本年九月二十三日潜逃,拐去装械开列于左:

四千四百五十号骑枪一杆、子弹七十五粒、短兵刀一把、黄军帽一顶、黄军衣一套、黄裕衣一套、风衣一件、皮鞋一双、肩领章各一副、炮字四百二十二号识别记章一个。

(原载《浙江公报》第一千六百七十五号,一八至一九页,训令)

浙江省长公署指令第三千零七十一号

令杭县知事姚应泰

呈一件为呈复钱江义渡改良跳板一案情形由

呈悉。仰即转行该公所亟为改良,毋任藉延,切切。此令。十一月六日

附原呈

呈为义渡改良跳板一案据情呈复察核事。

案奉前民政厅令转奉钧署令开,"案准省议会咨送议员何勋

业质问书一件,内开,'本会第一届第一次临时会议决,钱江义渡改良跳板一案,业经依法咨请公布,乃时逾三载,该渡局并未执行,故使人人病涉,衣袴沾濡,失足灭顶者不知凡几,坏法残民,莫此为甚'等由饬厅行县,迅饬义渡局查照原案,克日改良"等因。奉此,当经函令该公所董事盛韶、金承朴遵照去后。兹据复称,"查钱江义渡改归绅办时,接收前所长之移交,仅止船只跳板,并未将文卷悉数移交,是以未见有改良跳板之案牍,间有跳板、跳蹬,较寻常所用之厚薄长短几乎加至一倍,为前所长置而未用。乃于绅办接收之后,正拟督率进行,不期为事实经济之阻滞,而始知前所长置而未用者,亦良以有故也。钱江渡客以劳动界居大多数,向来所用之跳板两块,鱼贯而行,所以无拥挤之虞,即不致发生危险。设或改用四块,则往来之劳动界遂各起争先恐后之心,所谓失足灭顶之危险,在所不免。此事实上之不敢率尔进行者一也。钱江潮水涨落迅速,铺跳拆跳,贵在敏捷,稍一迟滞,跳板即随潮而去,否则渡船亦有久候之苦。如果改用既长且厚之跳板,一人之力不足以肩兹重负,必多雇跳板夫以扛帮之。然则义渡之经常经费,修船造船尚且不敷,正在筹募,以济其穷。前项扩充夫役之工资,又苦无从筹划。此经济上之未能绰然周转者二也。有此二项之困难,是以不克骤改。惟既奉公布之议案,自当详细研究,未敢置为缓图,一俟筹足经费、体察尽善,期达改良目的,以济行人方便,并杜拥挤危险,庶渡客得保安宁,法案始能实行,区区办事之苦心,当亦为各界所明察。呈请转报"等情前来。知事伏查该义渡局所陈情形,固属实在,惟事关公布议案,自当从速进行。除督饬该公所急筹改良外,理合具文呈复,仰祈鉴核。谨呈。

（原载《浙江公报》第一千六百七十五号,二三至二四页,指令）

浙江省长公署指令第三千一百二十三号

令武康县知事邱少羽

呈一件呈送县境内校长校董捐款办学请核奖由

呈、表均悉。校长、校董捐赀兴学,洵属可嘉。察核表册内捐赀年月,亦与《条例》相符,席毓华应准奖给银色一等褒章,朱允文、沈浦应准奖给银色二等褒章,沈涛应准奖给银色三等褒章,填明执照随文附发,仰即查照分别转给可也。表册存。此令。十一月六日

附发银色一等褒章一座、银色二等褒章二座、银色三等褒章一座,执照四张。

（原载《浙江公报》第一千六百七十五号,二四页,指令）

浙江省长公署指令第三千一百四十三号

令黄岩县知事

呈一件呈送投考海军学生履历请汇送由

呈及投考海军学生蔡应抚等履历表均悉。仰候届期汇案送考,并咨部可也。此令。履历表存。十一月七日

（原载《浙江公报》第一千六百七十五号,二四页,指令）

浙江省长公署指令第三千一百四十四号

令宁海县知事

呈一件呈报商船被劫救回毙匪一名余匪逃遁情形由

呈悉。查此案前据该县电呈,当经电令外海水上警察厅派舰邀击,并会同督军电令顾镇守使转饬沿海营、县一体协缉各在案。据呈各情,仰仍会督营警严密巡缉,务获该匪首惩治,以靖洋面。至称此次石帮护商船管驾暨众船丁异常出力,洵属奋勇可嘉。该知事先行捐俸赏银十元,自是为鼓励该护船起见,仰再查取该管驾履历暨出力

船丁姓名,以凭核办。此令。十一月七日

（原载《浙江公报》第一千六百七十五号,二四至二五页,指令）

浙江省长公署指令第三千一百四十五号

令青田县知事

呈一件呈报境内无医校医院等无从填表由

据呈已悉。此令。十一月七日

（原载《浙江公报》第一千六百七十五号,二五页,指令）

浙江省长公署指令第三千一百五十三号

令富阳县知事陈融

呈一件呈报遵令筹议振兴蚕桑拟具章程由

呈悉。所拟《植桑章程》尚欠妥洽,经已酌量改正,发仰查照清缮,连同拟办之模范养蚕场章程、预算书并呈核夺毋延。此令。十一月七日

富阳县推广植桑单行章程

第一条　以提倡种桑发达蚕业为主旨。

第二条　责成城乡董事将所辖庄内已有桑树株数及种植之户名、地址,于章程公布后三个月内,督同乡警查明,开摺报县。

第三条　人民自行新种之桑树有二百株以上至二千株以下者,由该人民自行报县查验,或经县调查属实,由县酌予奖励。在二千株以上者,呈请省长核奖。旧种桑树在五千株以上,成绩良好者同。

第四条　由县署于每年春仲,派员前赴杭嘉湖一带采购优良桑秧,运县发给城乡董事,劝民购领栽种,其购办桑苗及运费由县税二成公益费项下动支,暂以四百元为率。

第五条　农民购领前项桑秧时，先缴半价，其余应否补缴，俟栽种三个月后察勘成绩定之。

第六条　农民购领桑秧，须觅妥保，并报明姓名、住所、领种株数及栽种处所、亩分，由城乡董事录簿，于购领竣事后，汇报县署核明转报省署备查。

第七条　农民领种桑秧，经县署派员查验，种植得宜、枝叶繁盛者，准免补缴半价；如有栽种不善、枝叶枯萎者，按成补收未缴价目；其全数萎败者，并追缴运费，仍将免缴及补缴各户报省备案。

第八条　购运桑秧株数及支款，应于领种事宜办竣后，连同收回农民先付半价及补缴半价并运费造册，呈送省长核销。

第九条　城乡桑树，责成各地乡警随时看管，不准窃取盗砍，并由县署布告禁止，如有抗违，按情节轻重分别罚办。

第十条　桑树如发生病虫害时，有能预防或实行驱防，著有效益者，得由董事查明报县，酌予奖励。

第十一条　城乡董事应于每年阴历五月前将新旧种桑树株数、亩数查明，并列逐年比较表，报县汇报省署，其成绩优异者，得呈请省长核奖。

第十二条　本章程呈奉核准日公布施行，未尽事宜得由县呈请增删。

（原载《浙江公报》第一千六百七十五号，二五至二六页，指令）

浙江省长公署指令第三千一百六十四号

令上虞县知事

呈一件呈报王晋笙家被劫勘缉情形由

呈及单、表均悉。仰即迅行会督营警，务将案内正盗真赃勒限缉获，依法诉办具报。再，该县前于距城五里地方发生强劫伤人巨案，未及一旬,该盗等又在警察分所附近处所肆行抢劫,捕务废弛已极,应先严予申斥,嗣后务即振刷精神,督率队警认真缉捕,以靖地方,毋得仍前愒玩,致干重咎,切切。此令。单、表存。十一月七日

　　　　(原载《浙江公报》第一千六百七十五号,二六页,指令)

浙江省长公署指令第三千一百六十五号

令寿昌县知事、警政厅

　　呈一件呈报弋获旧案逸犯陈三妹请饬属注销缉案由

　　呈悉。逸犯陈三妹,既据弋获,仰即讯取确供,依法诉办,并仰警政厅通令所属一体查照销案。此令。原呈抄发。十一月七日

　　　　(原载《浙江公报》第一千六百七十五号,二六至二七页,指令)

浙江省长公署指令第三千一百八十五号

令委员谢德铭

　　呈一件呈复复核修理西湖先烈祠等处工程由

　　呈、表均悉。该员此次覆估各工,至属翔核,并能权衡缓急,节省糜费,办事认真,殊堪嘉许,业饬财政厅转行省会警察厅查照办理矣,仰即知照。此令。十一月七日

　　　　(原载《浙江公报》第一千六百七十五号,二七页,指令)

浙江省长公署指令第三千一百九十八号

令永嘉知事郑彤雯

　　呈一件据永嘉自治委员余炳光呈为萧庆北私垦官荒
　　　　请令县收回标卖由

　　据呈是否属实,仰永嘉县知事查明照章核办具报,并转该自治委员知照。原呈暨黏件均抄发。此令。十一月　日

　　　　(原载《浙江公报》第一千六百七十五号,二七页,指令)

浙江省长公署指令第三千二百零六号

令金华县知事

呈一件呈送移赠赴美赛品清单由

呈、单并悉。该县运回赴美赛品，既经各出品人声复，概愿移赠，候发交陈列可也。单存。此令。十一月六日

（原载《浙江公报》第一千六百七十五号，二七页，指令）

浙江省长公署批第七百六十五号

原具呈人乐清县公民郑骏廷等

呈一件为征收员冯吉人匿报钱粮撤换不足蔽辜

请再依法处治由

呈悉。征收员冯吉人已由该县具报，业经撤换。至称其匿报钱粮一节，该民等果能提出证据，应仍向原县告发，按照法定程序办理，毋庸越渎。此批。十一月六日

（原载《浙江公报》第一千六百七十五号，二八页，批示）

浙江省长公署批第七百七十号

原具呈人永嘉县叶蓁等

呈一件据呈禀控程增淦等掠割涂草案抄送县判

请饬强制执行由

呈、件均悉。查此案前民政厅据程增淦具呈诉愿，经以依法须缮具副本，分报原处分或原决定官署，来呈未据叙明，批"俟补行声明，及原处分官署并将辩明书等送到，再行察核办理"在案。所请饬县强制执行之处，未便遽准。抄件存。此令。十一月六日

（原载《浙江公报》第一千六百七十五号，二八页，批示）

浙江省长公署批第七百七十一号

原具呈人嘉善陈来青

呈一件为择定嘉兴县属双桥区九里汇开设同吉茧行由

呈悉。《条例》尚未公布,所请应不准行。此批。十一月六日

(原载《浙江公报》第一千六百七十五号,二八页,批示)

浙江省长公署批第七百七十二号

原具呈人嘉善陈适安

呈一件为拟在嘉兴正家笕地方开设同昌茧行由

呈悉。《修正条例》尚未公布,所请应毋庸议。此批。十一月六日

(原载《浙江公报》第一千六百七十五号,二八至二九页,批示)

浙江省长公署批第七百七十三号

原具呈人陈善承

呈一件为遵照修正茧行条例取销分行改设正行由

呈悉。《修正条例》尚未公布,所请应毋庸议。此批。十一月六日

(原载《浙江公报》第一千六百七十五号,二九页,批示)

浙江省长公署批第七百七十四号

原具呈人矿商裘国灿

呈一件呈请试探诸暨小东区铅矿请予立案由

呈悉。查《矿业条例施行细则》第三十八条规定,凡所呈文件不合例定手续概不受理,该商等果欲试探诸暨县小东区保和乡吾家坞铅矿,应遵照例定手续办理。所请委勘并先备案之处,碍难准行。来呈援用《矿业条例》第九十四条,亦属误解,并仰知照。矿图发还。此批。十一月六日

(原载《浙江公报》第一千六百七十五号,二九页,批示)

浙江省长公署批第七百七十五号

原具呈人何绍韩

呈一件为补送新昌看牛塆各区矿图请发探照由

呈悉。该商请探矿区既非连接一处，自应分案呈请核办，察核附呈各矿图，又均与定式不符。如新昌县十都看牛塆及嵊县五十一都看牛塆之背后落岭塆之矿图，该矿主要地名均未于矿区项下标注。又，新昌县十二都大畈村牌轩岩矿图，亦未将该矿主要地名标注。又，新昌县十二都上坑坞矿图，其第四号至第五号矿区境界线之方位错误，该矿主要地名及山下原有之小屋等均未于图内标注。又，新昌县十二都毛里面矿图，其第一号至第二号、第二号至第三号，又第一号至第四号等矿区境界线之方位均有错误。又，所载毛里面及其相近之眠牛岭，均系该矿主要地名，亦未于矿区项下标注。应即分别更正，并依照《审查矿商资格规则》备具履历、保结，分案呈候察夺。矿图发还。此批。十一月六日

（原载《浙江公报》第一千六百七十五号，二九至三〇页，批示）

浙江省长公署批第七百七十六号

原具禀人绍兴孙杰

呈一件为陶恩沛所开觉民舞台门路建筑

违则并吞公益剧场余款及筹办髦儿戏

请令县分别饬改追缴禁止由

据禀该觉民舞台门路建筑违背《取缔规则》，并吞公益剧场余款，如果属实，应径呈该管警察所勘明，饬令改筑，暨呈县知事查案追缴可也。至称该舞台筹办髦儿戏一节，并未据陶恩沛禀县核转有案，仰并知照。此批。十一月六日

（原载《浙江公报》第一千六百七十五号，三〇页，批示）

浙江省长公署批第七百七十七号

原具禀人温岭商民张惠民

呈一件为贩米至宁售济民食请饬温岭县发给护照由

禀悉。应径呈温岭县知事酌核办理。此批。十一月六日

（原载《浙江公报》第一千六百七十五号，三〇页，批示）

浙江省长公署批第七百七十八号

原具呈人调省知事黄夏钧

呈一件为因病续假三月由

呈悉。准再予给假三月。此批。十一月六日

（原载《浙江公报》第一千六百七十五号，三〇页，批示）

浙江省长公署牌示

余杭县知事成健请假，遗缺以洪钟代理。十一月四日

（原载《浙江公报》第一千六百七十五号，三〇页，牌示）

浙江省长公署咨内务部财政部

为永康县造林拨用西津桥官有荒地一案由

浙江省长公署为咨行事①。案查本省长前在都督任内据前金华道道尹沈钧业呈，据永康县知事吕策呈报，"模范林场地亩案内查有县治西南西津桥林场一处，系官有荒地，计面积六十六亩一分零，检同图说，转请核示"等情，经以图欠详确，批由前民政厅核明转饬该县另行绘送；嗣以据送仅有一份，不敷存转，又经前民政厅指令补绘各在案。兹据该县现任知事张元成遵令绘送到署。查该地系河滩新

---

① 底本脱一"事"字，径补。

涨,以之造林,尚属相宜,且业由该县吕前知事于本年植树节率同员绅从事栽种,应请准予拨给,以资提倡。除指令并分咨财政部、内务部外,相应检同送到图说一份,咨请大部查核照准,并祈见复施行。

此咨

内务总长/财政总长

计附图说一份。

浙江省长吕公望

中华民国五年十一月八日

(原载《浙江公报》第一千六百七十六号,一九一六年十一月十二日,四页,咨)

浙江省长公署训令第一千一百四十七号

令各属准内务部咨查禁小贩兜售小说淫画由

令警政厅、宁波警察厅、永嘉警察局、各县知事

案准内务部咨开,"准教育部咨,'据通俗教育研究会呈称,查都中闻有一种小贩,怀挟小筐包件,盛贮各种小说,于街头巷尾、茶房酒肆之间任意兜售,所售之书大都猥鄙龌龊,莫可究诘,其或夹带淫画秘卖,此等人往来街市,踪迹无定,较之列摊设肆者流布犹广,津沪等租界亦有此项售书之人,外人对此限制颇严。都中首善之区,本会既以劝导社会改良为职志,不敢不注意于此。拟恳咨行内务部转饬警厅,遇有此类售书之人,随时稽查,遇有违警之书,立即禁止等情。查京内此种小贩怀挟猥秽书画任意兜售,实于社会教育大有妨碍,相应咨请转饬京师警察厅,分别稽查禁止'等因到部。查小说肇自稗官,图画事关美术,流传綦广,观感攸资,将欲薪民俗之改良,首应以矫正淫诬为必要。矧值此世衰道微之日,尤宜严防微杜渐之谋,倘任此项猥亵书画流布坊间,社会之风尚日漓,即人民之道德日坠,充其渐染所及,必至闲检荡然。本部职掌邦礼,窃用隐忧,自应转行查禁,藉挽

颓俗。准咨前因,除已令知京师警察厅外,相应咨行贵省长查照,希即饬属严查禁止贩售,务期根株尽绝,用端风纪"等由过署。准此,除咨复暨分令行知外,合亟令仰该厅、该局、该县遵照,并即转行所属一体查禁。此令。(刊登《公报》,不另行文)

中华民国五年十一月七日

省长吕公望

(原载《浙江公报》第一千六百七十六号,六页,咨)

浙江省长公署训令第一千一百四十八号

令省会警察厅修理蒲场巷马路由

令省会警察厅长夏超

照得本城蒲场马路损坏日甚,雨后颇多积水,车行人行均有妨碍,合亟令仰该厅克日兴工修理,是为至要。此令。

中华民国五年十一月七日

省长吕公望

(原载《浙江公报》第一千六百七十六号,六至七页,训令)

浙江省长公署训令第一千一百五十号

令余杭县据龙泉寺僧镧祯为寺产管理权不服
前民政厅决定再提起诉愿由

令余杭县知事

案查该县知事处分龙泉寺管理权一案,前经该寺僧镧祯依照《诉愿法》第二条二项,再提起诉愿到署,业由本公署审查决定,合亟抄发决定书,令行该知事遵照决定办理具报,并将决定书送达镧祯查收。至镧祯原呈旧簿及户管,既系龙泉寺之物,应发给新选住持收执,并谕镧祯知照毋延。决定书连同发还。附件暨抄本随发。此令。

计附发决定书、田产旧簿、户管各一件,抄发决定书二件。

中华民国五年十一月七日

省长吕公望

浙江省长公署诉愿决定书第四号

诉愿人

镵祯,余杭县龙泉寺僧。

原决定官署

前民政厅

右诉愿人为不服前民政厅于本年八月二十四日对于诉愿余杭县公署处分龙泉寺产管理权违法一案所为之决定,依《诉愿法》第二条第二项之规定,再提取诉愿,并缮具副本送经原决定官署,添附辩明书及必要书状并呈到署,并经本公署派委前往余杭详细调查事实,据以审查决定如左。

主文

原决定撤消。余杭县公署原处分变更之龙泉寺住持应于前住持能德剃徒传派中选择应继者充之,其顺深变卖之龙泉寺产,应由该管地方官照《管理寺庙条例》第二十五条办理。

理由

查现行法例,凡寺庙财产之传继,各依其向来之习惯,盖缘各教宗派纷歧,为尊重宗教之自由,而十方丛林之选贤与剃徒派之承继,亦惟有各从其宗之惯例,此《管理寺庙条例》所明示者也。故凡寺庙住持有违背管理之义务者,仅有由该管地方官申诫或撤退之规定,而无得因事故变更其传继习惯之明文。其得由地方官详请该管长官核准处分者,亦仅限于久经荒废无僧道住守之寺庙也。本案龙泉寺僧顺深据原处分示谕及前民政厅决定书所列事实,并本公署委员刘惟金之调查报告,均无不守教规之确证,惟历次变卖财产,则原诉愿书亦承认之。又,据该僧前呈民政厅诉愿书,远尘堂、忍草堂、赐福斋等私有产,均系该寺前住持能德以在俗余资及经忏盈余所购置,至呈本公署诉愿书则谓赐福斋一户,光绪二十九年间于龙泉寺户下拨出之语,是该田产均系能德所置,当然即为该寺公产,并非该僧镶祯及顺深自置之私产,顺深仅有管理之义务,而决无变卖之权,该管地方官照前《条例》二十四条规定撤退之,并非不当。惟是否曾照第二十五条之规定,收回原有财产或追取原价给还该寺,原处分示谕既并未叙及,殊属疏漏,其以禅门派灵隐寺僧如幻入继龙泉寺住持,又显违《条例》第九条二项之规定,自属处分未当。

据以上之理由,爰决定如主文。

中华民国五年十一月六日

省长吕公望

(原载《浙江公报》第一千六百七十六号,七至八页,训令)

浙江省长公署训令第一千一百八十七号

令杭嘉湖旧府属各县据省立第一苗圃
呈请通令各该县明春赴圃领苗由

令杭嘉湖旧府属各县知事

案据省立第一苗圃圃长楼鹤书呈称,"本年三月间奉前钱塘道署饬办森林苗圃事宜,奉委后切实经营,播种松、柏、樟、楝、栎、枫、槐、柏、榕、胡桃等种子,现已生长松苗一尺三寸至一尺四寸,柏苗三尺九寸至四尺,桐苗三尺六寸至三尺七寸,楝苗二尺三寸至二尺九寸,樟苗二尺二寸至三尺。除槐、枫、榕、柏、栎等苗木替床移植外,松可分发一百五十万余株,每弓一株,能植六千二百五十亩;柏可分发三万一千九百六十九株,二弓一株,能植二百六十六亩;桐可分发一千九百五十株,二弓一株,能植十余亩地;他如槐、柏、枫、胡桃,系农部所发小数种子,苗木甚少,不敷分配,楝、樟二种,择其最长苗木,可分发一万余株,每弓一株,能植四十余亩,共计总数,明年可分发一百五十四万三千九百十九株,能植六千五百六十六亩地。倘非各县派员来领,将苗木运输,恐受损伤,栽植不易生活,合并备文呈送,仰祈察核施行"等情,并附栽植说明书一纸前来。查设立苗圃原为推广森林起见,兹既据称该圃种植松、柏等苗木,明年可分发一百五十四万三千九百十九株,自应由各县酌量土宜,开具拟领苗木种类、株数,届时拣派妥员赴圃领回,转发模范林场及人民依法栽植,并将说明书所列栽植方法先期出示通告,俾便参酌仿行。除指令并分行外,合亟照抄说明书,令仰该知事查照遵办。此令。

计黏抄件。

中华民国五年十一月四日

省长吕公望

谨将就明春分发各种苗木种植土宜情形及栽培法一一说明。

赤松

土宜　赤松最好阳光,不堪庇荫,无论如何岩石、砂砾、土地,均能生长,在高燥之处,发育尤速,洼下积水之地稍逊。

栽培法　栽培赤松最要注意者,掘穴宜斜,穴深七八寸,布苗时根不可屈曲,布苗后穴捣实,穴口宜闭,毋使雨水注入,捣实时毋使苗木受伤。瘠地距离四五尺一株,肥地六尺一株。每年夏时除草一次,经植五六年不须除草,从事整枝十年左右,可以行间伐。

乌桕

土宜　乌桕性喜阳光,产于温暖地,土质黏壤以稍湿润为宜。若洼下积水之地,不能发育。

栽培法　栽培乌桕大半以用实为目的。用实林栽植,距离一丈二尺上下为度;如用材林为目的栽植,距离宜六七尺为度。

在山地植于西南温暖处为宜,不在山地宜于不近水为是,采择时以便收拾。

油桐

土宜　油桐喜生温暖地,好湿,黏质壤土发育最佳。

栽培法　油桐栽植深度约占苗高四分之一,用材林栽植,距离宜六七尺,用实林栽植,距离一丈上下,植后宜除去杂草,随时施粪尿及腐植肥料,经四五年,着手整枝,用材林截去旁枝,用实林截去顶枝。

楝

土宜　楝喜生湿润土壤,温带树种,砾土及黏土成长甚缓。

栽培法　楝宜掘穴六七寸深,每穴距离六尺。此树生长甚速,植一二年,刈杂草、整桠枝,即成良材。

（原载《浙江公报》第一千六百七十六号,九至一〇页,训令）

浙江省长公署训令第一千一百九十二号

令财政厅准财政部咨行严禁擅用银行或
个人名义招集股份请饬属遵办由

令财政厅长莫永贞

本年十月三十一日准财政部咨开,"查创设银行按照《银行通行则例》第三条之规定,应将集股章程及发起人、办事人姓名、籍贯、员数、住址并分别有限无限一律呈报。近来各省往往有并不照章呈报,即用银行或个人名义招集股份,其发起人信用素著者固不乏人,而资望毫无者亦所在皆有,若不设法取缔,后患何堪言状。兹定嗣后凡未经本部核准集股,登载《政府公报》有案,即擅用银行或个人名义招集股份者,均应一律严禁,以保金融。相应咨行贵省长转饬所属一律遵照办理可也"等因。准此,合行令仰该厅转行各属一体遵办。此令。

中华民国五年十一月四日

省长吕公望

（原载《浙江公报》第一千六百七十六号，一〇至一一页，训令）

浙江省长公署训令第一千二百零三号

令各县知事为召集临时省议会由

令各县知事

案照《省议会暂行法》第二十一条载，"省议会分常年会及临时会二种"；又第二十二条内载，"临时会因特别紧要事件，由省行政长官或议员半数以上之请求时召集之"各等语。本届常年省议会业已闭会，本年度预算案尚待交议，事关紧要，亟应照法召集临时会，以资议决。兹定于本年十二月一日为召集期，除咨省议会外，合令该知事遵照，仰即分别转知该县属各议员查照。此令。

中华民国五年十一月七日

省长吕公望

（原载《浙江公报》第一千六百七十六号，一一页，训令）

浙江省长公署训令第一千二百零五号

令杭州总商会宁波总商会准部咨请开示省内农工商
各公司状况并对于实业上各项之需要由

令杭州总商会、宁波总商会

本年十月三十日准教育部咨开，"查振兴实业，端赖人才，而收纳人才，厥惟会社。故实科生与国内实业界必相因并济，斯成效可期。近查我国农工商业各公司与各实科毕业生素乏联络，以致各公司每借用外材，实科生多投身政界。一则动受掣肘，一则用违其材，此非公司不愿聘用学生，亦非学生不愿从事实业。推原其故，实因实科毕业生虽学具专长，实鲜经验，骤令掌理实业，每致失败。因之各公司视为畏途，不敢过问，而实科生与实业界益隔阂而不可通。我国办理实业教育,数十年来,终鲜效果,其原因端在于是。故必公司与学生得互济之道,斯教育与实业有共进之方。本部有鉴于此,拟令此后实科学生于毕业后重加实习,并调查国内农工商业各公司之需要,为实习科目之准备,使公司得有用之材,学生无投闲之患,实一举两得之计也。惟近今国内公司以何种为多,需用技师以何项为要,一时无从知悉,实难见诸施行,相应咨行贵省长,请将省内农工商各公司状况,并对于实业上各项之需要,详细开示,俾本部得所依据,藉筹进行办法,实纫公谊。此咨"等因。准此,除分行外,合行令仰该总商会转行各商会详查汇案具报,以凭转复。此令。

中华民国五年十一月七日

省长吕公望

(原载《浙江公报》第一千六百七十六号,一一至一二页,训令)

浙江省长公署训令第一千二百十三号

令财政厅为西湖名胜准照复修理由该厅转行省警厅知照由

令财政厅长莫永贞

前据省会警察厅厅长夏超呈称,"窃以西湖名胜中外共慕,年来名士政客联袂偕来,自应随时整饬,以餍游者之兴。即各处祠宇,或祀名贤,或奉烈士,尤足动人景仰凭吊之怀,若穷年累月日炙雨淋,而破壁颓垣,东残西缺,甚非地方有司保存古迹之意。然际此财政匮乏,势不能大兴土木,而补苴罅漏,万难再延。上年间虽经前工程局将三潭印月、钱王祠、平湖秋月公园等择要修理完竣,其余均未次第兴修。兹据西湖分处雇员邵炎报称,'先烈祠暨勋臣祠即李公祠及孤山秋社、风雨亭公园内毛木棚等处,均系年久未修,日形剥蚀坍塌,请勘修'等情。即派监工员傅福康前往逐处查勘估计,列表共需工料洋一千六百三十九元二分,请察核前来。饬经工务主任徐安真复核,理合照缮估表一并备文呈请,仰祈省长察核分饬民政、财政两厅会核照放，以便克日领款兴工，实为公便。再者，公园毛木棚，系游人憩息之所，于本月十日被风雨吹坍，亟宜提先修复，以维风景，刻已派匠先行开工，合并声明"等情前来。当经令饬前民政厅会同该厅长按照表列估计工料银元悉心复核，如果并无浮滥，准予如数支放具报在案。兹据前民政厅暨该厅长会派委员谢德铭呈称，"本年十月七日奉民政厅三十三号令委复核修理西湖先烈祠等各处，按照表列各项工程，悉心复核原估工料数目，有无浮滥，据实呈复。计发估计表册一本等因。奉此，委员遵即前往各处，按照表列各项工程逐一稽核。查先烈祠、勋臣祠及孤山秋社、风雨亭公园毛木棚等各处，剥蚀坍塌，急宜修理，以存古迹。惟原估工料数目，与委员所见微有不同。且先烈祠等各处有应行修理者，表内并未详细注明，有只可修理者，反行拆筑，殊形糜费，如林处士墓前围墙毋庸改作砖墩，勋臣祠四面厅似可暂缓兴修是也。委员查核原发估计表内开列各项材料数目，所有增减之处，指项签明，并就管见所及，另制估计表一册，以备采择"等情。据此，查名胜固宜修理，财力亦应兼顾，既据该员分别核实复估，除林处士墓前围墙应如拟毋庸改作砖墩，及勋臣祠四面厅应暂从缓兴修，以资节省外，其余各工准即动工修理，所需经费即在前省会工程局临时修缮费项下开支，工竣造具支出计算书，据呈候验销。除指令外，合亟抄发覆估表一本，令仰该厅长即便查照，检同抄表转行省会警察厅遵照办理。再，查工务处原估之数比现在覆估之数相差甚远，该处如何估算，并令省会警察厅查复核夺，毋稍徇延。此令。

计抄发覆估表一本。

中华民国五年十一月七日

省长吕公望

（原载《浙江公报》第一千六百七十六号，一二至一三页，训令）

浙江省长公署训令第一千二百十四号

令於潜县知事据委员楼汝蘅查复该县
习艺所因利局情形由

令於潜县知事平智础

据委员楼汝蘅查复该县习艺所、因利局情形，并附表册前来。查该习艺所从前成绩尚佳，曾于民国三年份经屈前巡按使批奖有案，自应急起直追，以副期望。乃查阅调查报告表式，艺徒既未招足，盈利亦复无多，而开支薪水竟至四十余元，殊属过巨，应即将事务员一员立予裁撤，所遗职务即由艺师分担，其余如艺师火食、所长薪资，应如何分别删配，艺徒名额应如何筹款补足，并仰妥议核办。至抵补金特捐，前据该县叶前知事查报①，至四年三月份为止，共计余存银八百五十二元零，业经前按署批准拨用，何以高等小学于借用去后，迄未清偿，应由该知事设法划还，以符原案，一面并将划还日期暨议办各事项分别具报备核。因利局并即认真办理。为此令行该知事遵照。此令。

中华民国五年十一月七日

省长吕公望

（原载《浙江公报》第一千六百七十六号，一三至一四页，训令）

浙江省长公署训令第一千二百十七号

令各县知事投考海军学生先行饬知来省考选由

令各县知事

案于本月六号准海军部鱼电内开，"本部每次招生，仅取五十名，每省只可按照部定考式严选数名，届期到沪复考，以定去留，幸勿多

---

① 叶前知事，即叶文旭，民国三年四月至九月在於潜县知事任上。

送，有劳往返"等由。准此，查此案前准部咨，当经通令遵照并据陆续呈送报考各生履历在案。兹准前由，是该项海军学生取额既属无多，每省选送仅限数名，而现据各县呈送到署者已不下四十名，一俟届期自必更有增加，若非从严考选，将来额少人多，势必徒劳往返。兹定十一月二十八日，凡由县呈送报考各生先在本公署举行考选，以凭录取数名送沪复考。除电令外，合亟令仰该县遵照，即行转饬投考各生一律先期来省，听候考选。至未经呈送各县，并应先行严加选择，毋得多送，并即知照。此令。（刊登《公报》，不另行文）

中华民国五年十一月八日

省长吕公望

（原载《浙江公报》第一千六百七十六号，一四页，训令）

浙江省长公署指令第三千零四十七号

令建德县知事

呈一件呈复法警需索克扣囚粮各情由

呈悉。法警人等鬼蜮多端，其舞弊需索，恒出不及觉察之处，而人民直接受害，莫此为甚。现虽据查尚无需索情弊，仍应严行约束为要。至囚粮一节，每米一斤，煮成饭之重量当然加倍，每日两餐，需米一斤已足。该县米价在昂贵之时，每斤不出六十文，规定每名每日大洋六分，已无不敷之处，今岁米价大平，何至有无人承办之虞？须知厨役与看守人等，其鬼蜮伎俩与法警同，不可不严为查察，致使若辈中饱，而囚人苦饥。知事职在保民，纵不能下车泣罪以为仁，断不容于规定之囚粮，不使获沾实惠，仰即切实遵照。此令。十一月六日

（原载《浙江公报》第一千六百七十六号，二二页，指令）

浙江省长公署指令第三千一百三十四号

令缙云县知事欧阳忠浩

呈一件呈送卢喜照等捐资兴学事实表请核奖由

呈、表均悉。该校长等捐资兴学,洵属可嘉。卢喜照、麻赛保、吕钓泉、楼陈标、蔡喜槐五人,应各奖给银色三等褒章,填明执照,随文附发,仰即查照转发可也。表、册存。此令。十一月六日

计发褒章五座、执照五张。

（原载《浙江公报》第一千六百七十六号,二二页,指令）

浙江省长公署指令第三千二百零七号

令定海县知事张寅

呈一件呈赴美赛品承认移赠陈列并送清单由

呈、单均悉。该县运回赴美赛品,既经各出品人默认移赠,候发交陈列可也。单存。此令。十一月八日

（原载《浙江公报》第一千六百七十六号,二二页,指令）

浙江省长公署指令第三千二百一十号

令永康县知事

呈一件为补送森林地图请予核转由

呈、图均悉。仰候据情咨部核复,再行令知。图存。此令。十一月八日

（原载《浙江公报》第一千六百七十六号,二三页,指令）

浙江省长公署指令第三千二百十五号

令水利委员会

呈一件呈送何测绘员呈复会勘麻车江情形原呈由

呈、件均悉。既经转令该测绘员明白声复,应俟据复转呈到署,

再行汇核办理。原呈暂存。此令。十一月八日

（原载《浙江公报》第一千六百七十六号，二三页，指令）

浙江省长公署指令第三千二百十七号

令水利委员会技正林大同

呈一件呈请将议会议决浙西水利修正案提交复议由

呈、件均悉。查修浚浙西水利修正议决案，已提交省议会复议矣，仰即知照。件存。此令。十一月八日

（原载《浙江公报》第一千六百七十六号，二三页，指令）

浙江省长公署批第七百六十八号

原具呈人江山方周氏

呈一件呈伊夫方元章被周正杼诬陷毒杀屡呈不批提出抗告由

呈悉。查此案前据该氏电呈及衢县、江山两县知事验明会报，迭经令厅转令委员李廷恺，将该氏夫方元章究竟因何服毒身死，警察所有看守之责，此种毒物何以任听怀挟入内，是否有人传递，详晰查明具复察夺在案。据呈各节，究竟是何实情，仰候令厅转令该委员迅予并案查明具复核夺。此批。十一月六日

（原载《浙江公报》第一千六百七十六号，二三至二四页，批示）

浙江省长公署批第七百八十号

原具呈人云和江咏清

呈一件请求令饬新任知事发还存饷由

呈悉。查此案前据该县前警佐杨锡琦呈复称，"该革警等存饷当时因别项公费无着，详由该前道尹报经前按署批准核销在案"等语，业经前民政厅核案相符，分别批令免予发还在案，所请应毋庸议。此批。十一月七日

（原载《浙江公报》第一千六百七十六号，二四页，批示）

浙江省长公署批第七百八十一号

原具呈人绍兴金乙麟

呈一件为奉饬县追租案仍冰搁请严饬追缴由

呈悉。查此案前据该县知事呈复,以"该民追租单内,列有金阿连一户,为原控案所无,请予抄发原呈,以凭核追"等情,当经并抄原呈令发在案。兹据呈请,候令催该县知事查案追缴可也。此批。十一月七日

（原载《浙江公报》第一千六百七十六号,二四页,批示）

浙江省长公署批第七百八十二号

原具呈人乐清连赞成等

呈一件呈自治委员温知新贪贿包讼乞檄县免职由

呈及钞件均悉。所陈各节如果非虚,该自治委员不特有忝职守,且涉及刑事处分,候令该县知事逐款查明,据实具复察夺。再,民政厅早经改组,业由本署布告在案,来呈仍填有"民政厅厅长"字样,殊属错误,合并知照。此批。黏抄存。十一月七日

（原载《浙江公报》第一千六百七十六号,二四页,批示）

浙江省长公署批第七百八十五号

原具呈人天台王太和

呈一件被潘振纶霸占庵产一案请饬县从速查办由

呈及钞件均悉。该寺产究因何故充公,未据抄黏县判,无凭察核。所请不准。此令。十一月七日

（原载《浙江公报》第一千六百七十六号,二四至二五页,批示）

浙江省长公署批第七百八十七号

原具呈人施宗范

呈一件为梅溪梭船坝占航路一案请吊阅全卷

令县取消最后告示以安航业由

查此案正在行查之际,究竟该县知事有无成见,一俟复到,自有相当办法,该氏何得以揣度之辞,率行妄渎,所请不准。此批。十一月七日

（原载《浙江公报》第一千六百七十六号,二五页,批示）

浙江省长公署批第七百八十八号

原具呈人瑞安林传绶等

呈一件为显佑庙仓请仍责由司事管理并严究诡名由

查此案前据该民等电呈来署,即经令县查明核办具复在案,仰即知照。此批。十一月七日

（原载《浙江公报》第一千六百七十六号,二五页,批示）

浙江省长公署批第七百八十九号

原具呈人杨仲江等

呈一件呈为集资开设丝厂附设茧行缮具简章请立案由

呈及简章均悉。该商等集资开设丝厂,仅设足踏丝车八十部,据拟附设茧行三处,每行各筑双灶,又有十乘之多,其为借名取巧已可概见,所请应不准行。简章发还。此批。十一月八日

（原载《浙江公报》第一千六百七十六号,二五页,批示）

浙江省长公署批第七百九十一号

原具呈人浙江丝绸机织联合会丁立中等

呈一件呈茧行条例议决宽纵请咨交复议以保工商由

呈悉。查《茧行条例》议决案，业经咨交省议会复议，仰即知照。此批。十一月八日

（原载《浙江公报》第一千六百七十六号，二五页，批示）

浙江省长公署通告

慈溪县知事林觐光电呈，本月一日准前任知事夏仁溥卸交前来，即于是日接印视事。

於潜县知事平智础呈报，于十月二十九日由省公毕回署。

（原载《浙江公报》第一千六百七十六号，二六页，通告）

浙江省长公署咨呈国务院

为省议会议决回复抵补金法定折价带征省地方税由

浙江省长公署为咨呈事。

本年十一月四日准省议会咨开，"十月二十六日准省长咨交回复抵补金法定折价带征省地方税一案，当经提付大会讨论，佥谓'省款不足，谅属实情，民力维艰，亦须兼顾。本会代表人民，凡值增加负担，未便轻行认许，特事关全省行政，亦不得不为兼筹，应限于本年度暂行带征一元，列入五年度预算临时门。至浙东各属，五年分抵补金均系随同地丁启征，人民按照五元折价完纳者已居多数，现在回复法价，中途变更，一年之内折价两歧，乡民无知，易滋误会，应请令饬浙东各属将五年分抵补金仍照每石五元征收，划出一元，留抵六年分抵补金，以期便利而免窒碍。业经将原案办法审查修正，三读通过，相应缮摺备文咨复，请烦公布施行'等由。准此，查此案前准财政部巧电，特予变通照准"等因，即经令行财政厅遵照，嗣据该厅拟具带征省地方税草案，缮摺呈请交议到署，随即提交决议在案。兹准前由，除公布施行并咨复外，相应照缮议决案，备文咨呈钧院，请烦查照。此咨呈

国务院

计咨呈清摺一扣。

浙江省长吕公望

中华民国五年十一月九日

（原载《浙江公报》第一千六百七十七号，一九一六年十一月十三日，三页，咨呈）

浙江省长公署咨财政部

为省议会议决回复抵补金法定折价带征省地方税由

浙江省长公署为咨明事。

本年十一月四日准省议会咨开，十月二十六日准省长咨交回复抵补金法定折价带征省地方税一案（文云见本日"咨呈"门）。查此案前准大部巧电，特予变通照准等因，即经令行财政厅遵照。嗣据该厅拟具带征省地方税草案，缮摺呈请交议到署，随即提交决议在案。兹准前由，除公布施行并咨复外，相应照缮议决案，备文咨明大部，请烦查照。此咨

财政部

计咨送清摺一扣。

浙江省长吕公望

中华民国五年十一月六日

（原载《浙江公报》第一千六百七十七号，四页，咨）

浙江省长公署咨复省议会

关于浙省店屋捐章程仍执前议一案由

浙江省长公署为咨复事。

案于十一月六日准贵会咨开，"本年十一月一日咨开，查店屋捐一项，前清系列作赔款，嗣经大会议决改充各县警察经费，现并饬由

财政厅编入地方预算,列作省税收入,自应仍由各县报解财政厅,以资考核。贵会议决《章程》第九、第十七、第二十二各条,尚须酌改,相应抄摺咨请复议,并咨送清摺一扣到会。当经提付大会复议,佥谓此项店屋捐系充各县警察经费,而各县警察经费由县自治处理,业经本会议决回复原案,咨请施行在案。现在自治亟应回复,此项店屋捐当然由县自治处理,不得列作省税收入。在省长但将各级自治即日通饬回复,自无碍难施行之处。准咨前因,并摺开拟改各条,本会认为无庸酌改,业经出席议员三分二以上仍执前议,相应咨复省长,请烦查照,仍将原议决案公布施行"等由。准此,查各县警察经费由县自治处理一案,前准贵会咨请施行,当经咨复在案。现在地方自治尚未奉明令回复,贵会议决前项《店屋捐章程》第九、第十七、第二十二等条,既认为无庸酌改,自应仍俟奉至回复自治明令后,方可照章办理。准咨前由,相应备文咨复,请烦查照。此咨
省议会

浙江省长吕公望

中华民国五年十一月九日

（原载《浙江公报》第一千六百七十七号,四至五页,咨）

浙江省长公署咨省议会

准咨议决模范缫丝厂招商承办办法未洽请复议由

浙江省长公署为咨行事。

本年十一月六日准贵会咨,"以改组模范缫丝厂为改良缫丝传习所并附设缫丝实习工场案,议决应以原有五厂分招商办,咨请查照"等由到署。查蚕丝为浙省出产大宗,乡民因墨守旧法,不图改良,缫成之丝,较沪厂丝价仅得半数,甚或不及半数者,售丝既难得善价,辄相率售茧,生货外输之弊随之而起。年来叶价涌贵,育蚕成本尤大,若不以改良缫丝为振兴之先导,则丝业前途何堪设想？模范缫丝厂

之设,本为改良土缫,推广手工,藉以挽回丝业利权起见,徒以创办时设备未周,经营欠善,致成效未能大著,爰有改组之议,冀所以收后效而竟前功。原案所谓成效未著者,乃指预期普及缫丝新术之成效而言,非谓缫丝之无成效也。观于五厂缫丝售价与沪厂丝价相差无几,已可概见。况成效未能大著之原因,如设厂地点之窒碍,五厂事务上之费用,以及丝车过少,原料不足,种种事实,均绝非不可变更者。果能改弦易辙,悉心整顿,当可日起有功。本年五厂以购茧经费未列预算,仅将上年丝价存银三万余元尽数购茧匀分,五厂现时已将缫用无存,今议决招商承办,无论能招商承办者只有器具一项,已于咨开估价之目的物不相符合,即按之估价标示各节,商人应招承办后,关于器具价格,是否作为官股,应如何分年偿还,绝未明定办法。如承办时,即颁照标示估价如数缴足,方许承办,于招商承办名义亦有未洽,且实际上与一律停办无甚差异。现在《茧行条例》规定,新开茧行地点四周距离原有茧行二十里之限制,业经咨交贵会复议,议决赞同,欲为后此开放之张本,则普及缫丝新术实为根本上唯一之要图,案关民生利益,自应详细讨论,以期妥适。准咨前因,相应咨请贵会查照复议,见复施行。此咨

浙江省议会议长

浙江省长吕公望

中华民国五年十一月十日

（原载《浙江公报》第一千六百七十七号,五至六页,咨）

浙江省长公署公布第六号

公布省议会咨送浙省回复抵补金法定折价

带征省地方税议决案由

省议会议决回复抵补金法定折价带征省地方税一案,兹照《省议会暂行法》第三十七条规定公布之。此令。

计抄浙省回复抵补金法定折价带征省地方税议决案一件。

中华民国五年十一月九日

省长吕公望

回复抵补金法定折价带征省地方税案

（一）民国五年起每抵补金原米一石，仍照元年临时参议院议决法案征银三元，另行暂时带征省地方税银一元。

（二）前项带征之省地方税，悉数解省，由省支配之。

（三）浙东五年分抵补金，每石连省地方税仍收五元（其溢收之一元，留抵六年分抵补金）。

（原载《浙江公报》第一千六百七十七号，七页，公布）

浙江省长公署公布第七号

公布省议会咨送《浙江省茧行条例》议决案由

省议会议决《浙江省茧行条例》案，依《省议会暂行法》第三十七条公布之。特此公布。

中华民国五年十一月十日

省长吕公望

计开：

《浙江省茧行条例》议决案

第一条　本条例凡茧行营业均须遵守。

第二条　旧有茧行请换新帖，限四月末日以前备足捐税银元，取具就地商会或殷实商店三家以上保结，连同旧帖禀由该管县知事核明灶数地点相符，并不搀做抛盘者，即予转请给帖。逾限未经呈请，仍继续开设或私移场所及私添烘灶者，分别处罚或封闭。

第三条　新开茧行仍照向章限三月末日以前报明开设场

所、行号，取具就地商会或殷实商店三家以上保结，连同捐税银元，声明地点四周距离原有茧行确在二十里以外，呈由该管县知事核明身家殷实，素有信用与不揽做抛盘，而地点相符者，呈由省长公署核准后，令行财政厅给帖。

第四条　领帖设行，只准按照地点营业，不准有分行、分庄等名目，违者处罚，其旧行前奉核准之分行、分庄亦一律取消。

第五条　新行灶乘单灶以十乘为标准，双灶一乘作单灶二乘算，每逾单灶一乘以上、五乘以下者，即依次加倍缴纳牙帖捐税。至旧行除前经报明灶数外，增设者亦如之。

第六条　各行收茧在度量衡未实行统一以前，仍照向章一律遵行司码官秤，由财政厅制交茧捐委员饬令各行缴价领用，不得私用重秤，违者除将该行封闭外，仍照诈欺取财律送交法庭讯办。

第七条　各行收茧如发觉有联合抑价情事，经查实后，按照情节轻重分别处罚。

第八条　本条例自公布日施行。

（原载《浙江公报》第一千六百七十七号，七至八页，公布）

浙江省长公署公布第八号

公布省议会咨送《浙江省保护森林条例》议决案由

省议会议决《浙江省保护森林条例》，兹照《省议会暂行法》第三十七条公布之。特此公布。

中华民国五年十一月十日

省长吕公望

计开：

《浙江省保护森林条例》议决案

第一条　浙江保护森林，除部颁《森林法》及《森林法施行细则》规定实行外，更适用本条例之规定。

第二条　凡县辖境内之森林，由县知事会同城镇乡自治董事查勘划分，各乡区警察所，责令就近保护。

第三条　各该管警察所，每月须派警察二名巡视该区内森林地二次以上。

第四条　省公署应将试验适宜之森林苗种作成说明书，饬县晓谕，准造林者得呈县详给各项森林苗种酌免缴价。

第五条　凡造林在五年以上，林木茂盛、疏密得宜者，年终由县知事汇详省长给奖。

第六条　警察于巡视时发现有犯《森林法》第五章规定之情事者，除传知森林所有者外，分别被害之轻重逮捕解县，或予以即决处分，其由森林所有者指名请究时亦同。

第七条　凡犯《森林法》第五章之规定者，除依罚则处断外，并令赔偿损失。如焚烧及损害他人森林者系过失时，只令赔偿损失。

第八条　警察于该管森林不尽保护之责及经森林之被害人告诉不即予处理者，县知事得呈请省长惩戒之。

第九条　本条例自公布日施行。

（原载《浙江公报》第一千六百七十七号，八至九页，公布）

浙江省长公署公布第九号

公布省议会咨送浙江禁止江河湖荡涨地报买议决案由

省议会议决浙江省禁止江河湖荡涨地报买议决案，兹照《省议会暂行法》第三十七条公布之。特此公布。

中华民国五年十一月十日

省长吕公望

计开：

浙江省禁止江河湖荡涨地报买议决案

第一条 江河湖荡各涨地确有关系农田水利者，无论国有或公有，一律禁止报买。

第二条 江河湖荡各涨地有关农田水利者，由县知事派员会同自治会查明，呈报存案。

第三条 各涨地如有被人民侵占者，由县知事派员会同自治会查明，出示严禁之。

第四条 本条例自公布日施行。

（原载《浙江公报》第一千六百七十七号，九页，公布）

浙江督军公署训令第四五四号
浙江省长公署训令第一二一九号

令各属为美人卜姆来浙游历令照约保护由

令特派交涉员、温交涉员、宁交涉员、警政厅长、各县知事、暂编第一师长、暂编第二师长、嘉湖镇守使、宁台镇守使、暂编混成旅长

本年十一月二日准江苏省公署咨开，"案据特派江苏交涉员杨晟呈称，'顷准美国总领事函，以卜姆赴江苏、浙江、安徽、山东、湖南游历，缮给护照请盖印前来。除将护照印发外，理合呈请省长察照，转饬各属，俟该美人到境呈验护照时，照约保护'等情。据此，除训令各属保护外，相应咨请贵省长查照，希即转行各属照约一体保护"等由。准此，除分令外，合行令仰该 即便转令所属一体照约保护，并将该美人出入境日期及在境行为具报。此令。（刊登《公报》，不另行文）

中华民国五年十一月九日
督军兼署省长吕公望

（原载《浙江公报》第一千六百七十七号，一〇页，训令）

浙江督军公署训令第四五五号
浙江省长公署训令第一二一八号

令各属为德商广丰行东来浙游历令照约保护由

令特派交涉员、温州交涉员、宁波交涉员、警政厅厅长、各县知事、暂编第一师师长、暂编第二师师长、混成旅旅长、嘉湖镇守使、宁台镇守使

本年十一月二日准江苏省公署咨开,"案据特派江苏交涉员杨晟呈称,'顷准德国总领事函,以德商广丰行东赴江苏、浙江游历,随带猎枪二枝、手枪一枝、弹少许,缮给护照请盖印前来。除将护照印发外,理合呈请省长察照,转饬各属,俟该德商到境呈验护照时,照约保护'等情。据此,除训令各属保护外,相应咨请贵省长查照,希即转行各属照约一体保护"等由。准此,除分令外,合行令仰该　　即便转令所属一体照约保护,并将该德商出入境日期及在境行为具报。此令。(刊登《公报》,不另行文)

中华民国五年十一月九日

督军兼署省长吕公望

(原载《浙江公报》第一千六百七十七号,一〇至一一页,训令)

浙江督军公署训令第四六四号
浙江省长公署训令第一二二二号

令各属为英人黑斯听等十五人来浙游历令照约保护由

令特派交涉员、温州交涉员、宁波交涉员、警政厅厅长、各县知事、暂编第一师师长、暂编第二师师长、混成旅旅长、嘉湖镇守使、宁台镇守使

本年十一月六日准江苏省公署咨开,"案据特派江苏交涉员杨晟呈称,'顷准英国总领事函,以律师黑斯听等十五人,名单另开,赴江

苏、浙江游历,缮给护照请盖印前来。除将护照印发外,理合呈请省长察照,转饬各属,俟该英人到境呈验护照时,照约保护'等情,并抄单前来。除训令各属保护并分咨外,相应抄录原单咨请查照,希即转行各属照约一体保护"等由。准此,除分令外,合行令仰该 即便转令所属一体照约保护,并将该英人入境出境日期及在境行为具报。此令。(刊登《公报》,不另行文)

另单黏附。

中华民国五年十一月十日
督军兼署省长吕公望

计开

律师	黑斯听	赴江苏、浙江
英商	莫克森	同上
汇丰英伙	黑歌德	同上
海关英人	西里亚	同上
英巡捕局长	斯频斐乐	同上
英巡捕	海美路特兄第二人	同上
英巡捕	杜纳兄第二人	同上
英巡捕	克贴纳	同上
英巡捕	摩根	同上
英巡捕	布乐	同上
英巡捕	慈潋	同上
英巡捕	歌娄法萨	同上
英巡捕	然纳	同上
英巡捕	克类	同上
英巡捕	麻德谟	同上

(原载《浙江公报》第一千六百七十七号,一一至一二页,训令)

浙江督军公署训令第四六五号
浙江省长公署训令第一二二三号

令各属为日人前田桢吉等来浙游历令照约保护由

令特派交涉员、温州交涉员、宁波交涉员、嘉湖镇守使、宁台镇守使、警政厅厅长、暂编第一师师长、暂编第二师师长、混成旅旅长、各县知事

为令知事。案准江苏省长先后来咨，以日本人前田桢吉等来浙游历，请令行各属保护等由。准此，除将游历各外人姓名、国籍，查照前项各来咨，另单开列，分令各属外，合行令仰该　　即便转令所属俟该外人等到境呈验护照时，一体照约保护，并将出入境日期及在境行为具报。此令。（刊登《公报》，不另行文）

中华民国五年十一月十日

督军兼署省长吕公望

计开：

（日人）前田桢吉　早川数一　大桥半次郎

（英商）巴尔兰

（美商）梅迪尔　德格雷　德工程师（随带猎枪二枝、手枪一枝、弹各少许）

（奥人）郝纳

（原载《浙江公报》第一千六百七十七号，一二至一三页，训令）

浙江省长公署训令第一千一百四十四号

令省立甲种农校准省议会咨该校添设兽医一科由

令省立甲种农业学校

案准省议会咨开，"案照兽医一科，为发达农家副业所必需，其影

响所及,若织毛、制革、宰牲、炼乳、贩卵诸业,若警政、若军事,莫不有密切之关系,亟宜培养此项人才,以供社会之需要。本会查《实业学校规程》第十三条第一项,甲种农业学校之学科分为农学、森林学、兽医学、水产学各科;同条第三项前二项,学科或全设,或酌设一二科,以上得因地方情形定之。是于甲种农业学校得设置此项兽医学科,业经提出省立甲种农业学校添设兽医学科案付大会讨论公决,应请令饬该校校长按照部定《规程》即行设置"等由。准此,合就令仰该校遵照于学年开始时即行设置。此令。

中华民国五年十一月七日

省长吕公望

(原载《浙江公报》第一千六百七十七号,一三页,训令)

浙江省长公署训令第一千一百八十九号

令警政厅高检厅为通缉前陕西扶风县知事林世英由

令警政厅长夏超、高等检察厅长殷汝熊

本月二十八日准陕西省长公署咨开,"案查前署陕西扶风县知事林世英携款潜逃一案,当经本署呈明,请予先行褫职,以凭查缉讯办在案。兹准电传九月二十九日奉大总统令,'兼署陕西省陈树藩呈称,前署扶风县知事林世英携款潜逃,请褫职查缉,归案讯办等语。林世英应即褫职查缉,归案讯办,交内务、财政、司法各部查照。此令。'奉此,除分咨外,相应抄黏原呈,咨请贵公署查照,希即转饬所属一体通缉解送来陕归案讯办,实纫公谊"等由,并附抄呈一件到署。据此,除分令外,合行令仰该厅通令所属一体协缉。此令。

计黏抄原呈一件。

中华民国五年十一月四日

省长吕公望

(原载《浙江公报》第一千六百七十七号,一九一六年十一月十三日,一三至一四页,训令)

浙江省长公署训令第一千二百二十一号

令刊发浙江修筑省道筹办处钤记一颗由

令浙江修筑省道筹办处

案查浙江修筑省道筹办处,既经组织成立,亟应刊发钤记,以资信守。兹由本省长刊发木质钤记一颗,文曰"浙江修筑省道筹办处",钤记随文发,仰该处祗领启用,并将启用日期具报备查。此令。

计发"浙江修筑省道筹办处"钤记一颗。

中华民国五年十一月九日

省长吕公望

(原载《浙江公报》第一千六百七十七号,一四页,训令)

浙江省长公署训令第一千二百二十四号

令各县知事转呈商民请设茧行应附地图及注明各要点由

令各县知事

案查省议会议决《浙江省茧行条例》业经公布在案,嗣后各商民呈请开设茧行,关于声明地点办法,应附绘设行地点四周二十里之地图,并注明水道陆道、附近著名市镇村庄及设行所在地距离各旧行里数,暨坐落之都图庄里,一并由县转呈,以凭核夺。除分行外,合亟令仰该知事示谕一体遵照,切切。此令。

中华民国五年十一月十日

省长吕公望

(原载《浙江公报》第一千六百七十七号,一四至一五页,训令)

浙江省长公署训令第一千二百二十五号

令浙江全省警务处为前警政厅警务科人员开单归并警务处办公由

令浙江全省警务处

案查本省警政厅应改为警务处,前警务科人员应行归并入警务处,办理现在改组事宜,业经令行该厅限日遵办,并令知前警务科人员将该科事务应行束结,以便归并各在案。所有前警务科人员,除有差委者毋庸归并外,合行开具职别、姓名及原支薪水清单,仰该处长查照录用,并定归并日期,令知该科如期归并,以资办公而符原案。此令。

中华民国五年十一月九日

省长吕公望

（原载《浙江公报》第一千六百七十七号,一五页,训令）

浙江省长公署指令第三千一百四十九号

令泰顺县知事刘钟年

    呈一件为改委掾属分配职掌请注册由

应准如呈注册。摺存。此令。十一月　日

附原呈

呈为改委掾属分配职掌开送履历敬请察核注册事。

窃本署佐治掾属向设政务、财政两科,每科委任主任一员,其教育一科即由政务主任兼任,而三科仍各设助理一员,业由知事先后呈请注册在案。迩者恢复共和,锐意图治,非特庶政日繁,且教育一途亦复异常注重。知事正拟另行分配职掌间,适政务兼教育主任汪厚昌因事去职,查有孔达堪以委充政务科主任。至教育现已分设专科,所有主任一员应遴员专任,查有林铸新堪以委充教育科主任,俾各专理其事。除分别委任外,理合加具考语,检同该员等履历开摺备文呈报,仰祈省长察核俯赐注册备案,实为公便。再,教育科助理员陈雷现已请假回籍,因该科已设主任,其所遗助理员缺不再补选,合并声明。谨呈。

（原载《浙江公报》第一千六百七十七号,二二页,指令）

浙江省长公署指令第三千二百三十二号

令崇德县知事

呈一件呈请刊发劝学所图记由

呈悉。查五月间《政府公报》所登,呈准《劝学所施行细则》草案,本公署未准部通咨,碍难依据。至所请刊发图记,应俟成立时再行一体刊颁,仰即转令知照。此令。十一月十日

（原载《浙江公报》第一千六百七十七号,二二页,指令）

浙江省长公署批第七百九十四号

原具呈人乐清郑绍宽

呈一件为自治委员得贿舞弊请派员查究由

呈悉。应俟该县复到,再行核夺。此批。十一月十日

（原载《浙江公报》第一千六百七十七号,二四页,批示）

浙江省长公署批第七百九十五号

原具呈人遂昌周庆棠

呈一件为郑英鳌霸收已拨果育学校天师坛租谷由

查是案前据郑英鳌具呈到署,业令该县查复核夺在案,应俟复到,再行核办,仰即知照。抄件存。此批。十一月十日

（原载《浙江公报》第一千六百七十七号,二四页,批示）

浙江省长公署咨江苏省长

准电请维持江苏丝绸各业将修正茧行条例缮摺送请查照由

浙江省长公署为咨行事。

前准支电,以浙江省议会议决开放茧行推翻旧案,选据苏州总商会、上海国货维持会电达各情,转请维持等因,业将是案议决略情先

行电复在案。查丝茧为浙省出产大宗,自前行政公署颁行《茧行条例》后,售茧蚕户因茧行距离太远,感其不便,收茧商人又藉地点限制之严,肆其垄断抑勒之谋,地方士绅每以病农为言,请予取消前例,而向业丝绸者又以多设茧行,生货外输,利权外溢,请求维持。两方主持趋于极端,自不能不通盘计划,定一折中办法。嗣据前民政厅拟送限制茧行提倡丝厂各条例到署,其大致系于茧行地点宽其制限,于设厂缫丝予以奖励,冀达就地产茧就地缫丝之目的。本省长详加审核,尚有理由,经提交省议会集议施行。旋准咨复,以原案新茧行二十里之限制改为十里,经大会多数通过,而《丝厂条例》仍行否决等由。本省长当以限制十里与完全开放无甚差异,复经交会复议修正,仍以二十里为限,现准咨送议决案到署,即拟依法公布。复查此案虽照旧案五十里改为二十里,惟前颁《条例》有一茧行得附设两分行之规定,而现行《条例》规定新旧茧行均不得有分行、分庄等名目,于便利农民之中仍寓限制茧行之意,兼筹并顾,颇觉两无偏陂,至根本解决,则固在发达蚕桑,改良丝织,而限制茧行,实一时治标之策耳。准电前因,相应将《浙江省茧行条例》缮摺备文咨送贵省长请烦查照,并希转饬知照。此咨
江苏省长齐

计咨送清摺一扣(见本月十三日本报"公布"门)。

浙江省长吕公望

中华民国五年十一月十日

(原载《浙江公报》第一千六百七十八号,一九一六年十一月十四日,三至四页,咨)

浙江省长公署咨督军公署

准省议会咨修筑浙江省道案大会公决认为可行由
浙江省长公署为咨行事。

本年十一月六日准浙江省议会咨开,"十月二十七日准咨交修筑

浙江省道议案一件到会,当付大会讨论审查,经多数公决,认为可行,相应缮具清摺咨送,希即筹备施行"等因。准此,理合另抄清摺,随文咨请贵督军公署查照施行。此咨

浙江督军公署

浙江省长吕公望

中华民国五年十一月十一日

(原载《浙江公报》第一千六百七十八号,四页,咨)

浙江省长公署公布第十号

公布省议会议决筹设省立女子蚕业讲习所议案由

省议会议决筹设省立女子蚕业讲习所议案,兹照《省议会暂行法》第三十七条公布之①。特此公布。

中华民国五年十一月十一日

省长吕公望

计开:

筹设省立女子蚕业讲习所议决案

第一条　女子蚕业讲习所先在省城设立一所。

第二条　毕业期限定为二年。

第三条　学额定一百名,分设二班,每班各五十人,每县选送一人,余额招考录取。

第四条　入学资格以高等小学毕业或有相当程度者为准,每次招至②,由所长呈请省长令行各县选送。

第五条　经费概由省税支给之,学生一律免缴学膳各费。

第六条　学生毕业后限令在各县蚕业传习所或养蚕模范场

---

① 底本脱"暂行法"三字,径补。
② 招至,底本如此,疑为"招生"之误植。

服务二年,未满服务年限,不得另就职务。

第七条　所长、学监、舍监就女界中选聘之。

第八条　课程及各种规则,由省长另定之。

第九条　支出经费,分临时、经常二门,另以预算案定之。至丝茧及制种等收入,由所逐年按照实数具报。

（原载《浙江公报》第一千六百七十八号,五页,公布）

浙江省长公署公布第十一号

公布省议会议决修浚浙西水利修正案由

省议会议决修浚浙西水利修正案,兹照《省议会暂行法》第三十七条公布之。特此公布。

中华民国五年十一月十一日

省长吕公望

计开:

修浚浙西水利修正案

组织

（一）在省城组织浙西水利议事会,筹划修浚浙西水利事宜。浙西水利议事会受省长之监督。

浙西水利议事会由省长令行浙西各县知事转咨各县议会各举一人(被选者不限于县议员,但县议会议员当选时不得兼充)组织之,但於潜、昌化、新登、富阳、临安五县水利归入钱江流域办理,不在此内。

（二）议事会设正副会长各一人,由会员用投票法互选之。议事会正副会长及会员为无给职,但在开会期间得酌给津贴,由该会议决,呈由省长核准。

（三）水利工程所在地设水利事务所,执行修浚水利事宜,其组织由议事会定之,但须呈由省长核准。

(四)事务所设主任一员,由浙西水利议事会公举相当人员,呈由省长委任。

经费

(一)地丁附捐　浙西各县除於潜、昌化、新登、富阳、临安五县外,每地丁银一两,带征浙西水利经费银元五分,分上下两忙缴纳。

(二)货物附加捐　就浙西各统捐局(於潜、昌化、新登、富阳、临安五县及闸口统捐局不在此内)所征货物每正捐银元一元,带征浙西水利经费银元六分,随正捐带收。

(三)丝捐　杭嘉湖旧府属,除於潜、昌化、新登、富阳、临安五县外,运丝、经丝每包加抽大洋一元,由省长令行统捐局带收。

(四)茧捐　杭嘉湖旧府属,除於潜、昌化、新登、富阳、临安五县外,干茧每百斤加抽大洋五角,由省长令行茧捐委员带收。

以上四项捐款,按月由财政厅尽数拨解议事会存贮银行,不得移作别用,支取时议事会长须得会员四人以上之连署签字,仍呈报省长备案。

工程

(一)工程之缓急先后,由议事会议决,呈由省长核定。其局部之施工计划,由事务所主任拟具理由,提出议事会议决,呈由省长核定。

（原载《浙江公报》第一千六百七十八号,五至七页,公布）

浙江督军署训令第四百六十二号

令参谋陆殿魁为调充本署谘议官由

令本署参谋陆殿魁

查该员堪以调充本署谘议官,用薪照旧支给,合将任命状令发遵照。此令。

计发任命状一张。

中华民国五年十一月十日

督军吕公望

（原载《浙江公报》第一千六百七十八号，八页，训令）

浙江省长公署委任令第四十八号

令派委武钟临为本署秘书处练习员由

令武钟临

查该员堪以派在本署秘书处练习，月给津贴银圆五十元，仰即遵照。此令。

中华民国五年十一月十一日

省长吕公望

（原载《浙江公报》第一千六百七十八号，八页，训令）

浙江省长公署委任令第五十号

令委员吴大桢验收省立第一苗圃建筑各工程及购办各器具由

令委员吴大桢

案查省立第一苗圃呈准建筑工程购办器具等项，前据该圃长楼鹤书呈报全部工竣，请予派员验收等情，经以购办器具未据开送清单，指令补开呈候，一并派员验收在案。兹据造送支出计算书表及收据等件前来，查购办器具支出计算书备考栏内说明尚属详细，应免另开清单，除令候派员验收外，合亟检同该圃长先后呈送承揽工程单三纸、屋图二纸、支出计算书一份，令仰该员查照，即日前往该圃将单开各项建筑工程及支出计算书第三目第一、第二两节列支购置各器具、农具等，逐一验明是否坚固、符合其建筑工程，并取具承揽工人保固切结，具复核夺。检发各件仍缴。此令。

计附发承揽工程单三纸、屋图二纸、支出计算书一本。

中华民国五年十一月十一日

省长吕公望

（原载《浙江公报》第一千六百七十八号，八至九页，训令）

浙江省长公署训令第一千二百二十八号

令警务各机关办理特要事件均照章程第十八条办理由

令各县知事、各区统带、内河水警厅、外海水警厅

照得本省警政厅应遵成案改为浙江全省警务处，业将《警务处暂行章程》暨《警务人员任用程序条例》登载《浙江公报》，并令行警政厅实行改组在案。嗣后各该　　等办事手续，均应遵照定章按序办理，如有本署直接批、饬、命令及其他重要事件，应照《暂行章程》第十八条后段之规定，由各该机关径呈本署核办，不得稍有违误，仰即遵照。此令。

中华民国五年十一月十日

省长吕公望

（原载《浙江公报》第一千六百七十八号，九页，训令）

浙江省长公署训令第一千二百三十二号

令警政厅准督军咨送陆军统计简明报告书凡例
请将所辖军队名称任务人数造册送署由

令警政厅长夏超

十一月六日准浙江督军署咨开，"准陆军部咨开，'本部迭准国务院统计局函开，本局赓续前政事堂主计局，办理行政统计，仍本前意，重在说明各主管衙门政治概要，拟期克日告成，至希贵部赞襄此举，从速编纂等因。查陆军统计关系纂深①，树立始基，尤为扼要。调查

---

① 纂深，疑为"綦深"之误。

伊始，允宜力崇浅易，自简之繁，庶免骤跻艰深，转滋扞格。兹特依照
《修正陆军统计条例》第六条规定《陆军统计简明报告书凡例》数则，
就各机关征求报告，俾中央得悉过去、现存之状况，以定将来调查之
方针。相应将《陆军统计简明报告书凡例》数则咨送贵督军，希即查
照，于三个月内将《凡例》各项逐条详注，迅即送部，以凭编纂'等因，
并附《陆军统计简明报告书凡例》到署。除分令陆军各军队机关遵照
办理外，查《报告书凡例》内载各省督军署应特别填注之事，对于省长
所辖各军队，应填注其名称、任务、人数及编制表、新编或改编年月、
驻在地等语，相应检同《报告书凡例》咨送贵省长，请核将所辖军队名
称、任务、人数等项派员查造表册，逐项说明，于十一月内咨送本署，
以凭填注"等因，并附送《陆军统计简明报告书凡例》过署。准此，除
咨复外，合亟检发《报告书凡例》，令仰该厅遵照《凡例》内载乙项各事
宜，逐一查造表册并附说明，限本月二十日内呈送到署，以凭咨转，毋
延，切切。此令。

计发《陆军统计简明报告书凡例》四份。

中华民国五年十一月十日

省长吕公望

（原载《浙江公报》第一千六百七十八号，九至一〇页，训令）

浙江省长公署训令第一千二百三十六号

令财政厅杭州总商会为铜元兑价骤涨
骤跌应设法挽回以维市面由

令浙江财政厅厅长莫永贞，浙江杭州总商会会长顾松庆、副
会长王锡荣

查铜元原以辅佐银币，流通市面，为社会零星日用所必需，近日
铜元兑价骤跌骤涨，一日之间相去甚远，不但影响民生，并足扰乱金
融，难保无奸商市侩藉端操纵或私运出省，以罔市利，不顾大局，殊堪

痛恨。应由该厅长速查明,分咨各关监督,并咨各县知事暨各统捐局长一体认真查禁,如有大批铜元私运出境,即行扣留。/总商会协同查禁,呈报察夺。除令行杭州总商会/财政厅外,合亟令仰该厅、该会长遵照办理复核,切切。此令。

中华民国五年十一月十一日

省长吕公望

(原载《浙江公报》第一千六百七十八号,一〇至一一页,训令)

浙江省长公署训令第一千二百四十一号

令知浙江修筑省道筹办处处长准省议会咨公决可行由

令浙江修筑省道筹办处处长吴秉元

为令行事。本年十一月准浙江省议会咨开,"十月二十七日准咨交浙江修筑省道议案一件到会,当付大会讨论审查,经多数公决,认为可行,相应缮具清摺咨送,希即筹办施行"等因。准此,除咨行督军并令知财政厅外,合行将另抄清摺随文令知该处长,仰即遵照办理。此令。

中华民国五年十一月十一日

省长吕公望

浙江修筑省道案

(一)省城设修筑浙江省道筹备处(处长由有职人员兼任),筹办修筑事宜。开工后即任监督、指挥、劝导之责。

(二)复测路线,调查沿路情形。

(三)分期修筑,先从干线入手,次及支线。干线分期如左:

第一期,自省经余杭、富阳、新登、桐庐、建德、兰溪、龙游、衢县、常山等县,至江西玉山县界,共长五百九十余里(旧称浙赣路线)。又,自兰溪、金华、武义至永康县,共长一百七十里。为全台线之西段。

第二期,自省经萧山、诸暨、东阳、永康、缙云、丽水、云和、龙泉、庆元等县,至福建政和县界,共长八百六十三里(旧称浙闽副线)。又,自永康经仙居至临海,共长二百四十二里。为全台线之东段。

第三期,自省经萧山、绍兴、上虞、余姚、鄞县、奉化、宁海、临海、永嘉、瑞安、平阳等县,至福建福鼎县界,共长一千零十三里(旧称浙闽正线)。

第四期,自浙经余杭、临安、於潜、昌化四县,至安徽交界之昱岭关,共长二百零二里(旧称浙皖正线)。又,自浙经德清、吴兴,至泗安接安徽之广德县界,共长二百六十五里(旧称浙皖副线)。又,自省经崇德、嘉兴,至江苏交界之王江泾镇,共长二百三十五里(旧称浙苏线)。

右列干线成后,即依次修筑干线未经各县之支线,其期限另定之。

(四)干路修筑时间及所须经费概算如左:

第一期

(甲)路长七百六十二里　此系根据图籍,将来测量后或稍有不同。

(乙)全路修筑经费　每丈平均以十五元计算,每里百八十丈,全路共十三万七千一百六十丈,共需洋二百零五万七千四百元。

(丙)调查测量经费及时期　经费六百元,时期二个月。

(丁)勘估工程经费及时期　经费九百元,时期二个月。

(戊)劝导联络暨筹备开工经费及时期　经费二千一百七十元,时期二个月。

(己)开始修筑至全路告成时期　十二个月。

（庚）工程事务所经费　每四十里设一事务所,每所设所长一员、视察员二员①。所长支月薪三十元、公费十五元,视察员每员支月薪二十元、津贴十元。公役二名,每名支工食洋六元。每月共洋一百十七元,以十个月约计共需洋一千一百七十元。全路设事务所十九所,共需洋二万二千二百三十元。

（辛）监工经费　每十里设一监工员,每员每月支月薪二十元、津贴十元,以六个月计算,需洋一百八十元。全路七十六员,共洋一万三千六百八十元。

（壬）购地经费　现在情形全省道路宽广平均约四尺计算,合计应修筑之省道宽度一丈二尺,以能通行摩托车为主道,旁种植树木二尺,尚须增加宽度十尺。中以四尺为原有道路面积,被人侵占,应行收回者,二尺认为官有产业及民间乐于捐助者,四尺认为完全民有、应行价购收为路用者。应行价购收为路用之田地,共约九百十四亩,每亩以平均二十元计算,约共需洋一万八千二百八十元。

以上诸款共需洋二百十一万五千二百六十元。

第二期

（甲）路长　一千一百零三里。

（乙）全路修筑经费　全路共长十九万八千五百四十丈,共需洋二百九十七万八千一百元。

（丙）调查测量经费及时期　经费一千二百元,时期二个半月。

（丁）勘估工程经费及时期　经费一千三百五十元,时期三个月。

（戊）劝导联络暨筹备开工经费及时期　经费二千七百五十六元,时期三个月。

---

① 每所,底本脱"所"字,径补。

（己）开始修筑及全路告成时期　一年零四个月。

（庚）工程事务所　全路设事务所二十八所,共需洋三万二千七百六十元。

（辛）监工经费　全路设一百十员,共需洋一万九千八百元。

（壬）购民地经费　共路一千三百二十三亩零一分,共需洋二万六千四百六十二元。

上共需洋三百零六万二千八百九十八元。

第三期

（甲）路长　一千零十三里。

（乙）全路修筑经费　全路共长十八万二千三百四十丈,共需二百七十三万五千一百元。

（丙）调查测量经费及时期　经费一千二百元,时期二个半月。

（丁）勘估工程经费及时期　经费一千三百五十元,时期三个月。

（戊）劝导联络暨筹备开工经费及时期　经费二千七百五十六元,时期三个月。

（己）开始修筑及全路告成时期　一年另四个月。

（庚）工程事务所　全路设事务所二十五所,共需洋二万九千二百五十元。

（辛）监工经费　全路设一百零一员,共需洋一万八千一百八十元。

（壬）购民地经费　共路长一千二百十五亩六分,共需洋二万四千三百十二元。

共需洋二百八十一万一百四十八元。

第四期

（甲）路长　七百零三里。

（乙）全路修筑经费　全路共长十二万六千三百六十丈，共需洋一百八十九万五千四百元。

（丙）调查测量经费及时期　经费六百元，时期二个月。

（丁）勘估工程经费及时期　经费九百元，时期二个月。

（戊）劝导联络暨筹备开工经费及时期　经费一千八百四十一元，时期二个月。

（己）开始修筑及全路告成时期　十二个月。

（庚）工程事务所　全路设事务所十八所，共需洋二万一千零六十元。

（辛）监工经费　全路共设七十员，共需洋一万二千六百元。

（壬）购民地经费　共路长八百四十二亩四分，共需洋一万六千八百四十八元。

共需洋一百九十四万九千二百四十九元。支线另计。

（五）经费　以省税及公款补助暨募捐充之。

（六）修路工人　除雇用外，并以路线经过各县之短期徒刑及拘役刑之监犯充之。

（七）省路成后　劝道营业办法另定之。

（原载《浙江公报》第一千六百七十八号，一一至一四页，训令）

浙江省长公署指令第三千二百五十号

令高等检察厅长殷汝熊

呈一件桐庐审检所呈报姜万隆家被劫勘验情形由

呈及图、单、表均悉。该盗等结伙行劫，复敢拒伤事主三人，不法已极。仰该厅转令该所迅行会督营警并咨分水、新登各县，一体严缉，务将正盗真赃悉获究报，一面先查明盗匪姓名、年貌、籍贯，呈候通缉。此令。图、单、表均存。十一月十一日

（原载《浙江公报》第一千六百七十八号，一五页，指令）

浙江省长公署指令第三千二百五十一号

令高等检察厅长殷汝熊

呈一件上虞审检所呈报王裕堂被王水堂等
杀毙情形并拟悬赏购缉请核示由

呈悉。凶犯王水堂等胆敢勾通海盗,将王裕堂杀毙,脔切成块,弃尸海中,凶残已极。应准如呈悬赏购缉,所需赏银即在准备金项下动支。崧镇警察分所前于距离三里地方发生盗案,一无弋获,此次又在切近处所出有杀人弃尸重案,该管警佐叶问仲形同聋聩,毫无觉察,实属有忝职守,应将该警佐先记大过一次,仍勒限于二个月内将凶犯王水堂等三名缉获解办,如逾限不获,定予严惩不贷。仰高等检察厅转行该县遵照。此令。十一月十一日

(原载《浙江公报》第一千六百七十八号,一五页,指令)

浙江省长公署指令第三千二百六十二号

令常山县知事赵钲铉

呈一件呈报组织教育行政会议并送简章由

呈、摺均悉,应准备案。惟简章内议员名称应均改为会员,议长改为主席,仰即分遵照。摺存。此令。十一月十一日

附简章。

谨将拟订常山县教育行政会议简章缮呈察核。

第一条　本会议议场设于县公署内,定名曰常山教育行政会议。

第二条　本会议专就县教育行政范围内,依据现行法令,参酌地方情形,讨论设施改良及督促进行等方法,以力谋教育普及为宗旨。

第三条　本会议会员,由县知事遴委左列人员充任之;

(一)县公署主办教育人员;

(二)县视学员;

(三)教育会会长及副会长;

(四)区学董;

(五)各学校校长;

(六)讲演所所长及讲演员;

(七)其他办学人员及富有教育经验之人,由会员介绍,得本会议许可者。

第四条　本会议会员为名誉职,概不支给薪水及川资公费。

第五条　本会会议时,县知事为监督;县公署主办教育人员为主席,如有事故时,请由县知事派员代理。

第六条　本会议文牍及庶务,由主席呈请监督临时酌派之。

第七条　本会议议案之提出,约分如左:

(一)县知事交议事项;

(二)会员提议事项;

(三)人民或公共团体以会员之介绍陈请建议事项。

二、三两项议案应于会期一星期前,陈由县知事核明交议。

第八条　本会议分常期、临时两种。

(一)常期会议,每年于暑假寒假期内行之,其会议时期由县知事定之。

(二)临时会议,由主席之提出或四分之一以上会员之请求,经监督认为必要时,得临时举行之。

第九条　本会议常期会议议期以七日,临时会议以三日为限,常会期如有必要事项,经监督之认可者,得展限议期,但展限议期不得过三日。

第十条　本会议临时会议,得召集第三条一项至五项人员议决之。

第十一条　本会议议决案,由主席于闭会后呈请县知事采择施行,并转详省长备案。

第十二条　本会议开会期内所需费用,由县知事行政经费内支给之。

第十三条　本会议会议规则,另行拟订之。

第十三条　本会议章程,以呈奉核准后为有效。

第十五条　本章程如有未尽事宜,得随时呈明修改。

（原载《浙江公报》第一千六百七十八号,一五至一七页,指令）

浙江省长公署指令第三千二百七十一号

令财政厅长莫永贞

呈一件高检厅为平湖县修理监墙在准备金
内动支款项请予核销由

据呈,平湖县修理监墙,经前巡按使批准在县税准备金项下动支银一百八十六元二角四厘等情,仰财政厅照销备案。此令。呈、册均抄发。十一月十一日

（原载《浙江公报》第一千六百七十八号,一七页,指令）

浙江省长公署指令第三千二百七十七号

令财政厅长莫永贞

呈一件东阳县俞知事造送接收张前知事
交代分款清册并印结由

交代分款各册,照章应由财政厅核转,仰将发去册结一并核明转呈,以凭咨部,毋延,切切。此令。十一月十一日

（原载《浙江公报》第一千六百七十八号,一七至一八页,指令）

浙江省长公署指令第三千二百七十八号

令财政厅长莫永贞

呈一件常山县呈报批解五年内国公债银一千三百三十五元由

据呈已悉,仰财政厅转饬知照。此令。十一月十一日

（原载《浙江公报》第一千六百七十八号,一八页,指令）

浙江省长公署指令第三千二百八十六号

令高等检察厅长殷汝熊

呈一件为平湖县修理监墙在准备金内动支款项请予核销由

呈悉。已令财政厅照销备案,仰即知照。此令。册、簿均存。十一月十一日

（原载《浙江公报》第一千六百七十八号,一八页,指令）

浙江省长公署指令第三千二百八十八号

令财政厅长兼烟酒公卖局长

呈一件为造送十月份支出计算书对照表及单据黏存簿由

据送十月分支出计算书、据等件已悉。此令。十一月十一日

（原载《浙江公报》第一千六百七十八号,一八页,指令）

浙江省长公署指令第三千二百九十号

令公报处主任陈焕章

呈一件呈为改送本年七月分收支表册等件请核销由

呈悉。察阅据送收据,核与计算书所列各款相符,应准照销。此令。附件存。十一月十一日

（原载《浙江公报》第一千六百七十八号,一八页,指令）

浙江省长公署批第七百九十号

原具禀人张盛

　　禀一件禀请在松木场石山采取乱石请准予许可由

　　禀悉。查此案前据杭县知事查复,以"该山在封禁之列,碍难准予开采,业经指令转饬该民遵照"在案。所请仍难照准,仰即知照。此批。十一月八日

　　　　　　(原载《浙江公报》第一千六百七十八号,一九页,批示)

浙江省长公署批第七百九十二号

原具呈人朱清等

　　呈一件为组织平湖第一工场请准租用公产由

　　呈悉。该公民等集资创办平湖第一工场,为地方贫民广筹生计,殊堪嘉尚,应准照行。至请租用该县充公房屋一节,此项房屋计有若干间,何案充公,每月照该县情形每月该租金若干,可否租给该厂应用,应候令行平湖县查复核夺,仰即知照。此批。十一月八日

　　　　　　(原载《浙江公报》第一千六百七十八号,一九页,批示)

吕督军吊蔡督军电

日本中国公使馆章公使转蔡督军遗族鉴[①]:得沪电,惊悉松坡督军遽捐馆舍,天祸我国,怆失元勋,噩耗遥传,同声一哭。归榇有期,当趋奠祭。先此电唁,曷胜哽叹。吕公望。蒸。印。(中华民国五年十一月十日)

　　　　　　(原载《浙江公报》第一千六百七十八号,一九页,电)

_____

　　① 章公使,即章宗祥(1879—1962),字仲和,浙江吴兴(今湖州)人。民国五年六月三十日任驻日本国特命全权公使,七月二十五日接任,民国八年六月离任。此电又见于《申报》民国五年十一月十三日六版杭州快信。

浙江省长公署训令第一千二百四十三号

令各县知事准外交部咨假道温古佛
往美之华人至舍路听候查验由

令各县知事

案准外交部咨开,"顷准驻美顾公使咨称①,'准美外部照称,一千九百十一年本国移民局与坎拿大太平洋铁路公司订立合同,凡赴美华人之行抵温古佛者,即在温古佛查验。现工部以在本国各口岸查验来美之华人较在温古佛为便利,已照会坎拿大太平洋铁路公司,将所订合同取消,以后华人之行抵温古佛者,可即至舍路听候查验,其寓居坎拿大而不在禁例范围内之来美华人,及经坎拿大而往他处持有可以返美执照之华人,当另订相宜章程,以求便利'等因。相应咨达贵省长查照,转饬所属通告假道温古佛往美之华人一体遵照,即至舍路听候查照可也"等由。准此,除分令外,合行令仰该知事遵照。此令。

中华民国五年十一月十一日

省长吕公望

(原载《浙江公报》第一千六百七十九号,一九一六年十一月十五日,四页,训令)

浙江省长公署训令第一千二百四十九号

令催各县造送办理地方事业捐款一览表由

令各县知事

案照本省长前在都督任内,因近年来各属办理地方公益事宜所筹捐款,类皆苛细,且有并不呈准立案,私自抽收者,殊非体恤民艰之

① 驻美顾公使,指顾维钧(1888—1985),字少川,江苏嘉定(今上海市嘉定区)人。清末留学美国哥伦比亚大学,主修国际法和外交。民国四年十月任驻美兼驻古巴公使,八年六月转任驻英国公使。

道，亟应由县查明具报，其中应仍应革，再由本署分别核定饬遵，业经制定各县办理地方事业捐款一览表式，以第二四一号饬文通饬各县详查列表分呈候核在案。乃查该县迄未填送，实属玩延，合再令催，仰速遵照前饬限五日内将该县所有地方捐款调查明确，列表呈送，毋得再延干咎，切切。此令。

中华民国五年十一月十一日

省长吕公望

（原载《浙江公报》第一千六百七十九号，四至五页，训令）

浙江省长公署指令第三千二百三十四号

令临安县知事黄鹗之

呈一件呈送吴士杰捐资兴学事实册请核奖由

呈、册均悉。该校长吴士杰热诚兴学[①]，历久不渝，洵堪嘉许。惟查部颁《修正捐资兴学褒奖条例》规定，自民国元年起适用，册列捐资年月系自前清宣统三年六月起算，与《例》不符，应自民国元年一月起截算数目，另造表册，呈候核奖。原册发还，仰即查照更正可也。此令。十一月十日

附还表册一件。

（原载《浙江公报》第一千六百七十九号，一一页，指令）

浙江省长公署指令第三千二百九十三号

令财政厅长莫永贞

呈一件为绍兴县人夏羲请饬各县查禁大宗制钱私运出口由

呈悉。近来制钱日形减少，难保无奸商私运出口，仰财政厅立即

---

① 正文底本误作"吴一生"，径改。见浙江省长公署指令第四千八百九十三号《呈一件呈送吴士杰捐资兴学遵令另造表册请核由》，原载《浙江公报》第一千七百十一号，一九一六年十二月十七日，一四页。参见卷八；3015页。

通令各县一体查禁,以维币制。此令。十一月十一日

(原载《浙江公报》第一千六百七十九号,一一页,指令)

浙江省长公署批第七百五十号

原具呈人海宁自治委员朱宝璿等

呈一件为年不丰登请予展限缓征由

呈悉。灾歉蠲缓办法,《勘报灾歉条例》均有规定,据呈各节,应呈请该管县知事依《例》核办,仰即知照。此批。十一月十一日

(原载《浙江公报》第一千六百七十九号,一二页,批示)

浙江省长公署批第七百九十六号

原具呈人候补县知事谢伯镕

呈一件为请假回籍措资由

准假三月。此批。十一月十一日

(原载《浙江公报》第一千六百七十九号,一二页,批示)

浙江省长公署批第七百九十七号

原具呈人候补县知事刘则汤

呈一件为请假回籍措资由

准假三月。此批。十一月十一日

(原载《浙江公报》第一千六百七十九号,一二页,批示)

浙江省长公署批第八百零一号

原具呈人慈谿泽馀校董翁可阶

呈一件为自治委员强占校舍一案请赐批准由

查是案前据核校董具呈①,当以"泽山庵基屋改为校址,业禀杨前

---

① 核,疑为"该"字之误。

县批准在案,当时自治公所果系商准借用,何以久假不归,该县既批,俟与自治委员商酌迁就,何又改为烟酒公卖局,究竟是何实情,仰该县知事迅予查明具复候夺"等语指令慈溪县遵办,并令转饬该校董知照在案,仰即查照。此批。十一月十一日

（原载《浙江公报》第一千六百七十九号,一二至一三页,批示）

浙江省长公署批第八百零二号

原具呈人绍兴县人夏羲

呈一件为请饬各县查禁大宗制钱私运出口由

呈悉。近来制钱日形减少,难保无奸商私运出口,仰财政厅立即通令各县一体查禁,以维币制。此批。十一月十一日

（原载《浙江公报》第一千六百七十九号,一三页,批示）

浙江省长公署咨复江苏省长

准咨由晋回浙候补知事李曾麟留苏任用由

浙江省长公署为咨复事。案准贵公署咨开,"苏省淮、扬各属水灾奇重,亟应遴员办理赈务,查有李曾麟系分浙调晋县知事,因在晋不服水土,由晋给咨仍回贵省候补。该员熟悉筹赈情形,拟暂行留苏差委,相应将晋省原咨备文咨送查照注册,一俟苏省赈务完竣,再行饬令赴浙听候任用"等因,计咨送原咨一件到署。准此,除注册外,相应咨复贵省长查照。此咨

江苏省长齐

浙江省长吕公望

中华民国五年十一月十三日

（原载《浙江公报》第一千六百八十号,一九一六年十一月十六日,三页,咨）

浙江督军署训令第四百六十三号

令本署署附罗鹤调充军学补习所副官由

令本署署附罗鹤

照得陆军军学补习所副官李耀唐应仍回暂编浙江陆军步兵第四旅旅附原差,所遗补习所副官一职,查有该员堪以调充,仍支原薪。除分别行知外,合将任命状令发遵调到差,并将应管事件接收清楚,报由所长转报查核。此令。

计发任命状一张。

中华民国五年十一月十三日

督军吕公望

(原载《浙江公报》第一千六百八十号,四页,训令)

浙江督军署训令第同上号

令军学补习所所长为委本署署附罗鹤调充该所副官由

令军学补习所所长周凤岐

照得该所副官李耀唐应饬回暂编浙江陆军步兵第四旅旅附原差,所遗该所副官一职,以本署署附罗鹤调充,每月仍支署附原薪四十元。除发给任命状,饬即到差,并分行知照外,合行令仰该所长转令李耀唐遵照将所管事件妥为交代具报。此令。

中华民国五年十一月十三日

督军吕公望

(原载《浙江公报》第一千六百八十号,四页,训令)

浙江督军署训令第同上号

令暂编第二师长为军学补习所副官李耀唐
应回该师第四旅旅附原差由

令暂编浙江陆军第二师师长张载阳

照得陆军军学补习所副官李耀唐应仍回该师步兵第四旅旅附原差。除令补习所所长转令李耀唐遵照外，合行令仰该师长转行第四旅知照。此令。

中华民国五年十一月十三日

督军吕公望

（原载《浙江公报》第一千六百八十号，四至五页，训令）

浙江省长公署训令第一千二百三十九号

令省农会准省议会咨该会支出经费与
原案规定办法不符应令逐项核减由

令省农会

案准省议会咨开，"准咨送补助省农会经费议案一件到会，经付大会讨论，查农会之设为提倡农业起见，由官厅拨款补助，事固可行，惟经费务求撙节，用途尤期核实。原案办法第二项称，'此项补助费专备举办应有事业之用，所有会中员役薪工及经费、办公费不得在补助费内支给'等语。而查该会岁出预算表，除员役薪工及经常办公费外，其属于改良发达农业之用，尚不足原定补助费之半，与原案规定办法不符，应令该会将预算表内关于补助各项逐条核减，由省款补助该会经费一千二百元，庶于节用、重农双方并顾。业经公决，相应咨行，请烦查照施行"等情到署。除编列省地方行政经费预算案外，合亟令仰查照，并补具六年一月至六月止该会经费预算书，呈候核办。此令。

中华民国五年十一月十一

省长吕公望

（原载《浙江公报》第一千六百八十号，五页，训令）

浙江省长公署训令第一千二百四十号

令财政厅准省议会咨修筑省道案公决可行由

令财政厅长莫永贞

查修筑道路为交通要政，关系于地方通塞、民生休戚者至深且巨，且道路于军政上亦有密切关系，曾经本省长会同督军悉心筹划，由本公署修具议案咨请省议会议决施行，并经会同督军委任督军公署参谋吴秉元为政务委员，前往议会出席各在案。兹于本月六日准省议会咨开，"十月二十七日准咨交浙江修筑省道议案一件到会，当付大会讨论审查，经多数公决，认为可行。相应缮具清摺咨送，希即筹备施行"等因。准此，除咨督军任命吴秉元为浙江修筑省道筹办处处长，并分别咨令外，合行将另抄清摺，随文令知，仰该厅先于五年度预算案内酌列修筑省道费四十万元，其余公款补助及募捐办法俟议定饬知。此令。

中华民国五年十一月十一日

省长吕公望

（原载《浙江公报》第一千六百八十号，五至六页，训令）

浙江省长公署训令第一千二百四十六号

令裁撤模范缫丝厂监理处并入实业科办理由

令模范缫丝厂监理处主任、本署实业科长

案查本省模范缫丝厂事务，向由本署实业科/该科办理。该/监理处原无另设之必要，当兹政费支绌之际，该处应即行裁撤，仍并入实业科/该科兼办。为此令仰该处主任即日裁撤，所有缫丝厂事件即移交实业科长/科长遵即会同该处定期接收，并将移交/接收日期及结束/办理情形具报备案。此令。

中华民国五年十一月十一日

省长吕公望

（原载《浙江公报》第一千六百八十号，六页，训令）

浙江省长公署训令第一千二百四十八号

令财政厅准财政部咨行奉令减免地方苛细杂捐其
赋课税捐国家正供应督饬经征官吏严杜中饱由

令财政厅长莫永贞

案准财政部咨开，"本年十月七日奉大总统令，'体国经野，制赋
自有常经；薄税轻徭，恤民斯为善政。军兴以来，农辍于野，商困于
市，流离板荡，惨不忍闻，而负担重于邱山，捐输析于毛发，每一念及，
寝馈难安。用特明令宣示，其有地方杂捐，确属苛细，着财政部商同
地方官吏分别查明，呈请减免。至赋课税捐，国家正供，如征额不足，
取给借债，则重息之偿，仍苦吾民。应督饬经征官吏切实严杜中饱，
以济国用而恤民艰。此令'等因。奉此，除分咨外，相应咨行贵省长
遵照办理可也"等因。准此，合行令仰该厅遵照办理。此令。

中华民国五年十一月十一日

省长吕公望

（原载《浙江公报》第一千六百八十号，六至七页，训令）

浙江省长公署训令第一千二百五十号

令各县知事及各警务机关准内务部咨嗣后
关于结社集会呈报该管警察官署由

令永嘉警察局长、宁波警察厅长、警政厅厅长、各县知事兼
警察所所长

案准内务部咨开，"为咨行事。查《治安警察法》之规定，所有关

于政治结社,均应呈报于该社本部或支部事务所所在地之该管警察官署;关于政谈集会,均应呈报于会场所在地之该管警察官署;关于屋外集合或公众运动游戏,均应呈报于集合所在地之该管警察官署。至其他关于公共事务之结社集会,虽与政治无涉,行政官署因维持安宁秩序,认为必要时,得以命令令其呈报等因,自应遵照办理。惟迩来结社集会多有径向本部呈报立案者,程序既属不符,办理自多周折,除将该法规定呈报程序各条摘示布告外,相应咨请转饬所属,嗣后人民如有关于结社集会呈报事项,应即径向该管警察官署呈报,即由该管警察官署径予查核,分别批示,并将关于结社批准之案各件示后,报由该管长官转咨本部存案备查。此咨"等因。准此,除通令外,合行令仰该局长、该厅长、该兼所长遵照。再,是项通令,除登《浙江公报》外,不另行文,并仰知照。此令。

中华民国五年十一月十一日

省长吕公望

（原载《浙江公报》第一千六百八十号,七至八页,训令）

浙江省长公署训令第一千二百五十二号

令各县知事为教育实业司法警政各项须认真
办理并应设立教育主任由

令各县知事

照得县知事从前兼理审判,于行政事务往往藉口不暇兼顾,不能积极进行。数年以来,庶政毫无起色,顾瞻前途,殊堪浩叹。现在审检所业经成立,县知事仅兼检察,职务较简,则于行政事务已无不暇兼顾之虞,自应责成各县知事切实整理。各县官治事务虽繁,然大别之,不外警察、教育、实业三大端,尤以教育为强国基础,各县知事对于教育自应格外注意。现在学务委员撤销,劝学所未成立,责任全在县署。乃查核各知事呈报公署组织,并教育主任人员亦多不设,则其轻视学务已可概见。为此通令各县公署,应将教育特别设立一科,遴选师范毕业生或中学以上毕业生充任,并将详细履历报查。至县知事现兼警察所长,则于警察事务,自当督率警佐认真办理,不得放弃职权;实业事项,并应劝导士民设法振兴,均毋违延,仍将办理情形先行具报。此令。

中华民国五年十一月十三日

省长吕公望

(原载《浙江公报》第一千六百八十号,八页,训令)

浙江省长公署训令第一千二百五十四号

令委任来肇荣为永嘉第五区西内镇警佐由

令永嘉警察局第五区西内镇新委警佐来肇荣

为训令事。案照永嘉警察局第五区西内镇警佐方秉林因案撤任,遗缺查有该员堪以委充,月薪照五等支给。除分令外,合行填给委任状,令仰该员即日到任视事,并将接任日期呈局报查。此令。

中华民国五年十一月十三日

省长吕公望

(原载《浙江公报》第一千六百八十号,八至九页,训令)

浙江省长公署训令第一千二百六十四号

令警政厅鄞县奉化保护甬川公司新顺康小轮由

令警政厅、鄞县、奉化等县

案准交通部咨开,"据浙海关监督呈称,'据甬川公司发起人邬炽亭呈称,新顺康小轮自陈复昌向泰丰局收回后,与商等改组甬川公司,行驶鄞、奉等处,遵章开具应报事项,录送合同议据、航图、股单式样,缴销原照,并纳册照费,请转呈换照等情。复核无异,理合呈请察核'等情到部。查该轮行驶航线起宁波甬江外濠河,讫奉化西坞,经过江口方桥、南渡等处,除由本部涂销旧照,先行注册填就执照一纸,发交该监督转给承领暨咨农商部查照外,相应咨请查照分行各该属随时保护,至纫公谊"等因。准此,除分令外,合就令仰该厅长转令该管水警/知事妥为保护。此令。

中华民国五年十一月十三日

省长吕公望

(原载《浙江公报》第一千六百八十号,九页,训令)

浙江省长公署训令第一千三百七十一号

令各属承准国务院电请饬属将吕丹书等严缉惩办由

令警政厅、宁波警察厅、永嘉警察局、高等检察厅、各县知事

案于本年十一月五日承准国务院歌电内开,"华密。奉大总统发下湖北王将军呈称①,'汉口牧抢华景街案,据探报暨获匪供称,系聂豫、吕丹书、向海潜、王道人主谋。近准上海杨护军使函称②,向海潜、聂豫、吕丹书、王质即王辅汉,在沪设立机关,图谋扰鄂等语。除咨请上海护军使设法引渡外,应请通令各省将聂豫、吕丹书、向海潜、王道人、王质即王辅汉五犯一体严缉'等因。查该匪等一再图乱,妨害治安,请即转饬所属军警严密缉捕,务获惩办,以杜乱源"等由。承准此,除电复暨分令外,合亟令仰该厅、该局、该县遵照,并转令所属一体严密缉捕,务获惩办,是为至要,切切。此令。(刊登《公报》,不另行文)

中华民国五年十一月十三日

省长吕公望

(原载《浙江公报》第一千六百八十号,九至一〇页,训令)

---

① 湖北王将军,指王占元(1861—1934),原名德贤,字子春,山东馆陶(今属河北)人。民国四年十二月任襄武将军督理湖北军务,民国五年七月改任湖北督军兼民政长。

② 上海杨护军使,指杨善德(1873—1919),字树堂,安徽怀宁人。民国四年十一月署上海镇守使,旋改任淞沪护军使兼江苏军务会办。民国六年一月继吕公望任浙江督军。

浙江省长公署训令第一千三百七十二号

令各属准直隶省长咨请饬属协拿逃官刘凤岐由

令警政厅、宁波警察厅、永嘉警察局、各县知事

本月六日准直隶省长公署咨开，"据直隶右翼巡防统领张怀斌呈称，'窃职翼步队第十营左哨于七月三十日溃逃官兵七十二名，旋经捕获溃兵张永禄等三十六名，依法枪毙，该营管带戚美成暨续获哨长史安邦、正兵郭正玉等，业经奉令分别判罪执行各在案。惟在逃哨官刘凤岐为此案之首要，迭经统领派弁访拿，迄未就获，亟应通行协缉归案惩办，以肃法纪。除在逃目兵等由统领分咨各该原籍地方官拿获送惩外，谨造具该逃官面貌书一纸，呈请分别咨令通缉。再，查该逃官刘凤岐于热河陆防各军积年剿匪案内，本年二月二十九日奉奖七等文虎章，尚未领到，并恳咨部注销。理合备文呈请鉴核施行'等情。据此，除分别咨令外，相应咨会贵省长请烦查照，转饬所属一体协拿，务获解究"等因，并黏抄一件到署。准此，除咨复外，合亟抄发该逃官面貌书一件，照章刊登《公报》，令仰该厅、该局、该知事遵照，并转令所属一体通缉，务获报解，以凭咨转，是为至要。此令。（刊登《公报》，不另行文）

计发面貌书一件。

中华民国五年十一月十三日

省长吕公望

直隶右翼巡防队步队第十营左哨哨官刘凤岐，奉天省镇安县城内人。身长四尺八寸，眉稍浓，麻脸无，脸红，口中，伤痕无，色红，鼻圆，胡须黑，头圆，耳大，异相四乳，发剪，齿白，特长无，眼大，口音亮。父忠瑞，母刘氏，兄无，弟凤山，妻罗氏，子汉文。逃走时所穿衣服，黄色军衣白裤，青假鞋。

逃走时所携物品：无。推测走之方向：潜回奉天。

犯罪事由之大概：暴动潜逃。

（原载《浙江公报》第一千六百八十号，一〇至一一页，训令）

浙江省长公署指令第三千二百七十号

令财政厅长莫永贞

呈一件本署名誉谘议员章箴为杭县串票仍不遵饬办理

请令厅行县惩罚经征人并通令将滞纳罚金给单榜示由

查该县由单、串票不遵章饬办理，前据章谘议员呈请饬办，即经令厅转行在案。兹据呈称，该县串票仍不遵饬办理等情，实属玩视功令，仰财政厅迅令该县知事即将何以不照令遵办原因明白呈复，并查明经征人员惩罚具报。至请将滞纳罚金造具三联单及按月榜示各节，自为杜绝流弊起见，并仰通行各属照办，切切。此令。十一月十一日

（原载《浙江公报》第一千六百八十号，一四页，指令）

浙江省长公署指令第三千三百二十号

令金华县知事

呈一件为更委掾属请注册由

应准注册。履历存。此令。十一月十三日

附原呈

呈为更委掾属开具履历清摺请核准注册事。

窃照职署各科佐治人员，业经知事分别委定，详奉核准注册在案。兹据政务主任王思赞、政务助理王思亮先后辞职他就，当予照准。所遗政务主任职务，查有姚维宽堪以接充；政务助理职务，即以前委政务助理办理；收发事宜蒋绳祖接充，递遗收发职务，查有季常庚堪以接充。除分别委任外，理合取具履历加具考

语,备文呈送,仰祈钧署察核,俯赐核准注册,指令备案,实为公便。再,蒋绳祖一员履历,前经呈送有案,兹不再送,合并声明。谨呈。

(原载《浙江公报》第一千六百八十号,一四页,指令)

浙江省长公署指令第三千三百二十一号

令平湖县知事张濂
呈一件为补委掾属请注册由

应准注册。履历存。此令。十一月十三日

附原呈

呈为补委掾属开明履历加具考语备文呈请鉴核注册事。

窃据政务助理黄中、教育助理胡雄,业已先后辞职,兼查本署政务殷繁,本需添员佐理,教育事项亦需补委主任,以专责成。兹查有邹之栋一员,堪以委充教育主任;史鼎、赵宗怡二员,堪以委充为政务助理,业经先行试用,均能胜任,其月支薪水仍于规定行政经费内酌量支配。除分别发给委任状外,理合开具该员等履历,加具考语,备文列表,呈请钧长俯赐核准注册,实为公便。谨呈。

(原载《浙江公报》第一千六百八十号,一四至一五页,指令)

浙江省长公署指令第三千三百二十三号

令高等审判厅长范贤方
呈一件呈据南田县呈鄞县奉化等县递解
人犯不必由南田经过请核示由

呈悉。鄞县、奉化、定海、临海、宁海各县递解人犯,不由南田经过,既系较为便捷,自可照准。仰即转行各该县、厅遵照。此令。十一月十三日

附原呈

呈为呈请事。

案据南田县知事吕耀钤、专审员黄勉呈称,"窃南邑县治初设,机关草创。在前清时代,尚未设治,固无递解之可言,即以地点而论,亦绝非递解所应经过之地。现虽设治,然僻处海中,交通断绝,既无轮船往还,又非必由要道,无论相距最短之路线,及轮轨相通之航线,俱无一可用为定例。如由鄞县递解人犯至临海,若取轮轨相过之航线,则宜责成鄞县、定海、临海三县直接互解,最为便捷;若取最短路线,应责成鄞县、奉化、宁海、临海四县直接互解,尤不失为次捷。今由毋庸经过之南田迂道递送,在官厅既有虚糜之源,而人犯复有跋踬之苦,劳费伤时,莫此为甚,是于国家人民两受其害"等情到厅。伏查递解人犯宜求径捷,庶几费轻,而役犯可省跋踬之劳,国家可节虚糜之费。况要犯在途,虽有法警解送,不患生逃脱之虞,然事实上终属危险,自以早达应解地方为是,不必舍近求远,绕道而行。该知事、专审员等所称,鄞县、奉化、定海、临海、宁海各县递解人犯较为便捷省费,尚系实情,可否准予变更之处,理合具文呈请钧长察核俯赐指令,以便转行遵照,实为公便。谨呈。

（原载《浙江公报》第一千六百八十号,一五至一六页,指令）

浙江省长公署指令第三千三百二十八号

令象山县审检所

呈一件呈报包云林染坊彼劫勘验情形由①

呈及图、单、表均悉。仰即迅行会督营警,并分咨邻封各县严密侦缉,将案内正盗真赃悉获,依法讯供诉办具报。此令。图、单、表均

---

① 彼,疑为"被"字之误。

存。十一月十三日

（原载《浙江公报》第一千六百八十号，一六页，指令）

浙江省长公署指令第三千三百三十号

令诸暨县知事魏炯

呈一件为呈报平民习艺所所长新旧交替日期请委任由

呈及履历均悉。应准以董世丰接充该县平民习艺所所长，仰将发去委状一道，转发祗领具报，并饬前所长将委状缴县呈销。履历存。此令。十一月十三日

（原载《浙江公报》第一千六百八十号，一六页，指令）

浙江省长公署指令第三千三百三十四号

令财政厅长莫永贞

呈一件宁海县知事何公旦为勘报被潮成灾田禾情形由

呈悉。该县北乡石埠、沙歧两庄及东乡越溪村等处，被潮成灾，既据勘明，仰财政厅迅速遴委妥员驰往该县，依据草图、草册会同切实复勘审定，分数造册，呈送核办。一面由本署依例呈报大总统、咨行财政部备案，并仰先转行该县知照。此令。十一月十三日

（原载《浙江公报》第一千六百八十号，一六至一七页，指令）

浙江省长公署指令第三千三百三十五号

令於潜县知事

呈一件为呈送已办未办各项要政分款开摺呈请训示由

呈及清摺均悉。所呈已办、未办各项要政，业经分别核明批答，随令抄发，仰即遵照办理，仍将遵照办理情形具报。原摺及本署批答并即分录报由主管官署查考。清摺存。此令。十一月十三日

於潜县教育条陈批答

查办理学校,原以经费为基础,据将原有县立高等小学校及区立各国民学校一一为之筹足基金,而筹款方法之整顿原有捐款,清查各乡公款产、劝募认捐为主,所陈不为无见。惟劝募一层,尤在该知事开诚布公,平日与地方士民恩信相孚,方人乐输将,而易于集事。至各校教授是否合法,自应由该知事认真督饬考查,所拟考核教员严定去留办法亦是。又,未办各事,除应增国民学校,业经省署规定办法,应切实遵照办理外,其阅报社、讲演团均为牖民要政,亦毋得置为缓图。前劝学所筹定田亩,自应仍充劝学所经费,惟昭忠祠田既系自治款项,现在各级自治不久复设,如改充所款,于自治经费有无妨碍,所称官地租原案如何,向充何用,均应查明,专案呈夺。贫儿院为教育孤寒子弟而设,关系至重,仰予就地方原有款内通盘筹画,于将来县议会回复后,编具议案预算,交会议决办理可也。

於潜县农业条陈批答

农会之设,原为改良地方农业起见,该县既设有县、乡各农会,自应督饬将已办、未办各事业,赶速筹画,积极进行,俾收实效。至该县办有模范林场,栽培事宜该知事拟即责令县农会选雇老农专管,以免推诿,办法甚是,需用管理经费,应在每月公费项下支给;其前民政厅订发《林场看青通则》规定,团警应任巡护事宜,仍应遵守,不得以此卸责。成林后,官民分配利益成数,前按署经饬补订,现既尚未订定,自应赶速议妥,以免日后纠葛。此外,民办林业拟继续责成农会及地方士绅劝导,一面亲赴劝谕,尚无不合。县农会筹设苗圃,地亩纠葛,既未议妥,所有请给补助费,自应俟议妥具报后,再行核示。劝导开荡,有关水利,既奉前民政厅指示,应即妥速遵办。模范桑园及蚕业传习所,经费有限,筹措应尚不难,据称拟令商会设法妥筹,殊近敷衍塞责,应仍勉筹成立,毋得藉词迁延,须知振兴蚕桑为浙省今日不能再缓之举,该县既向系产丝,振兴改良,该知事更责无旁贷,勉之望之。

於潜县警政条陈批答

据称警费不敷,拟将固有之房捐、铺捐再事清查,实行整顿,如果再有不敷,拟请在提解各县警费盈余项下尽数拨补等语。清查房铺各捐,究能增收若干,应详晰呈报,再行核办。余如处理南北两乡警务及筹设东西两乡警察,均于该县前次条陈兴革案内明白批答矣,仰即查照办理。

於潜县财政条陈批答

该县经征田赋既难达全完目的,前拟按户造册办法,成效又复鲜觇,应再设法整顿,以期征数起色。然欲为正本清源之计,诚非举办清丈不可。该知事筹议及此,尚有见地,所拟办法,亦无不合。惟查清丈事宜,黄岩县正在试办,前据财政厅于丽水县请饬清丈案内呈称,拟俟黄岩办有成效,再行通令仿办。该县事同一律,自应并从缓议。一面仍由该知事查照财政厅呈准清查逃亡故绝各户产业办法,切实办理,期足原额而裕国帑。印花税固应注意,即其他杂税,亦须分别整顿;验契一项,该县派有定额,不得以调查无几,预为诿卸地步,应即严查隐匿,遵章实力办理,是为至要。屯田缴价展限办法,既据呈明财政厅在案,应将如何办理情形补呈本署备核。

於潜县司法条陈批答

囚犯在外工作,于防恶习传染及节省经费均有裨益,事属可行。惟管束设有不周,则弊窦百出,且于囚人种类、刑期长短、工作时刻暨地点、人数等,均不可不明定限制,以昭审慎,仰即专案呈由高等检察厅查核原摺,妥订详章,呈候本署核定,通令遵行。

(原载《浙江公报》第一千六百八十号,一七至一九页,指令)

浙江省长公署指令第三千三百六十二号

令永嘉县知事郑彤雯

　　呈一件为呈送第一道仓推陈盘耗谷数及

　　开支清册请察核由

　　呈、册均悉，应准备案。仍俟收回后，详细列册，呈候查核。再，册列委员四员，未免太多，以后应减去二员，以节经费，并仰遵照。册存。此令。十一月十三日

附原呈

　　呈为呈送旧温属盈余仓五年分出陈暨盘存谷数以及开支经费清册呈请察核事。

　　窃查第一道仓即盈余仓四年度储存银谷两数，业经分造清册呈请前民政厅察核在案。兹据该仓员董呈称，"五年分出陈期届，照章取具各米铺票结按户发放，合计借出谷三十六万二千五百斤，仓内余存谷数，并经会同委员孙鼎逐厫盘量。盘毕，除霉耗谷八百三十五斤外，合计存谷四十四万二千一百八十六斤。所有出陈暨会盘费用暂由员董等借垫，一俟新谷归收时，照章提取谷息变卖，加息偿还。兹已造五年分春借谷数暨盘存谷数，并上期存款及出陈盘量用费清册，请核转"等情到署。据此，知事查旧温属盈余仓五年分出陈暨存仓谷数，既据会同孙委员逐厫盘量谷数，与原有谷数仅短少八百三十五斤，尚在例耗百分之一之内。至册列开支各费洋一百四十四元三角一分六厘，亦尚核实，并准秋收时由息谷项下拨还归垫。除指令知照外，理合将送到清册备文转送，仰祈钧鉴察核备案，实为公便。谨呈。

（原载《浙江公报》第一千六百八十号，一九页，指令）

浙江省长公署指令第三千三百六十四号

令省会警察厅长夏超

　　禀一件据竺鸣涛禀请修葺竺烈士绍康坟墓由

仰省会警察厅转饬工务处核实勘估复夺。此令。原禀抄发。十一月十三日

　　（原载《浙江公报》第一千六百八十号，一九至二〇页，指令）

浙江省长公署指令第三千三百七十号

令平阳县知事张朝辅

　　呈一件为朱鸿辉等经修堤塘道路工程过半

　　　　请出示并代作捐启弥补亏款由

该民等经办该处工程，事前既未呈县有案，自未便准如所请，以杜流弊。附件发还。此令。十一月十三日

附原呈

呈为呈请核示事。

　　窃据北港镇公民朱鸿辉、林存仁、王光、钱福庚等禀称，"该镇五十丈地方堤塘道路工程过半，请予给示，并代作捐序，以便募捐弥补亏款并继续兴工"等情。知事当以"此项工程，该民等从前系自由动工，并未报明有案，现在工已过半，因经费不敷，乃欲凭藉官权劝捐弥补，且工程是否切实，已过之事亦属无从查核，如必欲核准起捐，惟有列册绘图，送由县署转呈请示办理"批答去后。嗣据该镇公民王光、黄瑾、陈志昇等禀送清册详图前来，知事当委县署财政助理吴翰英前往按照图册详细勘查。旋据该员复称，"奉令查勘该处南岸新疏之溪工竣，长六十丈、宽一丈六七尺不等；港尾新疏之溪工竣，长四十丈、宽二十九丈；南岸堤塘已竣工

二百四十丈,东未竣工四十六丈,西未竣工十一丈,垫潭造路计六十丈宽长均已竣工,惟路面深处缺一尺二寸,石工未竣,其东路未兴之工约一百三十三丈,工程浩大,尚未启工,惟以前工用若干,已无凭估计"等情。据此,查此案,事前估工募款,全系该民等自由行动,并未禀明,所有已完工程及已用经费现在即逐一切查,已属事后钩稽,究难得其真相,乃该民等以亏款无着,要求设法。若不勉从所请,既恐地方热心公益者嗣后遇有公益事件未免灰心;倘或竟如所请,则平邑人民习惯往往藉公益为名,不报官厅,擅自收捐,搜剔爬罗,民已不堪其扰。此次北港五十丈地方工程,纵首事者居心公正,坦白无他,而好事之徒,动以经手募捐,恃为生活之计,一经发有示谕,往往假此名义,苛扰民间,强迫勒加,无所不至。知事于此等事件迭次竭诚告诫,无如距城窵远之地,耳目究有未周。窃查钧长在都督任内颁发第二四一号饬开,"各属办理地方公益,往往各自筹捐,其间热心公益认真从事者固不乏人,而日久弊滋,假公济私者亦在所难免"等语,知事奉饬之下时怀惴惴,诚恐平邑私捐之习惯一日不除,即一日无以副钧长重视地方为民除害之至意,是以对于此项工程局款未敢准予出示,使狡黠者得以影射、自由募捐之积习较烈于前。惟该民等现以公益名义要求转呈请示,知事亦未便壅于上闻,令其得所藉口。理合将该民等所送图册及黏抄原禀、原批,呈请钧长鉴核,乞予指令,俾便转饬遵行。谨呈。

(原载《浙江公报》第一千六百八十号,二〇至二一页,指令)

浙江省长公署指令第三千三百八十七号

令原任警备队第五区刘统带、兼理警备队第五区童统带

  呈一件呈报统带请假离职及司令官接代日期由

呈悉。此令。十一月十三日

(原载《浙江公报》第一千六百八十号,二一页,指令)

浙江省长公署批第八百零五号

原具呈人象山陈全恩

　　呈一件续呈被王福廷挟嫌插墙烧屋案请查办由

前已明白批示，无得多渎。此批。十一月十一日

　　　　（原载《浙江公报》第一千六百八十号，二二页，批示）

浙江省长公署批第八百零六号

原具呈人萧山寿周氏

　　呈一件呈伊孙树贤误被闷毙一案县判过重请查办由

呈悉。此案既经该氏上诉，应即静候该上级审依法办理，勿庸越渎。此批。十一月十一日

　　　　（原载《浙江公报》第一千六百八十号，二二页，批示）

浙江省长公署批第八百零八号

原具呈人本公署书记王嗣昌

　　　　呈一件请求改委别项差事由

呈悉。现无相当差事可以改委，所请应从缓议。此批。履历、凭照、委状等均发还。十一月十一日

　　　　（原载《浙江公报》第一千六百八十号，二二页，批示）

浙江省长公署批第八百零九号

原具呈人周益强等

　　呈一件呈控保卫团总丁鸣球违法害民四端请查办由

据禀是否属实，仰候查明核夺。此批。表存。十一月十三日

　　　　（原载《浙江公报》第一千六百八十号，二二页，批示）

省长公署函复寰球尊孔会医院院长

函询前送简章广告请求转发各属未见复到请检查原份举行由

径复者。顷接来函暨抄件，具悉壹是。查此案前准贵院长呈送简章等件，请饬属保送习医生，并续送广告请饬分贴等情前来，均经明白批示在案。兹承询及，用特照录前后两批，检同原送附件一并寄上，希即察收。此颂

时祉

附抄批一纸，广告三包，又简章、广告各一纸。

浙江省长公署启

十一月十三日

（原载《浙江公报》第一千六百八十号，二三页，函牍）

浙江省长公署通告

温岭县知事陆维李电呈于十月三十一日由乡公毕回署。

海盐县知事朱丙庆呈报本月一日下乡查勘烟苗，已于五日公毕回署。

分水县知事李洣呈报于本月一日下乡查禁罂粟、劝募公款、催验旧契，顺道考察各区学务，署务由政务主任范广锡暂代。

代理义乌县知事邱峻呈报于本月二日由省公毕回署。

桐乡县知事余大钧呈报于本月七日亲赴所属各乡查察，职务委财政主任陈鼎镛、警务委警佐周廷镛暂代。

建德县知事夏曰璇呈报于本月八日下乡督缴仓谷、催劝验契、密查烟苗，职务委政务主任葛尚冲、警务委警佐高崇善暂代。

（原载《浙江公报》第一千六百八十号，二四页，通告）

浙江省长公署公布第十二号

公布省议会咨送修正浙江省推收户粮规则议决案由

省议会议决修正《浙江省推收户粮规则》一案,兹照《省议会暂行法》第三十七条规定公布之。此令。

计抄修正《浙江省推收户粮规则议决案》一件。

中华民国五年十一月十三日

省长吕公望

《浙江省推收户粮规则》议决案

第一条　就县公署原有之征收机关或验契契税处附设推收所,各镇乡自治区设推收分所,由县知事慎选相当人员委任办理推粮过户事宜,仍由县知事随时督察,负其责任。

第二条　凡买卖不动产时依照本规则之规定,赴该管推收所请求推收,或非买卖行为,因分析、继承等事故而移转户粮者一律推收。

第三条　凡业户请求推收时,应由授受双方带同契据、粮串亲赴推收所呈验,并照本规则第八条缴纳推收手数料。

如系继承改户或两户合并及一户分析者,应将原有契据或户摺及分析字据一并呈验。

第四条　业户呈验契据、粮串、户摺等件及缴纳手数料,应由推收所另给正式收据。

第五条　前项契据等件及应纳之手数料经推收所查验相符,一面给与收据,一面将契据等件送呈知事查核无误,即予推粮过户,换给新户摺,并发还呈验各件,收回前给收据备查。

前项推收单,由财政厅颁发定式行之。

第六条　推收所送核契据及注册过割户粮填给户摺等件,

至迟不得逾十五日；其属于推收分所办理者，至迟不得逾一个月。

第七条 业户推收每年在上忙开征两月以前者（例如六月一日开征，在三月末日以前者），归本年造串征粮，如在开征以后者，归入次年办理。

第八条 推收手数料按田亩亩分每亩征收大银元一角。

（一）田；

（二）地：房屋、基地、场地；

（三）山；

（四）荡塘。

畸零分数五分以上，一律以亩计算，但同一业户同一产类而合并推收者，仍合总计之，不得分项计算（例如甲买乙户田一亩一分，买丙户一亩二分，丁户一亩三分，共田三亩六分，只能作四亩算，不得作六亩算）。

凡系继承改户或两户合并及一户分析者，其手数料每亩只征收二分。

前项推收手数料，应由取得不动产者缴纳之。

第九条 户摺遗失时，得检齐第三条规定之合法各据，向推收所声明切实理由，由所查册补给，但仍照前条补纳手数料。

第十条 前项推收手数料，除充推收所办公经费外，余款悉数解省拨充地方公用，并于每月末日造册，连同推收单缴核呈送财政厅查核。

第十一条 推收人员如有额外需索及违法行为，一经发觉或被告发属实者，分别按法惩办。

第十二条 本规则自公布日施行。

（原载《浙江公报》第一千六百八十一号，一九一六年十一月十七日，七至八页，公布）

浙江省长公署训令第一千二百五十一号

令水利委员会准省议会咨送疏浚桐江上游
航路案请饬派员测量由

令浙西水利委员会委员林大同

案准省议会会咨开，"据本会余议员寿堃、胡议员炳旒等提出疏浚桐江上游航路案，经付大会讨论，查此案与水利、交通、军事、行政均有关系，相应将原案及修改浅水轮航路工事筹画书缮具清摺，咨送省长请烦查照，转饬浙西水利委员会于今冬江水浅涸时派员实行测量，以定施工计画，实为公便"等因。准此，合就抄同清摺一扣，令发该委员，仰即迅派干员依限测量完竣，并将施工计画书妥慎拟具，呈候核转，毋延，切切。此令。

计抄发清摺一扣。

中华民国五年十一月十一日

省长吕公望

疏浚桐江上游航路案

（理由）

地形之有江流，犹人身之有血脉，不特备具运输作用，且与精神命脉有关。欧洲文化发达，半由海国。中国东南人物较西北特盛者，亦不外河海灌输之力。方今工学进步，人智日新，国家强弱，几与交通机关成正比例。他国利用河流，若苏彝士、巴拿马，皆不惜巨资达彼目的，而军商海港防波堤岸，罔不由人力造作，俾航行者无往不利。则吾浙桐江及上游之新安、兰溪两江，又乌可因陋就简，听其自然，不思少加修浚哉？惟民间财力既薄，知识亦复不充，叹息河干，徒呼负负。兹吾浙有水利局，自当请其自从速测绘，筹办工程，俾轮舟上达严州，分达兰溪、港口两处，以慰金、衢、严、处人民之渴望。兹将疏浚该江航路不宜再缓理由略陈如下：

（一）军事指挥之便捷　旧金、衢、严、处各属，深处万山，行军迟钝，似与作战计画上无研究之价值。不知方腊据青溪而徽、歙沦陷，常遇春破衢郡而全浙解纽，至严州则吴封嗣子、明驻主帅、前清罗大春御洪杨于此，三复三失，其占军事上之重要位置，概可想见。方今国事初宁，保无变故，万一皖、赣相逼，则四府非浙军势力所能及，而下游岂复足恃？若轮舟直达兰溪、港口，进有作战之地，退有可守之险。此就军事上论而航路不可不速加疏浚者一也。

（二）人民治安与政治整理之易筹　金、衢数府属因交通阻绝，往往萑苻不靖，有乘机思逞之虞。即行政上亦缘距省太远，吏事不克整齐，莠民日滋，治绩窳敝。此就治安与行政上论而航路不可不速加疏浚者二也。

（三）工商实业上之发展　浙江多山，林矿之利倍于平原，只以运轮不灵，货同弃地。至于商业则港口、兰溪皆有集中之势，若轮舟能达，凡赣、皖两省近浙各县之物产皆将聚集浙省上游，商务必益殷繁。此就农工商业上论而航路不可不速加疏浚者三也。

（四）交通行政上之发展　交通政策久已雷厉风行，然铁路虞其多费，建筑未可预期，则轮船航路亦可补此缺陷，且二百余里之航路，只需三五里铁路之费用即可集事，收交通之实益而省极大之款项。此对于交通行政而航路不可不速加疏浚者四也。

（五）水利之普及　水利局之设数年于兹，浙东西诸属大抵皆有成效，新安、兰溪两江与有关系者四旧府属，即此四旧府属中峰回路转，无他水利之可言，独此江流不能不亟资整理，若能先行着手,则费少而功多,河海之利无偏枯,山泽之民无觖望。此对于水利普及而航路不可不速加疏浚者五也。

据上述之理由,并参以两江之形势,疏浚既为必要,办理亦属无难,惟技术上调查着手需时,而河工上之实行又属创举,设非从速请水利局派员测量统计估价,先就桐江着手为试办之造端,恐因循坐待,永无改良之希望,即知即行,所望尤切。此本案之由提出也。

(办法)

由桐庐至严州东关,名为桐江,其中溜江、乌石、小里三滩,乌石、小里均浅水滩,惟溜江为急水滩。兹拟先就桐江流域加修浚,俟办有成效,然后推广于桐江上游之兰溪、新安两江,兰江以通行于兰溪县为止,新安江以通行于淳安县之港口镇为止。

疏浚航路另具筹画书及各图于后,然须实地测量,始有把握。拟先由本会备咨连同预算案,陈请省长转饬水利委员会,赶于今冬江水浅涸时,派员至桐江从事实测,务于本年旧历十二月末日以前测量完竣,备具施工计画书,呈报省长转咨本会,以便实行。

(经费)

桐江为旧金、衢、严、处四属赴省必经之地,而安徽之徽州,江西之广信,来浙之道胥此出焉。修浚航路于各方西均有利益①,既欲享将来之权利,不能不尽目前之义务。查金、衢、严三属现有统捐局五,曰威坪、曰严东关、曰常开、曰衢县、曰兰溪,茶捐局一,曰龙山,综计六处,捐款年在五十万元以上,若附加百分之四,年可得二万余元,仅就桐江三滩航路计,工程上

---

① 各方西,疑为"各方面"之误。

之费用照后开筹画书共一万六千余元,加以管理及养路费,此项附加捐只须抽收一年而已足,拟俟实测呈报认为可行后,再由本会议订附捐办法及年限,咨请省长转饬各局抽收,以便施工。

修改浅水轮航路工事筹画书

由桐庐至严州,溯新安江及兰江而上,若只就港口、兰溪两商场以下观察之,江水之潴蓄,全赖乎滩,而交通之阻碍,亦惟滩是虑。水源供给之不足,地形高度之相差,殆有出于无可如何者。然天然之江流既不可恃,而此两江者上连皖、赣,下接钱塘,金、衢、严、处四府不啻藉此江为命脉,是则欲以人力胜天工,而航路之修浚实惟工事计划之是赖,兹就管见所及,述之如次:

(一)新安、兰溪两江之现状　两江江水当春水初生,江波渐涨,浅水轮殆不难溯流而上,惟秋冬水涸,由桐上溯,则有溜江滩以上诸滩,然水最浅时,亦不下两尺。但遇此种浅滩,滩之面积必甚广,如严陵、溜江诸滩皆是,若水流收缩之滩,水之深度必有四尺,普通之江水,水深约一丈左右。

(二)缓水滩与急水滩工事之异用　凡滩水缓者,其滩上下地势相差甚微,而江面亦甚阔,是可以沉水堰收缩出水口,并少挖江底以助之,如图(巳)(庚);若急滩水流迅驶,高度相差约四五尺或丈许不等,是须用二重动闸法,藉水浮力为升降,如图(丙)(丁)(戊),并参观平面图(甲)。惟水槽当洪水时期宜力防沙石冲入,槽之两端当注意防沙工事焉。

(三)木桩堰与二重水闸及水槽之组织　木桩堰与江流取斜角形,大约堰高出江底一米达,而高出江水只半米达以下,其平面图如(乙),切面图如(己)(庚),而堰身之切面如(巳)。二重水闸则于水槽中间做两堰（如平面图甲），堰上有闸，轮舟至堰外时，将第一闸开放，使船入堰之中间，如图（丁），然后将第一闸关闭，而将第二闸再放，此时上流之水流入水槽，船自浮起，如图（戊），可顺水槽上驶矣。堰身之断面图如（子）（丑）（寅）。

水槽之挖法，上流不足两米达，下流当过之，上流长而下流短，平均位二米达，计算其松桩，最好节斜度打入江底，如图（卯）。若再下则桩外再砌以石，以免土压之侵入，有害木桩，如图（辰）。又，水槽之进口须用木栅，可以开闭，防洪水时砂石之侵入，致费人力挖运。

（四）河底斜度之改正及沙洲之固定　滩水被堰所缩，则吐水狭而水流较速，江底有冲刷之虑，是宜制定斜度，以木桩打入，勿使沙石冲去。又，沙洲地位既经挖有水槽，则不宜使洪水移动，或冲刷沙洲之部位，亦须用木桩打入，使成菱形，以束缚之。若遇暗礁或塔滩，即用炸药炸去。

（五）堰及水闸之价格与保护之方法　木桩堰若只堰江流之半，则严滩以上之滩，不须宽至三百米达。然即就三百米达计算，亦只须三千元。若挖水槽并二重水闸之构造，每具须一万三千余元。然水闸费只一千七百余元（两具），而水槽长至一里，需九千七百余元，亦系从宽计算。若平均估算，每滩不过七千元左右，虽未经确实调查，不敢遽下断语，而大要不外是也。

人工改正之航路，必需善为管理，乃克省费。若惜管理之小费，而忘水患之侵入，则失败亦必不免。拟设养路管理局，管理航路一切事宜，开办经费即在附捐项下指定若干，常年经费拟抽收轮舟经过捐充之。

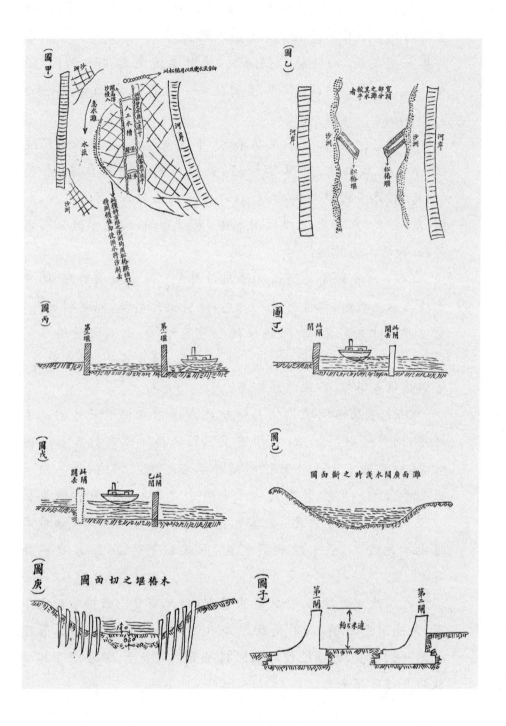

x

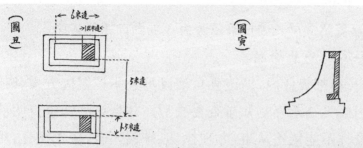

（圖丑）
←6米達→
→25米達←
5米達
1.5米達

（圖寅）

每閘之容積約為 $2 \times \frac{4.5+6}{2} \times 6 \times \frac{1}{5} = 648$ clm（立方米達）每立方米達（clm）

工料定為八元即 $648 \times 8 = 5184$ 元監工費及抽水機費加百分之三十計

洋1555元開門每對定為二百元

則 $5184 + 1555 + 2 \times 00 = 8738$ 元

上所云開堰須用引水槽灌滿水流兹假定水槽之長為五百米達（約中

里壹里許）下寬六米達 上寬九米達每米達用松椿 2×4 枝每枝料價四

角打椿價三角則可約價如下

挖土費每一立方米達定為壹元 $\frac{9+6}{2} \times 2 = 15$ 立方米達

木椿費 $8 \times (4+3) = 5.6$ 元　　　　$5.6 \times 15 = 20.6$ 元

假定長為五百米達則 $20.6 \times 500 = 10300$ 元

監督及打椿並雜費加百分之三十計洋 3090 元

$$10300 + 3090 = 13390 元$$

（圖辰）　　　　　（圖卯）

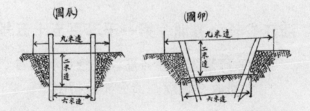

九米達　　二米達　　六米達

九米達　　二米達　　六米達

木椿堰每座假定為三百米達 寬每米達須松

木椿四根兩層共須八根其圖如下

堰內填土石每米達為 $\frac{6+4.5}{2} \times \frac{2}{1.5} = 3$ 立方米達

每立方米達約工洋壹元

故木椿堰每延長壹米達約洋 $8 \times (4+3) + 3 = 8.6$ 元

監工費加百分之二十計洋一元七角

故每米達之工料費為 $8.6 + 1.7 = 10.3$ 元

即木椿堰假定為三百米達時須洋 $10.3 \times 300 = 3090$ 元

（圖巳）

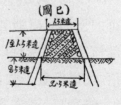

1.5米達
1至1.5米達
9.5米達
2.5米達

（原載《浙江公報》第一千六百八十一号，九至一二頁，訓令）

浙江省长公署训令第一千二百五十三号

令永嘉警察局局长委任来肇荣为该局西内镇警佐由

令永嘉警察局局长徐熙

案查本省长在都督任内,据该县自治议员朱华控警佐方秉林违法滥刑一案,当经批饬永嘉县知事查复去后。兹据该县知事查明前来,该警佐方秉林不能依法从事,办理操切,殊属不合,应予撤任,用示儆惕。除指令永嘉县知事将朱培起一名依法办理报核,并将该警佐遗缺遴委来肇荣接充外,合行令仰该局长转令遵照,一俟新委到任,即便妥为交替具报。前给任命状,亦应缴局呈销,并仰遵照。此令。

中华民国五年十一月十三日

省长吕公望

（原载《浙江公报》第一千六百八十一号,一三页,训令）

浙江省长公署训令第一千二百五十五号

令财政厅准省议会咨复议决修正浙江省
推收户粮规则请公布施行由

令财政厅长莫永贞

案查前据该厅以浙省推收户粮经前国税厅筹备处拟定规则,呈奉财政部核准通颁遵行以来,于兹三载,成效未睹,迭据人民诉愿及各县呈请,均以经费不敷,措施窒碍为言。兹经察酌情形,量为修正,加具理由,缮摺呈请,咨交省议会议决公布等情。据此,查核修正各条尚属妥洽,即经提交决议去后。兹准省议会审查修正议决,咨复请公布施行前来,除公布并咨明财政部外,合行令仰该厅查照,并通令各属一体遵办具报。此令。

中华民国五年十一月十三日

省长吕公望

（原载《浙江公报》第一千六百八十一号，一三页，训令）

浙江省长公署训令第一千二百五十九号

令浙西各县将奉前按署核准匀解及加收之
浙西水利经费分别扫解免征由

令浙西各县知事

案查修浚浙西水利修正案，业经交由省议会议决，并准咨送议决案公布在案。惟查前按署饬提各县之抵补金附税及续准加收之抵补金附税或地丁带征水利经费，除已据各县解到之款应仍存备拨用及尚未实行征解各县可毋庸置议外，其核定匀解及加收各款有已征有成数存县未解者、有尚未征起者，修正案既未议及，自应由本公署另定处分通令遵照。兹经核定，凡前定匀解及加收之款，无论为抵补金附税或地丁带收，所有征存未解者，应即截数赶速扫解，以便汇存备拨。其加收尚未征起者，除业已开征之地丁带征款项，应仍一律随征随解外，所有加收抵补金附税项下水利费即于奉令后停止本年度征收，并出示布告周知。除分行外，合亟令仰该知事遵办，仍先将奉令日期及征存数目呈报备查。此令。

中华民国五年十一月十三日

省长吕公望

（原载《浙江公报》第一千六百八十一号，一三至一四页，训令）

浙江省长公署训令第一千二百六十五号

令警政厅杭县嘉兴吴兴等县保护华商招商
内河轮船公司一乐汽船由

令警政厅，杭县、嘉兴、吴兴等县

案准交通部咨开，"据江海关监督呈称，'准税务司函，以华商招商内河轮船公司新置一乐汽油船,备具呈式,请注册给照等因,理合将送到呈式,呈部核办'等情前来。查该轮行驶航线,起苏州,讫杭州,经过嘉兴、湖州等处,除由本部注册填就执照一纸,发交该监督转给承领,暨训令苏州、杭州关监督查照并分咨外,相应咨请查照,分令各该属保护,至纫公谊"等因。准此,除分令外,合就令仰该厅长转令该管水警、该知事妥为保护。此令。

中华民国五年十一月十三日

省长吕公望

(原载《浙江公报》第一千六百八十一号,一四页,训令)

浙江省长公署训令第一千三百六十八号

令诸暨县知事准督军署咨该县拿获逃兵二名

该知事记功二次由

令诸暨县知事

十一月六日准浙江督军署咨开,"据诸暨县知事魏炯呈称,'督率警佐邹鼎、叶承霖先后拿获逃兵黄维水、蒋百锦二名,仰求照章给奖。再,各前知事任内未获逃亡士兵,并恳钧督准自知事任事之日起限,合并陈明'等情。除指令,'据呈拿获逃兵黄维水、蒋百锦二名,核与缉拿本省《逃亡士兵惩劝暂行章程》第十一条相符,该知事准予记功二次,除咨省长公署注册外,合将记功状令发,仰即祗领。至请将警佐邹鼎、叶承霖二员酌予奖叙一节,核与定章不符,即由该知事酌量给奖可也。所有未获各逃兵,准以该知事任事之日起限,认真缉拿务获究办。此令'印发外,相应咨请贵公署烦为查照"等因。除咨复并注册外,合亟令仰该知事遵照。此令。

中华民国五年十一月十三日

省长吕公望

(原载《浙江公报》第一千六百八十一号,一五页,训令)

浙江省长公署训令第一千三百七十号

令各属准江苏齐省长咨请饬属通缉携饷潜逃巡官刘云亭由

令警政厅、宁波警察厅、永嘉警察局、各县知事

十一月六日案准江苏省长咨开，"据苏常道道尹王莘林呈称，'窃于本月二十日据苏州警察厅长崔凤舞呈，据南区警察署长张竹坪呈称，本月四号奉厅发给饷薪，由署长领回转给各分所巡官散放。讵有第四分驻所巡官刘云亭，于是日下午四时，该巡官竟将薪公以及该所长警、夫役工饷全数领去，挟款潜逃，初尚不知，嗣于六句钟，由该所巡长电询该巡官饷已领齐请速回所散放，而该巡官领饷后去已多时，始知其挟饷逃走，当经署长选派长警多名，四出侦查，杳无踪迹。查该巡官挟去饷项，除散出该所长警预支及取消临时警饷以及交还食米帐款外，仍共携去饷洋二百四十一元二角九分四厘。除再饬长警严密侦缉外，所有该巡官挟饷潜逃缘由，理合备文呈报鉴核等情。据此，厅长当查各区警察署饷项向由各该管署长汇领分发散放，今该巡官刘云亭竟敢将领到饷项携挟潜逃，实属目无法纪，旋派本厅稽查员前往天津该逃官原籍地方细密侦缉，并将应发饷项由厅暂先垫发，以示体恤。其该管署长张竹坪，于巡官挟饷潜逃事前既疏于防范，事后又未将巡官拿获，疏忽之愆，咎有应得，业将该署长先行记大过一次，勒限严缉，务获解究。所遗巡官职务遴员接替，及分令各区队一体缉获各在案。兹据派往天津查缉之稽查员回厅报称，巡官刘云亭并未回籍，遍查多日，踪迹毫无等情前来。厅长查该逃官既未回籍，势必挟款远飏，或潜往他省，希图效用，若不通缉获究，不足以伸法纪而肃官方。除再令行各区队上紧协缉外，理合查取该逃官年貌书，具文呈请，伏乞俯赐转呈省长通令各属，分咨各省一体协缉，以期弋获而免漏网等情到道。据此，查该巡官身为警员，胆敢挟饷远飏，实属目无法纪，自非协缉到案，严加惩处，不足以儆官邪，除指令并通令道属各

县一体严缉外，理合检同该巡官年貌清册，具文转呈，伏乞省长鉴核照准施行'等情，附送书册到署。据此，除批，'呈悉。该巡官身任警职，胆敢挟饷潜逃，实属不法已极，该管署长有统辖之责，如果平时勤于考核，何至任此败类厕身其间，警察职司防卫，似此腐败情形，何足以胜保卫之任？所有该巡官携去饷银二百四十余元，应勒令该管署长如数赔缴，一面由该管厅长察看该署长能否胜任，呈候核办，并应由道督饬将该厅警政妥为整顿，毋再玩忽。除将巡官刘云亭分别令咨协缉外，仰即遵照办理。此令'印发外，相应抄册咨请贵省长查照，希即转饬一体通缉解案讯办"等因，并附抄册到署。准此，除咨复外，合亟抄发该逃官面貌书一件，照章刊登《公报》，令仰该厅、该局、该知事遵照，并转令所属一体协缉，务获报解，以凭咨转，是为至要。此令。

计发刘云亭面貌书。

中华民国五年十一月十三日

省长吕公望

谨将携饷潜逃巡官刘云亭面貌书开呈钧鉴。

计开：

刘云亭面貌书

携饷潜逃人，苏州警厅南区警察署第四分驻所三等巡官刘云亭。

年籍：年三十八岁，直隶天津县人。

出身：直隶警务学堂毕业。

面貌：身长五尺，面瘦长，色黑黄，眼大，鼻尖，嘴宽，有短须，齿白，眉黑稀，口音天津。

逃走时所穿之衣服：灰色爱国布长夹衫，元色素缎对襟小袖马褂，元色泰西缎夹裤，黑色皮鞋，黑缎尖顶瓜皮帽。

犯罪之情由：携饷潜逃。

逃时所携之物品：饷银二百四十一元二角九分四厘。

（原载《浙江公报》第一千六百八十一号，一五至一七页，训令）

浙江省长公署指令第三千三百九十号

令临海县知事

呈一件为呈报周峻德等五人愿考海军学校由

呈及履历均悉。查考选海军学生一案，已经另令并电饬在案，仰即遵照办理。此令。十一月十四日

（原载《浙江公报》第一千六百八十一号，二一页，指令）

浙江省长公署指令第三千三百九十二号

令警政厅长夏超

呈一件呈内河水警厅拟定各机关借用巡舰

归还煤油费办法请核示由

呈及清单均悉。各巡舰规定煤费，系专为游巡河港而设，至各机关因公借用所需煤油各费，自应向借用各机关开报核算，汇报查考。所拟办法准予备案，仰即转令遵照，并饬每月汇报该厅核转存查。单存。此令。十一月十四日

（原载《浙江公报》第一千六百八十一号，二一页，指令）

浙江省长公署指令第三千三百九十三号

令警备队第一区统带

呈一件统带王凤鸣呈报出巡日期由

呈悉。仰将校阅巡察各情形随时具报。此令。十一月十四日

（原载《浙江公报》第一千六百八十一号，二一页，指令）

浙江省长公署指令第三千三百九十四号

令缙云县知事

呈一件呈复讯办积匪卢积仁情形并请给赏由

呈悉。即据讯明该犯卢扬确系卢积仁化名,并据前呈声称,悬赏八十元购缉有案,应准如数给发开报,仍仰将批准悬赏案录报备查。此令。十一月十四日

（原载《浙江公报》第一千六百八十一号,二一至二二页,指令）

浙江省长公署指令第三千三百九十五号

令常山县知事

呈一件呈复境内并无设有医校医院等请免予填表由

呈悉。应准免填。此令。十一月十四日

（原载《浙江公报》第一千六百八十一号,二二页,指令）

浙江省长公署指令第三千三百九十七号

令乐清县知事

呈一件呈复境内并无西医及医校医院请免填表由

呈悉。此令。十一月十四日

（原载《浙江公报》第一千六百八十一号,二二页,指令）

浙江省长公署指令第三千三百九十九号

令警政厅长夏超

呈一件呈报警备队五区三营三四两哨到防回防日期由

据呈已悉。此令。十一月十四日

（原载《浙江公报》第一千六百八十一号,二二页,指令）

浙江省长公署指令第三千四百号

令平阳县知事

呈一件呈送报考海军学生八名由

呈及蔡伟等履历表均悉。查此案现经另令行知并经电令在案，仰即遵照办理。此令。表存。十一月十四日

（原载《浙江公报》第一千六百八十一号，二二页，指令）

浙江省长公署指令第三千四百零三号

令金华县知事

呈一件呈送医院医士调查表请转送由

呈、表均悉。仰候汇案咨转可也。此令。表存转。十一月十四日

（原载《浙江公报》第一千六百八十一号，二二至二三页，指令）

浙江省长公署指令第三千四百一十号

令淳安县知事

呈一件据呈遵令酌提公款购办

桑苗分发农民种植由

呈悉。查《推广植桑章程》，前据富阳县知事拟具到署，业经酌加改正，登载《公报》，仰即查照仿行。此令。十一月十四日

（按，富阳县《推广植桑单行章程》，已见本月十一日本报"指令"门①）

（原载《浙江公报》第一千六百八十一号，二三页，指令）

---

① 即浙江省长公署指令第三千一百五十三号《呈一件呈报遵令筹议振兴蚕桑拟具章程由》，原载《浙江公报》第一千六百七十五号，一九一六年十一月十一日，二五至二六页。参见卷七，2406—2407页。

浙江省长公署指令第三千四百十一号

令浦江县知事

　　呈一件为呈报蚕桑情形及植桑奖惩章程由

　　呈、件均悉。所拟《植桑奖惩章程》尚欠妥洽，查有前富阳县知事拟具《推广植桑章程》，经本公署酌加改正，登载《公报》，仰即查照仿行。来件发还。此令。十一月十四日

　　　　（原载《浙江公报》第一千六百八十一号，二三页，指令）

浙江省长公署指令第三千四百十二号

令特派交涉员

　　呈一件呈复鄞县李氏修谱案对于教民不得歧视办理情形由

　　呈悉，办理情形尚属妥洽。查近来教民因谱事冲突，时有所闻，令县出示晓谕，不得歧视，自是正办。应由该交涉员依据《约法》并参酌条约，令行各县知事剀切晓谕，免致因细故而起交涉，仰即遵照。此令。十一月十四日

　　　　（原载《浙江公报》第一千六百八十一号，二三页，指令）

浙江省长公署指令第三千四百十四号

令龙游县知事庄承彝

　　呈一件为呈报南乡游民强挖冬笋聚众滋扰
　　　　就近请兵率往弹压由

　　据呈，情形殊关紧要，应速亲往该滋事地方，妥为解散，毋稍逶延，致酿他变，并澈查是案起衅原因，暨已否酿成命案，分别办理具报察核。此令。十一月十四日

　　　　（原载《浙江公报》第一千六百八十一号，二三至二四页，指令）

浙江省长公署指令第三千四百十九号

令海宁县知事

呈一件为送袁化镇商会章程及钤记公费由

呈悉。察核该商会所拟《章程》第一章下"总则"二字,应改为"名称区域及所在地",第六章内容应叙明"未设商事公断处以前,得按照《商事公断处章程》及《细则》调处"等语,仰即转行遵照改正送核。《章程》发还,钤记公费存。此令。十一月十四日

（原载《浙江公报》第一千六百八十一号,二四页,指令）

浙江省长公署指令第三千四百二十一号

令新昌县知事

呈一件为造送实业报告书表由

呈、图及报告书均悉。仰即查照结论各情,切实计划进行报核,期收实效。图及报告书均存。此令。十一月十四日

（原载《浙江公报》第一千六百八十一号,二四页,指令）

浙江省长公署指令第三千四百二十二号

令永嘉县知事

呈一件呈为运回赴美赛品均不愿移赠开单送核由

呈、单均悉。候另案通令派员来省领回可也。单存。此令。十一月十四日

（原载《浙江公报》第一千六百八十一号,二四页,指令）

浙江省长公署指令第三千四百二十八号

令东阳县知事

呈一件据呈为造送实业报告书由

呈悉。察阅附呈报告书,其第三项第四目普通工作物名称未据

明白填注,殊属疏忽,仍仰遵令查明详细,呈复核夺。报告书姑存。此令。十一月十四日

(原载《浙江公报》第一千六百八十一号,二四页,指令)

浙江省长公署批第八百十三号

原具呈人陈晋南

呈一件为被人捏名呈控显佑庙董请澈究由

呈悉。仰即径呈该县知事澈查究办可也。此批。十一月十三日

(原载《浙江公报》第一千六百八十一号,二五页,批示)

浙江省长公署批第八百十七号

原具呈人上虞王连氏等

呈一件呈县知事违法溺职请澈查惩戒并饬严缉凶犯由

呈、结均悉。查此案前据该县知事呈报并请将凶犯王水堂等悬赏购缉,业经本署核准,并将崧镇警察分所警佐叶问仲记大过一次,仍勒限于两个月内务将王水堂等三犯悉获解究,如逾限不获,定予严惩不贷,令由高等检察厅转令该县遵照在案。至该县知事应否惩戒,自有定章可循,非该氏等所能率请,仰即知照。此批。十一月十四日

(原载《浙江公报》第一千六百八十一号,二五页,批示)

浙江省长公署批第八百二十四号

原具呈人王升记轮局

呈一件为吉利小轮违章行驶请令县禁止由

查公共河流未便由一公司垄断,曾准交通部咨行有案。至吉利小轮行驶嘉兴、平湖等处,亦准交通部准予注册给照,咨由本公署令饬各该属一体保护在案。所请碍难照准。此批。十一月十四日

(原载《浙江公报》第一千六百八十一号,二五页,批示)

浙江省长公署批第八百二十五号

原具呈人许中庸等

呈一件为杭馀行驶汽船如碍堤塘愿负赔偿再求核准给照

查汽油轮船不过吃水较浅,其轮浪冲激,实与煤轮不相上下,案经几次饬查,暨选据余杭县公民章镪等先后禀呈利害各等情前来,业经决定禁止行轮,以保堤塘而顺舆情各在案,所请仍难准行。此批。

十一月十四日

（原载《浙江公报》第一千六百八十一号,二五至二六页,批示）

浙江省长公署批第八百二十八号

原具呈人陈瓒、叶蓁

呈一件为拟在孝丰泉水湾西亩两处开设泰丰泰和两茧行由

查商民赵颐拟在西亩地方开设茧行,已据该县芮知事复查,四周距离旧茧行确在五十里以上,指令财政厅查给牙帖在案。至该商并请于白水湾地方开设茧行①,是否与现行《条例》相符,应俟该县核转到署再令遵照。此批。十一月十四日

（原载《浙江公报》第一千六百八十一号,二六页,批示）

浙江省长公署批第八百二十九号

原具呈人平湖汤乘云

呈一件为遵照条例拟在徐埭坊地点开设大利茧行由

察核来呈,与张栋所呈同一情事,已于张栋来呈明白批示矣,仰即知照。保结发还。此批。十一月十四日

（原载《浙江公报》第一千六百八十一号,二六页,批示）

---

① 白水湾,题作"泉水湾",当以白水湾为是。

省长公署电复江西省长

电询兴筑常玉铁路办法由

南昌戚省长鉴：虞电敬悉。常玉铁道距离过短，恐于两省主要交道未能悉沾利益，现敝省计画省道，正事策行，内浙赣干线即为常玉铁道之基础，已由省会议决开办。贵省提案交议，必有硕画茪筹，如贵省会共表同情，敝省自当勉步其后，尤希将议决后详情见示，俾资循率，至感。吕。真。叩。（中华民国五年十一月十一日）

（原载《浙江公报》第一千六百八十一号，二六页，电）

浙江省长呈大总统

据宁海县知事何公旦为勘报该邑北乡石埠沙歧两庄暨东乡越溪村等处田禾被潮成灾情形由

呈为宁海县北乡石埠、沙歧两庄暨东乡越溪村等处田禾被潮成灾，谨将大概情形先行具报，仰祈鉴核事。

本年十一月三日据宁海县知事呈称，"案据北乡石埠、沙歧两庄公民林增辉等禀称，'以八月十八日夜潮汹涌，破坏陡门脚岸十余丈，咸潮涌入，变成大海，毗连小塘统被咸着，约计田亩万有余石，苗如火烧，收成全无。禀请诣勘'等情到县。据经江前知事谕令补报户粮亩分①，一面派禁烟调查员韦宏福勘复各在案。知事抵任，准交检核，该员复文内称，'本年八月十八日，夜潮冲破该乡塘岸十余丈，白沙天成塘全塘覆没，毗连之双元塘同遭倒坏，此外三十石太婆塘、冷岙塘、胡焦塘、蒲路口塘，亦有潮水满进，稍受损害，以上各塘均系旧涂'等语。正在核办间，又据东乡越溪村公民罗元善等禀报，'今秋七月十七夜，又遭蛟龙之虐，突发洪潮，祸胜前年，所有越溪塘、新筑塘、卢荻塘、中

_____

① 江前知事，即江恢阅，字辉午，安徽婺源（今属江西）人。民国四年一月至民国五年九月任宁海县知事。

央塘、门前塘、石后塘、黄坛塘、白湾塘均被洪潮冲破,民等即时雇工修筑,谁知随筑随坏,以致颗粒无收,此诚财产两失,民何聊生。兹缘受灾居民啼饥泣滨,情殊堪悯,民等再四思维,惟有恳求宪恩,俯念民生,保赤为怀,准赐派委诣勘明确,据情详请蠲免,以苏民困,禀请勘办'等情。又经知事派员韦宏福查勘,旋据复称,'七月十七日夜潮泛较大,越溪塘、新筑塘、卢荻塘、中央塘均有冲坏,乡民随筑随坍,田禾被潮淹没,门前塘、石后塘、黄坛塘、白湾塘同遭冲破,情形轻重不一'等情。知事复查各该处滨海为塘,依塘为田,塘被潮冲,田亦随之,田侵咸潮,禾不发生,核与原勘情形,尚属相符。现在节逾霜降,秋成大局已定,前项农佃俱系穷民,被潮成灾,情殊可悯。除绘造草图、草册,另文呈请委勘并详报财政厅查核外,合将查勘被潮成灾田禾情形,具文呈报,仰祈鉴核"等情。据此,除令行财政厅迅委妥员驰赴该县会同复勘,并咨行财政部备案外,所有宁海县北乡石埠、沙歧两庄暨东乡越溪村等处田禾被灾情形,理合先行备文呈报,仰祈大总统鉴核备案。谨呈

大总统

浙江省长吕公望

中华民国五年十一月十三日

(原载《浙江公报》第一千六百八十二号,一九一六年十一月十八日,三至四页,咨)

浙江省长公署训令第一千二百六十号

令各交涉员为各轮船公司勿搭英国敌人驶入英属军港由

令温州交涉员、特派交涉员、宁波交涉员

本年十一月九日准农商部咨开,"前准外交部咨开,'准英使照称,所有与英国仇敌之人乘中立国之船驶入本国军港一事,本国政府筹拟开单,将所有在本国殖民地及属地内限制敌人驶入之各该军港

地名载明。本大臣现奉本国外部大臣训令,将此单一份送呈查阅,并陈明嗣后凡有本国敌人,或为船上水手工人,或为搭在中立国船上驶入,单内所开之处,均可令其离船扣留等因。查此次本国政府将现拟之办法特向陈明,系为中立国船上为难情形,稍觉减轻之意,且单内即有香港、新加坡、槟榔屿三处,合请将以上各情特于此地常行往来之中国轮船公司饬知等语,并附英文原单到部。相应将英使照送原单抄录一份,咨请查照,转饬所属知悉'等因。嗣复迭准咨送添列各地名单到部,除分行外,相应汇录原单并案咨行贵省长查照,转饬知照可也"等因。准此,除分令外,合将照抄英文原单随文令仰该交涉员即便转令各轮船公司一体遵照。此令。

计抄发英文原单一纸。

中华民国五年十一月十三日

省长吕公望

(原载《浙江公报》第一千六百八十二号,五页,训令)

浙江省长公署训令第一千二百六十一号

令临海县知事黄岩县知事警政厅准省议会咨
旧台属查米局经大会议决裁撤请施行由

令临海县知事戚思周、黄岩县知事汤赞清、警政厅厅长夏超

案准浙江省议会咨开,"为咨行事。案照本会查旧台属查米局一设临海之海门,一设温岭之金清港①,创始于民国元年前临海县知事周李光,既而温岭县知事亦仿照办理。当初设时,办事员本系知事派充,详由省署核准,后乃变为省委,其办法为查禁台米出海,名查实禁。中间奉部令通饬各省,米粮宜流通,不宜壅遏,其时查米局颇有停顿之势,旋经当事人设法疏通,捏称台米漏洋,仍应设局禁止,即奉

---

① 金清港,当时属黄岩县(今台州市路桥区)。此处"温岭",疑为"黄岩"之误。下文"温岭县知事","温岭"亦当作"黄岩",方才与事由、发文对象匹配。

照准,迄今无异。本年鄞县陶知事以该县民食缺乏[①],咨请温岭县知事发给护照,准予放行,该局仍不准出放,经镇守使转请督军,始奉批准放行一次,原批见六月份《浙江公报》。以上各情,乃旧台属设局禁米之原委。窃以粮食流通,非但各省未尝禁遏,即浙省各属亦无设局查禁办法。旧台属禁米初意,原谓米不出关,其价必贱,贫民必蒙其惠。不知台米贵贱全视旧宁属贵贱何如,宁属若贵,虽禁未尝不出关,宁属若贱,虽不禁亦不出关。除宁属沿海各县向销台米外,别无运销之处,并无外洋轮舶到台,安有漏洋情事。办事员饰词耸听,无非为私利起见,所以近年该局效果适足为蠹吏豪商之利薮,而沿海小贩无不受其害者。况谷贱病农,为害更大,若不将两处查米局裁撤,既失劝农务本之意,又悖于货物流通之义,其流弊不可胜言。业由本会提付大会讨论议决,即行裁撤,相应咨行省长,请烦查照施行。此咨"等由。准此,除咨复并分令遵办外,合行令仰该知事迅将海门、金清港查米局克日撤销具报。/厅长令行外海水上警察厅转令第二区查照。此令。

中华民国五年十一月十三日

省长吕公望

(原载《浙江公报》第一千六百八十二号,五至六页,训令)

浙江省长公署训令第一千三百六十九号

令警政厅准嘉湖镇守使咨呈拟委内河水警第三游巡队长龙石林为内河水警临时督察员专带翊麾兵舰归镇署节制由

令警政厅长夏超

案准嘉湖镇守使署咨呈内开,"敝使辖境壤接太湖,帮匪出没无

① 鄞县陶知事,即陶镛(1869—1941),字湘茝,又字在东,浙江会稽(今绍兴)人。民国四年七月至民国五年四月任鄞县知事。

常,动辄扰及内地,非藉兵轮游弋,难资镇慑。贵省长前在嘉湖镇守使任内,曾经咨请前巡按使届将内河水警厅所辖之翊麾巡舰拨归使署直接调遣,并将前浙江内河水上警察第三游巡队队长龙石林委充该舰管带,以便指挥灵捷各在案。荩筹硕画,纫佩前规。惟查内河水警厅编制,各舰员额并无管带名目,拟请将该管带龙石林改为内河水警厅临时督察员,以符编制,月薪照旧五十元,专带翊麾兵舰,仍归敝署节制调用。所有该舰官兵薪饷及该督察员月薪,即责成该督察员按月造册,呈由敝署咨向水警厅支取转发,以期简便。相应备文咨请贵省长查照,准将该员龙石林加状改委,并祈转饬水警厅知照,实纫公谊"等由。准此,除咨复照准外,合行改发委状令仰该厅查照,并转发内河水上警察厅知照转给祗领并饬具报查考。此令。

计发委任状一件。

中华民国五年十一月十三日

省长吕公望

(原载《浙江公报》第一千六百八十二号,六至七页,训令)

浙江省长公署训令第一千三百七十六号

令温岭县警政厅准省议会咨前请裁撤旧台属
查米局一案内脱温岭县松门请补正由

令温岭县知事陆维李、警政厅厅长夏超

本年本月十一日准浙江省议会咨开,"本年十一月一日本会发奉贵署请裁撤旧台属查米局由咨一件,计邀察阅,现复核得前咨内开,'一设临海之海门'句下误脱'一设温岭之松门'七字,合亟补正,以免遗漏,相应咨行贵署,请烦查照补正。此咨"等由。准查此案前准省议会咨行到署,业经分令遵办并刊登《公报》在案。兹准前由,除咨复暨分令,并刊登《浙江公报》外,合行令仰该知事查照前案,务将松门查米局一并撤销具报/厅长令行外海水上警察厅转令第二区区长查照。此令。

中华民国五年十一月十四日

省长吕公望

（原载《浙江公报》第一千六百八十二号，七至八页，训令）

浙江省长公署指令第　号①

令高等检察厅长殷汝熊

呈一件海盐县知事呈报海盗连劫八家勘验大略情形由

呈及附件均悉。案关盗匪连劫八家杀毙人命，该管营、县当场一无弋获，平日捕务废弛，已可概见，殊堪痛恨。应责成该知事迅行会督营警，悬赏购线，上紧侦缉，务将真正赃盗悉获诉究，并仰警政、高等检察两厅，通令所属一体协缉务获解案讯究具报。此令。呈及失单抄发。

附　浙江高等检察厅训令第九百七十一号

令各属协缉海盐连劫八家海盗务获解究由

令杭、鄞、金、永地方检察厅，各县知事

案奉省长指令，据海盐县知事呈报海盗连劫八家勘验大略情形，令开，"呈及附件均悉。案关盗匪连劫八家杀毙人命，该管营、县当场一无弋获，平日捕务废弛，已可概见，殊堪痛恨。应责成该知事迅行会督营警，悬赏购线，上紧侦缉，务将真正赃盗悉获诉究，并仰警政、高等检察两厅，通令所属一体协缉务获解案讯究具报。此令。呈及失单抄发"等因。奉此，除令行海盐县遵照外，合亟抄发原呈及失单，通令各该厅、该县仰即查照，派警严密协缉，务获解究，切切。此令。（刊登《公报》，不另行文）

---

① 本文由浙江高等检察厅训令第九百七十一号析出。

计发抄呈及失单。

中华民国五年十一月九日

高等检察厅长殷汝熊

附原呈

呈为具报事。

本年十月九日据县属乍浦区全公坊保卫团团总朱明呈报，"本月八日夜十二点钟时，突有海盗数十人，自西南蜂拥而来，先将全公亭镇东西各要道持械把守，一面即围绕乍浦海关分卡及敝团两处，枪声连连，打门而进，擎枪喝阻团丁不令出外，团内枪械、军衣等件一并搜去。敝团常驻只有数丁，寡不敌众，无可奈何。该海关盗等将枪枝移置市后。团总卧室在团之对门楼上，始闻枪声，即开窗查问，继见盗伙甚众，形色不一，有身穿黄衣者、有首包元色布者，势极汹汹，枪若连珠，其余团丁散处乡间，急欲召集，已无路可通。而该盗等遂麇集团总开设之朱锦云京货店门首，用枪撞门。团总老母年近古稀，惊吓不可言状，不得已只因扶同老母等出后门暂避凶焰。嗣即查悉该盗等自朱锦云起，至东市陈源兴花米行止，连劫八家，损失甚巨。且有成衣史葆和，系大小营坊人寄住在山金大薤店内，闻开门正问何事，被盗突一枪击伤头脑，登时毙命。其时团总已另行派人在镇后鸣锣，并分派团丁向白沙、黄姑两坊保卫团驻扎该处水警飞速报请会缉。适虎啸桥镇驻有陆、金两处长水警船[①]，当即会同向水口一带追去，而白沙保卫团及水警孔巡长向对面街一带会拿。该盗等一闻锣声，仍向西南逸去。团总当即添派团丁另持枪械跟踪往追，至小营盘相近，见盗船两艘远泊深水，该盗等将抢劫各

---

① 处长，疑为"巡长"之误，或"长"字疑衍。

物用小舢板船驶赴搬装海,团丁等连被数枪,未能中的,该盗船已扬帆驶向西南疾去,团丁等赶至湖边,距离已远,无力可施,只得回团报告。天甫黎明,黄姑坊团总杨及水警陆、金、蔡、应、孔等巡长自沿海追捕不及,齐集本镇会勘抢劫情形,分投报告,一面仍请陆巡长向乍浦一带海滩赶追。团总即督饬团丁将所沉枪枝悉数捞起,先行开明失单,着由坊役送呈报请勘缉"等情到所。嗣据坊役郭金祥供与报词相同。当经知事会同水警队长及带同书吏人等驰诣该镇,续据商民陈幼山、朱明、朱雅、陈士安、赵月池、钱莲生、马照祉、朱柏山及分卡征收员何文俊暨尸亲史怀观等禀同前情,即经知事挨户履勘,被劫属实,惟海关分卡门面有枪子击穿数洞,幸征收员等夜间素不住宿,只有陈设桌椅,别无长物,据称所失杂物数件,未经开报。知事复诣尸所,勘得山金大薤店有楼房门面一间,已死史葆和合扑店内,身穿柳条布短衫裤料头,着袜。勘毕,饬令尸异平湖地面①,如法相验。据检验吏金福生喝报:"已死史葆和,问年四十六岁,量身长四尺四寸,仰面,面色白,左眼睛凸出,有枪子出口伤一处,长一寸四分、宽八分,合面右耳有枪子进口伤一处,围圆六分。余无别故,系枪伤身死"等语。知事亲验无异,尸令棺殓,填格取结,绘具总图,分填勘表附卷,即经知事函令水陆营警及沿海各坊保卫团暨法警卫队勒令分投严密侦缉,务将是案真正赃盗火速破获,按律惩办,并悬赏购缉外,理合将勘验大略情形先行呈报,仰祈钧长察核备查。再,知事查阅盗遗竹卮担一根,烙有毛大生姓名,又布袋一只,并写"绍嵊"二字,显系外来海盗,并祈咨令外海警察、邻协缉务获究办,实为公便。谨呈。

计呈送绘图一纸、勘表二纸、失单一纸、尸格一本、切结一纸。

---

① 平湖,疑为"平明"或"平坦"之误。

平邑全公镇商民陈幼山等被海盗抢劫失单

大洋一千四百有零、小洋四百九十八角、铜元六十四千零、元西缎皮马褂一件、蓝纺绸长衫一件、红莨绸男裤二条、益泰花厂赵实记存洋二百元、红莨绸短裤二条、金板圈二付、金线圈一付、金元宝簪一只、金戒子四个（重八钱）。

业单纸扎等情，一时未能清查，如有遗失，再当报告。

银镯两付（六两）、银镯一付（一两五钱）、银手链一根（连锁）、银如意一对、珠元宝簪一只、珠心头簪一只、大红绸裙一条、天青缎披风一件、蓝宁绸女袄衫一件、大红绸裙一条、金元宝簪一只、蓝花绸女袄一件、品蓝花缎女袄一件、金线圈一付、宝蓝女棉袄一件、元绉扯裙一条、元绉男夹衫一件、金蓝宝戒子一个、高湖绉汗巾一根、元绉女皮袄一件、金红宝戒子一个、二蓝绉女夹裤一条、元西缎女支领褂一件、金桃子色戒子一个（重二钱）、皮蛋青女皮袄一件、珠元宝簪一只、金泥蓝戒子一个（重三钱）、花缎皮袍子一件、包金银镯一付、金图章戒子一个（重三钱）、元花缎皮马褂一件、元绉皮马褂一件、天青缎套子一件、金阴文戒子一个（重二钱）、元素缎夹马褂一件、二蓝绉皮袍子一件、金板圈一付（重二钱）、元花缎珠女袄一件、金篆字戒子一个（重二钱五分）、珠压发簪一只、天青缎灰鼠女皮领褂一件、元绉打拣裙一条、雪青花缎女皮袄一件、橄蓝青绉女袄一件、元绉女夹衫一件、元花缎皮领褂一件。

以上陈源兴花行即陈幼山所失。

银洋一百五十余元、小洋二百余角（前单漏忘）、铜元二十余千、金戒四只共计十五钱、珠子一百八十余粒、金宝簪一只、珠圈三付、男女绸衣共三十余件、洋烛十余对、男女皮衣共十余件、男女夹衣共二十余件、男女单衣共二十余件、金戒子三只（共净六钱，系他人所抵）、店内格子洋花布各四疋、老虎单一条。

以上朱锦云即朱明所失。

大洋十八元、小洋十一角、铜元数十个、银链条一根、银镯二付、银元宝簪二只、金戒子三只(五钱)、金板圈一付(二钱)、珠圈一付、大珠子十七粒、镶宝花珠三个、天青缎马褂一件、二蓝绉男夹衫一件、春绉套裤一双、元绉皮袄一件、天青缎皮领褂一件、夹泥皮马褂一件、折片大小皮袍子两件、夹子布皮袍一件、夹子皮袄一件、珠皮披风一件、珠皮元绉女领褂一件、元绉女裤一条、瓯布被头二条、蚕丝三斤十四两、布衣服大小男女共两箱。一时未能查清。

发草纸扎被暨糊三了点,一时未能细查,倘有遗失,再当报告。

以上钱久陆即钱莲生所失。

大洋十六元、汪姓寄店大洋十七元、灰色大泥二丈零、元洋缎一丈零、元洋花缎皮马褂一件、青灰女夹衫一件、习法布短衫一身、白扣布短衫裤一身、银表一只、铜元一百个。

以上源顺昌即赵月池所失。

银洋五百余元、敲破铁箱一只、小洋四百七十角、铜元三十五千、衣箱厨柜破碎、元绉和合裙半条、元洋缎女彩身一件、菜青花缎挂肩一件、小儿衣服两件、珠花一朵、银花一付、白银桂花镯一付、白香元纱长衫一件、蓝杭纺长衫一件、蓝杭纺长衫一件、实地纱背心一件。

以上陈源兴即陈士安所失。

皮领褂两件、布棉裤两条、金戒子一只、银元宝簪两只、银针二只、皮鞋二双、钉靴二双、布棉紧身二件、银洋十元。

以上朱兴源钉靴店即朱稚清所失。

皮袍子一件、皮领褂一件、绉纱裙一条、花缎女夹衫一件、花缎棉紧身一件、花缎夹衫一件、湖绉女裤一条、雪纺女裤一条、官纱女裤一条、香元纱女裤一条、雪纺女衫一件、缎纱裙一条、白生丝女衫一件、花缎裙一条、被头两条、脚炉两个、男女短衫裤二十四件、蓝白花布十四段、花缎女皮领褂一件、湖绉绵女领褂一件、湖绉皮紧身一件、西缎皮紧身一件、西缎皮领褂一件、金戒子二个、金圈一付、英洋三十一元、小洋二十四角、箱子一只。

以上马永昌即马照和所失。

金板圈一付（二钱）、银镯一付（三两）、翡翠压发簪一只、铜元一百二十五个。

以上陈隆盛即朱柏山所失。

（原载《浙江公报》第一千六百八十二号，九至一三页，训令）

浙江省长公署指令第三千二百四十三号

令宁海县知事何公旦

呈一件为遴委掾属请注册由

呈及清摺、履历均悉。教育行政并入政务办理，纯是一种消极主义，现既以教育为要图，该管官吏自当特别注重，况学务委员已经裁撤，劝学所又未成立，全县教育之进行均由县署负责，因事设职，自应另置教育一科，仰即重行改组，遴委熟谙教育人员呈候核夺。应协恭履历发还，余均存候注册。此令。十一月十一日

计发还履历一扣。

附原呈

呈为遵章遴委掾属分配职务缮摺加考呈请察核事。

窃知事奉钧长委任署理宁海县缺，遵将到任日期及履历呈报在案。兹查职署向设政务、财政两科，江前知事任内掾属除管卷、书记及司书咨交留用外，其他主任各员均已先后辞职，自应依据《县官制条例》各县佐治掾属由知事自委详报之规定，分别

遴员委任，俾各司厥职，以专责成。兹于政务科设主任一员、助理二员，以一员专办教育事宜，又设收发一员；财政科设主任一员、助理二员，以一员专办会计事宜。除业将各员委任、所有薪俸于奉定行政经费内酌量支配按月呈报外，理合将遴委掾属姓名、职务加考缮摺，并取具各员履历，一并备文呈送，仰祈钧长察核俯赐准予注册，实为公便。谨呈。

谨将遴委掾属各员姓名、履历并加考语，缮摺送请鉴核。

计开：

政务主任陈灏，富于经验，才识明通；财政主任金倬汉，勤慎稳练，操守足信；政务助理汪廷烽，练达安详；财政助理王绍荣，奋发有为。

（原载《浙江公报》第一千六百八十二号，一七至一八页，指令）

浙江省长公署指令第三千二百四十四号

令玉环县知事吕衡

呈一件为遴委掾属请注册由

呈及清单、履历均悉。查教育主任尹施政，系钱幕出身，其在学校所修各业又为法政、监狱等项，于教育毫无关系，现在学务委员已经裁撤，劝学所尚未成立，教育行政全由县公署办理，职务何等重要，该知事乃以素无教育学识经验之人当此重任，殊属不合，仰再遴选妥员呈报察夺。余准如呈注册。尹施政履历发还，余均存。此令。十一月十一日

计发还履历一扣。

附原呈

呈为遴委掾属开摺加考取具履历送请察核注册事。

窃知事奉委署理玉环县缺，业将到任日期及履历呈报在案。

查玉署内设政务、财政、教育三科,旧有掾属均于秦前知事交卸日辞职①,当由知事查照《县官制条例》之规定,遴员分别委充各司厥职,以专责成。兹于政务科设主任一员、助理一员,财政科设主任一员、助理一员,教育科仅设主任一员,不设助理,又另设收发一员,会计一员。除将各员薪水于奉定行政经费内酌量支配按月呈报外,理合将遴委掾属姓名、职务,加以考语,缮具清摺并取具履历,一并备文呈送,仰祈省长察核,俯赐准予注册,实为公便。谨呈。

附清摺

玉环县知事吕衡谨将遴委掾属姓名、职务,加具考语,呈请鉴核。

计开:

钱遹骏,老成练达,学识优长,委任政务主任员;

童学初,品端学粹,经验宏深,委任财政主任员;

陈　宰,才具开展,品学兼优,委任政务助理员;

吕献瀛,心精力果,长于计学,委任财政助理员;

商尚质,事理通达,操守谨严,委任会计员;

刘　选,留心政务,办事勤慎,委任收发员。

(原载《浙江公报》第一千六百八十二号,一八至一九页,指令)

浙江省长公署指令第三千三百十五号

令黄岩县知事汤赞清

呈一件呈警佐厉念劬因公招怨请予酌调由

呈悉。查警察本取干涉主义,该警佐厉念劬行使职务,既系遵守定章,自属正当办法,乃该处人民动多尤怨,足见风气不开,未谙斯旨,应由该知事恺切晓谕,俾知警察之干涉顽劣即所以保护良善,庶几咸明

---

①　秦前知事,即秦联元,民国四年八月至民国五年八月任玉环县知事。

警章,不致因嫌怀怨。一面仍应督饬该警佐照常服务,认真办理,毋庸率请改调,致启玩视之心,仰即转令一并遵照。此令。十一月十一日

（原载《浙江公报》第一千六百八十二号,一九页,指令）

浙江省长公署指令第三千三百五十六号

令长兴县知事魏兰

呈一件据泗安商务分会呈商人杨德熊价购新飞
电汽船行驶吴兴至泗安乞备案饬属保护由

既由该商人杨德熊备具呈式,呈由江海关监督电部核给暂行船牌,应俟部咨来署,再行令遵。再,此项文件,应由该分会呈县核转,毋庸越级径呈,仰长兴县知事一并转令知照。此令。十一月十三日

（原载《浙江公报》第一千六百八十二号,一九至二〇页,指令）

浙江省长公署指令第三千四百零七号

令高等检察厅长殷汝熊

呈一件陆宗赞呈请令知高检厅一律以管狱员尽先任用由

呈及附件均悉。查此次规定管狱员考试资格,须在监狱学校二年以上毕业,该生等毕业年限既未及格,自未便准其与试。惟据称该生等均系曾任监狱官吏,于狱务颇有经验,且与部定免试资格相符,能否酌予变通,俾免向隅,仰该厅妥议具复,以凭察夺。此令。原呈抄发。十一月十四日

（原载《浙江公报》第一千六百八十二号,二〇页,指令）

浙江省长公署指令第三千四百三十号

令农事试验场

呈一件呈请征集各县茶种由

呈、件均悉。候令知产茶各该县径行征送该场收用可也。附件

存。此令。十一月十四日

（原载《浙江公报》第一千六百八十二号，二〇页，指令）

浙江省长公署指令第三千四百三十二号

令萧山县知事

呈一件呈报查明预备造林之北幹山

后面荒山确系官山等情由

呈、图均悉。该县北幹山后面荒地，既据查明确系官产，应准作为该县造林及明春植树节举行植树之用。仰即督饬将该地确实亩分详绘图说三份呈候核转，并将开办造林等应行筹备事宜，及应需垦植各经费分别赶办详估具报，免误来春种植之期，切切。图存。此令。十一月十四日

（原载《浙江公报》第一千六百八十二号，二〇页，指令）

浙江省长公署指令第三千四百三十五号

令省会警察厅

呈一件据杭县呈为遵令复查放马山邻近

四周尚无坟墓祈鉴核由

呈悉。该县放马山四周既无坟墓，应准开采山石，作为修理道路、桥梁之用。仰省会警察厅查照，并转行杭县知事知照。原呈及前民政厅呈文均抄发。此令。十一月十四日

（原载《浙江公报》第一千六百八十二号，二〇至二一页，指令）

浙江省长公署指令第三千四百四十一号

令常山县知事

呈一件为呈送蚕业传习所育蚕经过成绩表清摺并请核销由

呈、件均悉。该县蚕业传习所缫成丝斤，既经售得价银五十一元一角一分，应即抵充开支经费，所有不敷银三十六元八角八分，准在

公益费项下支销,仍录报财政厅备案。件存。此令。十一月十四日

（原载《浙江公报》第一千六百八十二号,二一页,指令）

浙江省长公署指令第三千四百四十二号

令金华县知事

呈一件据呈复蚕业情形并筹拟办法由

呈悉。该县明年拟再添购桑苗分发各乡领种,应准照行。惟查给领办法,前据富阳县知事拟呈《推广植桑章程》,经本公署酌加改正登载《公报》,仰即查照仿行。余如所拟办理。此令。十一月十四日

（原载《浙江公报》第一千六百八十二号,二一页,指令）

浙江省长公署指令第三千四百四十三号

令淳安县知事

呈一件呈遵令示禁私采矿苗录送示稿由

呈、摺并悉。仍仰随时严密查察,毋得以一纸文告了事,切切。摺存。此令。十一月十四日

（原载《浙江公报》第一千六百八十二号,二一页,指令）

浙江省长公署指令第三千四百四十六号

令财政厅长莫永贞

呈一件孝丰县公署为赵颐拟请开设茧行核与
旧有条例相符取具保结送请察核由

呈、结均悉。该县西亩地方既据复查四周距离旧茧行确在五十里以上,应予照准,仰财政厅查案填给牙帖,令县给领具报。结存,原呈抄发。此令。十一月十四日

（原载《浙江公报》第一千六百八十二号,二一至二二页,指令）

浙江省长公署指令第三千四百五十七号

令慈溪县知事林觐光

呈一件为呈自治办公处函请预发筹备费银请示遵由

呈及抄函均悉。仰候回复自治明令颁布后，另令遵办。至该县旧学宫之明伦堂及各房舍应行修葺之处，应由该知事迅将是项堂舍有无岁修款项查明声叙，并指定的款，核实估计，拟具概算，另案呈夺。此令。十一月十四日

附原呈

呈为呈请核示事。

案准夏前知事咨交慈溪自治办公处委员①、前县议会会长函请预发筹备费银三百元，请烦查照核办等因，并将该自治办公处公函咨送前来。准此，知事伏查接管卷内本年十月十三日奉钧长电开，"回复自治已据省议会来咨转催内务部，准予提前回复，仍俟部复令遵"等因。现在迄未奉到部复，此项筹备费又未奉明令限定额数，应否照准给发，知事未敢擅专。但查该委员所请应需筹备经费洋三百元，其数尚属切实，理合钞录原函，备文呈请鉴核，伏候指令祗遵，实为公便。谨呈。

（原载《浙江公报》第一千六百八十二号，二二页，指令）

浙江省长公署批第八百十六号

原具呈人陆宗赞等

呈一件呈请令知高检厅一律以管狱员尽先任用由

呈及附件均悉。查此次规定管狱员考试资格，须在监狱学校二年以上毕业，该生等毕业年限既未及格，自未便准其与试，业据高等

---

① 夏前知事，即夏仁溥(1864—1937)，江苏江宁(今南京)人。民国四年任慈溪县知事。

检察厅核议呈复在案。惟据称该生等均系曾任监狱官吏,于狱务颇有经验,其中应不乏可用之才,能否酌予变通,仍候令厅妥议具复,再行察夺。此批。附件存。十一月十四日

（原载《浙江公报》第一千六百八十二号,二三页,批示）

浙江省长公署批第八百三十号

原具呈人平湖计秋生

呈一件为拟在赵家庙地方开设永成茧行由

察核来呈,与张栋所呈同一情事,业于张栋呈内批示矣,仰即查照。保结发还。此批。十一月十四日

（原载《浙江公报》第一千六百八十二号,二三页,批示）

浙江省长公署批第八百三十一号①

原具呈人平湖张栋

呈一件为拟在北亭子桥地方开设永裕茧行由

查《茧行条例》尚未准省议会议复公布,所请应不准行。保结发还。此批。十一月十四日

（原载《浙江公报》第一千六百八十二号,二三页,批示）

浙江省长公署批第八百三十二号

原具呈人平湖徐镛

呈一件据呈遵照新定条例拟在普觉庵地方开设永康茧行由

察核来呈,与张栋所呈同一情事,业于张栋来呈明白批示矣,仰即知照。保结发还。此批。十一月十四日

（原载《浙江公报》第一千六百八十二号,二三页,批示）

———————————

① 按常理,此件应在批八百三十号(计秋生)甚至八百二十九号(汤乘云,见2504页)一件之前,但公报处编号疏忽。

浙江省长公署批第八百三十三号

原具呈人吴兴嵇筠

呈一件据呈前拟在五抗地方开设鼎复昌茧行请批示由

呈悉。仰即遵照公布《茧行条例》规定手续办理,毋庸越渎。此批。十一月十四日

（原载《浙江公报》第一千六百八十二号,二三至二四页,批示）

浙江省长公署批第八百三十四号

原具呈人临平乡李有容等

呈一件为在博陆村地方创设经纶茧行由

呈悉。应即遵照公布《茧行条例》手续办理,毋得越渎。此批。十一月十四日

（原载《浙江公报》第一千六百八十二号,二四页,批示）

浙江省长公署批第八百三十五号

原具呈人诸暨陈人骏等

呈一件据呈拟在黄金塔地方开设协集成茧行由

呈悉。《茧行条例》业经公布,仰即遵照规定手续办理,毋庸越渎。此批。十一月十四日

（原载《浙江公报》第一千六百八十二号,二四页,批示）

浙江省长公署批第八百三十九号

原具呈人高达丰

呈一件据呈前诉叶球等官绅压制一案未奉批示等情由

呈悉。查此案前据呈请委查,经已据情令县查复并明白批示在案矣,仰即知照。此批。十一月十五日

（原载《浙江公报》第一千六百八十二号,二四页,批示）

浙江省长公署批第八百四十号

原具呈人德清钟馥等

呈一件呈新市士绅组织肥料公司

地方反对几扰治安迅赐饬封由

呈悉。查此案前据该民等来电，业经电令该县查核具报在案。所请应俟复到，再行核夺，仰即知照。此批。十一月十五日

（原载《浙江公报》第一千六百八十二号，二四页，批示）

浙江省长公署布告第五号

为考选海军学生布告及办法由

照得考选海军学生一案，业经定于十一月二十八日在本公署举行，并经电令各县知事转饬应选各生知照在案。兹特订定考选办法如左，仰来省应选各生一体遵照，毋得自误。特此布告。

考选海军学生办法

一、与选学生以由县呈报到署者为限，各于十一月二十七日以前携带四寸照片一张，填明姓名、籍贯，由何县呈报字样，来本署收发处报到。

一、考选分两日行之。

一、第一次即十一月二十八日午前九时起，考选事项如左：

（甲）体格，以身体健壮无暗疾，目不近视，能辨颜色者为合格。

（乙）面试，以口齿爽利，精神灵敏者为合格。

一、第一日考选毕即将合格各生姓名榜示，其不合格者毋庸应第二日考选。

一、第二次即十一月三十日午前九时起，考选事项如左：

（甲）国文,（乙）英文(读本第一二集),（丙）算学(比例代数加减乘除)。

一、经第一日、第二日考选均及格者,由本公署备文,连同各本人原缴照片送沪复考。

一、送考各生须于十二月一日起至十日止,携带父兄或监护人亲笔填写之该生履历表,径赴上海高昌庙考选委员会报到,往返川资、寄宿等费均由自备。

中华民国五年十一月十五日

（原载《浙江公报》第一千六百八十二号,二五页,布告）

浙江省长公署牌示

调署瑞安县知事魏大名,久未到任,即以现代知事李藩改为署理。

（原载《浙江公报》第一千六百八十二号,二六页,牌示）

浙江省长公署咨农商部

据杭县呈送鼎新纺织修正章程等请转咨注册由

浙江省长公署为咨行事。

案据杭县知事姚应泰呈称,"据鼎新纺织公司呈称,'本年四月五日奉农商部第七七一号批开,据浙江鼎新纺织股份有限公司禀称,增加股本、修订章程,禀请改正注册,业将应报章程等件禀县详转,另录副本,恳请鉴核注册等情,均悉。查该公司前经本部核准注册有案,现因增加股本,禀请改正注册,应即照准。惟此次所改章程,如第三条内称,续招新股二十万元,以一千元为一整股,一百元为一零股,即以十零股为一整股,核与《公司条例》第一百二十四条内载股份公司每股银数应一律平均之规定不符,应仍照旧章以一千元为一股,或将旧股一律改为一百元,并将整股、零股名称删除;第四条内称,股东会公议酌提红股二万元,俟十二年营业期满,与正股一律办理,按红股原系虚股,照章只得分配余利,所称俟十二年营业期满与正股一律办理二语,于例未合,应删;第十一条内称,由股东公举董事六人,按照《公司条例》第一百五十七条规定,有董事执行业务以其过半数决之等语,是董事额数当然应为三人以上之奇数,原章所订六人,应再补添一人,改为七人,并将补举之董事姓名住址开报,除俟遵批改正,并正本由县详转到部再行核发执照外,合行批示遵照等因。奉此,公司当即召集股东会议,议得前改章程第三条之股银,第四条之红股,第十一条之董事,既系于例未合,自应遵照部示一体改正等语。所应补添董事一人,经众投票选举,高复泰得票多数,任为补举之董事。惟是日会场据董事陈沛霖以皖省另有职业,不克兼顾,具书辞职,各股东公议允准,另行投票改选,龚庆馀得票多数,任为改举之董事,均经全体赞成。公司谨将遵改章程,开具清摺一扣,并将补改举之董事姓名住址开列禀请书后幅各款之内,理合具书禀乞呈请转咨'等情,计送禀请书及修正章程。据此,查前据该公司禀称,'加添资本,请再转呈注册换照,即经呈奉前民政厅长批候汇案转咨'在案。兹据前情,理合具文呈请,仰祈鉴核,俯赐转咨注册换照,实为公便"等情,并附禀请书及修正章程各二份到署。据此,查此案经前民政厅据该县转呈该公司注册费银四十五元及章程等件,当以"先准备案,并存候汇转注册"等语批示在案。兹察阅续送章程等,既遵部示修正,自应准予转报。除指令并抽存原送书件各一份备查外,相应检同前存注册费银及章程、禀请书一并备文咨请大部查核见复施行。此咨
农商总长

　　附鼎新纺织公司续送修正章程、禀请书各一份,注册费银四十五元。

浙江省长吕公望
中华民国五年十一月十五日

（原载《浙江公报》第一千六百八十三号,一九一六年十一月十九日,五至六页,咨)

浙江省长公署咨督军署

请察照会同转令现委修筑省道处各员由

浙江省长公署为咨行事。案查本省修筑省道筹办处业已成立，所有该处人员均经会同贵署委任在案。查现委人员中钱谟、胡义庆、喻铭勋、黄震夷四员，又由筹办处委任人员中李玉椿、王朝栋、许光远、吴中俊、赵曲润、朱培六员，均在贵署及第一师、陆军测量局等处充当现职，兼充筹办处职员，不另支薪，相应备文咨请贵署察照，并转行所属将以上各员仍留原差原薪，至纫公谊。

此咨
督军公署

浙江省长吕公望

中华民国五年十一月十五日

（原载《浙江公报》第一千六百八十三号，六页，咨）

浙江督军公署训令第四九二号
浙江省长公署训令第一四〇六号

令各属准外交部咨行保护美人家绅士等来浙游历由

令特派交涉员、温州交涉员、宁波交涉员、警政厅厅长、各县知事、暂编第一师师长、暂编第二师师长、混成旅旅长、嘉湖镇守使、宁台镇守使

本年十一月十一日准外交部咨开，"准美国公使函称，'兹有本国人家绅士等前往浙江省游历，请发给护照，并转交盖印'等因前来，除由本部分别照办外，相应开具名单，咨请查照转饬保护可也"等由，并附名单一纸。准此，除分令外，合行抄单令仰该　　即便转令所属一体照约保护，并将该美人出入境日期具报。此令。（刊登《公报》，不另行文）

计发名单一纸。

中华民国五年十一月十六日

督军兼署省长吕公望

美国人前往浙江省游历名单

家绅士(携眷) 家姑娘 劳勒尔 何伯葵(携眷) 何夫人(携孩) 郗哲克 毕迩思

（原载《浙江公报》第一千六百八十三号，七页，训令）

浙江督军公署训令第四九三号
浙江省长公署训令第一四〇七号

令各属为浙江修筑省道筹办处成立由

令宁波警厅、镇守使、警政厅、省会警厅、第一师、第二师、混成旅、各县知事

案据浙江修筑省道筹办处处长吴秉元呈称，"本月三日奉钧署委任令第二三三八号内开，'照得浙江现拟修筑省道，先于省垣设立筹办处，筹办修筑事宜，将来开工，即任指挥、监督、劝导之责。查有该员堪以委任兼充浙江修筑省道筹办处处长，合行令知，仰将测量调查事宜着手办理，毋延'等因。奉此，处长遵于即日依法组织正式成立，除将分科办事各职员另文呈请委任外，所有浙江修筑省道筹办处正式成立日期，并请通令军民各机关知照缘由呈请察核施行"等情前来。据此，查修筑浙江省道一案，前由本公署咨行省议会议决咨复，并委本军署参谋吴秉元充修筑省道筹办处处长，以便按期进行各在案。据呈前情，除将关于修筑省道各种章程登布《公报》外，合将该处成立情形，令仰该　　知照。此令。

中华民国五年十一月十六日

督军兼署省长吕公望

（原载《浙江公报》第一千六百八十三号，七至八页，训令）

浙江省长公署训令第一千二百五十六号

令省立中等以上各学校公立图书馆准审计院咨审定
浙省教育各机关二三年度各月分支出计算书由

令省立中等以上各学校、公立图书馆

案准审计院咨开，"兹将本院业经审定浙省教育各机关二三年度各月分支出计算书件分别开单通知，系在三年六月以前不再填发核准状，其三年六月以后应俟全年度总决算送院核准后，再行填发核准状，以符定章，相应咨请查照饬遵"等因，并附清单到署。准此，除分令外，合就钞发清单，令仰该校长、该馆长知照。此令。

计抄发清单一纸。

中华民国五年十一月十三日

省长吕公望

清 单

计开： 元

法政专门学校	三年一月至三月	五二九三·八〇三
又	四年一月至三月	三二二八·〇三八
甲种农业学校	三年一月至三月	四三〇七·八一四
又	四年一月至三月	五一五〇·二二〇
甲种工业学校	三年一月至三月	九九六七·一三五
又	四年一月至三月	一〇九四七·一五八
甲种商业学校	四年一月至三月	三一七六·〇二一
甲种蚕业学校	三年一月至三月	三五三三·四六五
又	四年一月至三月	四〇二五·〇一八

医药专门学校	三年一月至三月	七七六六·一八八
又	四年一月至三月	二〇六〇·一六五
高等师范图画手工专修科	三年一月至三月	二四〇一·〇八三
又	四年一月至三月	二三九九·九九九
第一师范学校	三年一月至三月	九五九四·二六九
又	四年一月至三月	一一一〇六·五五〇
第四师范学校	三年一月至三月	三八八五·六三七
又	四年一月至三月	六三七一·八三二
第五师范学校	三年一月至三月	三一八四·五六八
又	四年一月至三月	三九七二·〇一九
第七师范学校	三年一月至三月	三七六三·九五一
又	四年一月至三月	三九二六·二五八
第十师范学校	三年一月至三月	四九二四·二二六
又	三年十一二月	二八一五·〇六八
又	四年一月至六月	八二七九·二五九
女子师范暨高初小学蒙养园	三年一月至三月	六四三二·三六〇
又	四年一月至三月	七四三七·五五四
第一中学校	三年一月至三月	四三三一·四八八
第二中学校	四年一月至六月	八五五三·四三九
第三中学校	四年一月至六月	六五七一·七五〇
第四中学校	四年一月至六月	八五二四·〇八三
第五中学校	四年一月至六月	六六五〇·七一九
第七中学校	三年一月至三月	四二四六·〇三二

续　表

又	四年一月至三月	四八一〇·三〇九
又	二年度临时	一一一五·七〇一
第八中学校	四年一月至三月	三七五六·一四四
第九中学校	四年一月至三月	三三五三·四六五
第十中学校	三年一月至三月	四五〇七·八八四
又	四年一月至三月	四七五二·〇二三
第十一中学校	四年一月至六月	七六二〇·九五九
图书馆	三年一月至三月	一四二九·一四〇
又	四年一月至三月	一五一二·二八七

（原载《浙江公报》第一千六百八十三号，八至一〇页，训令）

浙江省长公署训令第一千三百八十二号

令各县知事准交通部咨复调查航路请转令就
主要河道先事查填俟款项有着再行详细测勘由

令各县知事（除於潜、新昌、金华、浦江、淳安、寿昌、东阳等县）

前准交通部咨请将浙省沿江沿海暨内河各航路里数、浅深、宽狭以及船只吨埠、经行各数目，按照图表填造汇转等因前来，即经将浙省仅设有水利委员会，并是项测勘等费为数较巨，将来应如何支给之处，咨请察核见复，暨将图表先行令发各该县知事遵照办理在案。兹准部复，查规画航路为筹办航政要图，是以本部拟从事调查，以为进行先导，咨称各节，苾筹周密，钦佩至深。惟测勘一层，需费颇巨，际兹财政竭蹶，筹措维艰，拟请转令水利分局及县知事就各该属之主要河道与国家航业行政直接有关者先事调查，按表填列，其须经详细测勘，方足以知精确者分别注明，俟将来款项有着再行补勘，以期完备。

相应咨请查照,并转令遵照等因。准此,除於潜、新昌、金华、浦江、淳安、寿昌、东阳等县,已据将并无通航河道,免予填报暨分令外,合就令仰该知事知照,于文到两个月内,即便将是项图表分别填齐呈署,以凭核转,毋稍违延,切切。此令。

中华民国五年十一月十四日

省长吕公望

（原载《浙江公报》第一千六百八十三号,一一页,训令）

浙江省长公署训令第一千三百八十四号

令各绍兴等十六县据农事试验场呈请转饬各县征送茶种由

令绍兴等十六县知事

案据省立农事试验场代理场长袁锵金呈称,"窃本场去年请前巡按使转行道尹饬绍兴、嵊县、诸暨、上虞、余姚、天台、孝丰、开化、衢县、遂昌、永嘉、平阳、乐清、瑞安、淳安、建德等十六县产茶名区征集茶种,惟送到者仅只数县,且多逾期,并未选择播种,缘以失时,种子因而枯劣,以致试验成绩失其确据,良为深惜。现拟再向该十六县内征集茶种,无论已送、未送,均请转饬选送来场,以备试验,并修改包装规则及栽培表各一纸,理合备文呈请察核,准予转饬该县等如法征集,克期寄省,以便试验。是否有当,恭候令遵"等情,并附包装规则及栽培表各一纸。据此,查该场征集茶种,系为试验起见,各该县前奉前按署转饬征送,或竟未遵办,或送已过时,以致不堪试种,殊有未合。兹据前情,除指令并分行外,合亟照钞附件,令仰该知事查照,务各恪遵征集规则,填明栽培表,如期径送该场,以凭试验,并将征送茶种名目及征送日期报查。此令。

计附钞件。

中华民国五年十一月十四日

省长吕公望

拟征集下列各县茶树种子

（一）绍兴　（二）嵊县　（三）诸暨　（四）上虞　（五）余姚

（六）天台　（七）孝丰　（八）开化　（九）衢县　（十）遂昌

（十一）永嘉　（十二）平阳　（十三）乐清　（十四）瑞安

（十五）淳安　（十六）建德　共十六县

征集茶种包装规则

第一条　寄送时期，至迟以立春节为限。

第二条　种子须在本年采收并充分成熟者。

第三条　每种茶种，至少须在三斤以上。

第四条　包装种子须分别种类，混以本地泥土，用洋铁罐装填并密封，以防干枯。

第五条　种子装就后，外面当标明名称，以便识别。

茶种栽培表

名称	产地	土性	播种法	播种期	肥料种类	施肥期	施肥回数	施肥分量	病虫害	备考

栽培表填写方法

（一）名称栏填写该地方特有之名称。

（二）产地栏填写某种产于某地方。

（三）土性栏填写适于何种土壤，并该种原生地之土质为何。

（四）播种法栏填写播种式及其方法。

（五）播种期栏填写播种适宜之时期。

（六）肥料种类栏填写适宜何种肥料。

（七）施肥期栏填写施肥适宜之时期。

（八）施肥回数栏填写每年施肥若干回。

（九）施肥分量栏填写对于若干面积施若干分量之肥料。

（十）病虫害栏填写病虫害之有无及其防除法。

（十一）凡非属于上列各项而栽培及抚育茶树上应当注意者，均可填写于备考栏内。

（原载《浙江公报》第一千六百八十三号，一一至一三页，训令）

浙江省长公署训令第一千三百八十七号

令各县知事准内务部咨送保存古物调查表及
说明书希饬属调查填送由

令各县知事

案于本年十月二十一日准内务部咨开，"为咨行事。粤维吉光片羽，足征古代之文明；断碣残碑，辄动后人之观感。对盘铭而起敬，抚石鼓以兴歌。胜迹名山，资历史之考证；衣冠文物，睹制作之精英。凡古代品物之遗留，实一国文化之先导。固不仅摩挲石刻，发思古之幽情；想望铜标，切前贤之景仰已也。征之东西各国，保存古物，备极经营，邦坤古城，埃及石塔，西腊佛堂之雕刻，东瀛神社之遗墟，莫不侈为美谈，争夸名迹。其通都大邑，每设博物院，蒐求珍异，罗列瑰奇，万品灿陈，荟为国粹。而我国地大物博，开化最先，古物流传，何可胜纪？顾以历经浩劫，销沉已多。公家所保存，不及百一；私人所搜集，每即散亡。近数年来，为市侩私售舶商，以致流出海外者，迭据关吏报告，为数尤夥，倘不亟谋保管，必至日渐销亡。本部保存古物，职有专司，凡物品之征求，保管之方法，以及出售之限制，现正次第筹画。将以谋全国古物之保存，自当以分类调查为起点。且查有清季年前民政部曾咨行各省调查古迹有案，中更事变，册报尚稀，兹特准酌国情，特制定调查表及说明书，咨送查照，即希通饬所属认真调查，按表填注，限期送部，藉便考查。嗣后如有发见古物及关系名胜处所,并希随时报部,是为至盼"等因,并附说明书二纸、调查表十二纸到署。准此,查保存古物严禁私售毁坏一案,曾于民国三年三月经内务部令由前行政公署通令各县遵办在案。兹准前因,除分行外,合亟抄同说明书一纸,并照原送表纸尺幅及其格式,制印十二纸,令仰该知事于文到两月内迅速分别查明,依式填列,呈候汇转,毋延,切切。此令。

附说明书一纸,调查表十二纸。

中华民国五年十一月十四日

省长吕公望

古物调查表说明书

一本表分为十二类,如左:

建筑类　如古代城郭、关塞、堤堰、桥梁、湖渠、坛庙、园囿、寺观、楼台、亭塔,及一切古建设之属。

遗迹类　如古代陵墓、壁垒、池沼、岩洞、矶石、井泉,及一切古名胜之属。

碑碣类　如碑碣、坊表、摩崖、造像,及一切古石刻板片之属。

金石类　如钟鼎、泉刀、宝玉、印玺,及一切古金石之属。

陶器类　如陶磁各器,及砖瓦土模之属。

植物类　如秦松汉柏,及一切古植物之属。

文玩类　如古代书帖图画,及一切文玩之属。

武装类　如刀、剑、戈、矛、鍪、铠,及一切古代武装之属。

服饰类　如镜奁、簪珥、冠裳、锦绣,及一切古装饰品之属。

雕刻类　如佛像、雕物,及一切镂刻之属。

礼器类　如古代礼器、乐器之属。

杂物类　如农工用具及一切不隶于各类之属。

一、右列各类古物,先就属于国有及公有者次第填列,其属于私有而理应保存者,应就调查所及,酌量列入于备考格内,注明属于何人所有。

一、名称栏内,填注古物通称,如康侯鼎、散氏盘等。

一、时代栏内,填注古物时代,如秦、汉等。

一、地址栏内,填注古物所在地,如在坛庙,或在公署等。

一、保管栏内,填注保存方法,如由公家收藏,或委托保管等。

一、备考栏内,填注其他应行声明事件。

一、依表造册,或添列附表,其纸幅格式应归一律,如附以图说,不拘此例。

省　县古物调查表第一类建筑				
名　称	时　代	地　址	保　管	备　考

省　县古物调查表第二类遗迹				
名　称	时　代	地　址	保　管	备　考

省　县古物调查表第三类碑碣				
名　称	时　代	地　址	保　管	备　考

省　县古物调查表第四类金石				
名　称	时　代	地　址	保　管	备　考

省　县古物调查表第五类陶器				
名　称	时　代	地　址	保　管	备　考

续表

省　县古物调查表第六类植物				
名　称	时　代	地　址	保　管	备　考

省　县古物调查表第七类文玩				
名　称	时　代	地　址	保　管	备　考

省　县古物调查表第八类武装				
名　称	时　代	地　址	保　管	备　考

省　县古物调查表第九类服饰				
名　称	时　代	地　址	保　管	备　考

省　县古物调查表第十类雕刻				
名　称	时　代	地　址	保　管	备　考

省　县古物调查表第十一类礼器				
名　称	时　代	地　址	保　管	备　考

省　县古物调查表第十二类杂物				
名　称	时　代	地　址	保　管	备　考

（原载《浙江公报》第一千六百八十三号，一三至一七页，训令）

浙江省长公署指令第三千四百零九号

令水利委员会

呈一件为永嘉蒋志钦等筑坝断流一案由

呈悉。查此案据前民政厅呈，据永嘉县知事呈称，"经派警前往查明，已拆处果有大小石块，究其来由，实因行人病涉，抛石以便行走"。又，"杨府山涂之居民利在筑坝以利济，蒲州居民利在毁坝以通舟，趋向虽异，而志在便利交通则一，兼筹并顾，舍筑桥以外无他策"。现在桥工告竣，"事已终结，人无烦言"等语。以毁坝筑桥，水陆两利，并使互控积案一举办结，应准转呈请予鉴核各情，经指令据呈已悉在案。所请应毋庸议，仰即知照。该县原呈及前民政厅指令并抄发。此令。十一月十四日

附前民政厅指令

令永嘉县知事郑彤雯

呈一件为蒋志钦与胡殿庚互控筑埭
情形最后结束录案报查由

呈悉。此案毁坝筑桥，水陆两利，并使互控积案一举办结，至为嘉慰，应准转呈，仰即知照。此令。

附永嘉县知事原呈

为遵饬将此案最后结果录案报查事。

案奉钧厅第一二七三号饬开，"案奉都督批发水利委员会，呈为'涂棍筑坝断流，妨害水利，迭经官厅禁阻，尚敢抗不遵行，实属目无法纪，仰民政厅转饬该县知事，会同营警迅予勒拆提究，并饬该技正知照。此批。图存，呈抄发'等因。奉此，查此案经前按署据蒋志钦等禀饬前瓯海道道尹查复后，旋据详复，'经该县知事勘明蒋志钦原禀，沿山建埭，有利无害，跨浦筑坝，利少

弊多。至胡殿庚筑坝阻水,妨害更大,饬令胡殿庚拆毁三丈,蒋志钦所筑之坝,于中央拆去三丈,深以及底为止。众情允服,即付执行。蒋志钦筑坝影射,本应究办,姑念当场认拆,从宽申斥,并取结附卷'等情,当以既经该县勘明办结,众情允服,批示照准。现既据禀蒋志钦等抗不遵行,自应赶速勒拆提案严究,以重水利。奉发前因,除饬知水利委员会外,合亟照抄原呈,饬仰该知事即便遵办,并将勒拆提究情形报查。此饬"等因下县。奉此,查此案前经知事勘明办结情形前详有案不叙外,今将详销后发生事实最后结果,为钧厅详陈之。查此案自详奉核销后,续据该乡乡警叶宗邦及胡殿庚禀报,"蒋志钦等所筑之坝,自蒙案下亲临拆毁,回城后蒋志钦仍敢运石压复"等情到署,据经知事派警前往查明,已拆之处果有大小石块抛积在内,究其来由,实因行人病涉,故抛石块于已拆之处,以便行走。由是观之,则杨府山涂之居民利在筑坝以利济,蒲州居民利在毁坝以通舟,趋向虽异,而志在便利交通则一,至是而欲兼筹并顾,舍筑桥以外无他策。于是杨府山涂人民蒋炳福及蒋志钦等遂有于该埭已拆中间两端砌石建筑木桥之请,建筑之费并请出示劝捐。知事当以建筑桥梁系属慈善事业,即经批准照办,惟劝募捐款必有乡望素孚、殷实可靠者董理其事,方能捐数踊跃,涓滴归公。又经饬据该发起人等公举林驭冯为造桥董事,由县给谕承办,并饬将该桥工料饬匠估工绘图送核去后。嗣据该桥董事复称,"邀集工匠及该处居民,估计共需建桥树木十二株为桥板,首尾砌以石礅,量至下底长计一丈八尺,高至底计一丈二尺,上面长计二丈二尺,下用杂石铺底,绘具图说送核"前来。查该处拟以巨木十二株为桥板,首尾砌以石礅,俾资巩固,办法尚无不合。惟桥下用杂石铺底,必须与水底沙泥一平,斯船行方能无阻。工程既兴,尤宜赶筑,以期速竣。既筑之后,尤宜将收支款项列榜通告,造册报销，俾资征信等语批示照办，一面并委膺福镇自治委员黄守彝及县自治委员蔡赓会同切实监工在案。兹据该桥董林驭冯报告，桥工依法兴筑完竣，册报到署，并据该委员蔡赓前往验收无异，批准备查在案。现在事已终结，而人无烦言，水陆往来，胥称便利，知事亦可告无罪于两造矣。所有此案办结情形，理合遵饬备文具报，仰祈钧厅长察核转呈，实为公便。谨呈。

（原载《浙江公报》第一千六百八十三号，二三至二四页，指令）

浙江省长公署指令第三千四百三十八号

令诸暨县知事

呈一件转送商会改组章程职员名册钤记公费请核转由

呈及附件均悉。察核该商会《章程》，第一章下"总则"二字应改为"名称区域及所在地"。该县枫桥商会亦请改组，所有该会区域应即划出枫桥镇，改正另缮送核，并将发起人造册补报。仰即转行遵照。《章程》发还，册、费均存。此令。十一月十四日

（原载《浙江公报》第一千六百八十三号，二四至二五页，指令）

浙江省长公署指令第三千四百三十九号

令诸暨县知事

呈一件据呈枫桥商会改组章程职员名册钤记费请核转由

呈及附件均悉。查商会改组，应有合会员资格三十人以上发起，该商会未将发起人履历册报，无凭核夺。察阅所拟《章程》，亦未妥善，应按照《修正商会法》第五条左列各款分章分条，再行妥拟。又，关于调处工商业者争议，应叙明"未设商事公断处以前，得遵《公断处章程》及《细则》调处，俟公断处呈准成立，由公断处办理"。仰即转行遵照。《章程》发还，册、费均暂存。此令。十一月十四日

（原载《浙江公报》第一千六百八十三号，二五页，指令）

浙江省长公署指令第三千四百四十九号

令瑞安县知事李藩

  呈一件据刘青选等呈请显佑庙产仍归司事经管
  并饬将收支学款明白宣布严究诡名由

  查此案前据该县民林传绶等电呈来署，即经训令该知事澈查妥议呈夺在案。据呈前情，仰瑞安县知事迅饬该校长经手收支学款明白宣布，一面仍查照前令并案议复候夺，并仰转谕该民等知悉。呈抄发。此令。十一月十四日

  （原载《浙江公报》第一千六百八十三号，二五页，指令）

浙江省长公署指令第三千四百五十一号

令宁海县知事何公旦

  呈一件为呈送习艺所各项收支报册请察核由

  据呈各册，均尚相符，应予备查。册存。此令。十一月十四日

  （原载《浙江公报》第一千六百八十三号，二五至二六页，指令）

浙江省长公署指令第三千四百五十五号

令财政厅长莫永贞

  呈一件为呈报上虞等县因利局公家既无拨款
  应由各县自行筹办请备案由

  如呈备案。此令。十一月十四日

附原呈

  呈为报明事。

  案奉前巡按使公署饬拨上虞、新昌、奉化、象山、临海、宁海、乐清、平阳、丽水等九县因利局基金各二千元，南田、天台、仙居、

青田、景宁、云和、庆元等七县因利局基金各三千元,共三万九千元。前以库藏支绌,无款可动,嗣准前民政厅一再咨请筹拨,又因本年度无从设法,拟将此款编入六年度预算办理,咨复查照在案。兹查预算案内不敷支配基金一项,业已奉准删除,所有上虞等县因利局公家既无拨款,究宜如何设立,自应由各该知事会同就地绅商筹议妥办,以惠穷黎。除分令遵照外,理合具呈报明,仰祈钧长鉴核备案。谨呈。

（原载《浙江公报》第一千六百八十三号,二六页,指令）

浙江省长公署指令第三千五百一十号

令衢县知事

呈一件据呈遵令拟复振兴蚕业办法由

呈悉。查本年各县举办蚕业传习所,多因办理非人,致成效尚未大著。该县明年既拟续办,应即会商汪绅庆和切实计划,妥拟预算、《章程》呈核,期收实效。至购桑分种一节,前据富阳县知事拟具《推广植桑章程》,经本公署酌加改正,堪以仿行,仰并遵照。《章程》照钞随发。此令。十一月十五日

（原载《浙江公报》第一千六百八十三号,二六页,指令）

浙江省长公署批第八百三十七号

原具呈人吴兴郑子清

呈一件为私产强属官有请委查勘丈给还管业由

据呈是否属实,候令行财政厅饬查核办复夺。此批。附件存。十一月十五日

（原载《浙江公报》第一千六百八十三号,二七页,批示）

浙江省长公署批八百三十八号

原具呈人范慕莲等

呈一件呈请试探鄞县大咸乡银山冈铅矿由

呈悉。该商等请试探鄞县大咸乡与奉化县东忠义乡毗连交界之银山冈铅矿，身家是否殷实，有无抵触《矿业条例》第十三条各款，及其他纠葛情事，候令行该两县知事查复核办。履历、保结应依《审查矿商资格规则》备具二份缮呈并核，署名处并须盖章，仰即知照。矿区图核与部定程式尚符，应予审定，连同呈文、注册各费银暂存。此批。十一月十五日

（原载《浙江公报》第一千六百八十三号，二七页，批示）

浙江省长公署批八百四十二号

原具呈人浦江凌金氏

呈一件呈凶犯项成品等迄未缉究请饬县严办由

呈悉。查此案前据高等检察厅转呈该知事办理困难，拟请展限三个月，经前都督府批准在案。现查展限期间又已逾越，何以仍未缉凶究办，殊属玩延。据呈各情，候令高等检察厅严令该县知事迅予严拘正凶务获诉究可也。此批。十一月十五日

（原载《浙江公报》第一千六百八十三号，二七页，批示）

浙江省长公署批八百四十七号

原具呈人嘉善沈崧

呈一件为在枫泾开设大同茧厂请再核饬遵办由

呈悉。仰即遵照公布《茧行条例》办理。此批。十一月十五日

（原载《浙江公报》第一千六百八十三号，二七至二八页，批示）

浙江省长公署批八百四十八号

原具呈人矿商喻雨田

　　呈一件呈送更正矿图请准注册给照试探由

呈悉。查阅矿区图内所绘面积与所载面积仍是不符,碍难审定,应再更正呈送候核。溢缴公费银二元,连同矿图并发。此批。十一月十五日

计发还矿图四纸,公费银二元。

　　　　　（原载《浙江公报》第一千六百八十三号,二八页,批示）

浙江省长公署批第八百四十九号

原具呈人韩洪等

　　呈一件为仿设模范缫丝厂再申前请祈核示由

呈悉。仍仰查照前民政厅批示,迅即妥拟《章程》另呈核夺。此批。十一月十五日

　　　　　（原载《浙江公报》第一千六百八十三号,二八页,批示）

浙江省长公署公布第十三号

为省议会议决改良手工造纸传习工场议案由

省议会议决改良手工造纸传习工场议案,兹依《省议会暂行法》第三十七条规定公布之。特此公布。

　　　　　　　　　中华民国五年十一月十六日

　　　　　　　　　省长吕公望

计开:

　　　　改良手工造纸传习工场议决案

（一）地点　于龙游县原料最多、纸业繁盛之处先行筹设一处。

（二）组织　场长兼技术员一人,技术主任员一人,事务员三人。

场长以富有造纸经验兼新旧学识者充任,技术主任以高等工业毕业兼有造纸技术者充任之。

（三）制品　除仿造洋纸外,并改良固有纸品。

（四）艺徒　额定三十人,每年招生一次,以一年为学习期。

（五）经费　分临时、经常二门,另以预算定之。

筹设改良手工造纸传习工场经费预算表

改良手工造纸传习工场开办费	二·五六五〇	
第一项　建筑费	五六五〇	
第一目　厂地	四〇〇	山地亩分大工场所用地二十亩已足,今约计如上数。
第二目　水碓	五〇〇	水碓,山民视为特别产业,必须出价购买。
第三目　厂屋	四七五〇	平屋四十间,每间百元,事务室五间,每间一百五十元,合计如上数。
第二项　购置费	八八〇〇	
第一目　铁轮水车	一五〇〇	连环动力及附属品一切在内,约计如上数。
第二目　捣碎机	二二〇〇	计四具,连附属品一切,每具约五百五十元,计如上数。
第三目　汽热机	二五〇〇	连铜板、烟囱、工料附属品一切,约计如上数。
第四目　研光器洗清器及帘子等一切器械	二二〇〇	
第五目　日用器具	四〇〇	
第三项　筹备费	一二〇〇	

第一目　筹备费	一二〇〇	创设之初,必须筹备一切,以六个月为期,约计开支如上数。
第四项　流动基金	一·〇〇〇〇	上数为购置各种原料之用,其收支另表列后。

　　改良手工造纸工场流动基金一万元,为各种原料人工之用,其收支表如左。

收　入　之　部	支　出　之　部
一、皮纸四百件,二十八元算。一万一千二百元。	一、原料,四千四百元。
二、竹制白纸七百件,八元算。五千六百元。	二、药料及燃料,二千八百七十元。
三、竹制黄纸一千四百件,二元四角算。三千三百六十元。	三、人工饭食,九千七百元。
合计二万零一百六十元。	合计一万七千零十元。

　　收支相抵,约余洋三千一百五十元。若改良有效,余洋又可增加。

计开原料等细目

第一项　原料	四千四百四十元。
一、三桠皮楮皮六万斤三元算。	计一千八百元。
二、竹料七十万斤三元四角算。	计二千三百八十元。
三、箬及稻草。箬二万斤(一元算),稻草三万斤(二角算)。	计二百六十元。
第二项　药料及燃料	二千八百七十元。
一、硷二千七百斤。一角算。	计二百七十元。
二、石灰十万斤。八角算。	计八百元。
三、漂粉、流酸等。	计一千元。

续　表

四、燃料。煮皮用。	计八百元。
第三项　人工	九千七百元。
一、皮纸工食四百件。每件十四元算。	计五千六百元。
二、竹制白纸工食七百件。每件二元算。	计一千四百元。
三、竹制黄纸工食一千四百件。每件一元算。	计一千四百元。
四、办料工食。自削青至漂白。	计一千三百元。

改良手工造纸传习工场经常费

改良手工造纸传习工场经常费	四九三二	
第一项　俸薪	二九四〇	
第一目　职员薪水	二八八〇	场长兼技术员一人,月薪八十元。技术主任员一人,月薪一百元。事务员三人,月薪各二十元。年计如上数。
第二目　工役工食	六〇	一人月支五元。
第二项　杂费	四三二	
第一目　灯油茶水	一四四	每月十二元计。
第二目　纸笔邮电	四八	每月四元计。
第三目　修缮	二四〇	每月二十元计。
第三项　传授推广	一五六〇	
第一目　艺徒饭食	一〇八〇	每月九十元计。
第二目　试验消耗	二四〇	每月二十元计。
第三目　推广费	二四〇	每月二十元计。为送成绩品、印刷报告,以劝诱各地仿效之用。

（原载《浙江公报》第一千六百八十四号,一九一六年十一月二十日,三至六页,公布）

浙江省长公署训令第一千三百九十七号

令宁海县据余光启呈请试探铜锌铅矿仰查复核办由

令宁海县知事

案据矿商余光启呈，"为呈请探矿事。今光启愿在浙江省宁海县茅冈村大岚山沙地双尖山试探铜锌铅矿，共计面积一百九十五亩六分，理合添具矿图呈请核夺施行"等情。据此，除批示"呈、件均悉。该商请试探宁海县茅冈村大岚山铜锌铅矿，有无违背《矿业条例》第十三条及其他纠葛情事，应候令行该县知事查复核办。至所呈矿图，尚合程序，履历、保结应补呈一份备转，仰即遵照。来件暂存。此批"外，合行令仰该知事即便查明具复，以凭核办毋延。图一份随发，仍缴。此令。

中华民国五年十一月十五日

省长吕公望

（原载《浙江公报》第一千六百八十四号，七页，训令）

浙江省长公署训令第一千三百九十八号

令财政厅据武康县知事呈复沈镕等
请设裕盛茧行与旧茧行距离里数由

令财政厅长莫永贞

案查武康县宗前知事呈据商民沈镕等呈请在武康县属官田圩地方开设裕盛茧行一案①，经前民政厅以"查该县接壤邻境各有旧茧行，来呈未据叙明距离里数，殊属疏略。仰该县新任邱知事详细复查②，并将辖境内里数绘图帖说送候核夺，并转行前知事知照。书结姑存"

---

① 宗前知事，即宗彭年，字子容，江苏上元人，民国四年六月至民国五年九月任武康县知事。

② 新任邱知事，即邱少羽，民国五年九月继宗彭年任武康县知事。

等语指令在案。兹据该县邱知事呈称，"奉令后遵即函请县城商务分会复查，兹据会董、代理总理陈履中函称，'官田圩地方离本邑二都旧有久成茧行，确有五十四里，周围五十里，西、南二方在本邑境内，东北接壤邻邑边境，并无茧行开设，呈请核转给帖'等因，并绘呈图说一纸前来。准此，知事复查该商会所称各节，确系实情，且与省颁《茧行条例》亦属相符，缘奉前因，合将原送绘图帖说再行备文呈送，仰祈省长察核俯准批示立案，一面转饬颁发裕盛号茧行牙帖下县，实为公便。再，该茧行应缴捐税银元，业经宗前知事如数呈解财政厅在案，合并声明"等情。据此，查此案既据该县证明与前行政公署所颁《茧行条例》确相符合，应予照准。除指令外，合行检同前存申请书等件，令仰该厅备案给帖，俾资营业。此令。

计附发申请书一纸、保结一纸、切结二纸。

中华民国五年十一月十五日

省长吕公望

（原载《浙江公报》第一千六百八十四号，七至八页，训令）

浙江省长公署训令第一千四百零一号

令新昌县准督军公署咨复吕国华等
请设厂制硝案饬再开摺呈复由

令新昌县知事

案据该县商民吕国华等呈称，"窃商等自戊申同赴湖南督理提硝，阅历四载，颇有程度，始知消路甚广①，民间以为纸炮，国家可充军火试验。本省就地枯砖产硝，不亚湖南。商等为此恳请省长命令恩准设厂制硝，使全省得有出产之利益。若恐盗匪暗地骗买卖买，仍请官长照会。内可以充足军火，外可以御强敌。烧枯砖造新墙，民

---

① 消路，底本如此，当即销路。

间沾官长之重恩,且实业为当今要图,富强为国家上策,商等未敢擅便,为此具禀叩请省长电核恩准照禀施行,不胜待命之至"等情。当以"事关军火,是否可行,仰候咨行督军公署核复,再饬遵照"等语批示,并据情咨请各在案。兹准咨复内开,"查煎炼土硝,有裨实业,事属可行。惟该厂究系如何组织,拟设何处及煎炼方法如何,来呈均未叙明,应候详细开具清摺呈复到后,再行核办。相应咨复贵公署,即希查照转知"等因。准此,合亟令仰该知事转饬该商等知照。此令。

中华民国五年十一月十五日

省长吕公望

(原载《浙江公报》第一千六百八十四号,八页,训令)

浙江省长公署指令第三千四百五十九号

令诸暨县知事魏炯

呈一件为呈送该县自治办公处收支原册及

八九月分收支报册由

来呈所称系就办公处逐月报销而言,自应各清各款。惟查四年一月分清册,应与三年分所送清册彼此衔接,实为不易之办法,仰即于四年一月分册内另列垫款收支,以清缪辖。若云此项垫款一经列入,即不免与办公处歧异,试问三年分垫支之款如不列支,能否与孙前知事所送之册①,先后不致两歧,且是项报销系由县汇造,内中各有欠垫、归还各款,自应由县查照前册列入,以凭稽考,来呈不免误会。至册内逐月不敷银元,是否由委员捐垫,其公费项下舆费一款,每月均支至十余元或二十余元不等,究竟如何开支,以至如此之巨,亦应分别详晰声叙,具复候核,毋得稍违,切切。册仍发还。再,查四年一月分清

---

① 孙前知事,即孙智敏(1881—1961),字廑才,浙江钱塘(今杭州)人。光绪二十九年进士。民国三年一月至民国四年六月任诸暨县知事。

册,前按署并未据孙前知事详送有案,并仰知照。此令。十一月十四日

（原载《浙江公报》第一千六百八十四号,一三页,指令）

浙江省长公署指令第三千四百七十五号

令缙云县知事欧阳忠浩

呈二件为吕兴东等续缴赈款拟请充作工程用费

其尾缴应否准予免缴乞示遵由

应准如拟,将吕兴东等续缴还银一百零三元分别拨充桥堤各工之用,其余未缴之数,案关赈款,自未便遽予豁免,仰即如数追缴,并于追缴齐后悉数拨作同善、章村两桥工应用,一面仍声叙具报。此令。十一月十五日

附原呈

呈为拟将追回赈款拨补桥堤修筑经费请核夺事。

窃查奉饬查追水灾赈款一案,经知事查明,吕兴东应追赈洋一百零三元二角八分七厘,朱土云应追赈洋六十六元九角六分六厘,分别饬追,已据吕兴东缴洋三十元、朱土云缴洋二十元,于本年九月间呈奉前民政厅长令准拨补青玉堤修筑经费,一面并由知事催据吕兴东续缴洋六十七元、朱土云续缴洋三十六元,并各声称,"尾欠之款无力筹缴,请予转恳免追销案"等情,据经呈请示遵各在案。正拟将追回赈款另文汇解,适据城内同善桥桥董柯祖荫、章村大桥桥董章瑞麟等先后呈称,"着手兴筑需费颇巨,请将追回赈款酌提补助";又据青玉堤董事胡祥等呈称,"奉拨修堤经费五十元,尚觉不敷,恳求转请再予补助,俾竟全工"各等语前来。经知事分别查勘,该桥堤等或系各处通衢,或关名胜古迹,修筑甚为切要,需款亦属实情,应即酌予补助,以全美举。现拟将该吕兴东等续缴之款两共百零三元,除拨补同善桥洋六十

三元、章村大桥洋二十元外,余二十元再拨补青玉堤修筑经费,庶桥堤得以早日竣工,而人民可免望洋之叹。所有赈款拨补修筑桥堤费用之处,是否可行,理合备文呈请钧长鉴核令遵。谨呈。

呈为吕兴东、朱土云尾欠赈款无力措缴,据情呈请核赐免追,以示体恤事。

案查前奉前按署批张前任详送办理水灾工赈报销册由①,尾开,"应追各款,迅即从严查追解省"等因。奉经知事查明吕兴东等经修坞圯上磷、大蓬头磷,应追洋一百零三元二角八分七厘,朱土云经修山前上沙磷、桥下沙磷,应追洋六十六元九角六分六厘,分别饬追,已据吕兴东缴洋三十元、朱土云缴洋二十元,于本年九月间呈奉前民政厅长令准拨补青玉堤修筑经费,一面并由知事饬催如数缴足各在案。兹据吕兴东禀称,"奉追赈款,自应如数筹缴,无奈家计困窘,东挪西移,连前缴三十元,仅得洋九十七元,尚欠六元二角八分七厘,伏乞转请鉴原,准予免追,深为德感"。又,据朱土云续缴赈款洋三十六元,并据禀称,"窃于民国三年间领款修筑上沙磷,该磷水势激烈,最难为功,修造虽未如式,所费已属不资,兹奉追缴,勉强筹借,只能集洋五十六元,尚不敷洋十元九角六分六厘,实属无力再筹,惟有哀求怜念,转请免追销案"各等情前来。知事详加查核,该吕兴东、朱土云等陈请各节,本系实情,惟案关赈款,所有吕兴东不敷之洋六元二角八分七厘,朱土云不敷之洋十元九角六分六厘,可否准予免追销案,以示矜恤之处,知事未敢擅专,理合据情备文呈请钧长核夺示遵。谨呈。

(原载《浙江公报》第一千六百八十四号,一三至一五页,指令)

---

① 张前任,即张茯年,参见 1632 页①。

浙江省长公署指令第三千四百七十七号

令临海县知事戚思周

呈一件呈报委任掾属请注册由

呈及清摺、履历均悉。查各县委任掾属诸多歧异，业于一千二百五十二号通令指示办法在案。该县掾属人员之组织，亦多不合，仰即查照前令改组，呈候核夺。清摺、履历均发还。此令。十一月十五日

附原呈

呈为委任掾属呈请核定注册咨部事。

案奉前巡按使颁发《县官制》第七条内载，知事得自委掾属，其员额、职掌详由道尹转详巡按使核定分等注册，并咨部等因，奉经遵办在案。兹查知事于本年九月一日抵任，所有署内掾属人员，业经分别遴委，以资佐理，仍按照张前知事任内规定办法设政务、财政两科①，各设主任员一员，并政务助理五员、财政助理四员，教育事宜不另设专科，拟归并政务科兼办，藉节经费。除分别另委并将各员薪水遵照预算分等支配按月造册呈报外，理合取具各员履历汇送清册，加具考语，开摺备文呈送，仰祈钧长鉴核施行。谨呈。

临海县知事戚思周谨将委任掾属姓名，加具考语，开具清摺，呈请鉴核。

计开：

政务主任员	徐嗣溥	考语	品端学粹，谙练政治。
助理员	陈钺西		学识兼优，堪资佐理。
	郁成章		才识宏通，克勤厥职。
	王大闲		经验有素，办事勤慎。

---

① 张前知事，即张兰，直隶任邱（今属河北）人。民国四年十二月（至迟）至民国五年八月任临海县知事。

	沈锡麒	学有基础，实心任事
	顾廷璜	事理明白，堪资历练。
财政主任员	胡镇澜	富有经验，才长心细。
助理员	沈珏麟	学识贯通，品行端正。
	吴藩翰	综核精详，任事稳练。
	顾思义	核算精明，任事实心。
	蔡尚德	长于计学，办事勤敏。

（原载《浙江公报》第一千六百八十四号，一五至一六页，指令）

浙江省长公署指令第三千四百七十八号

令新登县知事

呈一件呈送调查实业报告书由

呈、件并悉。察阅调查实业报告书，尚属明晰，应予存候汇办，仍仰查照计画情形，实行兴革，期收效益，切切。件存。此令。十一月十五日

（原载《浙江公报》第一千六百八十四号，一六页，指令）

浙江省长公署指令第三千四百八十一号

令缫丝厂监理处主任员陆永

呈一件据呈为遵核各厂八月分工作经过情形列表送核由

呈、表均悉。候令行各模范缫丝厂厂长查照整顿可也。表存。此令。十一月十五日

（原载《浙江公报》第一千六百八十四号，一六页，指令）

浙江省长公署指令第三千四百八十三号

令旧台属水产讲习会巡回教授员方宝清

呈一件呈报购到幻灯即月用以讲演情形由

据呈已悉。仰将购置幻灯价款及应行缴还垫款分别报缴，并将

各片细目附具说明书开单报查，毋延。此令。十一月十五日

（原载《浙江公报》第一千六百八十四号，一六至一七页，指令）

浙江省长公署指令第三千四百八十七号

令武康县知事

呈一件为查复沈镕等请设裕盛茧行与旧茧行距离里数由

呈、图均悉。该县商民沈镕等请在官田圩地方开设茧行，既据复查四周距离确在旧茧行五十里以上，应准令知财政厅给帖开设，仰先转饬知照。此令。十一月十五日

附原呈

呈为遵令查明取具图说再请核准转饬给发月帖事。

本年十月二十一日奉省长指令第一八二一号内开，据该县知事呈沈镕等请开设裕盛茧行乞转咨给帖由，奉指令，"查该县接壤邻境各有旧茧行，来呈未据叙明距离里数，殊属疏略。仰该县新任邱知事详细复查，并将辖境内里数绘图帖说送候核夺。书、结姑存。此令"等因。奉此，知事当经函请县城商务分会复查去后，兹据会董、代理总理陈履中呈称，"官田圩地方离本邑二都，旧有久成茧行，确有五十四里，周围五十里，西、南二方在本境内，东北接壤邻邑边境，并无茧行开设，呈请核转给帖"等因，并绘呈图说一纸前来。准此，知事复查该商会所称各节，确系实情，且与省颁《茧行条例》，亦属相符。缘奉前因，合将原送绘图帖说，再行备文呈送，仰祈省长察核俯准批示立案，一面转饬颁发裕盛号茧行牙帖下县，实为公便。再，该茧行应缴捐税银元，业经宗前知事如数呈解财政厅在案，合并声明。谨呈。

（原载《浙江公报》第一千六百八十四号，一七页，指令）

浙江省长公署指令第三千四百八十八号

令第一苗圃圃长

　　呈一件呈送决算书表等件请予派员验收准销由

　　呈、件均悉。仰候派员验收后,再行核饬遵照。附件均暂存。此令。十一月十五日

　　　　　（原载《浙江公报》第一千六百八十四号,一七页,指令）

浙江省长公署指令第三千四百九十四号

令高等检察厅长殷汝熊

　　呈一件呈报张楼氏被迫自缢身死勘验情形由

　　呈及格结均悉。查此案张文照盗卖张时旦茶叶,楼炳福有无串通情弊,尚未确定,且并非现行犯,该警佐杨凤来遽予发押,以致酿成人命,实属咎无可辞,应即先予撤任,仍由该知事查明有无勾串情弊,传集一干人证,秉公质讯,依法办理具报,仰该厅转令遵照。此令。格结存。十一月十五日

　　　　　（原载《浙江公报》第一千六百八十四号,一八页,指令）

浙江省长公署指令第三千四百九十七号

令海宁县知事

　　呈一件为张振芳等请设兴昌等茧行转呈察核由

　　呈悉。应即遵照公布《茧行条例》办理,并转饬知照。此令。十一月十五日

　　　　　（原载《浙江公报》第一千六百八十四号,一八页,指令）

浙江省长公署指令第三千四百九十八号

令新昌县知事

呈一件据呈钱沥山请开采巡塘岗及大畈弗石矿由

呈、件均悉。查该县人民钱沥山请开采县属巡塘岗及大畈等处弗石矿,矿区图系用风景画法,并非平面实测,核与部定程式不符;又,履历、保结内载"农商部总长"字样,亦属非是。均应发还更正,仰该知事迅将该商所采巡塘岗等处矿石查明,有无抵触《矿业条例》第十三条及其他纠葛情事,连同更正矿图、保结、履历等件一并呈候核夺。公费银及矿苗均暂存。此令。十一月十五日

计发还矿图四份,履历、保结二份。

（原载《浙江公报》第一千六百八十四号,一八页,指令）

浙江省长公署指令第三千五百零四号

令寿昌县知事

呈一件呈送调查实业报告书件由

呈、件均悉。察阅调查实业报告书,尚属详明,应准存候汇案核办,仍仰查照现在实情,督饬认真进行,期收实利,切切。件存。此令。十一月十五日

（原载《浙江公报》第一千六百八十四号,一八至一九页,指令）

浙江省长公署指令第三千五百零六号

令水利委员会

呈一件呈查复平阳南港口水利工程
并附图及预算清单由①

呈、件均悉。所拟结束、继续各办法,尚属周密,仰候据情令行该县查照遵办具报可也。件存。此令。十一月十五日

---

① 口,疑衍。

附原呈

呈为查复平阳南港水利工程并拟具预算清单转请察核事。

窃前奉省长公署第六九〇号训令,以"平阳南港水利工款纠葛一案,据该主任周宏毅呈请'另派熟悉工程人员到地复勘查明,已成之工需费若干,从前支出有无冒滥,秉公核销,一面估计未竣工程需费若干,责令官厅从速接收,积极进行'等情。令即派员驰往该地切实勘估,将此案已成工程究需经费几何,该主任报册是否冒滥,及未成工程需费若干,应如何筹画进行,绘图具说,复候核夺,毋得瞻徇延误"等因,奉经转令测量瓯江第一测量队队长陈恺就近遵照办理去后。兹据该队长复称,"查平阳南港镇,西南临福建,其下游地势平衍,有农田十余万亩之多,惟江流屈折,无异羊肠九曲,而又上承福鼎众山之水,下接横阳大江逆涛,每遇山洪暴发泛溢,田畴水潦之患无岁无之。民国三年,前知事项霈酌拨工赈款项三千二百余元,益以绅富特捐,委任该主任等将皮刀汇等十一汇,另辟新江,共长五里有奇,使水流直驶,以轻水患。又复深山北、萧江、河口各河道,共长十里,以御旱潦。此工赈范围以内之已完工程,确有益于该镇水利之实在情形也。又,查该主任等续拟开凿之九盏汇等十汇及修理扈山等五陡门、新筑凤浦陡门各工程,经此次逐一履勘,除九盏汇业经竣工外,其余各汇或已动工,或未着手,各陡门除凤浦已成八九分外,其余扈山各陡或略备修筑石料,或全未置备。兹拟先将凤浦陡门赶速完结,竹桥埭贯灵溪后三汇,及后山、夏姑两陡门继续兴工,其余概从缓议。此就工赈范围以外之未完工程,择要兴修赶办结束之意见也。综计已成工程用款,据该主任迭次报册,连工赈一项共支一万二千余元。其中购地二百余亩共计二千四百余元,工头工资共计一千七百三十余元(共派工十六万三千余工,每十工计一工头,每工实给工资一角至一角二分),支销尚称节省。又,员役公费、工食共计二千七百余元,并其他收捐费用及器具、川资、消耗等项先后册报,共计三千七百余元。查此项工程主要部分在基础之坚固、根底之结实,工料之巨,亦以此为最。而现在工程已成八九,又值停工之际,全闸半在水底,仅从表面观察,实难得其真相,此后继续接办,似当于事前严加监督,以防草率。此关于已成工程各项支销之大概情形也。

"至未完工程应需款项,仅就工程状况并调取该主任四年十二月呈县之预算,量为核减,约需银元一千五百九十三元,另具预算清单随文呈核。所有继续工程,仍由县督绅办,予限三个月竣事。惟据该县张知事面称,须由省派员接办,庶不致有误要公。队长则以为事值结束,工程无几,似无由省派员之必要,至前项工款查该处已捐未收之数,抵此次结束经费,尚属有盈无绌。惟捐款一时难集,若动工之际由县先行筹垫,庶工程得以早完,而工款亦不至虚糜。此预算结束经费及筹画进行之意见也。至该镇水利工程,尚待修改者颇多,若将来仍恃筹捐济用,民力实有未逮。查各汇官荒田地,前经该主任押出之三百余亩,须尽数赎回,即以垦种之花息永利,作为该镇水利局善后经费。至应需赎价一千八百元及偿还该主任垫款数百元、预算垦户札金之收入,差足相抵,自不必另筹别款。此该处水利善后公产亟应妥筹经管也。所有奉委勘估及筹划进行各节,理合绘图,并拟具预算,备文呈报核转"等情前来。技正察核该队长所查各项工款,尚属详细,该主任虽无冒滥情弊,然迁延贻误之咎,所不能辞。至继续结束之工程预算仅有三月,为期甚短,应请由县遴选公正廉明士绅督同办理,乘此秋冬水涸、三时农隙,责令依限完竣,毋得仍前延误。据复前情,理合检同工程图二幅,并抄录未完工程预算清单一纸,一并备文转呈,仰祈省长察核转发平阳县知事督促进行,以利农田而维水利。谨呈。

(原载《浙江公报》第一千六百八十四号,一九至二〇页,指令)

浙江省长公署指令第三千五百十三号

令缙云县知事

呈一件据呈复赴美赛品各原出品人不愿移赠陈列由

呈悉。该县运回赴美赛品,各出品人既均声复不愿移赠陈列,候另令派员来署具领,仰先转饬知照。此令。十一月十五日

（原载《浙江公报》第一千六百八十四号,二一页,指令）

浙江省长公署指令第三千五百十四号

令嘉兴县知事张梦奎

呈一件据呈复农工各要政办理情形及未来计划由

呈悉。水利农田关系綦切,该知事所拟修浚海、盐各塘,自是握要之图,应即妥速筹款,切实举办,专案呈夺,毋得以自治机关尚未回复来相诿延。其余振兴蚕桑、撩除野荷及安插习艺所毕业艺徒、劝借因利局冬季款项、扩充贫儿院名额各节,均尚可行,并应督率切实办理,期收实效,仍将各项进行情形随时分别报查。此令。十一月十五日

（原载《浙江公报》第一千六百八十四号,二一页,指令）

浙江省长公署指令第三千五百十八号

令新登县知事

呈一件为造送办理四年分农商统计经费报销册
请于准备金内先行支销由

呈、册均悉。准在县税一成准备金项下支销银二十五元,仰即录报财政厅备案。此令。十一月十五日

（原载《浙江公报》第一千六百八十四号,二一页,指令）

浙江省长公署指令第三千五百二十号

令省立水产学校校长

呈一件据该校教员田家鼐条陈请速设水产试验场并附件由

呈、件均悉。浙省滨临东海,宁、温、台各属人民恃渔为生者甚多,提倡改良,自是当务之急。惟本届预算行政经费已虑收不抵支,一时碍难兼顾,且察阅所拟办法,关于制造一部分,核与筹备开办之水产品制造场事实重复,所请暂毋庸议。来件存查。仰水产学校校长转知该教员查照。此令。十一月十五日

(原载《浙江公报》第一千六百八十四号,二一至二二页,指令)

浙江省长公署指令第三千五百二十五号

令高等审判厅长范贤方

呈一件吴兴县知事拟请留拨禁烟罚金充办禁烟经费由

呈悉。查现在各县办理禁烟,除调查事宜准另派员外,均应归县署原有人员负其责任,不得另行设处派员专办,所请仍设禁烟助理一员,应毋庸议,办公处名目,亦应取消。余姑准照办理,随后酌量裁减,以资结束,其应行开支各款,仍按月造报本公署查核,一俟准销后,再予动拨烟案罚赎金,以符原案。至充赏一项,自应仍照部定办法办理,仰高等审判厅转令遵照。此令。抄呈发。十一月十六日

(原载《浙江公报》第一千六百八十四号,二二页,指令)

浙江省长公署指令第三千五百二十七号

令高等审判厅长范贤方

呈一件淳安县知事为结束烟案罚赎金并自十月分起
调查员薪及下乡费用是否在司法收入内拨补由

呈悉。禁烟用费动支之款,仍应以烟案罚赎金为限,惟须照常按

报本公署核准后,再在司法收入册内开除。至调查员之应否设置,及其额数须以现时烟案之有无多寡为断,该县烟案已少,应由该知事酌量裁减,另案呈夺,仰高等审判厅转令知照。此令。抄呈发。十一月十六日

（原载《浙江公报》第一千六百八十四号,二二页,指令）

浙江省长公署指令第三千五百二十八号

令乐清县知事钱沐华

呈一件为送节妇陈程氏等事实册证明书请转咨褒扬由

据送节妇陈程氏、陈周氏各事实册,均未叙明生于何年、于何年于归暨守节若干年;黄方兰册内但云先后筹垫银五百余元,究竟系分几次筹垫,每次各垫银若干,共计实垫银若干,亦未叙明确数,殊欠清晰。除证明书、注册费姑存外,兹将事实册一并发还,仰即分别查明改办呈核。至梁吴声拨建校舍之费,既属禹王庙众款,自与个人捐助私款不同,该知事遽为请褒,实非审慎,所请著毋庸议。费及书册发还。此令。十一月十六日

计发还事实册八本、证明书二份、注册费六元。

（原载《浙江公报》第一千六百八十四号,二二至二三页,指令）

浙江省长公署指令第三千五百三十四号

令财政厅长莫永贞

呈一件具复德清县查明酒碗捐定案情形及

碍难邀免缘由由

呈悉。酒碗捐既系款绌,各校恃为经常收入编列预算,一时自未便骤予邀免,致碍学务,应由该县筹款抵补,再议蠲除。仰即转行知照。此令。十一月十六日

（原载《浙江公报》第一千六百八十四号,二三页,指令）

浙江省长公署指令第三千五百三十五号

令财政厅长莫永贞

呈一件为议复瑞安林文藻等关于清理官产条陈由

据呈已悉。仰仍切实整顿，认真办理，国计民生务须兼筹并顾，名胜古迹尤宜加意保存，毋任稍滋流弊，切切。此令。附件存。十一月十六日

（原载《浙江公报》第一千六百八十四号，二三页，指令）

浙江省长公署指令第三千五百三十六号

令财政厅长莫永贞

呈一件为呈复萧山彭前知事移款购买公债及
储蓄票已指令准抵由①

呈悉。地方固有学款不得移作他用，迭经通饬有案。该县彭前知事因各年公债及储蓄票募难足数，遂将学款移提购买，虽为勉顾要公，而当时既未呈请核示办理，究有不合，且购买公债折扣之间尤易取巧，应即责成彭前知事自行认购，未便准予列抵，以重公款。仰即转令知照。此令。十一月十六日

（原载《浙江公报》第一千六百八十四号，二三页，指令）

浙江省长公署指令第三千五百三十九号

令财政厅长莫永贞

呈一件为造送本年七月分收支计算报告各书由

呈及收支计算报告各书均悉。此令。书存。十一月十六日

（原载《浙江公报》第一千六百八十四号，二四页，指令）

---

① 彭前知事，即彭延庆，湖北武昌人。民国元年十一月至民国五年八月任萧山县知事。

浙江省长公署指令第三千五百四十四号

令财政厅长莫永贞

呈一件淳安县知事呈复王罗两前任溢支征费及
借给参议会存放未还各款情形请分饬催追由

呈悉。仰财政厅查案分饬该县王、罗两前知事原籍分水、桐庐两县①，就近派员追缴具报，毋任延欠，切切。此令。十一月十六日

（原载《浙江公报》第一千六百八十四号，二四页，指令）

浙江省长公署指令第三千五百六十六号

令财政厅长莫永贞

呈一件郑梓相为载运茧黄被乌青镇西栅外
分局员扣留请委查验放核究偿失由

据呈是何实情，仰财政厅迅速行局查复核办。此令。抄呈发。十一月十六日

（原载《浙江公报》第一千六百八十四号，二四页，指令）

浙江省长公署指令第三千五百八十二号

令财政厅长莫永贞

呈一件武义县知事呈公款已另筹清解
请饬金华县知事转行商会尽先提还由

呈悉。查金华县知事原呈声叙"应解公款系属自行措解"，东阳县知事原呈声叙"有款已汇解，因省库、兰库均不收受，以至发生意外之事"等语，与该知事前呈之遴请提解公款者不同，是以指令结果亦有区别。来呈所称同一公帑，未获同等保护云云，殊属误会。现在应

①　王、罗两前知事，即王秉融、罗灿麟。王秉融，分水人，淳安县首任民事长，民国元年二月由桐庐罗灿麟继任，后改称淳安县知事。

解之款既已另筹起解,所有被倒之款据称不堪赔累,尚属实情,仰财政厅转行金华县知事督促商会一并妥为清理,并转令该知事知照。此令。十一月十七日

（原载《浙江公报》第一千六百八十四号,二四至二五页,指令）

浙江省长公署指令第三千五百八十七号

令松阳县知事

呈一件呈复筹拟振兴蚕桑办法再催县农会迅报由

呈悉。振兴蚕桑实系当务之急,该知事乃竟诿诸农会,殊属不合。仍责成该知事查照迭次饬令,克日详细拟定切实办法,呈报核夺,毋再以交卸在即,稍涉诿延,切切。此令。十一月十七日

（原载《浙江公报》第一千六百八十四号,二五页,指令）

浙江省长公署指令第三千五百九十三号

令余杭县知事

呈一件为遵令查复朱鹤皋等请采秀球山石
有碍水利并绘送图说由

呈、图均悉。查开采石材,以所有权为主要,该县秀球山所有权是否属于朱鹤皋,应即吊验确实凭证,并依《矿例》第十一条,由县核定准否,具报备查,毋得据情照转,取巧塞责,切切。此令。图姑存。十一月十七日

（原载《浙江公报》第一千六百八十四号,二五页,指令）

浙江省长公署指令第三千五百九十四号

令瑞安县知事

呈一件呈为造送实业报告书由

呈悉。察阅图说及报告书,尚属详晰,应准汇案核办,仍仰查照

现状剀切劝导,以期振兴而收实效。图及报告书均存。此令。十一月十七日

（原载《浙江公报》第一千六百八十四号,二五页,指令）

浙江省长公署批第　号

原具呈人德清商人郑梓相

呈一件为载运茧黄被乌青镇西栅外分局员

扣留请委查验放核究偿失由

据呈,是何实情,仰财政厅迅速行局查复核办。此批。十一月十六日

（原载《浙江公报》第一千六百八十四号,二六页,批示）

浙江省长公署批第八百五十号

原具呈人杭县李虎臣等

呈一件为请在五抗村地方开设大纶茧行由

呈悉。《茧行条例》业经公布,仰即遵照规定手续办理,毋得越渎。此批。十一月十五日

（原载《浙江公报》第一千六百八十四号,二六页,批示）

浙江省长公署批第八百六十二号

原具呈人衢县米捐经收人张泰来等

呈一件为加增米捐请饬县维持由

查此案前据财政厅呈报,以"是项收款,当时县议会议决,既名为护照费,是属一种手数料性质,现由商人认缴,办法殊欠正当。究竟从前议决原案如何,无凭稽核,业已令行衢县查抄,应俟复到核办"等情在案。据呈前情,应俟该县复由该厅核明转呈再予察夺。此批。十一月十六日

（原载《浙江公报》第一千六百八十四号,二六页,批示）

吕省长电北京大总统国务院

请仿照二年度颁布之省官制由

北京大总统、国务院钧鉴：

据近日报纸登载《暂行省长官制草案》，内分内务、财政、教育、实业四司，均系独立机关，直隶各部，省长仅有监督虚名，流弊甚大。虽国务会议未知若何取决，然身任地方，既有所见，不敢不陈，以待采择。我国幅员辽阔，各省形势悬殊，诸事秉命于中央，既恐情形之隔膜，而诸司直接于各部，尤觉事权之分裂。《草案理由书》举前清为例，然前清藩、臬各职，初虽直隶于中央，终以形格势禁，仍不得不受成于疆吏，嗣添设提学、劝业、巡警各司道，遂皆隶属于督抚，并未归部直辖。然衙署分立，经费之浩大，与事务之繁复，亦为有识者所讥，故当时久有同署办公之议。民国初年改设各司于民政长署内，组织虽似简单，办事实较敏捷。迨改设巡按使，废去四司，其用意盖将以积极行政任之道尹，故省署仅设各科，而不意道官制之有名无实也。《理由书》又以前政府使财政独立，为能收效，殆谓三四年间中央收入之起色，各官分设之功。不知前政府专制达于极点，执政专事敛财，以取媚一人，其结果不过官自为谋，政令繁琐，监督不及，包苴盛行，民怨沸腾，皆由于此，前政府之失败，此为一大原因。军兴后，项城亦知为中央集权之弊所误，归咎于留学诸人所主张。今不矫正其弊，乃更加甚焉。试问中央各部与各省相距窎远，焉能切实监督？万一内阁更易，则各省各司并将受其影响，积极行政必皆不能进行，阻碍尤甚。总之，我国区域之大，人民之众，既非东西各邦范围狭隘者所可比拟，即不能漫取他邦成法，轻为尝试。公望参观往事，审度现情，以为中央力谋统一，只宜执其大纲；地方务求发展，尤贵责有专属。所有省官制一项，似以仿照二年度颁布之《省官制》较为适切，盖职责既有攸归，而事权亦能画一。又近岁以来，旧有衙署率已改用，或官卖殆尽,如各司独立,势必分设,衙署成立,亦殊匪易,瞬届正式官制颁布,似不如暂就署内改组,较为省便。是否有当,伏乞钧裁。浙江省长吕公望。咸。印。(中华民国五年十一月十五日)

(原载《浙江公报》第一千六百八十四号,二八页,电)

附　黎元洪复电

吕省长:咸电悉。所陈地方官制事宜,均中事理,原电已交院核议矣。黎元洪。铣。印。(中华民国五年十一月十六日)

(原载《浙江公报》第一千六百八十六号,一九一六年十一月二十二日,二七页,北京来电)

附　郭宗熙复电

吕督军鉴:咸电敬悉。持论精当,极佩荩谋,谨表赞成,已电请中央采择。特闻。郭宗熙。铣。印。(中华民国五年十一月十六日)

(原载《浙江公报》第一千六百八十六号,二七页,吉林来电)

浙江省长呈大总统

据嘉善县樊知事呈报勘明本年灾歉田亩
开摺请迅予饬厅委员复勘由

呈为嘉善县城乡各区田禾受伤,致成灾歉,谨将大概情形先行具报,仰祈鉴核事。

本年十一月八日据嘉善县知事呈称,"窃查善邑前因本年旸雨不时,田禾受伤,叠据枫泾各区业户纷纷具报,曾将大概情形呈报鉴核,一面分饬城乡各区自治委员详细履勘,究竟有无灾歉,据实复候核办去后。兹据城区永安、大云、张汇、枫泾、俞姚、丁栅、西塘、陶庄、天凝、干洪、杨庙各区该自治委员钱钟寿等复称,'遵即按照各区圩分别查勘明确,本年田禾自经七月七日及十二等日两次飓风骤雨,早稻颇受损伤,迨至白露节前后晚稻正在吐秀结穗之时,又遭秋阳酷烈,炎热熏蒸,田土尽坼,不及灌输,螟虫因之丛生,黑穗白穗互相发现,竟有颗粒无收者,以致灾歉并成。合将灾歉田亩分数开摺呈请复勘汇报'等情前来。知事复又逐细诣勘核实删减,计共成灾十分田四万九千七百八十八亩七分七厘,歉收田六万四千三百十亩四分九厘,以善邑原额田五十一万八千六百三十三亩三厘二毫计之,成灾田居十分中之九厘六毫,歉收田居十分中之一分二厘四毫,所有应征本年银米请予分别触缓①,以纾民力。除另行遵章补送正册外,合将勘明灾歉分数先行开摺,呈请省长鉴核,迅赐饬令财政厅派委复勘,实为公便。再,本年抵补金开征伊迩,为时迫促,应请饬委从速下县会勘,免误征务,合并声明"等情。据此,查该县田禾受伤缘由,前据逐细诣勘,缮摺具报,请予派委复勘前来,除令行财政厅迅即遴委妥员驰赴该县会同复勘,审定分数,造具图册呈送核办,并咨行财政部备案外,所有嘉善县城乡各区田禾受伤致成灾歉情形,理合先行备文呈报,仰祈大总统鉴核备案。谨呈

大总统

浙江省长吕公望

中华民国五年十一月十七日

(原载《浙江公报》第一千六百八十五号,一九一六年十一月二十一日,二页,呈)

浙江省长公署训令第一千四百零五号

令永嘉警察局准督军署咨复该局请带收

硝磺及花炮以充警费一案由

令永嘉警察局局长

案据该局长呈请附加硝磺警捐,拟具简章送请转咨等情到署,当

---

① 触缓,疑为"蠲缓"之误。

咨督军署核办在案。兹准复开,"查硝磺自欧战发生以后,来价已增加数倍,而商民购运,经过关卡,并须完纳厘金,制成花炮,运往他处,又须纳捐,商民担负已属匪轻,若再带收警捐,未免重累。且硝磺系属官办,稽查私运乃警察应尽职务,本无权利义务之可言,且该警等如能查获,并有规定充赏之章。再,《修正办理硝磺事宜条例》第七条系规定各军械局内部办法手续,该局长引据是条,亦属误会。矧军械分局带收警捐,尤非所宜。准咨前因,相应咨复贵公署,即希查照转知"等因。准此,合行令仰该局长即便知照。此令。

中华民国五年十一月十六日

省长吕公望

(原载《浙江公报》第一千六百八十五号,三页,训令)

浙江省长公署训令第一千四百零八号

令各县知事准内务部咨送保存古物办法
五条请饬属调查保管由

令各县知事

案于本年十月二十八日准内务部咨开,"为咨行事。案查前民政部曾拟《保存古物推广办法》于前清季年通行各省,民国三年三月间经本部通令各省民政长,并咨行各将军、都统、镇边使通饬各属于该管地方,所有前代古物均应严申禁令,设法保存,如有窃取私收、转相售运及任意毁坏情事,一律从严究办。本年十月复经本部制定古物调查表式并附说明书,通行各省饬属分别调查,依类填注,限期送部等因各在案。查中国古物至为繁夥,整理之方固以调查为入手办法,尤以保管为现时急务。诚以物品流传久而愈珍,国家无保护之专章,遂至易散而难集,商人借贩运以营利,因之积久而渐亡。又或无知愚民任意毁坏,多财舶贾到处搜求。长此不已,散失愈多。本部职有专司,急宜设法保管。兹酌定暂行保管办法五条,相应开单咨请查照,通饬所属一面认真调查,一面切实保管,并将办理情形随时见复可也"等因,并附《保存古物暂行办法》五条到署。准此,查此案前准内务部咨送古物调查表暨说明书前来,当经分照制印通令遵办在案。兹准前因,除咨复并分行外,合再照印前项办法,令仰该知事遵照办理。此令。

计附《保存古物暂行办法》一册。

中华民国五年十一月十六日

省长吕公望

保存古物暂行办法

一、历代帝王陵寝、先贤坟墓,在前清时曾由地方官出具保护无误册结,年终报部,然奉行不力,徒成具文。应由各属地方官于历代陵墓设法保护,或种植树株,围绕周廓,或建立标志,禁止樵刍。其中半就湮没、遗迹仅存者,又宜树之碑记,以备考查。

一、古代城郭、关塞、壁垒、岩洞、楼观、祠宇、台榭、亭塔、堤堰、桥梁、湖池、井泉之属,凡系名人遗迹,皆宜设法保存。其有关系地方名胜者,应由地方官或公共团体筹资修茸,以期垂诸久远。其于历史有关且资考证者,亦宜树之碑记,勿使湮没不彰。

一、历代碑版、造像、画壁、摩崖,古迹流传,至为繁赜,文艺所关,尤可宝贵。凡属此类,应由地方官各就其所在地,责成公正绅士,或公共团体、寺庙住持,认真保存,不得任意搨摹毁坏,或私相售运。其为私家所收藏及新发见者,即断碑残石,亦宜妥为保存,或由公家设法收买,要勿使奸商串卖,运往海外。其各处著名之石刻碑碣,历时愈久,残毁愈多,不有拓本,无从考核,应责成地方官切实搜求,凡现存者无论完全、残缺,一律拓印二份,直接邮寄本部,以备考查。仍将所拓寄之种类、数目,分别呈报该管长官备案。

一、故国乔木，风景所关，例如秦槐、汉柏，所在多有，应与碑碣造像同一办法，责成所在地加意防护，禁止翦伐。

一、金石、竹木、陶磁、锦绣，各种器物及旧刻书帖、名人图画，既为美术所留遗，且供历史之研究，海通以来，舶商购买，不惜重资，游历所及，辄事搜求，长此不图，恐中国珍奇将尽流于海外。拟由各省分别搜集，择其制作最精，有关技术，著录最久，足资考证者，应筹设保存分所，或就公共场所附入陈列，严定保管规则，酌取参观资金。先就公家所有，萃集保管。其私人所藏，一时即不能收买，亦应设法取缔，以免私售外人。

以上各节，均系酌定暂行保管办法，以资维持。一俟通盘筹画，略有头绪，再行厘定章程，推广办理。至各该处对于各项古物，如必应按习惯上特别保存方法保存者，亦可照旧办理，但须分别转报本部备案，俾资查考。

（原载《浙江公报》第一千六百八十五号，三至五页，训令）

浙江省长公署训令第一千四百一十号

令财政厅据桐乡商会电为朱信昌等所运之烟因局秤轻重不同致被扣留请委查饬放由

令财政厅长莫永贞

本年十一月八日据桐乡商会电称，"烟酒朱信昌、卢永盛称，'本月五日运烟六十六件至长兴，向桐局报捐，每件由局过秤一百八十斤，除皮二十斤，实数一百六十斤，给照运经炉镇分局查验，因索费不遂，复秤斤数不符，将船扣留。船伙回报，即向桐局请秤较验，炉局称小，以致不符，当将桐、炉两秤送交青镇警察分所收存，乞电省长委查，速饬青镇总局转饬该局放行'等情。据此，除另禀外，电请迅赐委查饬放为感"等情。据此，局秤轻重不同，显有情弊，合亟令仰该厅迅即澈查核办具报，如果朱信昌等所运之烟并非重斤夹带，应立予放行,并饬县转行该商会知照。此令。

中华民国五年十一月十六日

省长吕公望

(原载《浙江公报》第一千六百八十五号,五页,训令)

浙江督军公署指令第一千九百二十五号
浙江省长公署指令第三千五百二十二号

令浙江修筑省道筹备处

呈一件呈拟就浙江修筑省道规条五种请鉴定由

呈及附件均悉。所拟《简章》及《规则》,业经详加察阅。《旅费规则》《调查测量规则》,均属妥洽,应即照行。惟所拟《筹办处简章》,尚有应修改之处,兹经改正,另纸抄发,仰即遵照办理,具复核夺。至奖励及募捐《条例》两件,应俟电令第一期省道经过区域内之各县知事到省妥商后,再行核夺令遵可也。附件存。此令。十一月十七日

计抄发改正单一纸。

《浙江修筑省道筹办处简章》改正单

第一条与第二条应并为一,改正如下:"本处依据省议会议决修筑浙江省道案","筹办修筑浙江省道事宜"。

原第三条,本处分总务、工程之"分"字应改为"设"字。又因原一、二两条既合为一,本条应改为第二条。余条类推,顺次改正。

原第四条第五项,应除去"请求"二字。

原第七条,应删去"督军、省长遴选"六字。

原第八条,应删去"督军、省长"四字。

原第九条,督率属员办理一切事务,应改为"督率所属各员"云云。

原第十二条,应置于原第十三条之后。

原第十二条及原第十四条中,指使之"使"字应改为"示"字。

原第十七条,应改为"本处经费按月造具清册报销"。

附 每月经费概算表

据该表概算,每月经费共需银四百九十二元,应仰该处设法搏节,以重公款。兹查关于工程事项,既有工程司一员,已足计画一切;其工程员二员,目下省道尚未动工,似可暂不设置;委员一项,照表拟设十员,亦应暂且减少,以节糜费而重公帑。

浙江修筑省道筹办处简章 附表

第一章 总纲

第一条 本处依据省议会议决修筑浙江省道案设立筹办处,筹办修筑浙江省道事宜。

第二章 组织及职务

第二条 本处设总务、工程二科,分掌各项事项。

第三条 总务科之职务:

一、关于修筑省道经费事项;

一、关于筹募捐款事项;

一、关于编制预算、决算事项;

一、关于机密文书之保管、公文之缮校、图表之编制等事项;

一、关于军警协助事项;

一、关于赏罚事项;

一、关于庶务、会计事项;

一、关于本处及所属之人事事项;

一、关于收发文件事项;

一、关于印信事项；

一、关于印刷事项。

第四条　工程科之职务：

一、关于修筑省道计画实行事项；

一、关于测量及调查事项；

一、关于制图事项；

一、关于招致及支配工夫事项；

一、关于视察修筑作业中状况事项；

一、关于审查各县工程之报告事项；

一、关于勘估工程及选择材料事项；

一、关于拟订各种工程规则、图样事项；

一、关于收用土地及拆让建筑物事项；

一、关于督促工程进行事项；

一、关于监工及验收事项；

一、关于其他工程一切事项。

第三章　职员

第五条　本处职员如左：

处长一员；

评议若干员；

主任委员二员；

工程司一员；

委员若干员；

工程员二员；

书记一员；

会计一员；

司书四员。

第六条　处长、委员、工程司由现职人员兼充，其余工程员、书记、会计、司书各员，由处长选定相当人员充任，并呈报备案。

第七条　评议员由处长呈请，以路线所经之县选聘公正地方绅董兼充。

第四章　职权

第八条　处长秉承督军、省长命令，督率所属各员办理一切事务。

第九条　评议员备处长咨询关于修筑省路事宜。

第十条　委员及工程司受处长之监督指挥，分理本处一切事宜。

第十一条　处长视任务状况得于每科委员中派主任一员，以专职司。

第十二条　工程员受工程司之指示①，办理工程事宜。

第十三条　书记承委员之指示办理文牍、保管案卷及监察各司书应办事宜；司书分掌本处收发、缮校、印刷等项事宜。

第十四条　会计承处长及主任委员之指示管理本处款项出纳及簿据与物品器具之购备保管，并一切庶务事宜。

第五章　经费

第十五条　本处每月经费如附表。

第十六条　本处经费按月造具清册报销。

第六章　附则

第十七条　本处兼职职员，概不支薪，惟由本处酌给津贴与膳费。

第十八条　本简章由督军、省长核准施行。

第十九条　本简章有未尽妥善之处，得由处长随时呈明酌量修改。

_____

①　此句底本误作"工程司员受工程之指示"，"司"字误排，径改。

修筑浙江省道筹办处每月经费概算表

种　类	额　数	月　支	总　计
处长	一员	舆膳费三十元	三十元
委员	约计十员	每员舆膳费十元至二十元	二百元
工程司	一员	舆膳费十元至二十元	二十元
工程员	二员	同	四十元
书记	一员	薪洋三十元	三十元
会计	一员	同	三十元
司书	四员	每员薪洋十五元	六十元
工役	六名	每名工膳洋七元	四十二元
公费		四十元	四十元
共计			四百九十二元
附记	一、委员舆膳费,以最多计算。 一、本表系约计,每月支出之数仍按月实报实销。		

浙江修筑省道筹办处旅费规则

第一条　凡本处职员因公务旅行时,依本规则支给旅费。

第二条　旅费,职员每员每日二元,夫役每名每日半元。

第三条　此项旅费,所有车马、宿膳、挑力、零用等费均包括在内,不另支给(但如有乘坐火车、轮船之必要时,职员准照二等车及房舱,夫役准照三等车及统舱报销)。

第四条　旅行中如有顺道归省及因私事滞留途中者,虽经处长许可,其滞留期内不给旅费。

第五条　旅行人员得于出发前预计时日请领旅费。

第六条　旅行人员随带夫役名数,由处长核定。

第七条 公务完毕,须于一星期内,依本处规定之开报呈式逐项记载,呈由处长核销。

第八条 本规则如有应修正事项,得由处长随时呈请督军、省长核准施行。

浙江修筑省道奖励条例 附施行细则

第一章 总纲

第一条 本条例因奖励修筑省道出力人员及捐助经费者而定。

第二条 奖励办法于施行细则内规定之。

第二章 捐募

第三条 捐募分两种:

一、捐助;

二、经募。

第四条 捐募项目如左:

一、款项;

二、修筑省道必须收用之田地等;

三、材料;

四、担任修筑省道若干里丈;

五、人工。

第三章 劳绩

第五条 凡关于修筑省道应给奖励之人员如左:

一、各县知事;

二、各县董士;

三、本处职员;工程事务所职员及监工员等附属于内。

四、各县商民;

五、各县军警;

六、修筑省道之工匠。

第六条　关于修筑省道出力之各县知事,应分特别、寻常奖励之,其劳绩如左:

一、劝募得力者;

二、征集夫役裨益工作者;

三、指挥轻罪拘犯工作办法合宜者。

第七条　关于修筑省道出力之各县绅董,应分特别、寻常奖励之,其劳绩如左:

一、自行捐助以为提倡者;

二、热心劝募捐项最多者;

三、担任修筑省道若干丈里者。

第八条　关于修筑省道出力之各职员,应分特别、寻常奖励之,其劳绩如左:

一、办事勤慎确著成绩者;

二、调查测量精详迅确者;

三、劝导联络事绩昭著者。

第九条　关于修筑省道出力之各县商民,应分特别、寻常奖励之,其劳绩如第七条所列。

第十条　关于修筑省道出力之各处军警,应分特别、寻常奖励之,其劳绩如左:

一、本处职员或县知事因关于修筑省道事项得其协助较为出力者;

二、遇有特别事故发生,弹压勤慎处置得当者。

第十一条　关于修筑省道出力之各处工匠,应分特别、寻常奖励之,其劳绩如左:

一、建筑坚固者;

二、承筑路段迅速告成者。

第四章　奖励

第十二条　奖励种类：

　　一、勋章；

　　二、中央奖章；

　　三、本省奖章；

　　四、勒碑记功；

　　五、升级；

　　六、记升；

　　七、加薪；

　　八、记功状；

　　九、传谕嘉奖；

　　十、匾额；

　　十一、特制奖品；

　　十二、本省奖牌。

第五章　附则

第十三条　本条例如有应行修正之处，得由处长呈请督军、省长核准施行。

附　施行细则

第一章　捐募奖励

第一条　凡捐助在一万元以上、经募在二万元以上者，由督军、省长呈请中央给予勋章。

第二条　凡捐助在五千元以上、经募在一万元以上者，由督军、省长呈请中央酌给奖章；捐助在二百元以上、经募在六百元以上者，由督军、省长酌给奖章。

第三条　凡捐助在二百元以下、经募在六百元以下者，亦得由督军、省长酌量给予本条例第十二条第三、九、十、十一等项之奖励。

第四条　凡捐助田地、房屋、材料等项，概照时值估计，其奖励查照本章一、二、三条办理。

第五条　凡担任修筑省道在十丈以上，或具有第一、二两条各项之一者，除照章给奖外，并于道路就近之站，勒碑记功，以传永久而资观感。

第二章　劳绩奖励

第六条　凡各县知事具有本条例第六条各项之一者，由本处汇报督军、省长核给奖励如左：

特别奖励——勋章、中央奖章、本省奖章、勒碑记功、升级；

寻常奖励——本省奖章、记升、记功状、传谕嘉奖。

第七条　凡各县绅董具有本条例第七条各项之一者，由县知事查明呈报本处，以凭汇呈督军、省长核给奖励如左：

特别奖励——勋章、中央奖励、本省奖励、勒碑记功、匾额；

寻常奖励——本省奖章、匾额、传谕嘉奖、特制奖品。

第八条　凡本处及工程事务所职员等具有本条例第八条各项之一者，由处长呈报督军、省长核给奖励如左：

特别奖励——勋章、中央奖章、本省奖章、勒碑记功、升级、加薪；

寻常奖励——本省奖章、记功状、传谕嘉奖、特制奖品。

第九条　凡各县商民具有本条例第七条各项之一者，由县知事查明呈报本处，以凭汇呈督军、省长核给奖励如左：

特别奖励——勋章、中央奖章、本省奖章、勒碑记功、匾额；

寻常奖励——本省奖章、传谕嘉奖、特制奖品奖牌。

第十条　各处军警具有本条例第十条各项之一者，由各该长官会同县知事查明汇报本处，以凭转呈督军、省长核给奖励如左：

特别奖励——中央奖章、本省奖章、升级、加薪；

寻常奖励——本省奖章、记功状、记升、传谕嘉奖、特制奖品。

第十一条 各段工匠具有本条例第十一条各项之一者，由工程事务所呈报本处汇呈督军、省长核给奖牌。

第十二条 本细则如有应行修正之处，得由处长呈请督军、省长核准施行。

浙江修筑省道募捐条例

第一条 募捐种类概定如左：

一、款项；

二、材料；

三、修筑省道必须收用之田地等；

四、担任修筑省道若干里丈；

五、人工。

第二条 募捐职员概定如左：

一、以县知事为募捐主任；

二、以各地方公正绅士为募捐董事。

第三条 募捐主任由督军、省长令委。

第四条 募捐董事由募捐主任照请各地方公正绅士担任。

第五条 募捐主任对于本县募捐事务须负完全责任。

第六条 募捐董事分任城镇乡募捐事务。

第七条 募捐日期之开始及终止，由省令定之。

第八条 募捐应用簿籍规定如左：

一、募捐收据簿，公署编号盖印颁发，各募捐主任转颁各募捐董事，其式样如左：

此存根存县署

存根	今收到 　　　　君捐助修筑省道 洋　　元　　角　　分正此存 　　年　　月　　日　　县募捐主任 　　　　　　　　　　　募捐董事

字第　　　　　　　　　　　　号

收据	今收到 　　　　君捐助修筑省道 洋　　元　　角　　分正此据 　　年　　月　　日　　县募捐主任 　　　　　　　　　　　募捐董事

字第　　　　　　　　　　　　号

存根	今收到 　　　　君捐助修筑省道 洋　　元　　角　　分正此存 　　年　　月　　日　　县募捐主任 　　　　　　　　　　　募捐董事

此存根呈报省长公署

二、募捐日记簿，由募捐主任制备盖印，颁发各募捐董事，其式样如左：

年　月　日	地名	姓名	须填注材料数量或田地亩分，或同数目，或修路丈数与里数等。	估洋实洋	收据字号
同上	同上	同上	同上	同上	同上
同上	同上	同上	同上	同上	同上

第九条　募捐董事分赴各处劝募，经人民认捐交款后，当给予省颁收据。

第十条　凡人民捐助材料或田地者,收据上当注明某项材料之数量,或田地之亩分,并估计时值,填注洋数。

第十一条　凡人民担任修筑省道若干里丈者(但关于工程事项须遵照本处一切规定办理),应由募捐董事于日记簿上注明里丈数目,并通知该段工程事务所,俟工程告竣,估计其修筑经费,通知募捐主任填给收据。凡捐助人工者,亦照此办理。

第十二条　各募捐董事当于每月末日,将收款总数汇报主任一次,并将收据存根附缴,但所收捐款须随收随缴,惟乡区道路遥远者,得由募捐主任酌量变通办理。

第十三条　各县募捐主任,除捐助人工与担任修筑省道若干里丈两项,准先分报工数及里丈数外,凡已收捐款连同收据存报,按月汇缴省长公署,并册报筹办处备查。

第十四条　各募捐董事于省令停止募捐后,当将募捐收据簿与日记簿于十日内一律呈由主任,于一个月内汇呈省长公署。

第十五条　募捐主任应将捐款人姓名与所捐数目按月分别城镇乡榜示,其式样列后。

某县知事兼修筑省道募捐主任　　为榜示事。今将本月份收到　　城/镇/乡捐助修筑省道经费等项地名、姓名、数目、收据字号开列于右。须至榜示者。

计开:

地名

姓名	种类及数目	收据号数
同	同	同
同	同	同

　　以上共捐

地名

姓名	种类及数目	收据号数

同	同		同
同	同		同

以上共捐

以上本月分总共收到

年　月　日

右贴某处

第十六条　本条例如有应行修正事宜,随时由筹办处处长呈请督军、省长核准施行。

第十七条　本条例自公布日起施行。

浙江修筑省道筹办处调查测量规则

第一章　总则

第一条　本规则依据督军、省长公布《修筑浙江省道筹办处简章》规定之。

第二条　本规则应责成调查测量委员切实奉行。

第三条　本规则自颁布后,如有应行修正之处,随时由处长呈请督军、省长核定。

第二章　服务通则

第四条　调查测量委员对于派定地段内应负完全责任。

第五条　调查测量委员履行职务时,先由本处呈请督军、省长通令各县知事出示晓谕,并会督就地军警对于委员随时保护、协助进行,各委员至各县时应即通知各该县知事,藉资接洽。

第六条　委员对于派定地段,应精密考查,缮具报告,并按规定比例尺绘画详图,遵守定限,迅速完成。

第七条　调查测量委员于履行任务时,若因天时关系,致误定限,应于日记簿内将晴雨各日期详细载列,回省具报,以备考查(若微雨与衣履无大损者,应仍进行服务,不得藉此推诿延缓)。

第八条　调查测量委员于履行任务时,得携带测夫二名、工役一名,其旅费工食遵照本处委员旅费规则施行。

第九条　调查测量委员应约束所带夫役,不得有招谣需索等项情事。对于民间买卖,应随本地时价公平交易(若有夫役犯此项情事者,由委员随时送交地方官惩处;若委员失察,致被人民告发,查实惩处)。

第十条　调查测量委员对于军警人民接洽时,应守和平态度。

第十一条　各调查测量各员于出发时,应与邻近地段之委员互相接洽,务使所绘地图联络一致。

第十二条　调查测量委员于任务完竣回省报告时,应将第三、四章开列调查测量各项细则详细具报,不得遗漏。

第十三条　调查测量进行及任务完竣期间,本处随时派员密查其对于任务之勤惰及报告之确否。

第三章　调查细则

第十四条　调查委员于履行任务时,应迅赴指定地段,遵照下列各项施行实地调查。

一、道路之高低宽窄及坡度,除测绘局部之平面图、断面图外,应将地形全般之高低等详细调查记载。

二、道路之土质及原有建筑之材料,应详细调查分段记载。

三、道路二旁在二丈以内,所有状况,务须详细记载,并将建筑之坚固与否,障碍物之大小高低,详注说明。

四、道路经过之桥梁宽度及建筑之材料工程之良否,应详细调查说明之。

五、经过村庄之道路,因二旁建筑物之障碍必须绕让者,应调查其可以绕让之道路,详细报告。

六、应随时调查修路材料之种类、产地及多寡与运输之方法。

七、应随时调查十里以内村庄户口之数目及可雇用人工之多寡。

八、应调查道路经过地方商业之状况及出产物品之种类。

九、道路附近有驻扎军警者,应记录其名称、人数及地点。

第四章　测量细则

第十五条　测量时,应携带需用器具,所有绘图比例则按照规定,以期一律。至其测绘之范围,应遵照下列各项:

一、道路高低宽窄及直坡度。

二、测量第一项各状况,应逐段描画平面图及纵断面图,而对于一局部之高低宽窄及紧要之部,皆须附绘若干纵横断面图,以资明瞭。

三、道路两侧在二丈以内之状况尤须详细描画,若一侧有河,则将其另一侧加宽描画,若两侧皆河或深水田等,则将其情形详绘外,并详记注于附记中。

四、经过村庄之道路,因二旁建筑物之障碍必须绕让者,应测绘其可以绕让之道路,并分别注明。

五、山岭之坡度过峻者,应详绘附近可以绕让之道路。

六、道路二旁之建筑物及障碍物,在修造道路需要之范围内,应详绘于图上。

第五章　附则

第十六条　本规则施行时,以调查测量完竣日为限。

第十七条　本规则自公布之日施行。

（原载《浙江公报》第一千六百八十五号,六至二二页,指令）

浙江省长公署指令第三千五百二十四号

令平阳县知事

呈一件为更委掾属请注册由

准予如呈注册。履历存。此令。十一月十六日

附原呈

呈为更委椽属恳请核准注册事。

窃查平邑县署财政科前委周福臻主任，业经知事具报，呈请注册在案。嗣因该员请假回籍，所有职务由该科助理员暂行代理。继以该员来函请予辞职，知事当以财政一席关系重要，未便虚悬，查有陆际云品优学粹、综核精详，堪以接充财政科主任，数月以来，尚能称职。除委任外，理合取具该员履历，备文呈送，仰祈钧长察核俯准注册，实为公便。谨呈。

附呈履历表册一纸。

（原载《浙江公报》第一千六百八十五号，二二页，指令）

浙江省长公署指令第三千五百六十九号

令财政厅长莫永贞

呈一件瑞安县公民吴锜等呈为请饬县严催

原办主任黄秉彝等照章宣示歉缓正册由

呈悉。三年分歉缓粮额，何以迄未宣布？据称，该县征收主任黄秉彝等对于应缓各户，仍照滞纳定章任意取罚，利归中饱等情，恐非无因，仰即查明核办，具复察夺；一面转饬瑞安县知事迅将歉缓正册克日宣示，以昭大信。此令。呈抄发。十一月十六日

（原载《浙江公报》第一千六百八十五号，二二至二三页，指令）

浙江省长公署指令第三千五百八十四号

令鄞县知事

呈一件据史悠沛等呈修浚东钱湖举定

局董事未实行请饬县加委由

呈、件均悉。该湖关系鄞、奉、镇三县水利善后事宜，应否设局专办，三县士绅耆老自有公论，何待该公民等来署呈请？且忻毓陶及各

职员等据称,于本年六月选举,何以迄今数月,该县知事不予加委,三县士绅耆老绝不闻有后言,来呈所称恐多不实不尽。惟据称"大堰碶板尚有多块未闭,并有将厚板换薄"情事,如果属实,该自治委员等洵有未合,仰鄞县知事分别查明复夺,并督饬将该湖应办善后事宜认真办理,以重水利而慰众望可也。原呈及附件并发,仍缴。此令。十一月十七日

（原载《浙江公报》第一千六百八十五号,二三页,指令）

浙江省长公署指令第三千五百八十五号

令鄞县知事

呈一件据忻锦崖等呈东钱湖急待修浚
环叩饬委会县定议进行由

呈悉。该湖关系鄞、奉、镇三县水利,筹议疏浚,自属当务之急,前次开会集议公决,应将过去帐略由前董事开册送县,候交议会查核议决进行方法,无非为慎重公款起见,并无不合。前民政厅据委员会县详复,业准照行有案。据呈前情,前次鄞、镇疏浚梅湖帐略究竟已否由王世钊、胡湄繁分别报销,该原经董有无经手未完尚未册报事件,仰鄞县知事一并查案复夺。此令。原呈发。仍缴。十一月十七日

（原载《浙江公报》第一千六百八十五号,二三页,指令）

浙江省长公署批第　号

原具呈人瑞安县公民吴锜等

呈一件呈为请饬县严催原办主任黄秉彝等
照章宣示歉缓正册由

呈悉。三年分歉缓粮额,何以迄未宣布?据称,该县征收主任黄秉彝等对于应缓各户,仍照滞纳定章任意取罚,利归中饱等情,恐非无因,候令行财政厅查明核办,具复察夺;一面转饬瑞安县知事迅将

歉缓正册克日宣示，以昭大信。此批。十一月十六日

（原载《浙江公报》第一千六百八十五号，二四页，批示）

浙江省长公署批第八百六十一号

原具呈人海宁吐头行商陈宝华

呈一件为吐头茧衣两项捐率太重请添入
政务参议会修正案内核减修正由

呈悉。前据该商等具呈到署，业经饬财政厅以"丝吐头、茧衣两项捐率，系民国三年间奉财政部核定颁行，迄已数年，遵守无异。至销路迟滞，乃一时之现象，似未便遽予核减，致亏税课"等语核议具复前来，并经本署批准在案。所请应毋庸议。此批。十一月十六日

（原载《浙江公报》第一千六百八十五号，二四页，批示）

浙江省长公署批第八百六十五号

原具呈人商民杨仲江

呈一件为开办丝厂遵减附设茧行灶乘请核准由

呈、件均悉。查开办丝厂、请设茧行，自与专为运茧出境之茧行不同，前已特拟《条例》交议，现在虽经否决，拟于下届开会时再行提交议复。在未准议复公布以前，所有丝厂附设茧行自应暂照《茧行条例》办理，仰即知照。《简章》发还。此批。十一月十七日

（原载《浙江公报》第一千六百八十五号，二四页，批示）

浙江省长公署批第八百六十六号

原具呈人平湖徐介石

呈一件为拟在青莲地方开设利济茧行由

呈悉。《茧行条例》业经公布，应即遵照规定手续办理，毋庸来署越渎，仰即知照。保结、捐银一并发还。此批。十一月十七日

（原载《浙江公报》第一千六百八十五号，二四页，批示）

浙江省长公署批第八百六十八号

原具呈人浚湖局原经董事忻锦崖等

呈一件呈为东钱湖急待修浚环叩

饬委会县定议进行由

呈悉。该湖关系鄞、奉、镇三县水利，筹议疏浚，自属当务之急，前次开会集议公决，应将过去帐略由前董事开册送县，候交议会查核议决进行方法，无非为慎重公款起见，并无不合。前民政厅据委员会县详复，业准照行有案。据呈前情，前次鄞、镇疏浚梅湖帐略，究竟已否由王世钊、胡湄繁分别报销，该原经董有无经手未完尚未册报事件，仰鄞县知事一并查案复夺。此批。十一月十七日

（原载《浙江公报》第一千六百八十五号，二五页，批示）

浙江省长公署批第八百六十九号

原具呈人鄞奉镇三县公民史悠沛等

呈一件呈修浚东钱湖举定局董事未

实行请饬县加委由

呈、件均悉。该湖关系鄞、奉、镇三县水利善后事宜，应否设局专办，三县士绅耆老自有公论，何待该公民等来署呈请？且忻毓陶及各职员等据称，于本年六月选举，何以迄今数月，该县知事不予加委，三县士绅耆老绝不闻有后言，来呈所称恐多不实不尽。惟据称"大堰碶板尚有多块未闭，并有将厚板换薄"情事，如果属实，该自治委员等洵有未合，仰鄞县知事分别查明复夺，并督饬将该湖应办善后事宜认真办理，以重水利而慰众望可也。此批。十一月十七日

（原载《浙江公报》第一千六百八十五号，二五页，批示）

浙江省长函复金溶仲[①]

函请借用模范缫丝厂丝车等件由

溶仲先生大鉴：正怀风采，忽奉云笺，瞻望春明，思逾秋水。即维苾筹懋著，谠论宏宣，慰如所颂。模范缫丝厂改组案，省议会议决，招商承办，业经详具理由咨交复议。耿耿此心，惟知为一般人民普谋生计。承属一节，容俟复议议决后，再行具函奉闻。专此布复，祇请

台安

附录原函

戴之省长钧鉴：京门滞迹，笺候久疏。翘企乔云，弥深落月。辰维政躬康泰，福履绥和，至以为颂。敬肃者。吾浙模范丝厂自三年创办以来，历有进步，重以先生督饬，成效益著，振新、日新两织绸厂购用有年，知之甚深，其条分韧力，颇称合用。近阅报载，省议会未悉底蕴，竟议打消，致数载辛苦经营之成绩，隳于一日，殊堪轸惜。且机件搁置，为日无多，即须损坏，尤为非计。溶熙意欲就石门湾旧址集资组设，既可免机件废弃之虞，又可供机织适合之料，公私似属两便。惟创办伊始，经营不易，拟请暂行假用五十具试办，一年后得有成效，再行照时备价，并谋扩充。倘蒙采纳，还希示复，以便备具正式公呈。耑肃敬达，祇请

政安

金溶熙端肃上言十一月四号

（原载《浙江公报》第一千六百八十五号，二六页，函牍）

---

① 金溶仲（1866—1936），名溶熙，浙江萧山人。同盟会会员。宣统元年任杭州丝绸会馆董事，辛亥后在杭州创办振新织绸厂。此函见报时省略落款。

浙江督军署布告第六号

为由前军署保荐未领凭照之县知事须呈明本署汇领由

案于本年十一月十三日准内务部咨开,"查各项保奖县知事及核准免试准免考询人员,本部向于分发省分后,即将各员凭照咨送原保长官转给。军兴以后,各省情事不无变迁,前项人员是否仍在原省供差,本部无从查考,往往有凭照业已寄发,而本员又复来部请领者,部中既增检卷批答之烦,各员亦有往返奔驰之苦。现经本部酌定,凡系前项凭照,一律暂缓寄发,应由原保省分查明未经离省人员,开单咨部请领,再行照案咨送。至各员应缴凭照、印花各费,并须随案解部,以清款目。相应咨行查照"等因到署。准此,本省如有上项人员,系前兴武将军行署保荐,已经分发省分,未领凭照、现未离浙者,应限本年十二月内呈明本署,并随缴凭照、印花各费,以凭汇案转咨办理。特此布告。

中华民国五年十一月十八日

督军吕公望

(原载《浙江公报》第一千六百八十五号,二七页,布告)

浙江省长公署通告

永康县知事张元成电呈于本月十三日赴金会算,职务委政务主任马载飏暂代。

(原载《浙江公报》第一千六百八十五号,二八页,通告)

浙江省长公署咨复省议会

关于拱埠警正魏佑孚质问书由

浙江省长公署为咨复事。

前准贵会咨送议员胡禧昌等关于新委永康县知事魏佑孚因病辞职,仍留拱埠警正之质问书一件,当经咨复并声明俟警政厅查复后再行答复在案。兹据该厅呈称,"奉经饬据省会警察厅复称,'职厅遵委行政科科长阮性山、司法科科长郑廉前往该区切实调查,兹据复称,科长等遵查警正魏佑孚于本年八月一日患牙痛病,二日奉委为永康县知事,四日忽患便血,寒热交作,又兼牙痛,其势甚剧。嗣经本厅卫生科科员林步清、西医包金琳前去诊治,该警正自以病势猝难望愈,医生又切嘱安心调养,不宜跋踄,遂于六日呈请辞永康县知事任,并请派员代理三区警正职,以便就医,当蒙厅长批准照转,一面仍令在职调治。此查得该警正患病并无假冒之实在情形也。又查该警正在前清任督理拱埠通商场捕务委员,兼会审公堂、理事局、工程局等差时,每月俸银公费约有三百余元之谱,至辛亥改革后,即行裁去,仅给兼理会审公堂公费洋六十元。民国二年六月,此项公费亦复被裁。现查该警正每月除俸银八十元、公费三十元,又厅长津贴公费二十元之外,并无何项收入。此查该警正每月出息并无五六百元之实在情形也。为此呈复,仰祈察转各等情前来。据此,查所查各节,均有案籍可稽,似尚属实。且该警正魏佑孚病已早愈,供职如常'等情前来。查该拱埠警正魏佑孚前奉委充永康县知事时,适值抱病,因恐以病势较剧之身,骤膺一县行政司法重任,致有遗误,据实辞职,并警正一职,亦经呈请派员代理,似无不合。至该警正每月出息并无五六百元之多,已经该厅派员查明,且均有案可稽,亦尚属实"等情前来。本署复查所呈各节,该警正魏佑孚尚无来书所称藉端冒病情事,现在病已早愈,供职如常,自于现任职务,亦尚无妨。至来书所称其拱埠警正一缺,每月出息有五六百元一节,本未据指明何项,既经查复并无五六百元之多,且均有案可稽,自应毋庸置议。除令警政厅随时督察外,相应备文咨复,请烦查照。此咨省议会

　　　　　　　　　　浙江省长吕公望

　　　　　　　　　中华民国五年十一月十七日

　　(原载《浙江公报》第一千六百八十六号,一九一六年十一月二十二日,五至六页,咨)

浙江省长公署咨省议会

据财政厅长兼烟酒公卖局长呈为查复省议会咨请查办
第八区烟酒公卖分局违法征收出运印花捐一案由

浙江省长公署为咨行事。

案查前准贵会以"第八区烟酒公卖分局长王镛对于该县酒类之运销瑞安、平阳、乐清、玉环各县及本省西、南两溪者,均一律征收出运捐,实为违法征收,咨请查办"等由过署。当查酒类印花捐,原有本庄印花与出运印花之别,本庄印花系销售本境,惟所谓本境是否以分局所辖区域为准,即经令饬财政厅兼烟酒公卖局长查明具复,并将该委员违法征收一层一并确查核办去后。兹据复称,"查酒捐本庄印花原限用于分局所辖区域以内运销之酒,一经出属,即应用出运印花,此为通行办法。惟第八区即旧温属烟酒公卖分局,办理酒捐出运印花一项,系以出口为限,前于本年六月三十日由该分局长王镛以据永嘉酒业全体代表林彤禀称,'温属向于本府属区域内征收出运捐费,系由前清认商规定,相沿日久,视为成例,实则产酒最巨,如绍兴等处,并无于本区范围内征收出运捐费,瓯商独抱向隅,请准援免'等情,据经呈请示遵到局。当以'查旧温属地当海澨,玉环一县孤悬海中,与他区情形本自不同,出运捐税如有区别,弊窦滋多',该区酒捐收回官办后,历届循旧办理,原有深意。兹据呈称,'本区范围以内运销之酒,请免出运捐税'等情,究竟该分局原有本区出运捐税暨闽省、处州等处出运捐税,年约若干,姑仰分晰查开数目,并如何预防影漏,详拟办法呈候核夺等语批示在案,迄未呈复到局。惟于议会发生质问之后,曾据该局长函称,'温属酒捐向于出口之处,无论本县本区,概收出运捐款,缘地居沿海,一经出口,无论本区外区,颇难稽考,与他区分局得于本区出境地界可以查验者各有不同,防止影漏,未得切要办法,故未敢率尔呈复'等情前来。正核办间,奉令前因,除令将实系本区境内运销之酒克日免收出运印花捐,

一面将预防出口影漏办法妥拟具复呈请示遵外,理合将查办缘由呈复鉴核"等情前来。除指令外,相应咨复贵会,烦为查照。此咨

浙江省议会

浙江省长吕公望

中华民国五年十一月十七日

（原载《浙江公报》第一千六百八十六号,六至七页,咨）

浙江督军公署训令第五〇六号
浙江省长公署训令第一四二九号

令浙江修筑省道筹办处为委任该处各职员由

令修筑省道筹办处处长

案查本省修筑省道筹办处业经成立,所有该处职员自应照章选任,以资进行。兹查有军医、参谋钱谟等十一员堪以分任为该处各项委员、工程司等职,合将任命状填发,令仰该处长查收转发各员,分别任事,并将该员等到差日期具报。再,调查测量制图及额外各委员,应由该处长自行遴委报核,仰并遵照。此令。

计发任命状十一纸。

中华民国五年十一月十七日

督军兼署省长吕公望

（原载《浙江公报》第一千六百八十六号,八页,训令）

浙江省长公署训令第一千三百九十三号

令五处缫丝厂据监理处呈复遵核各厂八月份
工作情形列表送核一案由

令第一、二、三、四、五模范缫丝厂

查本年八月份各模范缫丝厂工作经过情形一览表,前经令发监理处详核具复在案。兹据该处复称,"遵将五厂表列各项逐一考核,

五处模范缫丝厂八月份比较七月份成绩表

厂数（比较）	月份	初缫每工出丝数	初缫连各工作每工出丝数	工资每两需洋数	工资连各费每两需洋数	茧缫折数	比较 出丝 增	出丝 减	工资 增	工资 减	缫折 增	缫折 减
第一厂	七月	二两四钱四分	一两五钱四分	一角三分五厘	二角六分	四百四十五斤九两	三钱七分三厘			三分五厘		二十一斤一两
第一厂	八月	二两九钱六分	一两九钱一分三厘	一角一分四厘	二角二分一厘	四百二十四斤半						
第二厂	七月	二两九钱零三厘	二两一钱五分六厘	九分六厘	一角九分五厘	四百九十九斤二两	七钱二分二厘			八分一厘五毫		六十七斤二两
第二厂	八月	三两三钱	一两八钱七分八厘	一角零三厘	二角一分三厘五毫	四百三十二斤						
第三厂	七月	四两一钱七分	二两五钱八分	一角二分一厘	二角三分零九毫	四百五十二斤	六钱二分			四分三厘		二十六斤
第三厂	八月	六两六钱六分	三两二钱	九分二厘九毫	一角六分六厘	四百二十六斤						
第四厂	七月	二两五钱六分	一两六钱二分	一角二分四厘	二角一分三厘	四百四十一斤半		一钱九分六厘	三分三厘五毫		九斤九两	
第四厂	八月	二两三钱零一厘	一两四钱二分二厘	一角三分一厘	一角四分六厘五毫	四百五十一斤四两						

续　表

比较数＼厂数	月份	初缫每工出丝数	初缫连各工作每工出丝数	工资每两需洋数	工资连各费每两需洋数	茧缫折数	比较 出丝 增	比较 出丝 减	工资 增	工资 减	缫折 增	缫折 减
第五厂	七月	三两四钱四分六厘	二两一钱二分一厘	一角四分三厘	三角三分一厘七毫	五百八十斤四两	一钱六分五厘			一分五厘六毫		七两
	八月	五两	二两二钱八分六厘	一角三分二厘	二角一分一厘一毫	五百七十九斤十三两						

备考：五厂比较，出丝惟第三厂为最长，工资亦惟第三厂为最廉，缫折第一厂为最廉。缫折第一厂略胜，第三厂次之，独第五厂缫折极大，但未著明光茧、毛茧，纵是毛茧，亦大于各厂，多大于第三厂，即茧多一斤，即损洋二元，况各厂比较，相差有多至百六十斤者，即茧本亦差三百余矣。工资亦惟第三厂为最长，查缫丝惟缫折第一同题，公费其小焉者也。

分项计算,拟具成绩比较表呈复"前来,合行抄表,令仰各该厂长即便查明表载成绩,并参照前发工作各项限度表,悉心整顿,毋稍玩忽。此令。

计抄发表一纸。

中华民国五年十一月十五日

省长吕公望

(原载《浙江公报》第一千六百八十六号,八至九页,训令)

浙江省长公署训令第一千四百一十三号

令各县知事为修正各县张贴告示章程由

令各县知事

照得官厅张贴文告,原藉详明恳挚之辞,达立法垂教之旨,俾民知感而俗易化,情可通而政易成。三令五申,古为重典。本省发贴告示章程,曾由前巡按使订定通行遵照,祈家喻而户晓,斯众情之无不通,用意至良,属望尤重。凡属地方官吏,自应切实遵行。惟查原章程第十一条有月终录送示稿之规定,日省月试,固为察吏之要图,而缛节繁文,亦为行政之阻碍。本省长勤求治理,惟实是务,不忍各属于簿书上多耗一分精神,致政务上少收一分实效,特将前按署颁行《张贴告示章程》妥加修改,并将应行修改各条开单通令各该知事遵照。嗣后张贴告示,均遵修改《章程》办理外,所有依法命令、依法处分之示稿,概免呈送。此令。

附修改单一纸。

中华民国五年十一月十六日

省长吕公望

计开:

第二条 "凡印成告示,由道转发各县者"十二字,改为"凡印成告示发县者"八字。

第三条 删去"道自行撰示及转饬各"九字,文内"饬"字均改为"令"字。

第四条　删去"由道转发及径发到县"九字,"三日内"改为"五日内"。

第五条　删去"由道转饬或径饬"七字,省署之"署"字改为"令"字。

第七条　改为"上开各种告示,由县按照前送各表地点分别支配张贴"。

第九条　删去"详由道尹"四字。

第十条　"饬"字改为"令"字。

第十一条　改为"各县于每三个月终,应将该县自行发生之命令、处分、示稿摘由抄册呈核"。

第十二条　删去。

第十三条　删去"一道属"至"并负责任"廿九字。

第十四条　删去。

第十五条　改为"本章程令行到县之日实行之"。

（原载《浙江公报》第一千六百八十六号,一〇至一一页,训令）

浙江省长公署训令第一千四百一十四号

令财政厅准财政部咨行浙省官产应仍设专处
即以财政厅长莫永贞兼任总办由

令财政厅长莫永贞

本年十一月八日准财政部咨开,"查浙省官产前准贵省长八月寒电,以时局尚未大定,金融枯竭,另设机关徒滋耗费,请归财政厅兼办,当经本部电复照准,原系一时权宜之计,现在大局既定,政治统一,官产处本为本部直辖机关,各省均系另设,浙省自未便独异,除已派员会办,另案咨明外,应仍将该省官产另设专处,即以财政厅长莫永贞兼任总办,以符部制。所需经费,并应参照军兴以前部定办法另造预算,送部核夺。除令该厅长外,相应咨请贵省长查照饬遵,并祈见复"等由。准此,除咨复外,合行令仰该厅即便遵照办理。此令。

中华民国五年十一月十七日

省长吕公望

（原载《浙江公报》第一千六百八十六号,一一页,训令）

浙江省长公署训令第一千四百一十五号

令高检厅准财政部咨行浙省检察厅经费不敷开支
请流用各项与会计法尚无不合应照准由

令高等检察厅长殷汝熊

本年十一月六日准财政部咨开,"准国务院钞交奉大总统发下浙江省长吕公望呈浙省检察经费拟请准予流用文一件①,应由部核办,抄录原件函部查照等因到部。查原呈内称,'五年度预算,各厅经费第一项俸给,第二项办公,搏节动用,尚可勉就范围。惟第三项杂费,调查、拘传等款一并列入,所列之数又因经费困难,过从节省,于事实上本不相符,拟援照《会计法》第十六条之规定及奉天、湖北、安徽等省呈准流用司法经费之成案,将本省检察厅概算定额各项互相流用,于编造决算案内说明'等语。复查该省检察厅经费,既系不敷开支,请流用各项,与《会计法》尚无不合,应即照准。将来仍于决算案内逐项说明,以凭稽核。除咨呈国务院外,相应咨行贵省长查照办理可也"等因。准此,查此案前据该厅具呈到署,即经据情转呈在案。准咨前因,合行令仰该厅即便遵照办理。此令。

中华民国五年十一月十六日

省长吕公望

（原载《浙江公报》第一千六百八十六号,一一至一二页,训令）

---

① 检察,底本误作"检查",径改。

浙江省长公署训令第一千四百二十一号

令警政厅准督军署咨民人三妹相即陈一轩
招匠私带枪枝发售悬赏通缉由

令警政厅长夏超

十一月八日案准浙江督军署咨开，"据宁台镇守使顾乃斌呈，'据警备队第四区统带黄继忠报称，该区第一营第四哨拿获私造枪匠林元金、项小宅、金少用，并已成土大六枪及制造器械等件。询据供称，系村人三妹相即陈一轩嘱其制造各节，理合备文呈报，仰祈察核等情。查台属各处近来土枪流布，日多一日，率皆不逞之徒雇匠私造，接济匪类，资为利薮，非严拿惩办，不足以儆奸宄而清盗源。该逸犯三妹相即陈一轩，既据获犯林元金等供称听嘱制造土大六五十枝，工资从丰，官厅干涉无妨等语，其胆大妄为，决非善类，若听漏网，于地方治安不无关系，拟请悬赏一百元，由职署通令台属各营、县严密缉拿，务获律办，以资惩儆。是否有当，理合备文呈请核示遵行'等情到署。除指令照准外，相应咨明贵公署，请烦查照"等因。准此，查此案前据该厅呈报当经指令在案，兹准前因，除咨复外，合再令仰该厅转令遵照。此令。

中华民国五年十一月十七日

省长吕公望

（原载《浙江公报》第一千六百八十六号，一二页，训令）

浙江省长公署指令第　号①

令高等检察厅长殷汝熊

呈一件据上虞县呈报勘验车式家被劫情形并获盗讯供缘由

呈及勘表、失单、供均悉。该盗等结伙行劫，拒伤佣妇，实属悍不

---

① 本文由浙江高等检察厅训令第一千零八十五号析出。

畏法。该处离城五里,乃令盗匪肆行抢劫,毫无忌惮,该县平日捕务废弛,已可概见,殊堪痛恨。仰即迅将获犯王阿八依法诉办,一面分别会督营警,务将余犯原赃悉数缉获,送究具报,并仰警政、高等检察两厅通令所属一体协缉解究,切切。

附　浙江高等检察厅训令第一千零八十五号

令各属通缉上虞车式家被劫余盗胡阿九等十三名务获由

令鄞县、杭县、金华、永嘉地方检察厅,七十县知事

案奉省长指令,据上虞县呈报勘验车式家被劫情形并获盗讯供缘由,令开,"呈及勘表、失单、供均悉。该盗等结伙行劫,拒伤佣妇,实属愍不畏法。该处离城五里,乃令盗匪肆行抢劫,毫无忌惮,该县平日捕务废弛,已可概见,殊堪痛恨。仰即迅将获犯王阿八依法诉办,一面分别会督营警,务将余犯原赃悉数缉获,送究具报,并仰警政、高等检察两厅通令所属一体协缉解究,切切"等因。奉此,合亟开单通令各该厅、该县查照,严密协缉,务获解究,切切。此令。(刊登《公报》,不另行文)

计开名单一纸。

中华民国五年十一月十五日

高等检察厅长殷汝熊

杭县地方检察长陈毓璿代行

计开逸盗单

不识姓名阿毛	嵊县	
胡阿九	绍兴麻皮桥人	偷鸡
林阿桂	余姚海里人	挑盐
蒋阿成	绍兴昌安门人	盗

续 表

李阿宝	绍兴娄公人	盗
沈圣章	绍兴西郭门外杨家湾人	
包阿琴	绍兴包家山	撑船
王阿多	绍兴柯桥人	做扇司务
董阿羊	绍兴探花桥人	洋铁司务
周阿炎	余姚舜山头人	盗
沈枯林	绍兴竹筛牌人	讨饭
陈阿有	绍兴东浦	杂货店伙
杨阿中	绍兴马庄人	换糖

（原载《浙江公报》第一千六百八十六号，一五至一六页，训令）

浙江省长公署指令第三千五百九十七号

令海盐县商会

呈一件为商人张遂初等请设福民茧行由

呈悉。既据并呈县署，仍俟由县查明转呈核夺，所请树案之处，应毋庸议。保结发还。此令。十一月十七日

（原载《浙江公报》第一千六百八十六号，一八页，指令）

浙江省长公署指令第三千五百九十八号

令海宁县知事

呈一件为许震等拟在袁化镇请设久成茧行由

呈悉。查前据该商呈请开设茧行并缴帖银、保结，业经批饬发还在案。仰仍查照公布《茧行条例》及第一二二四号训令办理，并转饬遵照。此令。十一月十七日

（原载《浙江公报》第一千六百八十六号，一八页，指令）

浙江省长公署指令第三千六百零八号

令丽水县知事

呈一件呈拟将商会水龙拨交县警所所有李前知事
垫款即就罚金旷饷项下拨还由①

据呈,拟将商会前置水龙拨交县警所消防队收存,即就警所罚金
旷饷项下拨款归还李前知事垫款,应予照准。惟商会原来欠缴水龙
一款,为数若干,此次拨归县警所应支价若干,应即分别声叙,遵照前
巡按使批示办理具报,一面并应将县警所消防队添置水龙专案呈报
备查。此令。十一月十七日

(原载《浙江公报》第一千六百八十六号,一八页,指令)

浙江省长公署指令第三千六百十二号

令高等审判厅长范贤方

呈一件慈溪县呈送七八月收支司法经费清册由

呈、册均悉。仰该厅咨会高等检察厅核明令遵具报。再,该县司
法经费收支册报,检查本署档卷,仅报至民国四年八月,据呈已报至
本年六月份止等语,究竟此项清册曾否呈报该厅有案,并即查明具复
察核。至是项册报,应呈由主管官厅核转,业于该县详报四年六月十
一日至八月底止报销册案内,经前巡按使饬知该厅转饬知照在案,来
件仍系径呈本署,并仰查照前案转令遵照。此令。呈抄发,清册并
发,仍缴。十一月十七日

(原载《浙江公报》第一千六百八十六号,一八至一九页,指令)

---

① 李前知事,即李平,浙江缙云人。民国元年七月至民国二年八月任丽水县知事。

浙江省长公署指令第三千六百三十六号

令财政厅长兼烟酒公卖局长①

呈一件呈为查复省议会咨请查办第八区烟酒公卖

分局违法征收出运印花捐一案由

呈悉。已据情转咨，仰即令饬该分局将实系本区境内运销之酒克日免收出运印花捐，一面妥拟预防出口影漏办法呈复察核，并由厅查明该局以前所收出运印花捐，是否悉数报解，有无隐匿情事，据实呈复核夺，毋稍徇延。此令。十一月十七日

（原载《浙江公报》第一千六百八十六号，一九页，指令）

浙江省长公署指令第三千六百三十七号

令海宁县知事

呈一件为准县商会函称徐楷等指定各地点请设各茧行由

呈悉。该县商民请设茧行不止一处，且有同一地点，迭经指令在案。仰即查照公布《条例》及第一二二四号训令办理，并转饬遵照。保结发还。此令。十一月十八日

（原载《浙江公报》第一千六百八十六号，一九页，指令）

浙江省长公署指令第三千六百三十八号

令财政厅长莫永贞

呈一件桐乡商务分会总理王康祚为炉头镇统捐分局

擅用私秤扣留烟件请委查饬放由

此案前据该分会电呈到署，当以局秤轻重不同，显有情弊，即经令厅查办在案。据呈各情，仰财政厅迅即转行该管县署吊取局秤确

---

① 财政厅长，底本脱"长"字，径补。

切验明,秉公揭报,核办具复。余仍查照前令办理,并即饬县先行该分会知照。此令。抄呈发。十一月十七日

（原载《浙江公报》第一千六百八十六号,一九至二〇页,指令）

浙江省长公署指令第三千六百三十九号

令财政厅长莫永贞

呈一件前任瑞安县知事监盘平阳县知事现任瑞安县知事
呈为瑞邑交代结算清楚造送总册请备案由

呈、册均悉。查册列林任新旧契税等项①,民欠内有四千四百二十余元,因契据业已发出,曾于刘知事接收林任交代时②,批饬转行刘知事查明有无侵挪情弊,专案呈复在案。迄今日久,未据查报,仰财政厅仍遵前批分别办理,其余各款并即核明令遵。一面通令各县嗣后办理交代,如有民欠契税等款,除契据尚未给领者,准予列入交册由后任代为催缴外,倘契据业经发给,则是否实欠在民,稽查非易,流弊滋多,应责成后任专案呈由该厅勒限前任依限催收清楚,逾限不缴即令如数赔偿,如敢违延,依法追缴,勿稍姑容,后任失于查报,致被朦列,应由后任完全负责,不得推诿,以重国税。此令。十一月十七日

（原载《浙江公报》第一千六百八十六号,二〇页,指令）

浙江省长公署指令第三千六百四十八号

令永嘉县知事郑彤雯

呈一件为呈复宁台温船商施宗范呈为禁止
商船停泊请饬取消一案由

既据勘明该处自罗湾衔衢起,至安澜亭一带止,水势甚急,停泊

---

① 林任,指林钟琪,字宝馨,福建侯官人。民国三年七月至民国五年五月任瑞安县知事。

② 刘知事,指刘泽龙,四川人,民国五年五月至民国五年七月继林钟琪任瑞安县知事。

巨舰则铁链纵横,行驶小船异常危险。并据声称,"自示禁之后,于起卸货物、报关请验等事,均无妨碍"等语,应准照办。仰即录案函知瓯海关监督查照可也。此令。十一月十八日

（原载《浙江公报》第一千六百八十六号,二〇页,指令）

浙江省长公署指令第三千六百五十号

令临安县知事黄鹗之

呈一件为呈报城楼坍损请拨款修理由

呈悉。查省垣各城门现将城楼拆卸改修平垛,即以旧料变抵,不必另外筹款,该县似可仿照办理,仰即另估呈复核夺。此令。十一月十八日

（原载《浙江公报》第一千六百八十六号,二一页,指令）

浙江省长公署指令第三千六百五十二号

令瑞安县知事

呈一件呈拟模范桑园补救方法并送图说清册由

呈、件均悉。既据呈明历办情形,姑准照数支销,其未成活桑树,仍应责成经理员如数购补种植,以资补救而重公款。再,丰积仓旧址是否地方公有,来图未据注明,并仰补查具报,以凭核夺。附件存。此令。十一月十八日

（原载《浙江公报》第一千六百八十六号,二一页,指令）

浙江省长公署指令第三千六百五十三号

令孝丰县知事

呈一件呈报筹拟振兴蚕桑办法由

呈、摺均悉。该县蚕桑既未发达,应即聘任蚕学人员积极进行,以兴大利。至推广植桑办法,查有前据富阳县知事拟具《章程》,经本

公署酌加改正,刊登一千六百七十五号《公报》,堪以参照仿办,仰即知照。摺姑存。此令。十一月十八日

（原载《浙江公报》第一千六百八十六号,二一页,指令）

浙江省长公署指令第三千六百五十四号

令象山县知事

呈一件呈复办理蚕桑情形由

呈悉。查振兴蚕桑,事属积极行政,该县既由模范桑园办理入手,未始非慎重之道,应改编成育蚕栽桑新法,分赴各乡讲演劝导,一俟风气稍开,即行筹设蚕业传习所,以期普及而图振兴。至购桑分种,查有前据富阳县知事拟具是项《章程》,经本公署酌加改正,刊登第一千六百七十五号《公报》,堪以参照遵办,仰即知照。此令。十一月十八日

（原载《浙江公报》第一千六百八十六号,二一至二二页,指令）

浙江省长公署指令第三千六百五十六号

令泰顺县知事

呈一件据呈送陶伯垣与徐青仁等因山场经界
一案图说及承垦证书等由

呈、件均悉。该县一都左溪荒山,应先查明有无私垦情事,是否适符《条例》,何得以案经高等分庭判决,依照《国有荒地承垦条例》具书呈请,遂不遵章呈候咨部核准,辄行填发承垦及所有权各证书?且察阅山图,虽据称曲折凹凸较多,未注丈量弓口,终欠切实。又,只一分不敷存转,所呈证书备查两联,尤与定式不符,应予注销,即由该县查明何人何时开垦,另具详图两份,抄附高等分庭原判,呈候核明报部复准转令到县后,再行依式填发各项证书,以重垦务,仰即遵办。图、摺暂存备查,余件发还。此令。十一月十八日

（原载《浙江公报》第一千六百八十六号,二二页,指令）

浙江省长公署指令第三千六百五十七号

令余姚县知事邢炳旦

禀一件该县公民郑浩等为补选议员委员
沈逢辰阿私舞弊请令县查究由

查地方自治既未奉明令回复,遇有议员缺额情事,自无补选之必要,该知事前请提先补选县议员前来,业经指令,"俟自治制度恢复后,再行呈核示遵"在案。前据该民等禀揭情形,如果属实,殊堪骇异,仰该知事查明实情,复候核办,毋稍徇延,切切。原禀抄发。此令。十一月十八日

(原载《浙江公报》第一千六百八十六号,二三页,指令)

浙江省长公署指令第三千六百六十四号

令镇海县知事

呈一件为转送柴桥镇商会改正章程及名册公费由

呈悉。查该县商会改组,经前按署咨准农商部核准备案,嗣据前民政厅呈转该商会遵改章程及钤记公费等,又经本公署转咨核复在案。卷查县商会前送《章程》载明,以全县为区域,则柴桥镇商会已在取销之列,现已不能称为"改组";至划分区域,应与县商会协议,柴桥镇距县商会究有若干里数,来呈亦未据叙明,此次呈请并设商会是否合于《商会法施行细则》第二条之规定,无凭核夺,应再查明具报察核。改拟《章程》尤多不合,仰即转饬知照。《章程》发还,名册、公费姑存。此令。十一月十八日

(原载《浙江公报》第一千六百八十六号,二三页,指令)

浙江省长公署指令第三千六百六十六号

令海宁县知事

呈一件为准袁化商会函称黄亦政等拟开设振大茧行请察核由

呈悉。该县袁化地方前据该知事转呈许震等请设茧行,经指令

"查照公布《条例》及第一二二四号训令办理"在案。商民黄亦政等请设茧行,所拟地点相同,该知事又予核转,殊堪诧异,不准并斥。结发还。此令。十一月十八日

（原载《浙江公报》第一千六百八十六号,二三页,指令）

浙江省长公署指令第三千六百六十八号

令温岭县知事

呈一件为据转呈大峧乡农会章等件由

呈、件均悉。该县大间、隘顽两乡农会,既系合组,应于名称条内将所属区域叙明,拟订会章,亦应按照《暂行规程》第十一条规定,将应列各事项逐一详载。来章既多未明备,且所定会中职员人数及会计、庶务各员由会长延聘办法,与《暂行规程》第十三、十四两条,亦未符合,应饬恪遵《规程》,另订妥章两份,附具各职员姓名、履历册两份,补缮代表同意证明书一份,送县核明,再行转呈察夺,仰即遵办。代表同意证明书一份暂存,余件发还。此令。十一月十八日

（原载《浙江公报》第一千六百八十六号,二三至二四页,指令）

浙江省长公署指令第三千六百七十二号

令前任省立甲种农业学校校长黄勋、现任省立甲种农业学校校长周清

呈一件为会同前校长黄勋呈报交接款项
图书仪器等造册送请察核备案由

呈、册均悉。查款项清册内,存款项下,四年度临时费盈余数目系将前年度临时费盈余数并计在内,前已指令分别更正,本册内应一体照改,以凭核对;垫款项下,陈前校长移交巴拿马赴赛支出银四十

五元七角七分三厘①,查已经前巡按使署以"未奉核定有案,将报销册驳还"在案。吴前校长任内二年度六月份溢支银八元四分一厘②,系属预算外溢支之款,应由原任校长自行弥补,未便移交作垫。学生应缴学膳讲义杂费本应先期缴纳,该黄前校长既不照章催缴齐全,反于学校经费项下代为垫付,亦属无此事理,应均删去。其余印花票以下各款,应由现任校长查明是否正当,分别经常、临时,作为现银移交列册,将来再由该校长于造送临时费及九月份经常费各报销册一并造报,所有册内垫款一项,毋庸再列。又,图书册内所注《实业浅说》及《农作物病学》教科书等缺少本数,应即由黄前校长查明补交具报,陈前校长任内各教员移借图书未归还者,现在各教员是否均仍在校,此项书籍有无短少,并应由现任校长明白具复,嗣后凡遇交代,教职员如有借阅书件,应先一律归还移交,俟交清后再行续借,不得再于册内笼统开报。各册准予备案,仰即分别遵照。款项、清册发还,余册均存。此令。十一月十八日

计发还册一本。

(原载《浙江公报》第一千六百八十六号,二四页,指令)

浙江省长公署批八百六十七号

原具呈人嘉善储鋆

呈一件为遵照修正条例在枫泾开设兴业茧行由

呈悉。既据并呈县署,仍俟由县查明转呈核夺,所请备案,应毋庸议。此批。十一月十七日

(原载《浙江公报》第一千六百八十六号,二五页,批示)

---

① 陈前校长,指陈嵘(1888—1971),字宗一,原名正荣,字任虞,浙江安吉人。民国四年七月至民国五年七月任浙江省立甲种农业学校校长。

② 吴前校长,指吴崃,字庶晨,浙江奉化人。民国二年七月至民国四年七月任浙江省立甲种农业学校校长。

浙江省长公署批八百七十一号

原具呈人盛马氏

呈一件为伊子盛钟彦以身殉国请予抚恤由

来呈所称,已蒙照准抚恤等语,本署查无是案,无凭察核。此批。
十一月十七日

（原载《浙江公报》第一千六百八十六号,二五页,批示）

浙江省长公署批八百七十二号

原具呈人陈其昌

呈一件为创办民业锡湖铁路请予备案并乞转咨由

查阅来件,核与《民业铁路条例》第二、第四两条所列各款,尚多缺略,应仍遵照规定手续办理,经部核准给照后,再行报由本署备查可也。件发还。此批。十一月十七日

（原载《浙江公报》第一千六百八十六号,二五页,批示）

浙江省长公署批八百七十四号

原具呈人永嘉商人潘锦春

呈一件为第八区公卖分局滥用职权违法屈罚提起诉愿由

呈悉。按照《诉愿法》规定,人民诉愿须用书状,并应向原处分行政官署之直接上级行政官署提起。此案该商对于永嘉县署就该商私藏烧酒科罚之处分声明不服,其直接上级行政官署为烟酒公卖局,既据呈请财政厅委员复验,仰财政厅长兼烟酒公卖局长审查办理可也。此批。十一月十七日

（原载《浙江公报》第一千六百八十六号,二五至二六页,批示）

浙江省长公署批八百七十六号

原具呈人商民陈源

呈一件为在嘉兴新塍开设新昌茧行请核准给帖由

据呈已悉。应俟县呈到署,再行核办,仰即知照。此批。十一月十八日

（原载《浙江公报》第一千六百八十六号,二六页,批示）

浙江省长公署批八百七十七号

原具呈人丽水高达丰

呈一件据呈禀控叶球等官绅压制一案再叩密委查勘由

呈、黏均悉。此案业经令县声复,一俟该县复到,本署自当察核,持平办理,先予拘留无此办法,所请应毋庸议。黏件存。此批。十一月十八日

（原载《浙江公报》第一千六百八十六号,二六页,批示）

浙江省长公署批八百七十八号

原具呈人义乌何肇松等

呈一件呈为选举九石殿水利堰渎经理

县署玩视延搁请饬速办由

呈悉。仰候令催该县知事迅遵前民政厅批示办理可也。此批。十一月十八日

（原载《浙江公报》第一千六百八十六号,二六页,批示）

浙江省长公署批八百七十九号

原具呈人省立甲种农业学校教员陆海望

呈一件呈为振兴实业首重化验请本省设立化验所由

呈悉。胪陈各节不为无见,仰候通盘计划,酌量举办可也。此

批。十一月十八日

（原载《浙江公报》第一千六百八十六号，二六页，批示）

致大总统国务总理电

大总统、段总理钧鉴：顷接皖省议会电称，"段总理近萌退志，关系全国安危，敝会已电请大总统暨两院，一意坚留，以免内阁摇动"等情。京华迢远，传闻或未免失真，然近阅中外报章，讹言繁兴，要非国家前途之幸。窃念数月以来，总理辅弼大总统，同心一德，共济艰难，久为中外所钦仰，只以百事草创之初，章制未备，权限易淆。内阁由于混合而成，政策自有同异之见。凡此种种之现象，均为过渡时代所必经，所幸我大总统虚怀明德，薄海同钦，总理志切匡时，力肩巨任。值此外侮纷乘，内忧未靖，正赖柱石，共挽颠危，岂宜释肩过拂民望？公望奉职海滨，本不能妄参密勿，然中枢奠安，疆吏方可尽其职守。大局安危，讵容缄默，冒昧上陈，临电不胜屏营待命之至。公望叩。巧。印。（中华民国五年十一月十八日）

（原载《政府公报》第三百十九号，一九一六年十一月二十三日，二十五页，公电，杭州吕公望来电十一月十九日）

浙江省长公署咨内务部农商部

为浙江茧行单行条例经议决公布缮摺送请备案由

浙江省长公署为咨行事。

案查浙省限制茧行一案，前准大部来咨，经将据前民政厅呈送拟具茧行丝厂各条例审核改定，拟提交省议会议决后公布施行各情形咨复。嗣准咨送丝茧生产调查表到署，复经饬属查填具报各在案。兹准省议会咨复，新设茧行规定距旧有茧行十里，业经议决，而《丝厂条例》结果否决等由前来，本省长详加研究，实与完全开放无甚差异。又经咨交复议，准咨送议决案规定限制二十里，其内容虽照前颁《条例》五十里之限制减为二十里,而前准五十里内设一茧行,附设两分行,现行《条例》规定不得有分行、分庄等名目,所有旧准分行亦一律取消,于便利农民之中仍寓限制茧行之意,兼筹并顾,颇觉两无偏陂。至根本解决,则固在发达蚕桑,改良丝织,而限制茧行,实一时治标之策耳。拟即公布执行。除分咨财政部、内务部、农商部外,相应将《浙江茧行条例》缮摺,备文咨送大部,请烦查照备案。此咨

内务总长、农商总长

计附送清摺一扣(已见本月十三日本报"公布"门)。

浙江省长吕公望

中华民国五年十一月十八日

(原载《浙江公报》第一千六百八十七号,一九一六年十一月二十三日,八页,咨)

浙江督军公署训令第五〇四号
浙江省长公署训令第一四三三号

令各属为法商勃利盎阿尔芒赴浙游历饬属保护由

令各镇守使、各交涉员、各县知事、第一师师长、第二师师长、旅长、厅长

本年十一月十四日准江苏省公署咨开,"案据特派江苏交涉员杨晟呈称,'顷准法国总领事函,以法商勃利盎阿尔芒赴江苏、浙江、安徽游历,缮给护照请盖印前来。除将护照印发外,理合呈请省长察照,转饬各属,俟该法商到境呈验护照时,照约保护'等情。据此,除训令各属保护并分咨外,相应咨请查照,希即转行各属照约一体保护"等由。准此,除分令外,合行令仰该　即便转令所属一体照约保护,并将该法商出入境日期具报备查。此令。(刊登《公报》,不另行文)

中华民国五年十一月十八日

督军兼署省长吕公望

（原载《浙江公报》第一千六百八十七号，九页，训令）

浙江督军公署训令第五〇五号
浙江省长公署训令第一四三四号

令各属为英巡捕林澈赴浙游历请令保护由

令各交涉员、各镇守使、各县知事、第一师师长、第二师师长、旅长、厅长

本年十一月十四日准江苏省公署咨开，"案据特派江苏交涉员杨晟呈称，'顷准英国总领事函，以英巡捕林澈携友德娃赴江苏、浙江游历，缮给护照请盖印前来。除将护照印发外，理合呈请省长察照，转饬各属，俟该英捕到境呈验护照时，照约保护'等情。据此，除训令各属保护外，相应咨请查照，希即转行各属照约一体保护"等由。准此，除分令外，合行令仰该　　即便转令所属一体照约保护，并将该英人出入境日期具报备查。此令。（刊登《公报》，不另行文）

中华民国五年十一月十八日

督军兼署省长吕公望

（原载《浙江公报》第一千六百八十七号，九至一〇页，训令）

浙江督军公署训令第五〇一号
浙江省长公署训令第一四三五号

令各属为德人德来思施通梅赴浙游历请饬保护由

令各交涉员、各县知事、各镇守使、第一师师长、第二师师长、旅长、厅长

本年十一月十四日准江苏省公署咨开，"案据特派江苏交涉员杨晟呈称，'顷准德国总领事函，以德来思、施通梅各带猎枪一支、弹少许，赴江苏、浙江、安徽游历，缮给护照请盖印前来。除将护照印发

外,理合呈请省长察照,转饬各属,俟该德人到境呈验护照时,照约保护'等情。据此除训令各属保护并分咨外,相应咨请查照,希即转行各属照约一体保护"等由。准此,除分令外,合行令仰该　即便转令所属一体照约保护,并将该二德人出入境日期具报备查。此令。(刊登《公报》,不另行文)

中华民国五年十一月十八日

督军兼署省长吕公望

(原载《浙江公报》第一千六百八十七号,一○页,训令)

浙江督军公署训令第五○三号
浙江省长公署训令第一四三六号

令各属为美人贝理哲赴浙游历请饬保护由

令各交涉员、各县知事、各镇守使、第一师师长、第二师师长、旅长、厅长

本年十一月十四日准江苏省公署咨开,"案据特派江苏交涉员杨晟呈称,'顷准美国总领事函,以贝理哲赴江苏、浙江、安徽游历,缮给护照请盖印前来。除将护照印发外,理合呈请省长察照,转饬各属,俟该美人到境呈验护照时,照约保护'等情。据此,除训令各属保护并分咨外,相应咨请查照,希即转行各属一体保护"等由。准此,除分令外,合行令仰该　即便转令所属一体照约保护,并将该美人出入境日期具报备查。此令。(刊登《公报》,不另行文)

中华民国五年十一月十八日

督军兼署省长吕公望

(原载《浙江公报》第一千六百八十七号,一○至一一页,训令)

浙江督军公署训令第五〇二号
浙江省长公署训令第一四三七号

令各属为英人歌敖等四人赴浙游历请保护由

令各交涉员、各县知事、各镇守使、第一师师长、第二师师长、混成旅旅长、警政厅厅长

本年十一月十四日准江苏省公署咨开，"案据特派江苏交涉员杨晟呈称，'顷准英国总领事函，以歌敖、路俄、芬华甫、式士伦赴江苏、浙江游历，缮给护照请盖印前来。除将护照印发外，理合呈请省长察照，转饬各属，俟该英人到境呈验护照时，照约保护'等情。据此，除训令各属保护外，相应咨请查照，希即转行各属照约一体保护"等由。准此，除分令外，合行令仰该　　即便转令所属一体照约保护，并将该英人出入境日期具报备查。此令。（刊登《公报》，不另行文）

中华民国五年十一月十八日

督军兼署省长吕公望

（原载《浙江公报》第一千六百八十七号，一一页，训令）

浙江督军公署训令第五〇〇号
浙江省长公署训令第一四三八号

令各属保护德人克伯林赴浙游历由

令特派交涉员、温州交涉员、宁波交涉员、警政厅厅长、各县知事、暂编第一师师长、暂编第二师师长、混成旅旅长、嘉湖镇守使、宁台镇守使

本年十一月十四日准江苏省公署咨开，"案据特派江苏交涉员杨晟呈称，'顷准德国总领事函，以克伯林随带手枪一枝、猎枪一枝，赴江苏、浙江、福建、广东游历，缮给护照请盖印前来。除将护照印发外，理合呈请省长察照，转饬各属，俟该德人到境呈验护照时，照约保

护'等情。据此,除训令各属保护并分咨外,相应咨请贵省长查照,希即转行各属照约一体保护"等由。准此,除分令外,合行令仰该即便转令所属一体照约保护,并将该德人出入境日期具报备查。此令。(刊登《公报》,不另行文)

中华民国五年十一月十八日

督军兼署省长吕公望

(原载《浙江公报》第一千六百八十七号,一一至一二页,训令)

浙江督军公署训令第四九九号
浙江省长公署训令第一四三九号

令各属保护德人葛灵惠赴浙游历由

令特派交涉员、温州交涉员、宁波交涉员、嘉湖镇守使、宁台镇守使、警政厅厅长、暂编第一师师长、暂编第二师师长、混成旅旅长、各县知事

本年十一月十四日准江苏省公署咨开,"案据特派江苏交涉员杨晟呈称,'顷准德国总领事函,以葛灵惠随带猎枪一枝、手枪一枝、弹少许,赴江苏、江西、浙江、安徽、湖北、河南、山东、福建、直隶游历,缮给护照请盖印前来。除将护照印发外,理合呈请省长察照,转饬各属,俟该德人到境呈验护照时,照约保护'等情。据此,除训令各属保护并分咨外,相应咨请贵省长查照,希即转行各属照约一体保护"等由。准此,除分令外,合行令仰该即便转令所属一体照约保护,并将该德人出入境日期具报备查。此令。(刊登《公报》,不另行文)

中华民国五年十一月十八日

督军兼署省长吕公望

(原载《浙江公报》第一千六百八十七号,一二至一三页,训令)

浙江省长公署训令第一千四百二十八号

令杭县知事据海宁县呈地处下游野荷汇集
请令杭县会同撩除由

令杭县知事姚应泰

案据海宁县知事呈称，"查野荷有碍交通，业经两次呈请拨款打捞在案。兹据城区及许村、长安等警佐暨自治员会呈报称，'上河一带野荷，警佐等遵令逐段分捞，期以五日捞尽。不料上月二十七、二十八、二十九连日大雨后，河水急流，加以西北风大作，致野荷由杭县流入者更觉倍多，业经呈请添拨经费在案。警佐等连日会同督察工人竭力捞除，无如昨又大雨一昼夜，至今尚未放晴，上河水势尤急，野荷由杭县顺流而下，竟如层澜叠嶂，莫可抵御，致日日捞除，夜夜添涨，不独打捞经费终难估计，而野荷亦永无绝根之望。合行吁请转呈省长，迅令杭县知事，于辖境内之临平地方等处野荷切实打捞，庶上流既清，下流自尽，否则捞不胜捞，徒耗工资，谁任其咎？为此会同备文呈报，仰祈察核'等情前来。据此，知事当即派员驰赴上河一带查察野荷情形，旋据复称，与该警佐等所呈各节无异，倘杭县打捞不力，则宁邑地处下流，受害无穷，理合备文呈请，仰祈鉴核，迅令杭县转饬临平警佐暨自治员等即日会同督察，多集人夫，切实捞除，得以根株尽绝，俾利交通，实为公便"等情。据此，查是项野荷滋生水面，飘泊无常，一河流经过数县，倘非各该县同时并举，或上游各该县先行捞除，难期根株尽绝。前据警政厅拟呈办法，即经指令该厅长迅令内河水警厅会同该知事妥速办理，并通令遵办在案。兹阅来呈，关于该县临平各河流并未按段截撩，实属不合，合就令仰该知事迅派干员督同该处警佐等会同海宁县所派各员，切实勘拔，并转咨海宁县知事知照。余如该县湖墅大关以内各干河支港、大关以外至三里漾干河旁及登云桥至姚家坝、祥符桥至勾庄各支河等处，已否半株寸茎一律肃清,仰详确呈报,毋再隐延,致干咎戾,切切。此令。

中华民国五年十一月十七日

省长吕公望

(原载《浙江公报》第一千六百八十七号,一三至一四页,训令)

浙江省长公署训令第　号①

令财政厅通行各属认真查禁催征员役任意勒索由

令财政厅

准省议会咨,据衢县人民詹熙陈请规复临时省议会议决地丁征收法案,内有"催征工食向系任意勒索,现因各县以每两应提之额必待全数征入,方可核算,以致旧弊复活,仍由各粮户供给,甚至变本加厉,敲诈尤甚于前"等语,令厅通行各属认真查禁,以杜积弊。

附　浙江财政厅训令第九百二十二号

令各县知事严禁催征员役任意勒索由

令各县知事

案奉省长令,准省议会咨,"据衢县人民詹熙陈请规复临时省议会议决地丁征收法案,内有'催征工食向系任意勒索,现因各县以每两应提之额必待全数征入,方可核算,以致旧弊复活,仍由各粮户供给,甚至变本加厉,敲诈尤甚于前'等语,令厅通行各属认真查禁,以杜积弊"等因。奉此,查各县催征费用,应由县知事于费征项下支给,不准向民间需索分文,如有浮收勒索,应按照《刑律》治罪。本省《征收地丁暂行章程》及《施行细则》早经明白规定,并经本厅节次通饬示谕严禁在案,防弊不为不严,催征员役何得再为尝试,究竟该县有无其事,应即严密察查,切实

---

① 本文由浙江财政厅训令第九百二十二号析出。

禁革,勿稍疏纵。至《地丁暂行章程施行细则》内有催征役警薪
工按照征起银两数目提成支给之规定,本系计功授值之意,自可
随时发给。原陈请书所称,"必待全数征入方可核算"等语,谅系
误会。但恐各县开支征费多由主任员领给,其中或滋弊混,亦应
严重取缔,以免转相欺诈。奉令前因,除通令外,合亟令仰该知
事迅即遵照办理,仍据实具复核夺,毋稍违延,切切。此令。

中华民国五年十一月十八日

财政厅长莫永贞

（原载《浙江公报》第一千六百八十七号,一四页,训令）

浙江省长公署指令第三千六百五十五号

令嘉兴县知事

　　电一件据嘉兴六邑茧业公所请速颁布条例并饬县

　　关于新设茧行里数知照公所查明复县转呈由

电悉。查《茧行条例》议决案已登《公报》公布,并经训令第一二
二四号饬县示谕一体遵照各在案。嗣后各商请设茧行,自应按照《条
例》规定各项,并遵前令附绘地图呈县查核办理。所请由该公所查明
复县之处,应毋庸议。仰嘉兴县知事查照,并转饬该公所知照。原电
抄发。此令。十一月十八日

（原载《浙江公报》第一千六百八十七号,二一页,指令）

浙江省长公署指令第三千六百七十一号

令崇德县知事

　　呈一件呈运回赴美赛品均愿全数领回由

呈、单均悉。该县运回赴美赛品,既据各出品人呈称,概欲领回,候
另令派员来署具领可也,仰先转饬知照。单存。此令。十一月十八日

（原载《浙江公报》第一千六百八十七号,二一页,指令）

浙江省长公署指令第三千六百七十三号

令仙居县知事

呈一件据余光启呈为请探仙居县牛落岭

地方铅矿补呈矿图由

呈、图均悉。察阅矿图,尚属合式,惟请领矿区与《矿业条例》第十三条各款规定,是否抵触,以及有无他种纠葛情形,仰仙居县知事遵令详细查复核夺毋延。先后两呈均抄发。矿图一纸并发,仍缴。此令。十一月十八日

（原载《浙江公报》第一千六百八十七号,二一页,指令）

浙江省长公署指令第三千六百七十六号

令天台县知事姜恂如、高等检察厅长殷汝熊、警政厅长夏超

呈一件天台审检所呈报盗犯戴方绅脱逃请通缉由[①]

呈、单均悉。查该盗戴方绅,系业经判决死刑要犯,该县管狱员及该知事乃竟漫不经心,致令越墙脱逃,实属异常疏忽,无可辞咎,应由高等检察厅从严议处呈候察夺,仍勒限于二个月内将该犯缉获送究具报,毋得违延。一面即由警政、高等检察两厅通令所属一体协缉解办。更夫、看役有无贿纵情弊,并应由县严密讯明,依法办理。至该犯与王锡文、许得胜二犯,经金前知事判处死刑[②],电由前巡按使驳以后,事隔年余,该县历任知事一误再误,迄未办结,殊有未合。前据该知事呈请核示,业经令厅转令办理速备供、判转呈核办在案,应即查照前令于文到二十日以内,依法办理,呈厅核转,毋再延误干咎。除分令外,仰即遵照。呈、单抄发。十一月二十日

（原载《浙江公报》第一千六百八十七号,二一至二二页,指令）

---

① 底本脱"逃"字,径补。

② 金前知事,指金城,浙江山阴人,民国二年十一月至民国五年九月任天台县知事。

浙江省长公署指令第三千六百八十一号

令兰溪县知事

呈一件为遵填蚕丝生产调查表送请察转由

呈悉。此案系准部咨转令调查，关系极其重大，该知事遵令办理，宜如何慎重将事，乃竟谬误百出，实非寻常疏忽可比。如该县所用蚕纸既据称购自他处，必有张数、价值可稽，何得从阙，至收茧量与备考栏内说明，亦未符合。又，双贡即双宫之转音，与薄皮同属次茧，来表竟列入种类，且占全数三分之二，错误至此，则该知事遇事全不留心，以及署内人员竟无实业智识，均可概见，应先记过一次，仰仍逐一查明更正，呈候复夺，毋再延误。附表发还。此令。十一月二十日

（原载《浙江公报》第一千六百八十七号，二二页，指令）

浙江省长公署指令第三千七百一十二号

令警政厅长夏超

呈一件呈复董顺生控艮山门外机神庙陈队长一案由

呈悉。查董顺生等在本署第一次原呈内称，"陈警佐将无辜株连之董顺在非刑拷打，致令拇指重伤"等语。其第二次呈则称"以非法惩办无辜民人董阿才"。究竟董阿才是否即董顺在，即应详细查询。省会警察厅原呈，将董顺在误作董顺生，并以当时董阿才并无供出被该分队长刑讯情事，即认为挟嫌诬控，而于董阿才是否董顺在，并未加以详查，殊属含糊。仰即转饬遵照上指各节，并该厅指令切实澈查，呈由该厅核转察夺。此令。

（原载《浙江公报》第一千六百八十七号，二二至二三页，指令）

浙江省长公署指令第三千七百一十三号

令警政厅长夏超

呈一件呈补报六区四营二哨拿获盗犯陈春滔
一名解县收讯情形由

据呈已悉。仰仍督缉是案逸盗,务获究报。此令。十一月二十日

（原载《浙江公报》第一千六百八十七号,二三页,指令）

浙江省长公署指令第三千七百一十四号

令警政厅长夏超

呈一件呈报四区一营二哨拿获匪首夏炎法一名
并搜获匪械解县讯办情形由

呈悉。仰仍督缉匪首王太炳等,悉获究报。此令。十一月二十日

（原载《浙江公报》第一千六百八十七号,二三页,指令）

浙江省长公署指令第三千七百一十五号

令警政厅长夏超

呈一件呈六区二营拿获青田冯福金被王奕水掳拔案内
从犯王仲清一名解县收讯情形由

呈悉。仰仍督缉是案首犯王奕水,务获究报。此令。十一月二十日

（原载《浙江公报》第一千六百八十七号,二三页,指令）

浙江省长公署指令第三千一百一十六号

令义乌、临海、鄞县、天台县知事

呈一件呈送投考海军学生履历由

呈及履历均悉。查考选海军学生一案,业经本署庚日通电暨一
二一七号通令另定办法,仰即遵照办理可也。此令。履历存。十一月二
十日

（原载《浙江公报》第一千六百八十七号,二四页,指令）

浙江省长公署指令第三千七百一十七号

令警政厅长夏超

　　　　呈一件呈报四区五营四哨拿获黄岩陶普龙家
　　　　劫犯邱开梅一名解讯情形由

呈悉。仰仍督饬严缉是案逸盗原赃，务获究报。此令。十一月二十日

　　　　　　（原载《浙江公报》第一千六百八十七号，二四页，指令）

浙江省长公署指令第三千七百一十八号

令警政厅长夏超

　　　　呈一件呈报四区五营三哨拿获黄岩陈柳春家
　　　　劫犯罗启章一名解县讯办情形由

呈悉。案关截路行劫、伤及事主，仰严督侦缉是案逸盗徐金坤等，悉获究报，毋任漏网。此令。十一月二十日

　　　　　　（原载《浙江公报》第一千六百八十七号，二四页，指令）

浙江省长公署指令第三千七百一十九号

令警政厅长夏超

　　　　呈一件呈报三区六营拿获奉化应兴顺家被劫案犯
　　　　黄宝寿等解县讯办情形由

呈及供、单均悉。仰仍督饬侦缉是案正盗原赃，务获究报。此令。供、单存。十一月二十日

　　　　　　（原载《浙江公报》第一千六百八十七号，二四页，指令）

浙江省长公署指令第三千七百二十号

令警政厅长夏超

呈一件呈复拱埠警正魏佑孚被省议会质问各节由

呈悉。既据查明省会警察厅所查各节有案可稽,均尚属实,自毋庸另行复查,仰仍随时认真督察,并候咨复省议会查照可也。此令。

十一月二十日

（原载《浙江公报》第一千六百八十七号,二四至二五页,指令）

浙江省长公署指令第三千七百二十一号

令警政厅长夏超

呈一件呈报警备三区七营二哨哨官卢寿山拿获抢劫

邵子配家案犯骆忠成等三名在事出力给赏一案由

呈悉。哨官卢寿山应晋升一等,照二等支薪,余俱如呈办理,仰即知照。此令。十一月二十日

（原载《浙江公报》第一千六百八十七号,二五页,指令）

浙江省长公署指令第三千七百二十四号

令青田县知事

呈一件呈送调查实业报告书由

呈、件均悉。察阅调查实业报告书,尚属详明,应予存候汇办,仍仰查照就地情形,随时督饬认真进行,期收效益,切切。件存。此令。

十一月二十日

（原载《浙江公报》第一千六百八十七号,二五页,指令）

浙江省长公署指令第三千七百二十五号

令海宁县知事

呈一件据袁花镇商务分会电为黄亦政等在袁花

请设振大茧行嘉善许振等在同镇请设乞查案核办由

袁花镇商务分会电悉。查《茧行条例》业经公布,县知事对于各

商请设茧行,应有查核之责,该商等毋得讦争,仰即转行知照。此令。
十一月二十日

（原载《浙江公报》第一千六百八十七号,二五页,指令）

浙江省长公署指令第三千七百二十八号

令宁镇货捐局长来壮涛

呈一件请发还叙官案内证明文件由

呈、单均悉。证明文三件随文发还。此令。十一月二十日

（原载《浙江公报》第一千六百八十七号,二五至二六页,指令）

浙江省长公署指令第三千七百二十九号

令诸暨县知事魏炯

呈一件为请发还吴前任内请叙官各项证件由①

呈、册均悉。该员李棣鄂等五员证明文件三十七件随文发还。
再,查原案尚有教育助理周元崇证件二件、会计许世煜证件一件,应
一并发还,仰即分别转给。册存。此令。十一月二十日

（原载《浙江公报》第一千六百八十七号,二六页,指令）

浙江省长公署指令第三千七百三十六号

令镇海县知事吴万里

呈一件为造送四年一月至五年六月该县
自治办公处收支报销更正清册由

此项报销系县税月报中地丁附捐册内之一部,其地丁附捐之盈
亏,自有月报可便稽核,本册只须就月报册内列支之自治办公处经费
作为新收,而以该处实支各款列入开除,则收支两抵,实在项下当然

---

① 吴前任,指吴德燿,民国四年六月至五年二月任诸暨县知事;或吴俊轩,民国五
年四月至十一月任诸暨县知事。

无款,眉目既清,汇造亦易,何必如来册之累赘乎? 仰即照此办法将四、五两年份分为两册,其四年份支款大半已经前按署核销在前,姑准逐月逐款列一总数,其自本年一月起至六月止,仍仰开具细数,并连同七、八、九、十四个月份应送册报,于文到十五日内一并汇呈备核。再,三年份该县自治办公处报册,并未据前会稽道转报有案,并仰查明依式造送,是为切要。册一本发还,余姑存。此令。十一月二十日

(原载《浙江公报》第一千六百八十七号,二六页,指令)

浙江省长公署批第八百八十号

原具呈人高汝楫

呈一件为条陈浙省农业应注意改良各事项由

察阅条陈各节,多属振兴农业之普通办法,其中多已迭饬属切实进行,仰即知照。此批。十一月十八日

(原载《浙江公报》第一千六百八十七号,二七页,批示)

浙江省长公署批第八百八十一号

原具呈人余光启

呈一件呈为请探仙居县牛落岭地方铅矿补呈矿图由

呈、图均悉。察阅矿图,尚属合式,惟请领矿区,与《矿业条例》第十三条各款规定是否抵触,以及有无他种纠葛情形,应候令县查复,并仰依照《审查矿商资格规则》备具履历、保结,另呈核夺。图存。此批。十一月十八日

(原载《浙江公报》第一千六百八十七号,二七页,批示)

浙江省长公署批第八百八十三号

原具呈人励炯甫

呈一件为请领作柱陈阿桃抑勒工资案诉愿决定书由

呈悉。已于前呈明白批示矣,仰即知照。此批。十一月二十日

（原载《浙江公报》第一千六百八十七号,二七页,批示）

浙江省长公署批第八百八十四号

原具呈人黄璧（即赞義）

禀一件据禀声明地面业主愿得该地矿业权由

据禀已悉。查人民呈请探采矿质,自应依照《矿业条例》办理,所请着无庸议。此批。十一月二十日

（原载《浙江公报》第一千六百八十七号,二七页,批示）

浙江省长公署通告

鄞县知事祝绍箕呈报于十月二十七日电准给假回省省视父病,业于本月四日假满由省回署。

定海县知事张寅呈报于本月七日由乡公毕回署。

桐乡县知事余大钧呈报于本月九日由乡公毕回署。

兰溪县知事苏高鼎呈报于本月十日下乡,同金华、浦江各县知事会勘北山林牧公司承领山地,职务委政务主任姚维敏暂代。

龙游县知事庄承彝呈报南乡聚众滋事,率队亲诣弹压,即于十一日由乡公毕回署。

（原载《浙江公报》第一千六百八十七号,二八页,通告）

浙江省长公署咨省议会

据财政厅呈复省议会咨送张议员若骝等提出

质问临浦等统捐局不照细则揭示一案由

浙江省长公署为咨行事。

本年十一月十六日据财政厅呈称,"本年十月三十一日奉训令内

开,'本年十月二十六日准省议会咨送张议员若骝等提出临浦、义桥、闻堰一带统捐局不照《施行细则》条文按款揭示质问书一件到署,并请依期查明答复等由。准此,查各统捐征收局大门外应设揭示处,本省《征收统捐章程施行细则》第四条曾列举规定,乃各统捐局日久玩生,竟不遵章揭示,实属有违章制,合亟令仰该厅迅即严令各统捐局此后务须遵章办理,如或故违,定加惩罚,并查明临浦、义桥、闻堰一带统捐局并不遵章揭示情形,务于五日内据实具复核夺毋延,切切。此令'等因。奉此,除严令各统捐局遵照,并令萧山、闻堰两统捐局查明并不遵章揭示情形,务于两日内据实具复核办外,理合先行呈复,仰祈察核"等情。据此,查是案前准贵议会咨送质问书到署,即经令饬财政厅分别行查在案。据呈前情,除指令外,相应备文咨请贵议会查照。此咨

省议会

浙江省长吕公望

中华民国五年十一月二十日

(原载《浙江公报》第一千六百八十八号,一九一六年十一月二十四日,四页,咨)

浙江督军公署训令第四九八号
浙江省长公署训令第一四四〇号

令各属保护日人岸田忠二郎赴浙游历由

令特派交涉员、宁波交涉员、温州交涉员、警政厅厅长、各县知事、暂编第一师师长、暂编第二师师长、混成旅旅长、嘉湖镇守使、宁台镇守使

本年十一月十四日准江苏省公署咨开,"案据特派江苏交涉员杨晟呈称,'顷准日本国总领事函,以岸田忠二郎赴江苏、安徽、湖北、江西、浙江、河南游历,缮给护照请盖印前来。除将护照印发外,理合呈

请省长察照,转饬各属,俟该日人到境呈验护照时,照约保护'等情。据此,除训令各属保护并分咨外,相应咨请贵省长查照,希即转行各属照约一体保护"等由。准此,除分令外,合行令仰该　　即便转令所属一体照约保护,并将该日人在境行为及出入境日期具报备查。此令。(刊登《公报》,不另行文)

中华民国五年十一月十八日

督军兼署省长吕公望

(原载《浙江公报》第一千六百八十八号,五页,训令)

浙江督军公署训令第四九七号
浙江省长公署训令第一四四一号

令各属保护日人坂上卯夫赴浙游历由

令特派交涉员、温州交涉员、宁波交涉员、警政厅厅长、各县知事、暂编第一师师长、暂编第二师师长、混成旅旅长、嘉湖镇守使、宁台镇守使

本年十一月十四日准江苏省公署咨开,"案据特派江苏交涉员杨晟呈称,'顷准日本国总领事函,以坂上卯夫赴江苏、江西、浙江、安徽、福建、湖北、广东游历,缮给护照请盖印前来。除将护照印发外,理合呈请省长察照,转饬各属,俟该日人到境呈验护照时,照约保护'等情。据此,除训令各属保护并分咨外,相应咨请贵省长查照,希即转行各属照约一体保护"等由。准此,除分令外,合行令仰该

即便转令所属一体照约保护,并将该日人在境行为及出入境日期具报备查。此令。(刊登《公报》,不另行文)

中华民国五年十一月十八日

督军兼署省长吕公望

(原载《浙江公报》第一千六百八十八号,五至六页,训令)

浙江督军公署训令第四九六号
浙江省长公署训令第一四四二号

令各属保护日人和田寿夫赴浙游历由

令特派交涉员、温州交涉员、宁波交涉员、警政厅厅长、各县知事、暂编第一师师长、暂编第二师师长、混成旅旅长、嘉湖镇守使、宁台镇守使

本年十一月十四日准江苏省公署咨开，"案据特派江苏交涉员杨晟呈称，'顷准日本国总领事函，以和田寿夫赴江苏、江西、浙江、安徽、湖北、直隶、广东、福建游历，缮给护照请盖印前来。除将护照印发外，理合呈请省长察照，转饬各属，俟该日人到境呈验护照时，照约保护'等情。据此，除训令各属保护并分咨外，相应咨请贵省长查照，希即转行各属照约一体保护"等由。准此，除分令外，合行令仰该　即便转令所属一体照约保护，并将该日人在境行为及出入境日期具报备查。此令。（刊登《公报》，不另行文）

中华民国五年十一月十八日

督军兼署省长吕公望

（原载《浙江公报》第一千六百八十八号，六页，训令）

浙江督军公署训令第四九五号
浙江省长公署训令第一四四三号

令各属保护日商不破凡夫赴浙游历由

令特派交涉员、温州交涉员、宁波交涉员、警政厅厅长、各县知事、暂编第一师师长、暂编第二师师长、混成旅旅长、嘉湖镇守使、宁台镇守使

本年十一月十四日准福建省长公署咨开，"据特派交涉员王寿昌

呈称,'准日本领事函开,日商不破凡夫往福建、浙江二省地方游历通商,执照一纸请加印送还给执等因前来。除将执照盖印送还,照请日本领事转告该日商前往各处游历,不得任意测绘,其土匪未靖县分应饬暂缓前往外,理合呈请察鉴'等情。除分令外,相应咨请贵省长查照,希即转行所属一俟该日人到境照约保护为荷"等由。准此,除分令外,合行令仰该　　即便转令所属一体照约保护,并将该日人在境行为及出入境日期具报备查。此令。(刊登《公报》,不另行文)

中华民国五年十一月十八日

督军兼署省长吕公望

(原载《浙江公报》第一千六百八十八号,六至七页,训令)

浙江省长公署委任令第五十四号

令钱因前往旧金温两属调查种蔗地点及
制糖厂屋绘图呈复由

令钱因

案准省议会咨开,"案照本会查糖为日用品之一种,种蔗、制糖尤为振兴实业之要图。奈近来国产之糖不特制造不良,而且供不给求,以致洋糖盛销,利权外溢,种糖蔗者亦因获利不丰日形减少,坐弃厚利,拱手让人,宁不可惜?查本省地质宜于种蔗之处颇多,故为维持国货、杜塞漏卮起见,亟宜先就本省种蔗最宜、产蔗最旺之处,筹设改良制糖厂,附设种蔗试验场,以为扩充之预备。业由本会提出草案,付大会讨论审查修正,三读通过,相应将筹设改良制糖厂附设种蔗试验场议决案缮摺咨送查照公布"等因。准此,查议决案办法第一条规定,"改良制糖厂就旧金属、温属种蔗最发达之处各设一所"等语,自应派员前往各该处调查种蔗相宜地点,及觅择相当厂屋,以便早日观成。除将议决案公布外,合行令委该员即便前往旧金属、温属地方调查种蔗适宜地点及相当厂屋,绘具觅定地点图说,详细呈复核夺,毋稍延误。议决案抄发。此令。

计黏抄（见本月十一日本报"公布"门）。

中华民国五年十一月二十日

省长吕公望

（原载《浙江公报》第一千六百八十八号，七至八页，训令）

浙江省长公署训令第一千四百四十五号

令财政厅准财政部内国公债局电请

督饬所属催收债款克期报解由

令财政厅长莫永贞

本年十一月十五日准财政部内国公债局寒电开，"五年公债，部局收款期限至十二月底止，各省收款期限提前一月于十一月底截止，各省业经先后通电在案。现距十一月底为时甚近，贵省债款除已解实洋四万二千五百元外，其余债款务希督饬所属上紧催收，克期报解，以应急需，至为盼祷"等由。准此，除电复外，合亟令仰该厅即便督饬各属赶紧催收报解，勿任稽延，切切。此令。

中华民国五年十一月十八日

省长吕公望

（原载《浙江公报》第一千六百八十八号，八页，训令）

浙江省长公署训令第一千四百四十七号

令平湖县知事据该县前县议会议长陈邦彦等

电报本会于十一月十日成立由

令平湖县知事

本月十日据该县前县议会议长陈邦彦、许咏芝蒸电称，"本会筹备已竣，业于十一月十日成立。特闻"等语到署。查此案迭经本署电达内务部，请予提前召集，并经通电各县，仍候部复令遵在案。该县未便独异，仰该知事仍即查照前电转行遵照毋违，切切。此令。

中华民国五年十一月十八日

省长吕公望

（原载《浙江公报》第一千六百八十八号，八至九页，训令）

浙江省长公署训令第一千四百五十一号

令姚永元等准部咨该员等办理国货展览会
出力案内奉准给奖由

令姚永元、钱因、孙祖燧

案准农商部咨开，"前准咨送办理国货展览会出力人员履历清摺，请予核奖等因，业经本部汇案分别核给各等奖章，于本年十月二十七日呈奉大总统指令：'呈悉，准如所拟分别给奖。此令'等因，相应钞录原呈及清单并《奖章规则》各一份，咨行查照，转饬该员等遵照具领"等因，并附抄件到署。准此，除分行外，合行黏抄附件，令仰该员即便遵照具领。此令。

计黏抄。

中华民国五年十一月十八日

省长吕公望

浙江办理国货展览会人员给奖名单

计开：

姚永元

以上一员，给予农商部二等奖章；

钱　因　孙祖燧

以上二员，均给予农商部三等奖章。

农商部奖章规则

第一条　凡创办经营各种实业，或其必需之补助事业，确著成效者,得依本规则之规定,由农商部给予奖章。

前项规定于办理实业行政之官吏,成绩优异者亦准用之。

第二条　奖章分四等,质用银,一二两等略大,中圆色绛,镌"利用厚生"金篆外,张四弧片各半,象限长及半辐,青地镶以绛赭黄蓝,依次辨色,别其等第,各弧片间分络嘉禾双穗章绶红色白缘,一如后列图式。

第三条　各等奖章于合左列各款规定之一者,由农商部核定其相当等第,分别给予之。

一、建设工厂制造重要商品者,其资本金在五万元以上,营业继续满三年以上;

二、经营直接输出贸易者,其每年货价总额在十万元以上,营业继续满三年以上;

三、承垦大宗荒地依限或提前竣垦者,共竣垦亩数在三千亩以上;

四、发明或改良各种便利实用之工艺品者,视其种类有一二特色以上;

五、开采大宗矿产纯用本国资本者,每年矿产税额在二千元以上;

六、从事公海渔业者,其汽船吨数在五十吨以上,帆船吨数在三十吨以上,营业继续满三年以上;

七、捐款或募设工商品、农产、水产等陈列所,农事、林艺、畜牧等试验场,实业补习学(校)及其他与此相类之事业者,捐款在一千元以上,募款在五千元以上,事业继续满一年以上;

八、办理商会或农会固有之职务,确有裨益于农、工、商各界者,其经办满三年以上。

曾受奖章者晋给较高等第之奖章时,应将前得奖章缴换请领。

第四条 凡植棉、制糖、牧羊及渔轮、护洋、缉盗各奖励条例所称之奖章或褒章,均依本规则核给。

第五条 各种公司或商会、农会等法人及其他团体,依第三条规定,应得之奖章均给予其创办人、代表人或经理人①。

不论自然人或法人、其他团体,凡依第三条第七款规定应得之奖章,均给予其出资人或经募人;其因遗命而捐助,或捐助后身故者,得给予其承继人。

第六条 第二条第七款规定之捐款或募款,如系动产、不动产,均折合银元计算,其分次捐助者亦得并计之。

第七条 奖章之请给,由各该地方最高行政长官开具姓名、履历、成绩并拟给等第,咨陈农商部核准给发;但农商部对于原拟等第认为不相当时,得核减之。

第八条 依前条规定核准给奖时,由农商部填给证明书,连同奖章分别咨行请给之各地方最高行政长官转饬给领。

凡奖章之给予,均由农商部并请饬交政事堂、铨叙局备案,并登《政府公报》公示之。

第九条 凡核准给予奖章者,应按第等缴纳公费如左:

一等奖章,十元;

二等奖章,八元;

三等奖章,六元;

四等奖章,四元。

前项规定之公费,于曾受奖章者晋给较高等第之奖章时,得将原缴公费扣抵。

本条规定之公费,均应于核准公示后发给,或领取时照数缴纳,但外省各地方最高行政长官所收公费,得按季汇解农商部。

---

① 均,底本误为"约",径改。

第十条　奖章应于着礼服或制服时,佩于上衣左襟,但遇有特别情事时,亦得于便服上佩带之。

第十一条　凡受奖章者,限于其本人,得终身佩带之。

但有因刑事处分、受褫夺公权之宣告时,应于裁判确定后,将所得奖章及其证明书一并追缴。

第十二条　本规则自呈奉核准公布日施行。

（原载《浙江公报》第一千六百八十八号,九至一一页,训令）

浙江省长公署指令第三千六百七十四号

令考察奉天柞蚕委员姚永元

呈一件为奉委考察柞蚕事竣造送报告

标本旅费簿据请准销差由

呈、件均悉。察阅摺开考察情形,尚属详细,应准销差。支用川旅各费并准照销,补发不敷银一百五十六元九角九分二厘,仰即备具领状来署领取。至择地试办一节,候再详细筹划,另令遵照。件存。此令。十一月十八日

附原呈

呈为考察完竣,造送报告、标本、旅费簿据,谨请准予销差事。

窃永元于本年八月二十七日奉前民政厅长王委任令第十四号开,"案查柞蚕一种,较家蚕饲育为尤易,凡丘陵半腹不受北风及附近无巨大森林,或当日阳直射与夫阴雾深霭之地,均适于植柞育蚕,所出茧丝,东西各国以其价格低廉,适于交织及细工物制作之用,为家蚕丝所不及,销路甚广。我国东三省金推世界有名之柞蚕产地,而尤以奉天之盖平、岫岩、凤城、辽阳、宽甸、桓仁各县为最发达。我浙旧金、衢、严、处各府属宜于植柞育蚕之地

方颇多,夙闻前清行政官厅曾经派员调查,辟地饲育,猥以时事多故,卷帙散失,成绩如何,莫可稽考。本厅长抵任以来,业主蚕业政策,积极进行,通饬筹议举办有案。现在正值二化柞蚕饲育时期,亟宜遴员前往奉省各县著名柞蚕饲育场所实地考察,自植柞以至制绸状况、手续,与夫关系各事宜,购种、聘工、价值逐一调查明白具报,俾便劝导仿办,以尽地利而兴蚕业。兹查有该员堪以委任赴奉考察,除呈明省长请予转咨奉天省长饬属接洽保护外,合亟令仰该员即日启程前往奉省盖平等县,悉心考察,缮具详细报告,并酌采各地柞叶、柞蚕及种茧、丝绸各标本,复候察夺。所有调查费用准先发给二百元,即行来厅具领,仍责成切实支销,俟事竣后一并造具清册,连同旅费支出计算书、日记簿送核。事关振兴蚕业,该员务即认真查复,毋负委任。此令"并领到旅费二百元等因。奉此,遵于九月二十日起程,十九日到奉天省城①,二十二日到凤城,二十四日到宽甸,二十七日到安东,三十日到岫岩,十月五日到盖平,十三日到辽阳,十五日到海城,将柞树、柞种、柞蚕、柞茧及柞丝绸各种状况、手续暨关系各事宜,及雇工价值一一详细考察,探询明白,并采取柞叶、柞子、柞茧、柞蚕、柞丝、柞绸各标本。考察竣事,于十月十七日回南,二十三日到杭。正在缮摺具复间,因长途劳顿,忽患病旬余,现已小瘳,亟将关于考察所得奉省柞蚕事业情形,缮具清摺,连同各种标本共十二件,并造具旅费支出计算书各一本暨单据五纸,谨呈钧鉴,准予销差,以便整理场务。至所有垫用旅费并乞核准归垫,以免赔累,实为德便。谨呈。

计呈送清摺一扣,标本十二件,旅费日记簿、旅费支出计算书各一本,单据五纸。

---

① 底本如此。

附清摺

谨将考察奉天柞蚕情形，自植柞以至制绸状况、手续与关系各事宜，并购种、雇工、价值逐一开明，缮呈钧鉴。

计开：

一、气候。奉天气候，沈阳道属寒冷，东边道属温和，育蚕之地仅在东南一带，而东边道属为尤盛。据日本满洲铁道附属地测候所调查，夏季最热时温高摄氏九十四度左右①，极寒时降至摄氏零下二十三度前后。询诸土人，每年雨水春末夏季较多，往往有霖雨至三五日者，秋季较少，即雨亦短云。委员到奉，方阳历九月下旬，正秋分节气，已非重绵不能御寒，据本地人云，阴历九月已有冰冻，直至翌年三四月始融化。

二、柞树。考察奉天柞树，约可分为三种：叶大而长、缘形钝圆、缺深肉厚，叶里有毛，端广底狭者为柞，又名槲，其性坚韧，干色灰白，粗糙有毛，此树各地最多，如第一图；叶缘尖锐，缺细而浅，形状狭长，光滑无毛，端尖底平，树性亦坚韧，干色黑褐而光者，为尖柞，此树各地最少，如第二图；叶形中圆，缘亦钝圆，缺深如柞，叶里无毛，端广底狭，干性及色略如柞同，但充而无毛，是为青冈柳，又名小叶柞，亦名油尖柞，如第三图，此树叶肥枝茂，各地颇多。据土人云，尖柞饲蚕茧最大，惟缫丝较柞茧略逊，槲次之，青冈柳最佳；又云，青冈柳生长最速，发芽最早，槲次之，尖柞最迟，故青冈柳多于春期用之，槲与尖柞则养秋蚕用也。柞树皆有子，土名橡子，形如珠栗，一端尖长，他端平圆，外包光滑之壳，壳外又包卷刺状之壳，如第四、第五图，此子至老熟时被风摇动，脱外壳而落，一落即虫啮，故柞子十仅一二可用者。尖柞之子小而长，青冈柳之子小而圆，槲之子大而圆，故易识别也。

---

① 摄氏九十四度，应为"华氏九十四度"之误，下同。华氏九十四度，相当于摄氏三十四度；华氏零下二十三度，相当于摄氏零下三十度。

三、柞树栽培法。柞树白露后结子,秋分后采子,采下之子用砂拌匀,藏于窖中,可至翌春下种,或即将此子用盐水选种法去其轻者,以沉下之子捞出阴干,先将山场掘深六七寸、宽一尺之穴,每距一穴约五六尺,每穴之土须捣松无块,以阴干之子五六粒埋一穴中,掩土寸许,不可过厚,当年便发生,即未发芽,来春可发。俟来年秋后,约长至尺许时,或第二、三年春初,将此干齐土伐去,则傍生条肆嫩叶怒发。如此三四年后,约长至四五尺,便可饲蚕。若再高时,复于冬令用斧将条伐去,至来春另生新枝,可供秋蚕之用。总之,柞树枝高不可过人,以便作事,方为适宜。询诸土人,对于柞树并未有用肥培,一任其自然生长云。

四、蚕场。察各地蚕场均在山上,以近河岸而通风,地势不甚倾斜,便于作事之处为最佳,若山谷或深山中空气不甚流通之处,则病害较多。其方向西与南不及东北最次,其面积视饲蚕之多少、柞树之稀密旺衰而差。询诸土人,大约每一把剪子养春蚕,须二十余亩,秋蚕须三十余亩云。

五、蚕种及选择法。蚕种分春秋两季,春季以客岁之秋茧为种,秋季以当年之春茧为种,年凡二化,故皆二化性种,无一化及三化性种。至于选择蚕种,则以移地为良,养蚕之户均先期调查何处收获畅旺,则购何处之茧,否则将来出蚕定属不旺。无论何季蚕种,总以茧硬至大,色白纹细,握在手中蛹体骚动不息,并其头部有鲜明之白点者为佳,反之必受病者也。

六、储种法。凡春秋两季蚕种,无论冬夏必须仔细保护,务使寒暖适宜。若春种,俟清明节近,用绳将茧穿底成串,穿处宜偏不可伤蛹,穿就以后,悬于温室向阳当风之处,令受新鲜空气。如室中有油腥臭气,即宜防除,若天气亢热,不可令照日光,致易受热。若秋种,则采茧后即须穿挂,毋令受热,热即腐烂,故须置于清凉室中,并忌烟火。秋茧采落以后,即晒干装诸筐中,用木架搁起，或先摊诸箔上阴干，待严冬时，始盛于筐中亦可。筐中之茧，并须随时翻动，毋使中暖外寒，以一样受温热为度。

七、选蛾法。查奉天养蚕，虽有惊蛰上炕，清明见蛾，谷雨见蚕之说，然亦须视柞叶开放之程度而定。此春蚕也。若秋蚕，则初伏见蛾，寒露采茧。春蚕出蛾多在午后，秋蚕则在夜间，蛾初出翅卷缩，渐伸渐大，过二三小时后，雄者能飞，雌者仅行动而已。蛾之优劣，宜于未展翅以前选之。凡拳翅残形、尾黑胸秃及放红尿与黄尿者，均病蛾，应除去，留其完形与放白尿者。雄蛾置于筐中，雌蛾悬于索上，待成长时，以人工配之。

八、配蛾及产子。春蚕与秋蚕略异。春蛾配对宜温室，将门窗关闭，防雌蛾飞出，择已发长之雄蛾与雌蛾以人工配合之。既配合后，即悬诸索上，索宜四周悬挂，分作数层，悬蛾时应自上至下，毋任风吹骚乱。配蛾配合十四五小时，即为分解，将雌雄蛾各置笸中，雄者仅备异日不敷配对之用，其雌蛾约五六十头盛一笸，笸以梓枝或茅绕枝编成（总以含水多而新鲜之枝条为宜），笸高六寸，直径二尺，上有盖，中有孔，里面糊纸如第六图，将笸移入暖室，则蛾在笸中自然产子。其子始而色黄，渐变黑色，大约在前半夜产者，十一日孵化，后半夜产者，十二日孵化，欲其早孵化者，可洒以水。此蛾最畏热，亦畏冷。故一笸之蛾数不可过多，多则反损。此春蚕也。若秋蚕配对，宜在清凉室中，配合手续与春蚕无异，分解宜在午后日斜之时，且分解以后不置笸中，即将雌蛾用蛾草绳（细而韧之草，与南方麻相似），一端系一蛾，于傍晚风凉时，移入山场，悬诸树枝上。其悬挂处与将来蚁蚕食叶甚有关系，宜先择定地位，俟产子起，约过一昼夜，将蛾取落，恐诱虫雀。无论何季，雄蛾均配两次为限，多则种弱。蛾之产子量最多约三百余粒，少亦百余粒。

九、养蚕法。春蚕秋蚕略有不同。春蚕在笸中孵化，孵化后用嫩柞枝叶置于笼中,俟其附满,移诸山场树枝上,任其自行觅食;或者天气尚寒,即在笼中饲养,俟气候温和,再移山上。若气候已和暖,可用黑布将笼包围,于边端开一小孔透光,使蚕这出扫诸盆中移上山场①。秋蚕则不然,任令在树上孵化,自由觅食,毋庸另费手续。其食叶状况,据本地人云,春蚕由下而上,秋蚕自上而下,大约大树一株可放蚕百数十头,小者二三十头,与其过多毋宁少,免致食叶不足,常要剪移,有损蚕体。当养蚕之中,每日必巡视两次,密则疏之,落则捉之,分布得当,死亡自少。凡经四次眠起,约六十余日,身长五寸许,乃届老熟。老熟之初,必放尿多量,然后缀叶成筒,栖于其中作茧。养蚕之家用剪子为移蚕食叶之需,因此树食尽,用剪折枝移于彼树,故奉省习惯以剪子之多少表示养量之分量,每一山场最少亦为一把剪子,犹吾浙养蚕家养蚕子几张相似,其剪下之枝置筐中,顶头上移置他树。凡此等事,皆雇妇女为之。

十、采茧及储茧法。作茧后约十余日,方可采,若春茧采下,即须穿挂,倘运送远处,必择晚间,不受太阳光热之时,否则即受热,秋蚕必欠收,盖此茧乃供秋种之用,故须保护也。若秋茧除留种外,尽供缫丝,故采下即行曝晒,晒至外面无湿气、茧身坚固为度。俟干燥以后,盛筐中悬于通风处所,毋令受热吐黑液致损茧质。秋蚕一人能养四千茧种,春蚕约三千茧种,每千茧种大收约四五十千,次收二三十千至十余千不等。此秋茧也。若春茧约一二十千余。出蛾之茧,名为茧口,又名空口,仍可缫丝,惟丝色较黑,土名茧口丝。凡买卖蚕茧,各地均以千计,如数在一万,即为十千,以此类推。

十一、蚕之病害及防除法。此蚕最忌虫雀,蚕场定后,预先

---

① 使蚕这出,底本如此。

将地上蔓草尽行焚除,使蛇虺等虫无处隐身,蚁穴蛇洞一一堵塞,虫子鸟巢搜集烧毁,并以羊脂、羊骨、面粉拌和红矾、砒霜,撒诸场地诱毙之。场地四周悬各色布片,任风飘舞,并鸣炮击鞭,以惊鸟雀。虫鸟之外,又忌香臭,凡手擦胰子,禁弗撮蚕,身染香水,禁弗入山场。更忌霜雪风雹,若大雨则无妨,惟在眠起时或老熟将做茧时,若暴雨即受病。近年各地更有蜂害及长锈等病。蜂害俗名蜂搏蚕,经蜂搏体渐瘦弱,数日后自角端出蛆或在茧中糜烂。蚕病长锈腹部及尾脚、腹脚等处,均生黑色微点,甚至全体皆是,即不食不作茧。本地人对于此等病无防除之法,且不知病源,咸诿诸天年气运。据委员所见,大约是蛆害及微粒子病,姑志之以待研究。

十二、购种价值。今年各地蚕岁皆欠收,据本地人云,仅三成。年岁欠收原因,由于蚕受蜂搏及长锈所致。往年春茧千个,购价不过一元至二元五角,今年早购者三元至四元五角,迟购者竟贵至十二元之巨,若安东县,则因茧种购绝,往朝鲜购买,价亦三四元一千。秋茧价,当委员到各地时,因未采收,尚无市价。惟闻本地人云,约在四五元左右。至于柞树种,各地皆无市面,盖土人咸弃之,即种者,亦多任意采集。仅盖平县方家屯有张姓蚕户,谓当数年之前,曾有外省人来购数千斗,系以工价计算云。

十三、蒸茧法。考察柞茧缫丝,先蒸后缫,用高四尺、宽六尺、厚一尺之炼瓦蒸,灶底装铁锅,上有盖,中有藏筐,如第七、八、九图,每筐可盛茧二十千至二十五千个。以天津口碱六斤和洋油箱做之筒,盛水七筒,扰拌均匀,将茧倾入筐内置灶中,碱水弃去,另换清水三筒,又蒸一小时许,取出再淋,淋透又换清水三筒,再蒸十五六小时,至茧滑而柔即止。蒸茧须用缓火,若蒸汽上冲,即退火,汽降下复进火蒸,终使茧质上下面一样烂熟为度。

约蒸茧一次,用煤者一百五十斤左右,用柴者二百余斤。蒸茧后,将上半截倾别筐中,下半截倾压榨器中,压至无水而止,再压上半截之茧,压干后,即可索绪缫丝矣。

十四、索绪法。法甚简,将已榨干之茧凉透,薄摊桌上,盖以布。然后取茧一一剥去茧衣,衣尽绪丝自出,不若家蚕之需绪幕索也。此丝与茧衣,土名大挽手,为缫丝副产物之一。

十五、缫丝器。器分家用、厂用两种。家用者极简,土名为捻丝器,厂用者土名为纩丝器,均木质制造。其捻丝者系一木棒,上端尖下端垂,铁锤形,如吾浙之攡绵器相似,如第十图,所捻之丝皆甚肥,故谓粗丝,又名土丝。纩丝者,形如吾浙之足蹈土丝车相似,惟篗在侧面,丝系干缫,如第十一图,所纩之丝,细者谓小纩丝,肥者谓纩丝。

十六、缫丝法。查奉省民间缫丝,向系肥丝,以三五十个茧捻成一缕,类节多丝质粗,近年来方渐改为纩丝。纩丝之法,将已索绪之茧数个置纩丝台板上,合成一束,穿入接绪器,挂于上鼓车,回转下鼓车,过绫振器,绕篗中接绪,用右手食指取绪丝,一一扬之。据缫丝者云,其扬处以在接绪器下一寸处为适,否则丝质粗糙,且易切断,最细丝以四茧缫之,最肥丝以三十五茧缫之。每人作工自早七时起至夜八时止,平均能缫丝八条,每条约重一两,一千茧上手能出丝十余两,次手仅八九两,大挽手丝四五两,小挽手丝六七两。若春茧,则较少,因茧劣也。已纩之丝连篗置干燥器中,俟干燥后再置潮湿器中令受微潮即取出,阴干后,方可打扭成绞,视绞之大小,或五十绞、或九十八绞括一包,二十包装一箱,计分百斤。查各地纩丝,多系男工,间用女工,亦尽属稚孩,盖奉省妇女皆裹足不知生产者也。

十七、检丝法。检查丝质肥细,分肉眼与器械两种。查各地纩丝家多系肉眼检查与事前监督。其肉眼检查者,纯以经验丰富之目力判断之,事前监督者,即当缫丝之际看其用茧个数与配丝度数而已。若器械检查,系用检位衡与检尺器以四百回之丝长计分三十度为标准,自此有轻重,定丝质之肥细,其法与检查家蚕丝相同。

十八、算给工资法。查各处缫丝均预定有最低之数量,多少虽有不同,大率以一千茧为标准。每工日缫千茧者,给工资二角至二角五分,察其丝质之精粗及条纹之肥细,各有增减,每以半角为赏罚。

十九、丝价。据本地人云,柞丝均贩至上海及安东售卖,今岁丝价颇高,四茧缫之细丝,每箱上海市价四百十三两,八茧缫之细丝三百七十一两,大挽手百斤一百二十两,二挽手六十两。所谓大挽手者,即吾浙之丝经贯,二挽手即丝吐贯,因去年蚕岁不作,故价增一倍也。

二十、织绸法。织绸之初用豆腐汁或豆汁或面浆刷于丝面,丝细者刷愈厚,若手捻丝刷宜薄,俟丝连合不紊,方可上机。其织机如吾浙之旧或布机相似,纩丝织者名纩丝绸,捻丝织者名捻丝绸,每疋分量有轻重,因用丝有肥细与多少之差,厚者重四五十两,薄者二三十两。此生绸也,非经练不软不白。查各地多用猪油泡水中,约水两挑和猪油三斤,将水烧开,浸绸其中,扰揉至软滑后,捞出阴干,再置纯粹猪油盆中密闭一昼夜后,次日开盖,臭不可仰,即将绸入河流中漂洗,则色白而软。织绸一疋,自始至终约需工二日,织工之资以织绸之多寡定之,大约每疋五角左右云。

二十一、绸价。纩丝绸有花、素之分。捻丝绸仅素绸一种。花绸全销日本,以十三四个茧所缫,每疋宽一尺四寸半、长六丈六尺,今年市价可售九元八角;素绸以二十余个茧所缫,宽亦一尺四寸半、长五丈四尺,销售上海,价约七元左右。若四五个茧所缫者,价在十五六元,专销法、美诸国。捻丝绸又名茧绸,幅宽一尺五寸至一尺七寸、长四丈,价约三元,以销蒙古为最多。

二十二、雇工价值。查奉天养蚕亦有招工放养,惟用分茧法以二八或三七分派,并不计算工赀,只有蒸茧、矿丝及织绸工人,多自山东来者,系论工赀,大约上手每年一百二三十吊,次手八九十吊,本地农民如果安分者,大率不愿离家。委员每到一地,探问乡人,皆以途远语言不便为词,故无由得工赀数目。仅据公署中人约略估计,谓须百余吊之则云。

二十三、杂志。据本地年老人云,奉省有柞蚕不到四十年,最初由山东人携种茧至凤城,由凤城传播至盖平,由盖平传至安东等处,现在柞蚕业盖平最发达,安东次之,凤城又次之,其余各县更次之。调查盖平每年约产茧九百八十四万余斤,内中约二百万斤销售外埠,每茧百斤价值盖平市钱七十吊,计一百四十万吊,其余之茧分作茧扣、丝、绸三项,大约出丝四千余包,每包百斤,价银一百二十两,计四十八万余两;出绸一万余疋,每疋价值二十五吊,计二十五万余吊;出茧扣十五万余斤,每百斤价银九十两,计十三万五千两。此外,尚有大挽手约八万余斤,每百斤价银八十两,计六万四千余两;二挽手四万余斤,每百斤价银四十两,计一万六千余两。合计全年出产价值在八十二万七千两之谱。三年度征收盖平县剪课,以每剪一把征小银元五角,共计二千七百三十二元;凤城县八百一十元;安东县茧笼税,每笼百斤税小银元五角,共计十万余元。丝茧出口,全年约三百余万元,安东为丝茧出口之区,所有巨商均集于此。大抵柞丝及茧口丝均销往上海,安东与烟台仅销茧不销丝。又据丝业中人云,奉省有牌号之丝,近二三年来方通行,以魁星牌为最佳,其销售上海者,均最好之货,盖由上海转售于法、美诸国,次等之货则销于日本云。

谨按考察所及奉省柞蚕情形,尚在放任时代,有日人大岛信之助者,今岁曾在盖平满铁附属地设立大岛柞蚕饲育所,委员闻日人言及,乃设法由日人介绍参观,该所正在规划进行之中,见其规模宏大,用意实深,不胜感慨。窃思此蚕既不畏雨,南北气候虽有不同,然南方温暖,则蚕体发育自速,收茧自早。吾浙金、衢、严、处各属,柞树天然生长者,所在皆是。若能将此蚕饲育得法,在民间多一种生计,在吾浙多一项收入。至于前清末季饲养结果无效,闻说并未有精确之试验,且为时仅仅一期,以短期又粗陋之试验,欲得完美之结果,自属难事。委员不敏,拟于本场附近之区,择一相当地段,试养此蚕三、四期,如果试验有效,便可通行各属,即使无效,亦所费有限,而从此有确实之定论。是否有当,仰祈裁示指遵。

(原载《浙江公报》第一千六百八十八号,一三至二四页,指令)

第一图 柞叶,又名槲叶。　　　　　第二图 尖柞。

第三图　青冈柳,又名小叶柞、油尖柞。　　第五图　此为青冈柳之橡子也。

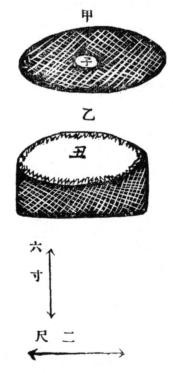

第六图　此系梓枝所编,(甲)为盖,(乙)为笼,(子)为孔,(丑)为糊纸状态。

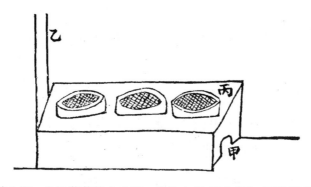

第七图　此乃蒸茧灶之全形。甲为火门,乙为烟囱,丙为蒸盖。

第八图　此为蒸灶上之用盖,与寻常蒸笼盖相似。

第九图　蒸茧用之筐。

第十图　(甲)木棒,(乙)铁锤。

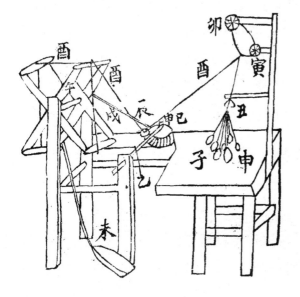

第十一图　(子)纩丝台板 (丑)接绪器 (寅)下鼓车 (卯)上鼓车 (辰)绫振器 (巳)齿轮 (午)筬 (未)足踏器 (申)茧 (酉)柞丝 (戌)连动器

足踏(未)则(午)转,(戌)即连动,(巳)亦动,(巳)端侧有(甲),细且长,(乙)贯其中,能旋转,故(辰)亦随转,将(子)处(申)穿入(丑),绕(卯)(寅),过(辰)至(午)(酉),遂舒展不息也。

浙江省长公署指令第三千七百零五号

令兰溪县知事

呈一件据呈县苗圃改设农事试验场编具经费预算表送请核示由

呈、表均悉。该圃现有苗木,既据称,明春本须移植苗替,应准照原议移植省圃。至改组农事试验场,应需开办、经常各费不敷之款并准在该县县税项下公益费内撙节支销,仰即遵照,并转知第三苗圃圃长可也。表存。此令。十一月二十一日

（原载《浙江公报》第一千六百八十八号,二五页,指令）

浙江省长公署指令第三千七百三十号

令上虞县知事

呈一件改委掾属请注册由

如呈注册。履历存。此令。十一月二十日

附原呈

呈为改委掾属呈送履历敬请注册事。

窃查虞署政务助理马体善、王行仁,先后辞职,所有马助理遗缺,已委薛倬雯调充,呈报前民政厅核准在案。其王行仁遗缺,兹查有李常品学兼优、法理精深,堪以补充。除令委外,理合取具该员履历,呈祈钧长察核,准予注册,实为公便。谨呈。

（原载《浙江公报》第一千六百八十八号,二五页,指令）

浙江省长公署指令第三千七百五十一号

令财政厅长莫永贞

呈一件据常山县呈送七八九三个月抵补金及
地丁特捐刊示稿清摺由

呈及清摺均悉。既系刊示,何不将刊本呈送,乃以稿本具呈,显

系蒙混,仰财政厅饬即赶将刊本检呈,毋再混饰,致干咎戾,切切,并由厅通令各县一体知照。附件暂存。此令。十一月二十日

　　　　(原载《浙江公报》第一千六百八十八号,二五页,指令)

浙江省长公署批第八百九十二号

原具呈人分水王槐秀等

　　呈一件为桐庐县民周观治等聚众夺桑案悬不理由

禀悉。候即严催桐庐县勒传讯结具报可也。此批。十一月二十一日

　　　　(原载《浙江公报》第一千六百八十八号,二六页,指令)

浙江省长公署批第八百九十三号

原具呈人天台张国治等

　　呈一件为旗塘缴价已久照未颁发请饬县速给照由

据呈已悉。仰候指令天台县知事迅予查案转呈,填照给执可也。此批。十一月二十一日

　　　　(原载《浙江公报》第一千六百八十八号,二六页,指令)

浙江省长公署批第八百九十四号

原具呈人吴兴黄子和等

　　呈一件为拟在乌镇开设开泰茧行请核准由

察核来呈,与桐乡高又村等所呈同一情事,已于高又村等呈内明白批示矣,仰即知照。此批。十一月二十一日

　　　　(原载《浙江公报》第一千六百八十八号,二六页,指令)

浙江省长公署批第八百九十五号

原具呈人桐乡高又村等

　　呈一件为拟在青镇设立南昌茧行请核准给帖由

呈悉。该商等请设茧行,既据并呈县署,仍俟由县查明转呈核

办,毋得越渎。此批。十一月二十一日

（原载《浙江公报》第一千六百八十八号,二六页,指令）

浙江省长公署布告第六号

为各项保奖县知事准部咨各该员凭照应由原省
查明未经离省开单请领再行咨送由

为布告事。案准内务部咨开,"查各项保奖县知事及核准免试准免考询人员,本部向于分发省分后,即将各员凭照咨送原保长官转给。军兴以后,各省情事不无变迁,前项人员是否仍在原省供差,本部无从查考,往往有凭照业已寄发,而本员又复来部请领者,部中既增检卷批答之烦,各员亦有往返奔驰之苦。现经本部酌定,凡系前项凭照一律暂缓寄发,应由原保省分查明未经离省人员,开单咨部请领,再行照案咨送。至各员应缴凭照、印花各费,并须随案解部,以清款目。相应咨行查照可也"等因。准此,合行布告,凡有本省保奖县知事及保准免试准免考询未经离省各员,限本年十二月三十一日以前呈缴凭照、印花各费来署,以便汇案转咨请领,切勿自误。特此布告。

中华民国五年十一月二十日

省长吕公望

（原载《浙江公报》第一千六百八十八号,二七页,布告）

浙江督军公署训令第五一四号
浙江省长公署训令第一四五五号

令各属保护日人岩本英夫等及德人罗芬赴浙游历由

令特派交涉员、温州交涉员、宁波交涉员、警政厅厅长、各县知事、暂编第一师师长、暂编第二师师长、混成旅旅长、嘉湖镇守使、宁台镇守使本年十一月十五日福建省长公署咨开，"据福建厦门交涉员陈恩焘呈称，'准驻厦门日本领事菊池义郎照送日人岩本英夫欲往福建、广东两省地方，台湾人陈沼先欲往浙江、江苏、湖南、湖北等省，廖启埔欲往浙江、江苏、福建、广东等省，蔡养欲往福建、江苏两省地方游历通商，又准德国领事梅泽函送罗芬欲由福建前赴广东汕头等处游历'等情，除将执照先后加印送还，并请转饬游历人等，于所到地方勿得私行测绘，其土匪未靖地方暂缓前往外，相应咨请查照，俟该外人等到境，饬属一体照约保护"等由。准此，除分令外，合行令仰该即便转令所属一体照约保护，并将该外人等在境行为及出境入境日期分别具报备查。此令。（刊登《公报》，不另行文）

中华民国五年十一月二十一日

督军兼署省长吕公望

（原载《浙江公报》第一千六百八十九号，一九一六年十一月二十五日，六页，训令）

浙江督军公署训令第五二一号
浙江省长公署训令第一四六八号

令各属保护英捕罗森赴浙游历由

令特派交涉员、温州交涉员、宁波交涉员、嘉湖镇守使、宁台镇守使、警政厅厅长、暂编第一师师长、暂编第二师师长、混成旅旅长、各县知事

本年十一月十七日准江苏省公署咨开，"案据特派江苏交涉员杨晟呈称，'顷准英国总领事函，以英捕罗森赴江苏、浙江游历，缮给护照请盖印前来。除将护照印发外，理合呈请省长察照，转饬各属，俟该英捕到境呈验护照时，照约保护'等情。据此，除训令各属保护外，相应咨请贵省长查照，希即转行各属照约一体保护"等由。准此，除分令外，合行令仰该即便转令所属一体照约保护，并将该英捕出

境入境日期具报备查。此令。(刊登《公报》,不另行文)

　　　　　　　　　中华民国五年十一月二十一日

　　　　　　　　　　督军兼署省长吕公望

（原载《浙江公报》第一千六百八十九号,六至七页,训令）

吕省长电嘉兴县知事

　　据电为茧行条例就中发生三疑义请核示办法由

嘉兴县知事:寒电悉。查各商按照《条例》请设茧行,如果手续完备,同时呈县,或地点相同、或地点异而距离甚近,自当核明进呈最先之一人,准予转呈,以免争执。至里数距离,条文既载明四周距离原有茧行二十里,如距邻县茧行不及二十里者,当然不合《条例》,碍难准设。其前经禀奉省署批准待时开设者,无非以不合前颁《条例》,故今既公布新《条例》,法律不追溯既往,自应一体遵照现行《条例》规定手续办理,仍以现在进呈手续完备在先者核转,以示大公,不能藉口于前进禀批曾有"待时或俟《条例》修正公布核办"字样,曲予以法外之优待,仰即知照。省长吕。哿。印。(中华民国五年十一月二十日)

附来电

　　省长钧鉴:《茧行条例》业奉颁行,就中发生疑义有三。假如有同一地点,相距仅一二里,或甲乙两地点相距仅五六里,距离四围原有茧行地点均在二十里以上,同时请求创设茧行,手续之完备、资本之充足,均不相上下,如此之时,应准甲准乙,抑甲乙并准,疑义一。又有一地点,距本县各原有茧行地均在二十里以上,惟距本省邻县原有茧行地不及二十里,此地点是否在准设茧行之列,疑义二。如有一地点,于本年开放茧行之说未发生以前,有人曾禀奉省署批准待时开设有案,至本年开放茧行之说既发生以后,亦曾有人在该地点请设茧行,前后两人手续之完备、资本之充足,均不相上下,应准前准后,疑义三。以上三疑点,应如何办法,理合电请示遵。嘉兴县知事张梦奎谨上。寒。(中华民国五年十一月十四日)

(原载《浙江公报》第一千七百零二号,一九一六年十二月八日,二一页,电)

浙江省长公署训令第一千四百五十七号

令警政厅据长兴县呈防地空虚匪案叠出
请派兵下县分驻保卫由

令警政厅长夏超

本年十一日据长兴县知事魏兰呈称,"为防地空虚,匪案叠出,应请派兵下县分驻,以资保卫事。窃查长邑界连三省水陆交冲,盗匪充斥其间,防范夙称不易。此次水口镇地方猝遭匪祸,在知事不能消患无形,蒙省长记大过一次,防务疏忽,咎实难辞。然皆因要隘之区,苦无兵力镇摄之故。现查东乡鸿桥、南乡吕山以及东乡之林城桥、白阜埠、槐花磡,东川圲、西川圲、北乡之水口镇各处,均为苏皖毗连,防务重要之地,若无军队驻扎其间,实不足以弭匪患而保义安。值此冬防吃紧,伏莽潜滋,各乡保卫团枪械缺乏,既不足恃,县警队虽可支配,又奉通令裁撤,顾念前途,实为危险。知事身任地方,责无旁贷,再四筹思,为亡羊补牢之计,惟有先事陈请派兵分驻,庶几兵力加厚,商民得以安堵无惊,而设备既周,匪氛敛戢,将来亦可少烦廑念。除分呈外,理合沥情呈请,仰祈察核,俯念地方重要,迅赐饬下内河警察并警备队派兵下县,分驻前列各要隘,以资保卫"等语前来。除指令:"据呈已悉。查该县前请缓裁警队,当经电令赶筹的款,添设临时警察在案。兹又以派兵下县分驻为请,仰候令行警政厅分别转令察核办理,一面仍遵照本署第四六号电令,将临时警察赶速筹款添设,毋得诿卸贻误,切切。此令"印发外,合亟抄发前电,令仰该厅迅令该管统带暨内河水上警厅酌量办理呈报。此令。

中华民国五年十一月二十日

省长吕公望

（原载《浙江公报》第一千六百八十九号，七至八页，训令）

浙江省长公署训令第一千四百五十八号

令警政厅准内务部咨警正阮继曾魏其光
更名各节准予备案由

令警政厅长夏超

案准内务部咨开，"准咨警正阮继曾更名性山，魏其光更名佑孚，请备案等因到部。查该员阮继曾、魏其光更名各节，既准咨转前来，应均准予备案。除注册外，相应咨复贵省长查照可也"等因。准此，查此案前据该厅呈请，经本署核转咨部在案。兹准前因，合亟令仰该厅转令省会警察厅传知该警正等知照。此令。

中华民国五年十一月二十日

省长吕公望

（原载《浙江公报》第一千六百八十九号，八页，训令）

浙江省长公署训令第一千四百五十九号

令警政厅准督军署咨严禁军队往来及驻扎
处所不得再有勒借勒捐情事由

令警政厅长夏超

十一月十一日准浙江督军署咨开，"准陆军部咨开，'准全国商会联合会呈称，本会于五年九月举行第二次大会，据贵州代表石毓崑提出严禁军队勒捐议案，本会审查国家之贫富系乎商业之盛衰，商业之盛衰恒视政府保护之程度以为消长，政府摧残商人，肆行需索，将见实业萧条，百货停滞，而税源亦日趋枯涸，此自然之势而无可讳言者也。中国自甲午以来，因国际之战事、赔款之摊派，其直接间接影响于内地商业者，损失之数以亿万计。迨至辛亥军兴，赣宁继起，楚歌四面，风鹤惊心，大商罄其盖藏，小商转于沟壑，如言商情，已成不可收拾之势。客岁帝制发生，滇黔起师，一时沿江沿海各省谣啄繁兴，各埠成交货物纷纷止退。喘息余生，再罹惨祸，当局者宜有以抚绥之也。不意各处军队往来或驻扎处所，向商界勒借勒捐之事时有所闻，不问商人血本之多寡，筹措之维艰，任意指定某种营业措办几何，某种商号筹给若干，商人处于积威之下，欲行拒绝，则武断可畏，生命堪虞，饮泣吞声，莫敢谁何。若不急图补救之策、善后之计，则商业前途何堪设想？此就商民历年穷困言之，勒借勒捐之事宜严行禁止者一也。

'商民捐输之代价不外求安其业，而国家养兵之目的亦不外仗其保卫地方。军中一丝一粒，大抵皆商民胼胝汗血而来，今以终岁劳苦之余资，不能供军队往前之一嚼，是卫商而反以厉商，实业安得不日蹙，民生安得不日穷也？况兵食并重，振古于兹，有兵而无食，犹之鱼无水则枯，川无源必涸，古之谈兵者莫不亟亟于饷，而筹饷者尤以来源有继续性者为必要。饷源所在，负担于商人居多。商业发展一分，则饷源裕如一分，商业若无恢复之余地，则饷源之涸立而待也。故商战与兵战实有密切之关系，商业与军队实具至捷之影响。此就国家财政言之，勒借勒捐之事宜严行禁止者二也。

'武汉起义，革除专制，不数月间，合汉满蒙回藏五大族制成共和国家，增历史之光荣，开亚洲之新局。吾神圣军人之力，亦吾神圣军人之美誉也。各处军队宜如何珍重勋名，维持秩序，卫吾商民。大军所过，秋毫无犯，吾商人亦得安居乐业，为国家涵养税源，岂不甚善。乃因救一时之急，动堕昔日之令名，贻后来之隐患，恐非神圣军人所愿出也。此就军人名誉言，勒借勒捐之事宜严行禁止者三也。

'经大会公决，呈请政府严申禁令，凡有军队往来及驻扎处所不得再有勒借勒捐情事，以恤商情而系人心。理合呈祈查核施行等因，相应咨行查照办理可也'等因。准此,除分行外,相应咨行贵公署即烦查照施行"等因。准此,除咨复外,合亟令仰该厅长转令所属各区营队一体遵行,是为至要。此令。

中华民国五年十一月二十日

省长吕公望

（原载《浙江公报》第一千六百八十九号,八至九页,训令）

浙江省长公署训令第一千四百六十六号

令温岭县知事查复宏文蒙学校有无溷厕叫嚣情形由

令温岭县知事陆维李

案据该县公民林树瑛等禀称,"为违抗省批,朦混袒覆,叩求严加批斥,敬谨保存,以重祀典事。窃宋儒朱熹先生曾为永宁州知州,温岭为永宁旧属,遗爱在民,由树瑛等叔祖茂沅筹资于城西创建专祠,崇德报功,并由树瑛等曾祖祺远独力输助田五十八亩,为春秋享祀之用。宏文蒙学校长林嗣彬未悉前辈输助原委及国家尊重祀典之意,妄禀严前知事请将该祀产改充校费①,当经树瑛等据情禀陈前民政厅,奉批'先贤祀典理宜敬谨保存,岂容藉办学之名擅自指拨,致妨祀典,仰温岭县知事迅速查核遵办具报'。厅批烛见至隐,更不容有所异议。讵陆知事未加遵办,竟徇林嗣彬一面之请,饬学务委员张玮查复。张玮与林嗣彬素有密切关系,合县皆知,闻其复词有请以朱子祠田亩拨充校费,以朱子祠改置户田亩拨充祀田,不知改置户田十三亩原系东乡六闸朱子祠所有,岁久祠圮,田被乡人侵占,前清光绪二年经县令唐济清查,谕令宾兴董事陈寿祺等变卖转买附城田亩,半充校士馆修理费,半拨宾兴,有唐济所勒碑文及《太平县志》可凭。该校士馆修理费田亩查已由前知事汪成教批拨模范小学经费,张学务委员以久远变卖

---

① 严前知事,即严伟,字觉之,江苏仪征人,民国四年七月至民国五年四月任温岭县知事。

无着之田,拟作崇祀先贤之用,其故为诈欺,饰词隐射,不知是何居心。查现行条例,管理寺庙财产,与普通人民受同等之保护,况朱子祠祀田五十八亩,系树瑛等私家独力输助,现朱子祠祀田户存有林克礼户、林睦堂户,推入字样,确可查核,更非公共祀产可比。今林嗣彬藉办学为名,去岁既占居该祠,又欲侵夺祀田,更为非法觊觎。查朱子祠房屋仅有大厅三间,崇奉朱子神像,该校就神座前设立讲堂,童男童女溷厕嚣叫,殊无以肃观瞻而昭静敬。为此不揣冒昧,禀请省长将陆知事据委袒覆之详严加批斥,并令该宏文蒙学校择地迁移,不胜待命之至"等情。据此,查此案前据该县查明议复前来,业经令准照办在案。兹复据该民等禀称,该宏文蒙校有溷厕叫嚣情形,如果属实,殊负拨款维持之意。除批以"查此案前据该县知事呈复,系声明委员张玮查复,词涉模棱,无从臆断。另委徐晟查明,据以通盘筹画,拟将朱子祠户田五十余亩仍归宏文学校收花,每年提燥谷二十石,交由该民等轮流值祭,余均充作校用及朱子祠修理等费。并非仅据张玮查复以朱子祠改置户田拨充祀费,当以其所拟尚合,业经令准在案。该民等不候县署明白示遵,遽以捉风捕影之词来署越渎,殊属不合。至该校是否溷厕叫嚣,款归实用,自是另一问题,候令行该县知事严行督察办理,仰即知照。此批"等语挂发外,合亟令仰该知事严行督察办理具报,毋稍徇延,切切。此令。

中华民国五年十一月二十日
省长吕公望

（原载《浙江公报》第一千六百八十九号,九至一一页,训令）

浙江省长公署训令第一千四百六十七号

令旧杭嘉湖三府属各县知事将因利局款项停止
借贷其已借未缴之户并仰依限收齐具报由

令杭嘉湖三府属县知事（内除昌化、嘉善二县）

案查各该县因利局均已先后筹备开办在案,现在本公署对于是项局所已拟有他项办法,为此令行该知事仰即转行各该局局长,于文到之日起一律暂行停止借贷,其从前已贷未缴之户并仰依限收齐,专文具报,毋违。此令。

中华民国五年十一月二十日

省长吕公望

（原载《浙江公报》第一千六百八十九号,一一页,训令）

浙江省长公署训令第一千四百六十九号

令财政厅为饬查绍兴公民朱文宪禀控姚立三征收舞弊一案由

令财政厅长莫永贞

查绍兴县公民朱文宪等禀控姚立三包征钱粮舞弊营私各节,前据该厅派员查复,谓均无切实证据,即领用空白传单任意填写砝票一层,亦称并无其事。兹复据该县公民等以委员调查不实,附送空白印单等件禀请澈究前来,察阅所送传单确系空白,若不认真查办,无以折服其心。究竟此项空白传单,因何准予领用,何以落于该公民等之手,仰财政厅即饬该县宋知事自行明白呈复①,以凭察核。至列名诸人据委员复称,一无真实姓名,而细绎先后函禀所盖印章,核与前按署档案内洪承焕等禀控姚立三征收劣迹一案所盖之印章均属相同,惟姓名业已变更,如前禀洪承焕名下盖'寄生'二字,曹鸿佑名下盖'滋宣'二字之类,今则'滋宣'二字盖于朱文宪名下,'寄生'二字盖于徐以钊名下,张冠李戴,其为捏造可知。殊不知地方官吏如有营私舞弊情事,尽可据实禀讦,而似此虚伪行为,亦为乡党自好者所不屑。且近来捏名递禀之案不一而足,未便置之不议,致张刁风。查洪承焕等前禀封面既盖有"延专乡自治办公处"戳记,则蛛丝鸟迹应有可寻,该自治办公处平日与县署往来信件当亦不少,究竟有无洪承焕其人,

---

① 宋知事,指宋承家,字玉烈,江苏崇明(今属上海)人。民国三年六月至民国六年十二月任绍兴县知事。

前禀是否伊所投递,原禀笔迹与存县信件是否相符,并饬一并查询明确,附复核夺勿延。此令。原禀三件同发,仍缴。

中华民国五年十一月二十日

省长吕公望

(原载《浙江公报》第一千六百八十九号,一一至一二页,训令)

浙江省长公署指令第　号①

令高等检察厅长殷汝熊

呈一件高等审判厅呈为新昌县获盗陈双全老

一案办理未当应否饬发复审一案由

呈及供、判、逸犯清单均悉。送究具报并抄发逸犯单、年貌单一纸。

附　浙江高等检察厅训令第一千一百零六号

令各属协缉新昌逸盗陈宝生等务获解究由

令杭、鄞、金、永地方检察厅,七十一县知事

案奉省长指令,高等审判厅呈为新昌县获盗陈双全老一案办理未当应否饬发复审一案,令开,"呈及供、判、逸犯清单均悉。送究具报并抄发逸犯单、年貌单一纸"等因。奉此,合亟抄单通令各该厅、该县查照,会同营警严密协缉,务获解究,切切。此令。(刊登《公报》,不另行文)

计发抄单一纸。

中华民国五年十一月二十日

高等检察厅长殷汝熊

杭县地方检察厅检察长陈毓璿代行

———————

① 本文由浙江高等检察厅训令第一千一百零六号析出。

计开：

姓　名	籍　贯	年　岁	面　　貌
陈宝生	麻家山人	约年四十多岁	人中，面方，黄色，无须，有辫。
李月和（即吕月私）		约年四十多岁	人胖，面黑，麻子，颧高，有痣。
灰堆老大	嵊邑人	南门外灰墩	
杷全小儿	黄明堂人	约年三十多岁	人矮，面白，无须，有辫。
黄明堂癞子	黄明堂人	约年四十多岁	
包兴图	麻家山人		
陈陈木	前庄人	约年四十余岁	身中，面黄，无须。
朱海癞子	五删人	约年三十余岁	同
魏老大五	五删埠人	约年四十余岁	同
陈炳照	油村人	约年三十余岁	同
赵宝水	五都人	约年四十余岁	同

（原载《浙江公报》第一千六百八十九号，一五至一六页，训令）

浙江省长公署指令第三千六百九十号

令财政厅长莫永贞

呈一件为常开统捐局呈为呈报到差后调查统捐大概情形由

呈悉。仰财政厅饬即督同司巡人等认真办理，本省长将以比较之盈绌，验局长之所呈是否徒托空言也，勉之！此令。十一月二十日

附原呈

常开统捐征收局为呈报到差后调查统捐大概情形据实报告事。

念慈前蒙钧长委任斯职①，禀辞出省，既谆谆谕以认真，嗣奉钧批复，再饬以整顿。念慈不敏，敢云弊绝风清，而名誉攸关，岂肯因循苟且？接办以来，念有余日，举凡一切利弊，莫不博访周咨，兴利必求其远大者，除弊必去其太甚者。约而言之，对于商民不苛不纵，对于钧长不贪不欺，秉大公之心，行和平之政。办理统捐之道，大要不外乎斯。兹谨将查悉情形为我钧长一详陈之。

查常山上通赣、皖，下接衢、兰，当江西铁路未通以前，此间入口之货以夏布、木料、茶叶、磁器、纸张为大宗。前清未改统捐之时，每年收款即不下十余万，因昔日《厘金章程》不若统捐手续完备，所收虽多，半归中饱。殆至民国二年，改办统捐，而后始设四联票，加增比较额，由二卡收缴，联单不准用墨飞小票，防微杜渐，意美法良。此间各行商不特不能作弊，即使之作弊，而均不肯作矣。盖由常至杭须经十四关卡，虽欲偷漏，亦不可得，若必处处买通，则行贿转不如纳捐合算。此行商不能作弊之实在情形也。至于司事，念慈所用，既乏乡人，亦无亲友，悉系就地取材，非有人银两保之公正保人者，不敢收用，所有收捐数目即惟总局最巨，皆经念慈亲自督征，其余外卡，无论远近，亦均常川巡阅，途遇商民即同坐路傍，温语询问所过分局有无勒索，念慈严密访查，尚无大弊。惟查此地零星小贩，向来习惯野蛮绕越关卡，忽水忽旱，稍不注意，即行偷漏，若经拦获，抗不纳捐，历年以来，莫可如何。查其所贩者，不过四五元之物，且有农民以货入城易盐米者（如烟草、菜油等类），如此之类，每月无多，向来每挑给巡丁铜元二三枚不等，若必令纳捐，则藉端滋事。念慈询之绅董，实属地方习惯，历年皆系如此。现在严饬司巡斟酌情形，妥

① 念慈，姓罗，参见省长公署指令第九百二十一号，本集卷五，1782 页。

为办理,遇有此等收数,仍须报缴来局一并解库,务须宽猛相济,勿起风潮。此念慈办理局务之实在情形也。总之,上江一带实不若下江弊甚,局长苟能认真司巡,亦难作弊。以上各节,均就目下调查所得,据实陈明,此后自当督率司巡竭力整顿,务期商民无怨望之语,公家收补助之益,庶不负钧长殷殷告勉之至意。所有念慈接办后调查大概情形,理合备文呈报,伏祈钧长查核示遵。谨呈。

（原载《浙江公报》第一千六百八十九号,一七至一八页,指令）

浙江省长公署指令第三千七百三十二号

令余姚县知事邢炳旦

呈一件为遴委掾属请注册由

查教育主任王协恭,核与通令规定任用资格不符,姑念曾充校长、教员及前民政厅教育科员等职,应准一并注册,仰即知照。履历暨清摺存。此令。十一月二十日

附原呈

呈为遴委掾属开送履历请予鉴核注册事。

窃知事奉委斯缺,遵于本年八月二十一日接任视事,所有前任掾属均已辞职他就,自应遴员接办,以资佐理。既分政务、财政、教育三科,各设主任一员,政务、财政各设助理三员,教育设助理一员。兹查有王承云堪为政务主任,谈杰堪为财政主任,王协恭堪为教育主任,陈启安、许尚先、徐人夔堪为政务助理,蒋善溁、项寿鸥、许健堪为财政助理,吕锡枬堪为教育助理。以上各员,业经知事慎重遴委,分别试用,均属称职。除各员薪俸于奉定行政经费内酌量支给,另行按月造报外,所有遴委掾属情形,理合检同履历,加具考语,开列清摺,备文呈送,仰祈钧长鉴核注

册,实为公便。谨呈。

（原载《浙江公报》第一千六百八十九号,一八页,指令）

浙江省长公署指令第三千七百四十七号

令长兴县审检所

呈一件呈报合溪乡村民拿获盗匪枪毙老蔡一名勘验情形由

呈及格结均悉。该盗犯老蔡既经验明,确系图逃被枪身死,应无庸议。仰仍将押犯王有庆按律诉办,一面并严缉逸犯青大务获,解办具报。至该处保卫团追获强抢盗犯,足见办理认真,殊堪嘉尚,仰由该知事拟奖呈核。此令。格结存。十一月二十二日

（原载《浙江公报》第一千六百八十九号,一八至一九页,指令）

浙江省长公署指令第三千七百五十四号

令龙泉县知事范贤初

呈一件为呈报整顿习艺所添招艺徒并送预算表请察核由

察核来呈,该知事对于所务,尚能悉心规画,深堪嘉慰。事务员一职,应酌量裁除,其事务令由各艺师分担,俾资撙节。所中工作应以十二个月计算,即遇年假,只准照各公署办理。拟呈岁出预算表第一项第三目暨第三项第九目备考栏内,均注有艺师薪水及艺徒火食,除年暑假外,每年以十个月计算等语,殊属不合,仰即知照。余均如拟办理。表存。此令。十一月二十日

（原载《浙江公报》第一千六百八十九号,一九页,指令）

浙江省长公署指令第三千七百六十一号

令高等审判厅长范贤方

呈一件为诸暨县知事呈复英教会购基纠葛
一案已转催审检所迅速办理由

呈悉。案关交涉,万难久延,节经令行迅办判结在案。据呈前

2667

情,仰高等审判厅转饬迅速讯结勿延,切切。此令。十一月二十一日

(原载《浙江公报》第一千六百八十九号,一九页,指令)

浙江省长公署指令第三千七百六十二号

令现任嘉兴县知事

呈一件为前任知事袁庆萱呈复县税册内

列支县议会及纪念碑费两款请核销由

呈悉。筹备自治,本为该县署政务掾属应办事项,所有经费应在该县署公费项下撙节开支,且并不先行呈明,率徇地方之请,遽予拨用,实属不合,应将已拨之款,责成该前知事自行赔补。纪念碑费一项,亦应如数提回,一并不准列销,以为办事擅专者戒。至纪念碑应否设立,俟自治回复交议呈夺,仰即查照办理并转知袁前知事遵照。此令。十一月二十一日

(原载《浙江公报》第一千六百八十九号,一九至二〇页,指令)

浙江省长公署指令第三千七百六十三号

令财政厅长莫永贞

呈一件为呈复丽水丽阳庙田除留祭田

十五亩其余应照原案标卖由

查学校请拨官产,虽非经部核准不生效力,惟寺既未废,寺田自亦不能变卖,是项田亩究系国家官产,抑系地方公产,应由该厅令县再加确查,呈复核夺。此令。十一月二十一日

(原载《浙江公报》第一千六百八十九号,二〇页,指令)

浙江省长公署指令第三千七百六十四号

令贫民工厂厂长周大辅

呈一件为制备艺徒棉被款归无着应否

酌借别宗款项先行筹备乞示遵由

该厂艺徒棉被,兹据委员查明并无破烂情事,惟其中约有百条

失之过薄,且被里被面率多秽湿不堪,万难取暖,何以不使洗濯?至缝线破裂之被,综计不过十余条,似系久受牵扯所致,何以不为缝补?足见该厂长对于厂务慢不经心,且敢藉口更换,率请巨款,尤属不合,应予记大过一次,以示薄惩,即责成该厂长迅将原有之被一律饬工洗濯干净,其破裂处并须补缀完好。至胎棉过薄之被一百条,自应重加弹工并五十条,并另制五十条,以资应用。所有制备经费,准在该厂本年盈余项下暂行垫支,俟将来预算成立,如数拨还可也。一面仍将办理情形报候验收,毋再率忽,致干重咎,切切。此令。十一月二十一日

（原载《浙江公报》第一千六百八十九号,二○页,指令）

浙江省长公署指令第三千七百七十四号

令武义县知事

呈一件呈请委任劝学所所长并将劝学员备案开送履历由

呈及履历均悉。应准分别委任备案,仍俟《施行细则》颁到后,再将该所开办,仰即知照,并将发去任命状转令祇领。履历存。此令。十一月二十二日

（原载《浙江公报》第一千六百八十九号,二○至二一页,指令）

浙江省长公署指令第三千七百八十二号

令第四师范讲习所

呈一件呈请解释疑义以资遵办由

呈悉。查《师范学校令》第十一条,本可附设讲习科,届时自应斟酌本省筹备义务教育师资情形,再行令遵,仰即知照。此令。十一月二十二日

（原载《浙江公报》第一千六百八十九号,二一页,指令）

浙江省长公署指令第三千七百八十三号

令省立第八中学校校长孙士琦

呈一件呈报办理毕业日期请派员会考由

呈、表均悉,应准照办。至派员会考,业经前民政厅通饬停止在案,届时即由该校长照章举行可也。表存。此令。十一月二十二日

（原载《浙江公报》第一千六百八十九号,二一页,指令）

浙江省长公署指令第三千七百九十一号

令永康县知事

呈一件送劝学所预算表并所长履历请委任由

呈及摺、表均悉。所需经费不能全由县税小学费内开支,应再另行加筹预算照办,所长并准先予委任,仰即遵照,并将发去任命状转发祗领。摺、表存。此令。十一月二十二日

计发任命状一纸。

（原载《浙江公报》第一千六百八十九号,二一页,指令）

浙江省长公署指令第三千七百九十三号

令寿昌县知事

呈一件送劝学所所长履历请予委任由

据送履历,于办理教育事务年分起讫含混未清,应再详晰开送候核。履历发还。此令。十一月二十二日

计发还履历一件。

（原载《浙江公报》第一千六百八十九号,二二页,指令）

浙江省长公署指令第三千八百零二号

令鄞县知事祝绍箕

呈一件为呈请抽收亩捐作为撩除野荷花经费乞核示由

查是项野荷滋生甚易,自应及时勘除,所需费用请抽收亩捐一节,业经由该知事召集该乡绅耆及自治委员开会议决在前,应予照准。惟每亩是否应捐一角之处,该乡所有滋生野荷河道究有若干处,捞除费用每处若干,合计若干,应切实勘明筹算后,按诸该乡田亩数目,再行定夺,方为妥善。至其第二第三年,每亩抽收之数,应否依照第一年办理,亦当悉心筹算。除一面准其先由县垫款急切进行外,仰该知事即便遵照指示各节,再邀集该乡绅耆及自治委员妥议呈核,并责由何项人员办理暨办法如何,一并议定简章,绘具图说,呈候核夺。此令。十一月二十二日

（原载《浙江公报》第一千六百八十九号,二二页,指令）

浙江省长公署指令第三千八百零四号

令淳安县知事汤国琛

呈一件为地丁项下公益费不敷甚巨能否将县参两会
议员公费及各项费用酌量裁减请核示由

呈悉。该县自治经费收支相抵,既不敷甚巨,请将县、参两会公费及其他用途酌量裁减,并案交议,自属正办。惟回复自治案尚未经明令公布,采用何项制度,有无县、参两会,事前尚难预定,应俟部令到署,再行令遵可也。此令。十一月二十二日

（原载《浙江公报》第一千六百八十九号,二二至二三页,指令）

浙江省长公署指令第三千八百十七号

令丽水县知事

呈一件呈请领回巴拿马赛会出品并送清单由

呈、单均悉。各县运回赴美赛品,一俟清理就绪,即另令派员来署具领,仰先转行知照。单存。此令。十一月二十二日

（原载《浙江公报》第一千六百八十九号,二三页,指令）

浙江省长公署指令第三千八百二十二号

令海宁县知事

呈一件为据商人虞古诜在郭店拟设厚生茧行请核示由

呈悉。查《茧行条例》公布后，各商请设茧行呈文到县，或先或后及手续已否完备，该知事应有查核之责，何得含糊率转？该商虞古诜等请在郭店设立茧行，显与新颁《条例》及一二二四号训令不合，所请不准，仰即转饬知照。此令。十一月二十二日①

（原载《浙江公报》第一千六百八十九号，二三页，指令）

浙江省长公署指令第三千八百三十七号

令高等审判厅高等检察厅附设筹备处

呈一件为高等审检分厅书记官长职务未便由地方厅
书记官长兼任请仍保持预算变更编制由

据呈于金华、永嘉两高等分厅额定书记官内，指定一员代行各该分厅书记官长职务，自系为专一责成起见，其经费仍依表定月支津贴二十元，是编制虽有变更，而核与原定预算实际并无出入，应即如呈办理。此令。十一月二十二日

（原载《浙江公报》第一千六百八十九号，二三页，指令）

浙江省长公署批第八百八十八号

原具呈人瑞安金浩等

呈一件为呈请令县将显佑庙产簿据提算仍归自治接管由

案经令县澈查呈核，该民等应即静候办理，毋庸多渎。此批。十一月二十日

（原载《浙江公报》第一千六百八十九号，二四页，批示）

---

① 日，底本误作"昨"，径改。

浙江省长公署批第八百九十六号

原具呈人矿商郑文海

呈一件据呈补送履历保结并缴注册费矿区税银由

呈悉。查取具保结之商会、公司或商店,应以该商生长地、或现在营业地、或矿区所在地之道区域内为限。兹阅所取具保结之杭州招商轮船局,核与该商生长地及矿区所在地,均非同一道区,即该商之志成煤矿公司,虽设立在杭县,在矿业权未核准以前,自不得以营业地论,所呈保结仍属不合,应发还,仰即遵章另取保结呈送候核。注册费及矿区税银均暂存。此批。十一月二十一日

计发还履历、保结二纸。

（原载《浙江公报》第一千六百八十九号,二四页,批示）

浙江省长公署批第九百号

原具呈人上虞姜大赉等

呈一件为资圣寺产分拨东溪坤麓校请饬县收回成命由

已于葛之覃词内批示矣。此批。十一月二十二日

（原载《浙江公报》第一千六百八十九号,二四页,批示）

浙江省长公署布告第七号

布告定期考验海军学生由

照得考选海军学生一案,本署定于本月二十八、三十日分别两次考选,业将第五号布告刊登《浙江公报》暨各报封面,并声明在本署举行考选在案。兹为考验手续上便利起见,特借本城马坡巷公立法政专门学校为考选场所,并改定为第一次（即十一月二十八日）考选国文、英文、算学,第二次（即十一月三十日）考验体格及面试,其余一切悉照前届布告办理,仰来省应选各生一体遵照,毋得自误。

特此布告。

中华民国五年十一月二十三日

省长吕公望

（原载《浙江公报》第一千六百八十九号，二五页，布告）

浙江省长公署牌示

调任松阳县知事祝绍箕交代需时，不克到任，即委钱世昌前往代理。十一月二十二日

（原载《浙江公报》第一千六百八十九号，二六页，牌示）

浙江省长公署通告

青田县知事张鹏呈报于本月八日会同委员亲诣灾都复勘，职务委财政主任沈元忠、警务委警佐郑肃暂代。

临安县知事黄鹗之呈报于本月十日下乡劝募公债、查勘烟苗，署务分委政务主任王楠、专审员宋增等暂代。

江山县知事程起鹏呈报于本月十日由乡公毕回署。

瑞安县知事李藩呈报于本月十日下乡相验命案，署务分委财政主任张锡龄、警佐曹文斌、专审员周倬等暂代。

海宁县知事刘蔚仁呈报于本月十一日赴乡劝募公债，署务分委财务主任沈衡、政务助理王宝诚暨警佐张树池等暂代。

吴兴县知事吕俊恺呈报于本月十一日起行晋省，署务委财政主任赵琥、警务委警佐黄人杰暂代。

金华县知事钱人龙呈报于本月十一日会同履勘北山林牧公司界址。

候补知事陶栋呈报于本月十二日到省销假。

财政厅长莫永贞呈报本月十四日由京公毕回署。

天台县知事姜恂如电呈于本月十五日下乡募债、查烟、催粮、验

契，职务委政务主任暂代。

分浙任用知事胡德良呈报于本月十五日到省缴验凭照。

（原载《浙江公报》第一千六百八十九号，二七页，通告）

浙江督军署咨陆军部

为领受勋位咨复查照由

浙江督军署为咨行事。案准贵部咨开，"案查贵督军本年国庆日奉令晋授之勋二位，业经本部呈明大总统，请派陆军中将杜持代授。除令行该中将外，相应咨行查照办理可也"等因。杜中将持于十一月十五日到浙，本督军即于是日就署内恭设礼堂，遵照应行礼节，敬谨领受。除已电呈谢悃，并填具履历表，咨送铨叙局查照外，相应咨达贵部，请烦查照。此咨

陆军总长

浙江省督军吕公望

中华民国五年十一月二十三日

（原载《浙江公报》第一千六百九十号，一九一六年十一月二十六日，四页，咨）

浙江督军署咨参谋部

为参谋钱谟等三员免赴陆军大学复试由

浙江督军署为咨请事。

案准大部咨开，"准贵督军咨送考试陆军大学校人员，现经审查取定十四员，希即照章给与往来旅费，携带毕业文凭、委任状于十二月初十日以前到京投校报到，听候再审试验，相应将选取名单咨复贵督军查照，希转饬遵照"等因。准此，当经转令在案。兹查署参谋钱谟、副官长斯烈二员，任务重要，深资得力，未便遽行更易，应请免予赴京再审；并据第二师师长呈称，"第八团团附李家鼐，在团担任全团

教育,职务重要,请将该员留团服务,系为慎重教育起见,俾资熟手,应否准予免赴陆军大学复试,呈祈察核"等情前来。除指令照准外,相应备文咨请大部查照,将钱谟、斯烈、李家骊三员一并免予复试。此咨

参谋总长

浙江省督军吕公望

中华民国五年十一月二十三日

（原载《浙江公报》第一千六百九十号,四至五页,咨）

浙江省长公署咨农商部

据德清县呈送城镇两商会章程及钤记费各清册乞核转由

浙江省长公署为咨行事。

据德清县知事吴訚皋呈称,"案奉前钱塘道尹公署饬发《修正商会法》及《施行细则》二本下县,以'各县未经改组之商务分会或分所,其依法得改组为商会者,转饬一律依法遵限改组,随同章程、发起人、选举各清册并钤记公费银送县报省,咨部核办'等因,奉经转行职县城区暨新市镇两商务分会查照,依法改组在案。现据城、镇两商务分会先后将开会讨论详拟章程、举定职员、一切改组情形,造具清册并钤记公费银函送前来。知事查德邑商务以城区、新市两处最为繁盛,新市距城五十余里,在《修正商会法》未颁布以前,城、镇两分会各自成立几近十年,今依法改组分别设立商会,核与《修正商会法》第四条第一项、第二项,《施行细则》第二条之规定,均属符合,理合将送到章程、发起人、选举等项清册各二份,并钤记公费银三十元,一并备文呈送,仰乞省长鉴核,汇转施行"等情,并附城、镇商会章程各二份,职员册各四本,发起人名册各二本,钤记公费银各十五元到署。据此,察阅该两商会章程、名册,大致尚无不合,除指令并抽存一份备查外,相应检同原送各件及钤记公费一并备文咨请大部查核见复施行。此咨

农商总长

　　附德清县城、镇两商会章程各一份,职员册各二本,发起人名册各一本,钤记公费银各十五元,共计三十元。

浙江省长吕公望
中华民国五年十一月二十四日

　　(原载《浙江公报》第一千六百九十号,五页,咨)

浙江省长公署训令第一千四百六十号

令农事试验场准农商部咨行该场应与附近各校
联合妥商每日规定时间由校轮派学生到场实习由

令农事试验场代理场长袁锵金

　　案准农商部咨开,"查中国农业夙称发达,相土辨种之法,林衡畜牧之规,散见古书,班班可考。降及今日,农智日湮,习古守常,鲜知改进。本部鉴于殖业之寖衰,生产之奇绌,亟思劝诱人民应用新法,迭经筹集款项,遴选人才,就农业、林业、茶业、棉业、种畜各项,分别设场试验,并以历年所得之结果,刊列成绩,传示民间,俾之群起观感,争自改良。乃调查比年情形,人民对于兴利思想仍复异常薄弱,究其迟缓观望之由,或良法未尽周知,或成效未经目睹,官设机关与普通农民向多隔阂,传习之途未广,改进之效难期。查东西洋各国每遇天灾虫害,率由学校生徒并力协助,一致进行,是以农民事业易见进步。现京内外各地如地方公立之高等小学及中学校所在多有,校中课本有农业一项,每苦无实习之地,贵省所设省农事试验场应与附近各校联合妥商,每日规定一二小时或每周数小时,由校轮派学生到场实习,由场员详加指导,务使栽培繁育之良法推暨于齐民,种植畜牧之新知灌输于遐迩,造端虽微,收效实巨。除令知本部直辖各场遵照办理外,相应咨行贵省长查照转饬办理可也。此咨"等因。准此,合亟令仰该场长遵照会商附近各校办理,仍将办理情形报核。此令。

　　　　　　　　　中华民国五年十一月二十日

　　　　　　　　　　　　　省长吕公望

　　（原载《浙江公报》第一千六百九十号，六页，训令）

浙江省长公署训令第一千四百七十六号

　　令各县知事省农会准内务部咨解释地方

　　各团体对于官署行文程式由

　　令各县知事省农会

　　案准内务部咨开，"准国务院函开，'据法制局呈称，解释地方各团体对于官署行文程式，请鉴核分行主管各部，抄录原文函达查照分别饬遵'等因到部。除分行外，相应刷印原呈咨行查照，分别饬遵可也"等因，并附印刷原呈一纸到署。准此，除分令外，合行抄录原呈随文令仰该知事遵照。此令。

　　　　　　　　　中华民国五年十一月二十二日

　　　　　　　　　　　　　省长吕公望

　　　　　　　　附法制局原呈

　　呈为解释地方各团体对于官署行文程式，呈请鉴核分别转行各主管各部查照饬遵事。

　　准农商部函称，"准安徽省长咨称，'前据英山县知事以县署、商会互相行文应适用何种公文程式请示遵行等情，业经咨请贵部核订示复在案。兹复据合肥县知事呈称，公文程式仅及国家机关往复文件，与批人民陈请事项，而县知事对于地方各机关公文，当用何项程式，未奉明文规定，理合呈请指示遵守'等情。查县署对于地方各团体互相行文，应用何种公文程式，亟应订定宣布，俾资遵守。除分咨外，相应咨请贵部，并案核办，见复施行"等因到部。查县署、商会行文,有《商会法施行细则》第十三条之规定,自可资以解释应用。至县署对于地方各机关,则如来咨所称,保卫团、财政局、农会、官公私立各小学校及县议会、城镇乡自治会等,范围较广,不尽属于本部主管,其互相行文究应适用何种程式,应请详晰核订,函复至部,以凭咨复转饬遵行到局。查《地方保卫团条例》第四条,"各地方保卫事宜以县知事为总监督,遴委地方公正绅商协筹办理"等语,保卫团既以县知事为总监督,其各团之团总又由总监督遴委,则县知事对于团总行文应用"令",团总对于县知事行文应用"呈"。又,查农会对于官署公文程式,《农会暂行规程》中并未订有明文,惟农会与商会性质相同,自应准用商会之程式办理。《商会法施行细则》第十三条第一项,总商会、全国商会联合会对于中央各部署及地方最高行政长官行文用"禀",对于地方行政长官得用"公函";其第二项,商会对于中央各部署及各地方自道尹以上各行政官署行文用"禀",对于县知事行文得用"公函"各等语。农会中之全国农会联合会及省农会与总商会及全国商会联合会之地位相同,自应查照《商会法施行细则》第十三条第一项办理,农会中之府县农会及市乡农会与商会之地位相同,自应查照《商会法施行细则》第十三条第二项办理,惟用"禀"者应改用"呈",以符现制。又,查《高等小学校令》及《国民学校令》各条之规定,均以县知事为监督,关于校长之任用及俸额之制定,均由县知事定之,其校长、教员有违背法令、怠废职务者,并由县知事予以惩戒处分,是县知事为各小学校之监督。官署、县知事对于各小学校行文自应用"令",各小学校对于县知事行文自应用"呈"。至来咨所称之财政局,并无法令明文,应由各该地方官参酌办理。所有分别解释缘由,理合呈请鉴核,分行内务、农商、教育各部转饬各官署遵照。谨呈。

（原载《浙江公报》第一千六百九十号,六至八页,训令）

浙江省长公署训令第一千四百八十二号

令各海关监督财政厅准税务处咨上海鼎丰公司制成
肥皂出口时经过第一关征收正税一道沿途概免重征由

令各海关监督财政厅

本年十一月十五日准税务处咨开，"准农商部咨开，'据上海鼎丰肥皂有限公司呈称，本公司专营机器制造各种普通肥皂及化妆香皂，业于本年六月间成立，遵照《公司注册规则》禀由上海县详转钧部照例注册在案。查华商以机器仿造洋货，一律暂照值百抽五，于经过第一税关完纳出口正税一道，沿途概不重征，业经遵办有案。本公司事同一律，谨具商标、装潢式样，请转咨税务处援案办理等情。当以所请援案完纳正税，应将所制各种肥皂检取样品送部，再予转咨核办批示遵照去后。兹据该公司遵批将商厂所制肥皂十二种开列清单呈送到部。查该公司业经本部核准注册，所请将制成肥皂完纳值百抽五正税一道概免重征，核与成案相符，应检具原送肥皂暨商标式样，咨请核办见复'等因，并附送肥皂十二种、商标式样一册前来。本处查华商用机器仿制洋式货物，历经本处核准，只完值百抽五正税一道，沿途概免税厘有案。今上海鼎丰肥皂公司所制肥皂、香皂十二种，经本处考验，实系用机器仿制洋货，核与历办成案尚属相符，应准援案办理。所有该公司制成肥皂、香皂运销出口时，应由经过第一关按切实值百抽五征收正税一道，给予运单，沿途查验单货相符并无夹带影射及漏税等情弊，即予放行。除北京崇文门落地税外，不再重征税厘。此外如限期十二个月缴销运单暨货品转运各办法，均照本处先后通行成案暨修正简章办理。至此项特别税法系为奖励实业起见，将来《中英续定商约》第八款内第九节实行或机制货品税法另有变更之处，该公司应一律改照办理。除分行外，相应咨行贵省长查照，转令遵照可也"等由。准此。除分行外，合行令仰该监督、该厅即便转行遵照。此令。

中华民国五年十一月二十二日

省长吕公望

（原载《浙江公报》第一千六百九十号，八至九页，训令）

浙江省长公署训令第一千四百八十五号

令财政厅令知修浚浙西水利修正案规定征收

各项附捐核定起征时期等情由

令财政厅长莫永贞

卷查省议会咨送议决修浚浙西水利修正案，业经依法公布刊登本省《公报》第一六七八号在案，自应分别执行。兹经核定地丁附捐一项，本年下忙地丁各县均已开征，应自六年上忙起随正收解；茧捐一项，本年茧市早竣，并俟六年春茧上市时再行令知照案征解；其货物附加捐及丝捐两项，应即由厅转令各该统捐局于奉文日起即行随正照收呈解，仍均责成于串票上加盖"照省议会议决案带收浙西水利经费若干"戳记，以备查核，一面布告各商民知照。合行令仰该厅长查照分别转令遵办，其各局奉文日期并令报厅汇呈本署备案。此令。

中华民国五年十一月二十二日

省长吕公望

（原载《浙江公报》第一千六百九十号，九至一〇页，训令）

浙江省长公署训令第一千四百九十六号

令富阳昌化吴兴等县令催查造地方款项收支册由

令富阳、昌化、吴兴县知事

案照各县收支地方款项，曾经前按署通饬逐月造报在案。兹查该县尚未遵办，如此任意玩违，实堪痛恨。为此合行令催仰该知事限文到十日内，将此项收支款目自上年七月分起，至本年十月分止，分别赶造清册呈送察核,勿再延误,致于咎戾,切切。此令。

中华民国五年十一月二十三日

省长吕公望

(原载《浙江公报》第一千六百九十号,九页,训令)

浙江督军署指令第二千零九十三号

令本署第二股主任参谋吴秉元

呈一件为参谋钱谟任务重要请免赴陆军大学复试由

呈悉。本署参谋钱谟,应准免赴陆军大学复试,仰即知照。此令。十一月二十三日

(原载《浙江公报》第一千六百九十号,一四页,指令)

浙江省长公署指令第三千六百九十三号

令警政厅长夏超

呈一件呈复修正水警存饷规则由

呈、摺均悉。查《修正规则》第十五条,应改为"存饷及没收饷银每月由厅分项汇报警务处考核,转呈省长备查",余均如拟。仰候公布施行,一面应由厅将《修正规则》印刷,分别令发各厅遵照办理并检送十分来署备考。此令。清摺存。十一月二十日

修正浙江水上警察存饷规则

第一条　本规则为划一内河、外海两警厅各区队存饷办法,凡该两厅各区队均须遵守。

第二条　内河、外海两厅各区队应行存饷人员如左:

一、巡长;

二、巡警。

第三条　(原文)巡长、巡警之存饷,以每人十元为限,分五

个月扣足。

(修正)长警存饷不论等级,巡长以存满十元为止,巡警以存满六元为止。

第四条 凡新补长警于服务满一月以后起存。

第五条 (原文)前条新补之长警存饷,每次先由各区队给与收条,俟五次存足后,由各区队长将该存饷报缴该管厅存储,换领存饷证单,转给各该长警收存,即由各区队长将收条吊回注销。

(修正)前条新补之长警存饷于服务满一月以后起,每月存洋二元,先由各区队给与收条,俟存足后,由各区队长将此项存饷报缴该管厅存储,换领存饷证单,转给各该长警收执,即由各区队长将收条吊回注销。

第六条 存饷由警厅酌量分存每区队一百元至二百元为限,余即一概存厅另案存储,遇有接替,列入交代,不得挪移他用。

第七条 长警所领存饷证单,应加意保存,如有损坏、模糊不能辨识或因故遗失者,须将理由呈报该区队长查明确实,转呈该管厅补给。

第八条 呈出前条理由书时,须由同区队资格较深之长警加具保结一纸,如有朦混,同负责任。

第九条 长警服务已满三年者,销差时,存饷概行发还。

第十条 长警服务未满三年者,而任意求退者,存饷概不发给,但确有不得已事故,经由厅长核准者,不在此限。

第十一条 长警如有升充巡官者,存饷一概发还。

第十二条 凡长警因事斥革者,无论服务年限已满、未满,存饷一概充公,并追缴证单,以杜朦混。

第十三条 前条应行充公之存饷,各区队须如数缴厅,另项存储,专备奖赏之用,但为缴款便利起见,各区队长得另单报明,俟月终领饷时,由厅照扣。

第十四条　长警请领存饷,应检齐所给证单,呈由各该区队长核发,转缴警厅核销。

第十五条　(原文)存饷及没收饷银,每月由厅分项汇报巡按使公署备查。

(修正)存饷及没收饷银,每月由厅分项汇报警务处考核,转呈省长备查。

第十六条　本规则自公布日施行。

(原载《浙江公报》第一千六百九十号,一四至一六页,指令)

浙江省长公署指令第三千八百十五号

令平湖县知事

呈一件转报陆伯苗等拟在广陈等处各设茧行由

呈悉。查《茧行条例》业已公布并经第一二二四号训令遵办各在案。嗣后各商请设茧行呈文到县,果与《条例》符合,应由县分先后程序,以为转呈与否之标准,其捐税、保结、地图三种手续,有一种不完备者,虽呈请在先,亦应不予受理。至先后呈请各行地点不同者,如在后呈请之设行地点与在先呈准之行距离不及二十里,即与《条例》抵触,仍当驳回,自不得概予率转。该县商民陆伯苗等请设各处茧行,均未附绘地图,手续不备,且具呈到县孰先孰后及指定各地点有无抵触,未据来呈叙明,亦属不合。所请未便照准,仰即转饬知照。保结发还。此令。十一月二十二日

(原载《浙江公报》第一千六百九十号,一六页,指令)

浙江省长公署指令第三千八百二十八号

令财政厅长莫永贞

呈一件具报礼和洋行第九期息款已如期偿还由

如呈备案。此令。十一月二十二日

附原呈

呈为具报应偿礼和洋行第九期息款已如期偿还请鉴核备案事。

窃奉钧署第八七一号训令内开，"本年十月十七日准上海礼和洋行函开，'案查贵省长借款合同分立本息，期票内有息票第九纸于本年十一月五号到期，应拨付息款三万五千二百八十七马克六十七分，谨特备函奉陈，即请贵省长查照，届期拨付，以便转汇，是为至盼'等由。准此，合亟令仰该厅查照前项息款，届期支付，定于何日拨解，并先由厅即日具复本署备查"等因。奉此，查浙省本年十一月五日应付礼和洋行第九期息款德金三万五千二百八十七马克六十七分，业已饬由银行按照时价折合银币一万六千六百五十五元三角九分四厘，如期解交上海礼和洋行收领，除取回息票条分别涂销存查外，理合备文呈报，仰祈钧长鉴核备案。谨呈。

（原载《浙江公报》第一千六百九十号，一六至一七页，指令）

浙江省长公署指令第三千八百三十五号

令财政厅长莫永贞

呈一件为具复嘉兴酒商恒利等禀请查办

统捐总稽查扣留烧酒一案由

呈悉。烧酒仅止五十四坛，何以当时查验不明，必待次日始行验放，即非额外勒捐，亦属不恤商艰，应将该总稽查先记大过一次，并由厅严密查察，如再有此等情弊，应即撤差法办，以防敲诈而恤商民。此令。十一月二十二日

（原载《浙江公报》第一千六百九十号，一七页，指令）

浙江省长公署指令第三千八百五十二号

令警政厅长夏超、高等检察厅长殷汝熊
呈一件萧山审检所呈报义桥济泰典被劫诣勘情形由

呈及图、表、结均悉。该县义桥地方驻有警察分所，乃令盗匪肆行抢劫，为时至两小时之久，事前既未觉察，当场又一无缉获，国家设官，所司何事，似此溺职误公，尚复成何事体？应将该警佐周顺撤任留缉。至水上警察近在咫尺，当时并不协力兜拿，亦难辞咎，应由警政厅查取职名，从严议处，呈候察夺。仍责成该管营、县督饬兵警，勒限于二个月内务将正盗真赃悉获究报，如逾限不获，定予并惩不贷。一面先由县查明盗犯姓名、年貌、籍贯呈候通缉，仰警政、高等检察两厅分别饬属遵照。此令。图、表、结存。十一月二十二日

（原载《浙江公报》第一千六百九十号，一七页，指令）

浙江省长公署批第八百九十七号

原具呈人诸暨杨善等
呈一件为呈麻车江案奉批声叙泣叩派员秉公测勘由

呈悉。查河流形势时有变迁，修治水利只能就现在情形斟酌处分，不能拘守从前一二私家之言。呈称庙下、百丈各埝为拦江建筑，麻车江堵塞之处为沿江建筑，无论与从前形势是否吻合，但以徐氏《治水说》及刘氏《经野规略》为依据，已未免拘执。若谓堵塞之后，可使水分东西，则堵塞处既非分江流为二，有何分水势之可言？至开浚朱王港办法，系因东江之水，自碑亭埝以下，一支西向为朱王江，一支南向为麻车江，以朱王江曲折迂滞，水流不畅，遂使东江之水大半趋于麻车江，其下流又非十分通利，致水涨时有横溢之患，而定荡坂适当其冲，地势既低，乃受其害。若朱王江另辟新线以后，水势既多注于朱王江，则麻车江不至独受东江之水，该坂水患自可渐减。须知水

性顺下,麻车江流形势于东江已近横流,当然不致首先灌入,其上游淤积泥沙随水下泻,虽在所难免,然开浚时,自有办法,亦何至随浚随淤,该民等殊多过虑。且此案前据魏知事议复①,已令由前民政厅转令该知事切谕各绅,祛除意见,公同议定妥善办法,呈候核夺,并已据该民等前呈令知水利委员会声复在案,将来据呈到署,自当酌量办理。所请直接派员测勘之处,仍暂毋庸议,仰即知照。此批。十一月二十一日

（原载《浙江公报》第一千六百九十号,一八页,批示）

浙江省长公署批第九百零一号

原具呈人飞泉国民校长林乃桐

呈一件禀卢人庆强砍大树抗断不缴捏名诬控由

呈悉。查是案前据张暄等禀控该校长,业经前民政厅令县查明办理在案。兹据呈称,究竟详情如何,仰天台县一并确查,秉公核办复夺。此批。十一月二十二日

（原载《浙江公报》第一千六百九十号,一八至一九页,批示）

浙江省长公署批第九百零二号

原具呈人陈其昌

呈一件为测量锡湖路线请给护照并饬属保护由

查此案前据该民呈请备案转咨等情前来,即经明白批示在案。应仍遵照前批径呈交通部核准立案咨行到署后,再行办理可也。此批。十一月二十二日

（原载《浙江公报》第一千六百九十号,一九页,批示）

---

① 魏知事,即魏炯(1877—1975),字伯桢,浙江鄞县人,以字行。民国六年二月至三月任诸暨县知事。

浙江省长公署批第九百零三号

原具呈人蔡玄等

呈一件为陈诉显佑庙仓及西北学校
学捐各情形请秉公主持由

呈、摺均悉。应俟复到后,再行核办。此批。十一月二十二日

（原载《浙江公报》第一千六百九十号,一九页,批示）

浙江省长公署批第九百零四号

原具呈人李金美等

呈一件为呈请饬县吊核显佑庙产簿据由

案经令县澈查呈核,该民等应即静候办理,毋庸多渎。此批。十一月二十二日

（原载《浙江公报》第一千六百九十号,一九页,批示）

浙江省长公署批第九百零五号

原具呈人王百年等

呈一件为在武康塔山河图村采石请饬县给示保护由

呈悉。该商等在武康县塔山河图村地方开采石矿,是否按照例定手续呈县核准,本公署未据该县知事呈报有案,所请饬县给示之处,碍难照准。此批。十一月二十二日

（原载《浙江公报》第一千六百九十号,一九页,批示）

浙江省长公署批第九百零六号

原具呈人张守义等

呈一件为遵例集资在嘉兴正家觅设立茧行由

呈悉。该商等请设嘉恒茧行,既据呈明县署,应俟由县转呈到

署,再行核夺,越渎不准。此批。十一月二十二日

(原载《浙江公报》第一千六百九十号,一九至二〇页,批示)

浙江省长公署批第九百零七号

原具呈人海盐张瑞等

呈一件为拟在西塘桥请设通济茧厂由

察核来呈,与张仁等所呈同一情事,业于张仁等呈内明白批示矣,仰即知照。保结发还。此批。十一月二十二日

(原载《浙江公报》第一千六百九十号,二〇页,批示)

浙江省长公署批第九百零八号

原具呈人张少梅

呈一件为章高祺侵占河面霸设鱼簖案请饬执行由

呈悉。此案既经呈奉县署批准饬令章高祺拆去鱼簖,自应速予执行。仰吴兴县知事迅行查明原案,限期责令遵办,并将原案及现在办理情形呈报查核。此批。十一月二十二日

(原载《浙江公报》第一千六百九十号,二〇页,批示)

浙江省长公署批第九百零九号

原具呈人海盐张仁等

呈一件为拟在海盐茶院等处设立便济等茧行由

呈悉。该商等请设茧行,既据并呈县署,仍俟由县查明转呈核夺,毋得越渎。保结发还。此批。十一月二十二日

(原载《浙江公报》第一千六百九十号,二〇页,批示)

浙江省长公署批第九百一十二号

原具呈人青田叶振青

呈一件呈请令饬嘉兴县将该犯解回原籍监禁由

呈悉。该犯既经嘉兴县署判处徒刑,照章应在该县监狱执行,所请解回青田之处,碍难照准。此批。十一月二十二日

（原载《浙江公报》第一千六百九十号,二〇至二一页,批示）

浙江省长公署批第九百一十三号

原具呈人浦江楼炳福

呈一件呈控警佐杨凤来滥用职权请撤委讯办由

呈及附件均悉。查此案前据该县知事呈报,业经本署将该警佐杨凤来撤任并令该县查明有无勾串情弊,秉公讯办在案,仰即知照。此批。抄件、结均存。十一月二十二日

（原载《浙江公报》第一千六百九十号,二一页,批示）

浙江省长公署批第九百一十七号

原具呈人温岭李国桢

呈一件呈陆知事违法渎职请查办由①

据呈,此案业经高等检厅调卷查核,应静候该厅查明办理,勿得越渎。此批。抄件姑附。十一月二十三日

（原载《浙江公报》第一千六百九十号,二一页,批示）

浙江省长公署批第九百一十八号

原具呈人昌化徐春贤

呈一件呈伊父徐讨饭充当邮差被人
杀毙县署侦缉不力请惩戒由

呈悉。此案前据该县知事呈报,业经令行警政、高等检察两厅饬

---

① 陆知事,即陆维李,字莲孙,江苏江宁（今南京）人,民国五年四月至民国六年三月任温岭县知事。

属协缉,并责成该知事于一个月内将正盗原赃缉获究报在案,应俟限期届满,再行核办,仰即知照。此批。十一月二十三日

（原载《浙江公报》第一千六百九十号,二一页,批示）

浙江省长公署批第九百一十九号

原具呈人上虞陈孔彰等

呈一件为官产科长捺搁不批请饬财政厅秉公办理由

据呈,情节支离,语多牵扯,显有不实不尽之处,惟此案究竟实情如何,姑候令行财政厅查明核办复夺。此批。十一月二十三日

（原载《浙江公报》第一千六百九十号,二一页,批示）

吕督军吊谭伯母祭文①

中华民国五年冬十二月　日,浙江督军兼省长愚侄吕公望,谨以清酌庶羞,致祭于谭伯母李太夫人之灵。曰:

於戏! 婴陵之母,前史称焉。灼知废兴,成子之贤。懿维夫人,在邦曰媛。婉娩柔德,作嫔于谭。华闺芳悦,礼严静娴。教垂令嗣,夙夜无怨。女宗母范,永期大年。胡天不吊,宝婺闭躔。惟魄入地,惟灵在天。推念孝行,崇碑表阡。衡云湘渚,素旐言旋。子领乡州,南服以虔。守礼夺情,策其万全。莫为之先,虽美勿传。效忠于国,遗志昭然。巷哭庐祭,淑德以宣。於戏哀哉,泣涕何言。寒日西逝,严冰在渊。薤歌有悲,刍祭岂捐。既洁尊罍,复戒豆笾。文惭诔长,谨述斯篇。灵其来格,鉴在几筵。於戏哀哉,伏惟尚飨!

（原载《浙江公报》第一千六百九十号,二四页,附录）

---

① 谭伯母:李氏,湖南督军兼省长谭延闿之母。祭文开头"冬十二月",疑为"冬十一月"之误。

浙江督军署咨省长公署

为第八团连长黄大荣措置乖方请撤差勿予录用由

浙江督军署为咨行事。

案据暂编浙江陆军第二师师长张载阳呈称，"窃据步兵第四旅旅长潘国纲呈称，'本月八日据第八团团长施承志呈称，查职团新兵入伍之初，在未起饷以前，均由团长照章发给小口粮，每名大洋一角五分在案。事关军饷，各该经手人员自应妥慎将事，随领随发，万不容稍涉含混。乃查得职团第十二连连长黄大荣，竟敢有匿不给发情事，当经团长复派第三营营长徐雄切实查复去后。兹据该营长呈称，窃查本团征兵时，各局所征之兵到衢后，在未起饷以前，均蒙钧部发给小口粮，以资给养。在经手各员自应随领随发，于新兵以内一体同颁，不得稍有歧异，亦不得用以给与新兵以外之人。乃查职营第十二连连长黄大荣，竟将奉给小口粮搁而不发，延至近日，始将是项粮款购买手巾，发与全连士兵领用；又购石砚六十二块，发与各兵卒，剪刀八十一把，发与各士兵。此种办法似属奖给性质，不知粮饷一项，绝对不能移捵，且延匿二越月之久，而又并新兵以外之士兵而给与之，则是当与者而减少应有之粮，不当与者而竟得意外之奖。似此办理，殊为失当。现经营长密查确实，应行如何惩处，理合备文呈请核示等情前来。据此，查该连长以新兵口粮移作他用，对于军饷处理固属失当，矧又延匿不发，竟至数月之久，及至经团长派员密查时，始将是款移作购买物品之用，即非有意吞没，究属有关军誉，自应严予惩儆，以肃军规。应如何惩处之处，团长未敢擅专，备文呈请核示前来。据此，查饷项关系重大，承办人员应如何慎重将事，今该连长黄大荣擅将新兵小口粮延匿不发，及经该团长密查之后，始将是款移作他用，其处置乖谬，迥出寻常，究应如何惩办之处，呈请鉴核令遵'等情。据此，查新兵小口粮自应随领随发，该团第十二连连长黄大荣何得故意延匿,至所购手巾、石砚、剪刀等,既给予全连士兵,复未经呈准在案,纯系该连长个人奖给之品,讵能涉及新兵小口粮,以公款而市私恩,即谓该连长意存吞没,厥后恐有败露,因以移作他用,藉为卸过地步,其复奚辞?当经传饬该连长来师面询情形,据称共领小口粮饷洋二十八元零,除七月下旬新兵伙食用洋十五元零,余洋十三元零,后来购买笔墨石砚等分给士兵及随兵号兵等语。诘以何故擅自处分,及迟之又久,方始将款移作他用,并无正当理由说出。似此措置乖方,居心叵测①,殊堪痛憾,本应严行惩办,姑念知过尚早,业已将款缴出公用,核与始终饱入私囊者尚属有间,而行为背谬,决难胜任官长。该团第十二连连长黄大荣,应请撤差,所有原发小口粮共数若干,分给新兵用品需价若干,两抵有无余款,应由该团长确切查明,严行追缴,发还新兵,毋得稍涉含混,以重军饷而杜效尤,并请通令本省各军队勿予录用,以示惩儆。该营营长徐雄疏于觉察,应即一并申诫。除指令第四旅旅长转令遵照外,理合备文呈请察核施行。再查该连长黄大荣,前经呈请送入军学补习所肄业,现已命令该团长转令该连长无庸入所,并请将选送原案注销,合并陈明"等情。据此,除指令照准并分令外,相应咨请贵省长查照,希即转令所属一体知照。
此咨
浙江省长

浙江督军吕公望
中华民国五年十一月二十四日

（原载《浙江公报》第一千六百九十一号,一九一六年十一月二十七日,六至七页,咨）

---

① 底本误作"巨测",径予订正。

浙江省长公署咨督军署

请转令省道筹办处所委各陆军人员知照由

浙江省长公署为咨行事。案据浙江修筑省道筹办处处长吴秉元呈称，"本年十一月十七日奉钧署训令第五零六号、第一四二九号内开，'案查本省修筑省道筹办处业经成立，所有该处职员自应照章选任，以资进行。兹查有军医参谋钱谟等十一员，堪以分任为该处各项委员、工程司等职，合将任命状填发，令仰该处长查收转发各员分别任事，并将该员等到差日期具报。再，调查、测量、制图及额外各委员，应由该处长自行遴委报核，仰并遵照。此令'等因。奉此，处长遵即将发下任命状十一纸，分别转发各该员祗领。随据各该员报称，'即日到差任事'。再，职处所有应设调查、测量、制图及额外委员等，亦即由处长遴选十一员自行委任。查所委各职员中有原差者居其多数，应即开单呈请分别调用，并令知原职各机关仍支原差原薪。所有遵令转发任命状并各员到差日期及处长自行遴委各职员缘由，理合具文呈报，仰祈察核备案。再，职处委任各员，其无原差者，均属愿尽义务，并不支薪，合并陈明"等情，并附呈该处委任人员名单一纸到署。据此，查李玉椿等六人均系陆军人员，自应将兼差及仍支原差原薪等情咨请分别转令该委员等知照，以便到差任事。据呈前情，相应并抄名单一纸，咨请贵督军查照施行，实纫公谊。此咨

浙江督军吕

附名单一纸。

浙江省长吕公望

中华民国五年十一月二十四日

调查委员

李玉椿　原职　陆军第一师师长附校官

王朝栋　原职　督军署稽查

测量委员

许光远　原职　督军署差遣

额外委员

朱　培　原职　督军署差遣兼军事编辑员

制图委员

吴中俊　原职　陆军测量局班员

赵典润　原职　陆军测量局班员

（原载《浙江公报》第一千六百九十一号，七至八页，咨）

浙江督军公署公函 五年军字第一十二号
浙江省长公署公函 五年省字第三十六号

函知盐运使为十二月一日为黄蔡二公开追悼会所有
文武各机关军队学校应下半旗及休假一日志哀由

径启者。顷接北京黄蔡二公追悼大会事务所铣电开，"黄、蔡二公，相继殂谢，榱崩栋折，怆怛咸深。现由公府两院、各部院暨各政团、军、警、商、学、报各界同人联合发起全国追悼大会，定于十二月一日举行。惟念黄、蔡二公再造共和，功在民国，千秋崇报，四海同情。当有铜像之昭垂，以酬铁血之盛烈，区区追悼，聊尽哀思。但值新丧元勋，非此何以纾痛。除由同人等在京发起斯会外，应请各省一律举行。天涯海角，共赋《大招》；东瀛西欧，用传伟绩。既慰死者之英灵，益动生者之嵩仰。天不慗遗，人谁弗恸？谨以电达，希表赞同"等因。浙省自应照办，业经电复查照，除择就省城西湖忠烈祠，于十二月一日一律开追悼会，并通令省内外文武各机关以及各军队、学校、各团体届期下半旗，以申哀悼外，相应函达贵运使，烦为查照，并希转令所属一体知照。

此致

两浙盐运使胡

中华民国五年十一月二十五日

（原载《浙江公报》第一千六百九十一号，九页，公函）

浙江督军署训令第五百三十二号

令各军队机关为第二师第八团连长黄大荣
措置乖方撤差仰勿录用由

令各军队机关、局、所

案据暂编浙江陆军第二师师长张载阳呈称，"窃据步兵第四旅旅长潘国纲呈称，本月八日（文云见本日咨文门）转令该连长无庸入所，并请将选送原案注销，合并陈明"等情。据此，除指令照准并分行外，合亟令仰该　　转行所属一体知照。此令。

中华民国五年十一月二十四日

督军吕公望

（原载《浙江公报》第一千六百九十一号，一○页，训令）

浙江督军署训令第五百三十六号

令各团司令部等据警政厅呈验各退伍兵凭证请发年金减饷由

令陆军步兵第六团团本部团长兼绍兴团区司令官吴思豫、宁台镇守使署镇守使顾乃斌、兰溪团区司令部司令官童必挥、建德团区司令部司令官鲁保士、丽水团区司令部司令官佘冠澄

案据警政厅厅长呈称，"据模范警队营长陆镇洋呈称，'查职营士兵上半年应领退伍年金，曾经职营行文原属解营转给。兹际教育期满，仍前办法有恐耽误时间，转多窒碍，为此将所有下期应领年金，理合取具各该士兵年金凭证，开列清单，备文呈请察核，转呈督军就近给发，实为公便。再，清单内列有蔡绍仁、谢强二名，年金上期未领，并请补给'等情，并送单、证到厅。核案相符，理合备文，检同单、证呈

请察核给领"等情,并送清单、凭证到署。除指令"该退伍兵倪德标等应领本年下期年金减饷,并蔡绍仁、谢强补领上期年金等,共洋四百六十八元,准由该厅备具印领,来署照领转发,并将各该兵领结取齐送署核销。再,退伍兵凡丙项功绩,向有减饷者,现经本署核定,于本年底一律停止,收回减饷证,另发免役证,业经通令各镇守使署并各团区遵照办理,并将免役证发交使署、团区转给在案。仰即转令各退伍兵径向所属换领为要"等语印发外,合将准由本署给发年金减饷之各退伍兵姓名、籍贯抄单,发仰该　　知照,毋再重发,是为至要。此令。

计黏单一纸。

中华民国五年十一月二十四日

督军吕公望

（原载《浙江公报》第一千六百九十一号,一〇至一一页,训令）

浙江督军公署训令第三九八号
浙江省长公署训令第一一四三号

令各机关为较准办公时间由

令省城各机关（文武官署均此）

照得时计一项,为办公时间之准的,每日时刻秒分均须比较精确,方不致率度参差。近查本城各机关办公时间屡有迟早不一,遇有要公接洽,暑刻上下,漫无标准,殊非慎重办公之道。为此通令本城各机关知悉,嗣后比较钟表刻数,应悉以吴山燃放之子午炮为定,勿得稍有先后,以昭划一而免参池,仰各遵照。此令。

中华民国五年十一月三日

督军兼署省长吕公望

（原载《浙江公报》第一千六百九十一号,一一页,训令）

浙江督军公署训令第五三七号
浙江省长公署训令第一五〇〇号

令文武各机关为十二月一日为黄蔡二公开追悼会所有

文武各机关军队学校应下半旗及休假一日志哀由

令本省文武各机关暨各学校

顷接北京黄蔡二公追悼大会事务所铣电开（文云见本日"公函"门），除择就省城西湖忠烈祠，于十二月一日一律开追悼会外，所有省内外文武各机关、各军队、学校并各团体届期应下半旗，以申哀悼。合行通令该　　遵照办理，并转知所属一体遵照。此令。

中华民国五年十一月二十五日

督军兼署省长吕公望

（原载《浙江公报》第一千六百九十一号，一一至一二页，训令）

浙江督军公署训令第五四五号
浙江省长公署训令第一五二四号

令杭县知事及各学校为黄蔡二公追悼大会

凡省城高小以上各校学生应到会由

令杭县知事姚应泰、公立法政专门学校、医药专门学校、甲种蚕业学校、甲种农业学校、甲种工业学校、甲种商业学校、第一师范学校、第一中学校、女子师范学校、私立法政学校、体育学校、宗文中学校、安定中学校、女子职业学校、贫儿院、省教育会、第一师范讲习所

照得十二月一日就省城西湖忠烈祠为黄、蔡二公开追悼大会，业经通令知照在案。届期省城高等小学以上各学校学生应一体到会，同申哀悼。除分行遵照，并到会时刻及应行礼节，由追悼大会事务所

规定通知外,合行令仰该知事转令县教育会暨各高等小学校遵照。/
遵照。此令。

中华民国五年十一月二十五日

督军兼署省长吕公望

(原载《浙江公报》第一千六百九十一号,一二页,训令)

浙江省长公署训令第一千四百八十三号

令各海关监督财政厅准税务处咨吉林恒茂公司
机制面粉经过沿途运税厘各机关查验免征由

令各海关监督、财政厅

本年十一月十五日准税务处咨开,"准农商部咨称,'据吉林总商
会呈称,据吉林恒茂机磨面粉公司声称,本公司购置新式机器制造各
种面粉,以双鹿为商标,曾于本年七月八日禀由吉林县署核准立案,
并于十月九日遵照《商业注册规则》请由大会转请农商部注册亦在
案。大会责在保商,仰恳据情转请农商部援照机制面粉免税成例准
予暂免税厘,以维实业等情。查该公司曾请由本会转请注册给照,业
经本会呈请钧部有案。兹复据请予暂免税厘,核与机磨面粉公司免
税成案相符,请予转咨核免等情到部。查该公司业经本部批准注册
在案,所请将机制面粉免收税厘,核与历办成案相符,应咨请核办见
复'等因前来。本处查华商用机器制造面粉,历经本处核准暂免税
厘有案,兹吉林恒茂机磨面粉公司援案声请,自应准予照办,所有该
公司机制面粉于运销时,应报由第一关验给运单,除照章黏贴印花
外,不征税厘,其经过沿途税厘各机关只验明单货相符,并无漏贴印
花及影射夹带等情弊,应一体免征放行,惟崇文门落地税不在应免
之列。又,此系振兴实业暂行办法,将来修改税则,或另订面粉划一
税率时,该公司即应一律照办。除分行外,相应咨行贵省长查照转
行遵照可也"等由。准此,除分行外,合行令仰该监督、该厅长即便

转行遵照。此令。

中华民国五年十一月二十二日

省长吕公望

（原载《浙江公报》第一千六百九十一号，一二至一三页，训令）

浙江省长公署训令第一千四百八十六号[①]

令各属协缉江西玉山县栾思德通匪
肇乱案犯奉令转行侦缉解报由

令各属

案准江西督军公署、省长公署咨开，"案据玉山县知事王朝贺，以本年春间该前县任内栾思德与土匪同谋倡乱，据城纵狱一案（文云见本月四日本报警务处训令内），至纫公谊"等由。准此，除分令外，合行令仰该厅通令所属一体严缉务获，解究具报。此令。

中华民国五年十一月　　日

省长吕公望

附　浙江高等检察厅训令第一千二百三十九号

令各属协缉江西玉山县栾思德通匪
肇乱案犯奉令转行侦缉解报由

令杭、鄞、金、永地方检察厅，七十一县知事

案奉浙江省长公署训令第一四八六号内开，"案准江西督军公署、省长公署咨开，'案据玉山县知事王朝贺，以本年春间该前县任内栾思德与土匪同谋倡乱，据城纵狱一案（文云见本月四日本报警务处训令内），至纫公谊'等由。准此，除分令外，合行令仰该厅通令所属一体严缉务获，解究具报。此令"等因。奉此，

---

① 本文由浙江高等检察厅训令第一千二百三十九号析出。

除分令衢县、常山县侦缉外,合行令仰该厅、该县查照协缉,务获解究具报。此令。(刊登《公报》,不另行文)

　　　　　　　　　高等检察厅长殷汝熊

　　　　　　　杭县地方检察厅长陈毓璿代行

　　　　　　　中华民国五年十二月　日

(原载《浙江公报》第一千七百零一号,一九一六年十二月七日,一〇至一一页,训令)

浙江省长公署训令第一千四百九十二号

令高审检厅详定审检所刑事案件移交办法

并饬县备具月报表呈厅核转由

令高等审判厅长范贤方、高等检察厅长殷汝熊

　　案查各县审检所现已次第成立,所有县知事兼理诉讼任内未经办结案件,自应移交专审员接管。惟查各县旧有积案,虽经前巡按使及高等审判厅派员清理,而据报扫数清结者仅有长兴等数县,其余各属恐尚不在少数,若不问进行程度如何,将刑事案件一律移交专审员办理,恐审理既属为难,职务亦虞偏废,实于诉讼进行前途殊多妨碍。查逮捕人犯、搜查证据,均属检察官职权范围之内,县知事既兼检察职务,其对于被告人未经到案之事件及虽有被告人而侦查未经终结之事件,仍应责成知事依法办理,仰该厅迅即会同详定办法通令遵行,以清权限。再,本省自独立以后,各县民刑诉讼收结多寡,均未据报有案,无凭考核,应于审检所成立之日起,其专审员办理案件,照现行呈报该审厅表式,每月多备一份呈报核明,转呈本署查核备案。至县知事既兼检察职务,除不适用者外,其余均应按照检察厅现报表式每月备具二份,呈由该检厅核明分别存转,其委任傣属代行检察职务,每月究有几次,亦应开具清册,载明案由、罪名及委员姓名、职衔,并委代缘由分呈查核。为此令仰该厅遵照办理,仍将办理情形具报,

切切。此令。

中华民国五年十一月二十三日

省长吕公望

（原载《浙江公报》第一千六百九十一号，一三至一四页，训令）

浙江省长公署训令第一千四百九十四号

令余杭知事据该县议会呈报正式成立由

令余杭县知事

据该县前县议会正议长章紫绶、副议长张民俊呈称，"前准省议会阳电开，'本会前年议决县自治及城镇乡自治章程，未经废止手续，当然继续有效，各县议会及城镇乡自治会，应即依法召集。除咨省长查照外，合行通电'等因。敝会已于十一月十日正式成立，恢复原状，理合备文呈请察核备案"等情前来。据此，查从前地方自治制度未奉明令回复，将来仍否采用或另行他种制度之处，既难悬推，仰该知事仍查照本署真电转令确遵，毋稍徇违，是为至要。再，在地方自治未实行以前，不得藉辞筹备，呈请拨给款项，以重公帑，仰并知照。此令。

省长吕公望

中华民国五年十一月二十三日

（原载《浙江公报》第一千六百九十一号，一四页，训令）

浙江省长公署训令第一千四百九十八号

令警务处为任命邹可权等为浙江全省警务处参议等职由

令浙江全省警务处处长夏超

照得浙江全省警务处业已遵照中央成案改组成立，所有该处内部佐理人员亟应分别遴委，庶足以资勷赞而策进行。除助理秘书及以下各员由该处遴委任用外，其参议、秘书科长等职，自应由本公署分别任命，以昭郑重。查原充前警政厅参事邹可权，堪以任充该处参议；原充前警政厅秘书吴敦义，堪以任充该处秘书；原充前警政厅第一科科长杨桂钦，堪以任充该处总务科科长；原充前警政厅第二科科长陈世榘，堪以任充该处编制科科长；原充前警政厅第三科科长朱旭夫，堪以任充该处考核科科长；原充前警政厅第四科科长夏钟澍，堪以任充该处民治科科长。合将任命状分别填发，令仰该处长即便转给各该员祗领，继续任务，并将各该员任职日期具报备查。此令。

计发任命状六纸。

中华民国五年十一月二十三日

省长吕公望

（原载《浙江公报》第一千六百九十一号，一四至一五页，训令）

浙江督军署指令第二千零九十二号

令暂编浙江陆军第二师司令部师长张载阳

呈一件为第八团连长黄大荣措置乖方请撤差勿录用由

呈悉。该师第八团十二连连长黄大荣措置乖方，居心叵测，实属有玷军声，应准撤差，通行本省各军队机关勿予录用，并将选送军学补习所肄业原案注销，以示惩儆。除分咨并通令外，仰即知照。此令。十一月二十四日

（原载《浙江公报》第一千六百九十一号，一六页，指令）

浙江督军署指令第二千一百零四号

令陆军监狱署典狱官马志援

呈一件为请领犯兵旧棉衣裤由

呈、领均悉。准给犯兵旧灰棉衣裤一百套，以御寒冬而示体恤，仰即来署取单，赴厂领回散给可也。此令。十一月二十四日

（原载《浙江公报》第一千六百九十一号，一六页，指令）

浙江督军署指令第二千一百零五号

令陆军监狱署典狱官马志援

呈一件为开摺请令护兵棉衣裤帽由

呈、摺均悉。准照所开护兵名数配给棉衣、裤帽，仰即缮具关领送署，以凭填单给领。此令。十一月二十四日

（原载《浙江公报》第一千六百九十一号，一六页，指令）

浙江督军署指令第二千一百零六号

令特编游击队营长黄在中

呈一件为请核发排长周耀庭复役以前年俸由

呈及年俸证均悉。该排长周耀庭应领复役以前年俸，计洋三十五元六角，业已发交该营军需领回，仰即知照。证发还。此令。十一月二十四日

计发还年俸证一纸。

（原载《浙江公报》第一千六百九十一号，一六至一七页，指令）

浙江督军署指令第二千一百二十二号

令警政厅长夏超

呈一件为呈验减饷凭证请予核发各退伍兵年金减饷由

呈及清单并凭证三十六纸均悉。该退伍兵倪德标等应领本年下期年金减饷，并蔡绍仁、谢强补领上期年金等，共洋四百六十八元，准由该厅备具印领，来署照领转发，并将各该兵领结取齐送署核销。再，退伍兵凡丙项功绩，向有减饷者，现经本署核定于本年底一律停止，收回减饷证，另发免役证，业经通令各镇守使署并各团区遵照办理，并将免役证发交使署、团区转给在案，仰即转令各该退伍兵径向所属换领为要。单存、凭证暂存。此令。十一月二十四日

（原载《浙江公报》第一千六百九十一号，一七页，指令）

浙江督军署指令第二千一百二十六号

令本署副官长斯烈

禀一件为赴陆军大学校再审请派员接代由

据该员禀称，"因赴陆军大学校再审试验，部限迫近，诸事亟待料理，所有职务拟恳先期派员接代，俾克预备成行"等情。察阅禀词，益见该员向学情殷，殊堪嘉尚，本应准如所请。惟查现在本署副官处应办之事，甚为繁夥，一切手续诸待整理。该员精明干练，措施咸宜，加之职务重要，本督军深资劻勷，未便遽易生手，冀收驾轻就熟之效，所请应毋庸议。除咨部查照外，仰即遵照。此令。十一月二十四日

（原载《浙江公报》第一千六百九十一号，一七页，指令）

浙江省长公署指令第三千八百三十九号

令财政厅长莫永贞

呈一件据永嘉县人黄馀卿前控第八区烟酒公卖局长
王镛违法处罚等情一案奉批声明请催令解职归讯由

呈及黏单均悉。前据该民与张光等以"第八区烟酒公卖监察员王镛违法处罚，串弊营私"等情先后呈控到署，均经批饬澈查复夺在案。据呈前情，仰即一并委员澈查明确，如有违法营私情弊，应立予撤换，严行惩处，以儆其余。此令。呈、黏均抄发。十一月二十二日

（原载《浙江公报》第一千六百九十一号，一七至一八页，指令）

浙江省长公署指令第三千八百四十一号

令制造水产品模范工厂

呈一件呈为造送预算清册及职员履历单由

呈及册、单均悉。查该厂开办费及经常费，业经编入本年度预算，即须汇案交议，在未经议决以前，应即撙节动支，以免赔累。至所

聘各职员,察核单开履历,尚无不合,应准备案,仰并知照。清单存。该厂预算草案照抄,连同清册并发。此令。十一月二十二日

（原载《浙江公报》第一千六百九十一号,一八页,指令）

浙江省长公署指令第三千八百七十二号

令镇海县知事

呈一件为呈送造林费开支清摺请核销由

呈、摺均悉。查该县筹办模范森林,未据将林场地点亩分、林木种类、株数绘附图说等呈报有案,列支经费是否实在,无凭稽核。仰即补行查明绘图、列摺呈候核夺。清摺暂存。此令。十一月二十三日

附清摺

镇海县农会会长周璇奎,谨将造林费收支各款造具清摺,呈请鉴核。

计开:

收入

一、准备金提拨,银二百元。

支出

一、支苗木,银十九元二角九分四厘。

前件计桐子苗银八元,运费银五元四角六分,松苗银二元,运费银六角,茶子苗银二元,运费银一元二角三分四厘,合计银上数。

一、支垦具,银八元二角。

前件查株耙四柄,价四元,板耙四柄,价二元四角,鸦嘴耙二柄,价一元八角,合计银上数。

一、支垦工费,银一百八十四元四角。

前件共计四百六十一工,每工工膳银四角,合银如上数。

一、支开会费,银二十四元五角七分八厘。

前件计膳费、舆马费,银十二元五角七分八厘,摄影费,银十二元,合计银如上数。

以上共支银二百三十六元四角七分二厘,收支相抵,所有不敷银三十六元四角七分二厘,暂由县农会垫付,另请拨还。

(原载《浙江公报》第一千六百九十一号,一八至一九页,指令)

浙江省长公署指令第三千八百七十三号

令余杭县知事

呈一件为商人潘士邦请将古城准设之茧行移设横湖由

呈、结均悉。查前据该县呈准该商在古城开设茧行,仅送保结、地图,未缴捐税,今请遵照新颁《条例》移设横湖,核与规定手续及一二二四号训令不符,所请碍难率准,仰即转饬知照。结姑存。此令。

十一月二十三日

(原载《浙江公报》第一千六百九十一号,一九页,指令)

浙江省长公署指令第三千八百七十八号

令青田县知事

呈一件据呈遵令缮送推广森林办法简章由

呈悉。《简章》准予备案。此令。十一月二十三日

附原呈

呈为遵令缮送《推广森林办法简章》,仰祈察核备案事。案奉省长指令,知事呈送条陈兴革事宜案内关于实业教育清摺由,内开,"呈、摺均悉。查《修改推广森林办法简章》,尚欠妥洽,业经逐条改拟签示,仰再照缮一份呈候备案。至据拟于年暑假期内开单级教授研究会,作单级学校师资之筹备,事属可行,开办

时应将详情呈报。其呈叙警务一案,查议就绪,仰即呈候核办。实业清摺发还。余件存。此令"等因。奉此,除关于单级教授研究会及警务两项,俟届年假及查议就绪,再由知事遵将详情另案呈请核示外,所有签改《森林办法简章》,理合饬书照缮呈送,仰祈省长察核备案,实为公便。谨呈。

青田县知事张鹏,谨将签改《推广森林办法简章》遵令照缮清摺,呈送鉴核。

计开:

第一条　本简章以推广森林,垦植官民荒山,振兴地利为宗旨。

第二条　责成县农会、分农会编辑《劝种森林浅说》,翻印部颁《实业浅说》中有关森林部分者,分送各区绅民阅看,以引起一般人民造林之观念,并组织森林讲演会,分赴各区讲演造林利益及方法。

第三条　责成县农会、分农会多设苗圃,择选种子,储养苗木,以广种植。

第四条　人民请领官荒山地造林者,不论个人或团体,均准以无偿给与之。

承领前项官荒山地造林者,依《森林法》每十方里应缴纳二十元以上、一百元以下之保证金,其额数由县知事呈请省长核定之。

第五条　民荒无主各山,准照前条规定办理。

第六条　民荒有主各山,限本山主于本办法呈准施行之日起六个月以内,将该山地之地名、亩数、界址,绘具图说,连同近年粮串,报由县知事转呈省长备案。

前项之规定,其已造林各山场,亦准用之,但除绘送图说、粮串外,并须开具森林之种类及成活之年度。

第七条　民荒有主各山,经本山主禀报备案后,须于三年以内一律造林,如逾限仍不遵行,得由县知事依《行政执行法》第二条第一款之规定办理。

第八条　承领无偿给与之官荒山地,经过一年后,尚未着手造林者,依《森林法》除将该山撤回外,并没收其保证金。

第九条　私有荒山造林所需苗木,准该山户呈请官厅酌量给与,但须于种植期三个月前,将山地坐落、地址、面积及应需某种苗木若干、预计成林年限,绘图贴说,呈候官厅查核。

第十条　每年提拨县税公益费二百元,作为购备苗木给与山户种植之用,仍于年终将支用细数及给与各山户姓名、住址及林场地点、亩数,分别造具册摺,呈报省长核销。

第十一条　山户领得给与苗木后,有迟误不种者,除按照原给苗木价值追缴外,并处以照苗木价值十分之五之罚金。

第十二条　本办法第七、第八各条之规定,如因天灾地变或其他不可抗力之事由,禀经官厅查明属实,得酌量展限免予执行。

第十三条　照第四、五两条承领荒山造林,及照第九条给与苗木者,造林后官厅有随时监察指导之责。

第十四条　受照第九条给与苗木,在成林后应提收益百分之二缴官,由县公署与照第十一条收入罚金,一并积成或存放生息,作推广全县森林之基金,一面报明省长备案。

第十五条　造林已满五年确有成绩者,除面积达二百亩以上者,按照《造林奖励条例》办理,及承领山地者并照《森林法》第十四条三项发还保证金暨应得年息外,其余由县知事开具左列各款,呈请省长酌加奖励。

（一）林场所有者之姓名、住址;

（二）林场之地址及亩分;

（三）造林之种类及株数;

（四）各林木之高度及状况。

第十六条　本简章俟呈准后,即生效力。如有未尽事宜,得由县知事斟酌情形,随时呈请修改。

（原载《浙江公报》第一千六百九十一号,一九至二二页,指令）

浙江省长公署指令第三千八百八十三号

令鄞县知事

呈一件据永康陈际泰等呈鄞县各药行朋比

团抗贩客受亏请谕令照旧出入由

呈悉。卷查前民政司及前行政公署先后据玄胡商民金元隆等禀,组织公所请予立案等情,迭经批示未予照准各在案。究竟该公所之设立当时是否得各行及各贩客之同意,于贩客果否有益,现在陈际泰等代表具呈,是否由该公所公举,亦未据叙明白。此案实情若何,仰该县知事详细查明复核,并转饬知照。原呈照抄,连同收捐簿并发。此令。十一月二十三日

附抄件并捐簿。

（原载《浙江公报》第一千六百九十一号,二二页,指令）

浙江省长公署指令第三千八百九十一号

令瑞安县知事李藩

呈一件为造送十月分禁烟罚金收支清册由

呈、册均悉。仰即将报告表送核无延。册存。此令。十一月二十三日

附原呈

为造送本年十月分禁烟罚金收支清册仰祈察核事。

案查禁烟罚金收支各款,业经按月造具清册呈送至本年九月分止在案。所有十月分禁烟事宜,除报告表另文送核外,理合造具收支清册备文呈送,仰祈钧长察核施行,诚为公便。谨呈。

计呈送收支清册一本。

瑞安县知事李藩,造送本年十月分禁烟罚金收支清册,呈请察核。

计开:

旧管

旧存金任禁烟罚金①,洋二百三十一元五角七分三厘。

新收

一收烟款罚金,洋三十元。

前件蔡步勤因犯烟一案,由审检所判罚洋五十元,除充赏四成洋二十元外,计实收前数。是项烟款现因禁种烟苗暂留应用,将来支有余款,当遵令归入司法收入项下汇解。理合声明。

开除

无

实在

实存洋,二百六十一元五角七分三厘。

前件现当出乡禁种烟苗,已将前款陆续支用,一俟种烟期满,取具收据汇请核销。理合声明。

(原载《浙江公报》第一千六百九十一号,二二至二三页,指令)

浙江省长公署指令第三千八百九十六号

令财政厅长莫永贞

呈一件据呈拟官产确于名胜市政有关者概免标卖

外余仍照章分别办理请示遵由

据呈已悉。仰即将西湖全乡佃地、官基等造册呈候核夺。此批。

十一月二十三日

---

① 金任,即金熙,字铸予,浙江吴兴(今湖州)人,民国元年二月至民国二年七月任瑞安县知事。

附原呈

呈为呈请事。

案奉钧署令开,"案据警政厅呈,据省会警察厅呈称,《之江报》载杭县官营产事务所将西湖佃地、官基、水阁、河滩、城壕,分别清丈标卖等语。查西湖市政正在积极进行,筹筑环湖马路,建设博物公园,正嫌基址狭小,若再将上项地亩售去,更属有碍进行等情。据查呈请各节,系为保存名胜、改良市政起见,理合转呈鉴核"等情到署。除以"西湖佃地及官基、水阁、河滩、城壕等各官产,即于市政、名胜均有关系,自应妥为保存,概免标卖,以重公益。仰候令行财政厅专令遵照可也。此令"等语指令外,合行令仰该厅长即便转令杭县官营产事务所遵照办理,并仰通令各县查明有无与杭县相同情形,参照办理具报等因到厅。奉此,自应准照办理,以仰副钧长保重名胜、改良市政之至意。惟查西湖全乡佃地、官基有地处僻壤,或产为民占,实与古迹名胜毫无攸关,并与更改市政亦无窒碍者,如果概免标卖,公家既放弃不理,人民得长此侵占,似未妥善,凡有是项田亩,似应仍予照章标卖,分别办理。至于各县官产,城壕湖河滩等项,或系人民租佃之地辟成市场者,在所多有,间有毗连名胜古迹之区,而从前查明列册报部有案者,亦复不少。倘然概括通令各县,深恐人民转侧比附,藉口市政,反抗缴价,托辞名胜,阻挠清查,转致各县清理官产事宜,殊多掣肘。厅长再四思维,凡于古迹名胜、改良市政确有关系,理应保存者,暨免标卖外,其余由厅长随时体察情形,酌量处理,庶几双方兼顾,不致人民有比附援引之误会,官署亦可循序清理而进行。是否有当,理合备文呈请,仰祈钧长鉴核指令施行。谨呈。

(原载《浙江公报》第一千六百九十一号,二三至二四页,指令)

浙江省长公署批第九百一十号

原具呈人永嘉县人黄馀卿

呈一件为前控第八区烟酒公卖局长王镛违法
处罚等情一案奉批声明请催令解职归讯由

呈及黏单均悉。前据该民与张光等以"第八区烟酒公卖监察员
王镛违法处罚,串弊营私"等情先后呈控到署,均经批饬澈查复夺在
案。据呈前情,候再令行该厅一并委员澈查明确,如有违法营私情
弊,应立予撤换,严行惩处,以儆其余。此批。黏单存。十一月二十二日

（原载《浙江公报》第一千六百九十一号,二五页,批示）

浙江省长公署批第九百二十一号

原具呈人绍兴周祖勋

呈一件为金寿嵩朦追佃户已缴学租请饬追还由

呈悉。是项田租如果为该民分所应收,该县何至再向佃户追缴,
佃户亦岂肯重还?据称金寿嵩朦县饬缴,殊难凭信,不准。此批。十一
月二十三日

（原载《浙江公报》第一千六百九十一号,二五页,批示）

浙江省长公署批第九百二十二号

原具呈人上虞葛之覃

呈一件为资圣寺产分拨东溪坤麓校请饬收回成命由

呈悉。该资圣寺产息以半数拨办资圣小学,当时曾否呈准有案,
此次分拨东溪坤麓校费详情若何,仰上虞县查明具复核夺。此批。十
一月二十三日

（原载《浙江公报》第一千六百九十一号,二五页,批示）

浙江督军公署训令第五四三号
浙江省长公署训令第一五〇三号

令各属保护日本人三木甚市赴浙游历由

令特派交涉员、温州交涉员、宁波交涉员、警务处处长、各县知事、暂编第一师师长、暂编第二师师长、混成旅旅长、嘉湖镇守使、宁台镇守使

本年十一月十八日准江苏省公署咨开，"案据特派江苏交涉员杨晟呈称，'顷准日本国总领事函，以三木甚市赴江苏、浙江、福建、安徽游历，缮给护照请盖印前来。除将护照印发外，理合呈请省长察照，转饬各属，俟该日本人到境呈验护照时，照约保护'等情。据此，除训令各属保护并分咨外，相应咨请贵省长查照，希即转行各属照约一体保护"等由。准此，除分令外，合行令仰该　　即便转令所属一体照约保护，并将该日人在境行为及出境入境日期具报备查。此令。（刊登《公报》，不另行文）

中华民国五年十一月二十五日

督军兼署省长吕公望

（原载《浙江公报》第一千六百九十二号，一九一六年十一月二十八日，四页，训令）

浙江督军公署训令第五三八号
浙江省长公署训令第一五二〇号

令各属保护英商德莱森赴浙游历由

令特派交涉员、温州交涉员、宁波交涉员、嘉湖镇守使、宁台镇守使、警务处处长、暂编第一师师长、暂编第二师师长、混成旅旅长、各县知事

本年十一月二十一日准江苏省公署咨开,"案据特派江苏交涉员杨晟呈称,'顷准英国总领事函,以英商德莱森赴江苏、浙江、安徽、山东、河南游历,缮给护照请盖印前来。除将护照印发外,理合呈请省长察照,转饬各属,俟该英商到境呈验护照时,照约保护'等情。据此,除训令各属保护并分咨外,相应咨请贵省长查照,希即转行各属照约一体保护"等由。准此,除分令外,合行令仰该　即便转令所属一体照约保护,并将该英人出境入境日期具报备查。此令。(刊登《公报》,不另行文)

中华民国五年十一月二十五日

督军兼署省长吕公望

(原载《浙江公报》第一千六百九十二号,四至五页,训令)

浙江督军公署训令第五四一号
浙江省长公署训令第一五二一号

令各属保护德人爱森纳赴浙游历由

令各县知事、文武各机关

本年十一月二十一日准江苏省公署咨开,"案据特派江苏交涉员杨晟呈称,'顷准德国总领事函,以爱森纳随带猎枪二支、手枪一枝、弹少许,赴江苏、江西、浙江、福建、安徽、山东、山西、湖北、河南、广东、直隶游历,缮给护照请盖印前来。除将护照印发外,理合呈请省长察照,转饬各属,俟该德人到境呈验护照时,照约保护'等情。据此,除训令各属保护并分咨外,相应咨请贵省长查照,希即转行各属照约一体保护"等由。准此,除分令外,合行令仰该　即便转令所属一体照约保护,并将该德人出境入境日期具报备查。此令。(刊登《公报》,不另行文)

中华民国五年十一月二十五日

督军兼署省长吕公望

(原载《浙江公报》第一千六百九十二号,五页,训令)

浙江督军公署训令第五四〇号
浙江省长公署训令第一五二二号

令各属保护英人梅纳赴浙游历由

令特派交涉员、温州交涉员、宁波交涉员、警务处处长、各县知事、暂编第一师师长、暂编第二师师长、混成旅旅长、嘉湖镇守使、宁台镇守使

本年十一月二十一日准江苏省公署咨开，"案据特派江苏交涉员杨晟呈称，'顷准英国总领事函，以梅纳赴江苏、浙江、安徽、江西游历，缮给护照请盖印前来。除将护照印发外，理合呈请省长察照，转饬各属，俟该英人到境呈验护照时，照约保护'等情。据此，除训令各属保护并分咨外，相应咨请贵省长查照，希即转行各属照约一体保护"等由。准此，除分令外，合行令仰该　　　即便转令所属一体照约保护，并将该英人出境入境日期具报备查。此令。（刊登《公报》，不另行文）

中华民国五年十一月二十五日

督军兼署省长吕公望

（原载《浙江公报》第一千六百九十二号，五至六页，训令）

浙江省长公署训令第一千五百零五号

令警务处准内务部咨复建筑取缔规则对于
外人宜照让地给价办法办理由

令警务处长夏超

案准内务部咨开，"准咨复天主堂改造市屋不允让地情形一案，并附送《建筑取缔规则》，请核示等因到部。本部查所送《让地规则》，从前业经实行，如桃花渡江北岸之天主堂及槐花树之崇信书院等处，均经遵章让地，该天主堂事同一律，原咨所称饬让房地各节，尚无不合，惟以事关外交，当经咨行外交部查核见复去后。兹准复称，'查

《取缔建筑规则》，外人是否一体适用，中央并无规定专章，浙省根据前清警道颁行之《让地规则》，对于桃花渡等处教堂，历经照章办理在案，此次事同一律，自不妨援案先行婉商。惟是此项《规则》对于外人必令一体适用，深恐未易办到，彼此争执，徒碍市政之进行，似可援照让地给价办法，酌予地价，以昭公允'等因前来。相应咨行贵省长查照，转饬该警署审度情形，酌核办理，并报部备案"等因。准此，合行令仰该处转饬遵照办理，并将办理情形随时具报，俾便咨部备案。此令。

中华民国五年十一月二十四日

省长吕公望

（原载《浙江公报》第一千六百九十二号，六至七页，训令）

浙江省长公署训令第一千五百零九号

令财政厅准财政部咨派员续办直隶等省
官产一案刷印原呈请查照由

令财政厅长莫永贞

案准财政部咨开，"查本部呈报派员续办直隶等省官产事宜一案，业于十月七日奉大总统指令：'据呈已悉。仰分饬各该员切实清理。此令'等因。奉此，除分行外，相应刷印原呈，咨请查照可也"等因。准此，合行转录原呈，令仰该厅长知照。此令。

计附抄呈一件。

中华民国五年十一月二十四日

省长吕公望

附原呈

为呈报派员接办直隶等省官产事宜仰祈钧鉴事。

窃查各省官产事宜，由部陆续遴员前往设处清理，历经呈明在案。现查直隶清理官产员耿守恩在差病故，经部派委前直隶烟酒公卖局局长许引之接办;清理广东官产员黄仁寿、湖南官产员万绳权、吉林官产员张栩、黑龙江官产员楼振声、浙江官产员邵羲等先后呈请辞差,经部派委粤省士敏土厂总办刘麟瑞前往广东,前湖南内务司民政科科长易应崑前往湖南接办,其吉林一省即以原充该官产处坐办童宗河接充,黑龙江则以现任该省烟酒公卖局局长吕敷琦兼办,浙江则以现任该省财政厅厅长莫永贞兼办。除分别行知外,理合呈请钧鉴施行。谨呈。

(原载《浙江公报》第一千六百九十二号,七页,训令)

浙江省长公署训令第一千五百一十号

令警务处长杭县嘉兴吴兴县
保护华商张毅臣云中鹤小轮由

令警务处、杭县等三县

案准交通部咨开,"据江海关监督呈称,'准税务司函,以华商张毅臣有小轮一只,取名云中鹤,遵章备具呈式请注册给照等因,理合将呈式送部察核'等情前来。查该轮航线起苏州,讫杭州,经过嘉兴、湖州等处,除由本部注册填就执照一纸,发交该监督转给承领,并令行苏州、杭州两关监督查照暨分咨外,相应咨请查照,分令各该属保护,实纫公谊"等因。准此,除分令外,合就令仰该处长转令该管水警/知事,妥为保护。此令。

中华民国五年十一月二十四日

省长吕公望

(原载《浙江公报》第一千六百九十二号,七至八页,训令)

浙江省长公署训令第一千五百一十四号

令各县查照鄞县小学校手工材料注重
地方特产品物议决案一件仿行由

令各县知事(除鄞县)

据鄞县知事呈送教育行政会议议决小学校手工料应注重地方特

产品物案到署。查手工材料应取适用于本地者,本于《小学校教则》内明白规定,兹阅该会议议决办法,颇为周妥,合行钞发议决案,令仰该知事一体查照仿行,切切。此令。

钞发议决案一件。

中华民国五年十一月二十四日

省长吕公望

小学校手工材料应注重地方特产品物案

(理由)教材切于实用,庶能养成适于受教者生活上之知识技能。小学校手工一科,实为将来创造工艺之初步,诚能各就地方特产材料加意制作,于将来个人生计、社会经济,均有莫大裨益。此本案提出之理由一。取材他处,物价较贵。查各学校中手工料所用纸、木、线等类,多系舶来之品,利权外溢,尤非所宜。此本案提出之理由二。

(办法)先由县公署通告各学校调查地方特产之适宜于手工材料者,限一月内将材料种类、价格及与手工支配之说明书,送由教育会召集职员开会评判,认为确当者,报由县知事分别通告采用。

(原载《浙江公报》第一千六百九十二号,八至九页,训令)

浙江省长公署训令第一千五百一十五号

令各县知事暨各学校等准教育部咨为解释
地方各团体对于官署行文程式由

令各县知事、省教育会会长、省立各学校校长、省城私立中等以上各学校校长、公立图书馆馆长

案准教育部咨开,"准国务院公函内开,'据法制局呈称,解释地方各团体对于官署行文程式,请鉴核分行主管各部查照饬遵等因,相应抄录原文函达贵部,希即查照分别饬遵'等因,并抄送局呈一件到部。准此,除分咨外,相应咨请贵省长,希即查照转行所属暨各学校、

各教育团体遵照"等因,并抄法制局呈一件到署。准此,除分令外,合即抄发原件,令仰该知事转行所属各学校及教育团体一体遵照/该会长遵照/该校长遵照/该馆长遵照。此令。

附钞法制局呈一件(见本月二十六日本报"训令"门)。

中华民国五年十一月二十四日

省长吕公望

(原载《浙江公报》第一千六百九十二号,九页,训令)

浙江省长公署训令第一千五百一十六号

令财政厅迅将本年七月至九月止各统捐局
所征收银数列表呈报由

令财政厅长莫永贞

照得国家岁入以捐税为大宗,而流弊之多,亦以捐税为尤甚。值此库藏奇绌,司农仰屋兴嗟,各该统捐局长宜如何激发天良,认真整顿,涓滴归公,共济时艰于万一。乃近来查阅各局每月所报征数,核与比额大抵短绌者居多,甚有短至三四成以上者,谓无侵吞隐漏情弊,殊难凭信。若不按照定例严加考核,立予惩处,何以重榷政而儆将来?合亟令仰该厅迅将本年七月至九月止三个月各统捐局所征款项先行详列比较表,务于五日内呈送察核,其绌收确有特别原因及收数有盈者,亦应于备注内明晰声叙,以便分别核办,藉昭公允。毋延,切切。此令。

中华民国五年十一月二十四日

省长吕公望

(原载《浙江公报》第一千六百九十二号,一〇页,训令)

浙江省长公署训令第一千五百二十五号

令各县知事为搜集著名碑碣由

令各县知事

案查本公署前准教育部咨以"京师图书馆所储碑碣拓本寥寥,咨请转饬拓送"等因,即经通令在案。兹据本省公立图书馆呈称,"查两浙金石自昔著名,而本馆无一拓本,较京师图书馆之寥寥无几者,尚且不如,实为绝大缺点。拟请通令各县将当地著名碑碣石刻,于摹拓送部时多拓一分,径送本馆,仍呈报钧署备查。庶几搜岩剔穴,益增艺府之光;考献征文,不负芸台之志"等情。查该馆所请一节,系属正办,除指令照准外,合即令仰该知事遵照办理。再,此件刊登《公报》,不另行文,仰并知照。此令。

省长吕公望

中华民国五年十一月二十五日

（原载《浙江公报》第一千六百九十二号,一〇页,训令）

浙江督军署指令第二千一百三十三号

令暂编浙江陆军第二师司令部师长张载阳

呈一件为方策张健应试陆军大学派员代理职务由

呈悉。准以该师参谋郑姜暂行兼代第七团团附少校职务,俟陆军大学再审试验揭晓后,再行呈候核给任命状,仰即知照。此令。十一月二十五日

附原呈

呈为第七团团附应试陆军大学派员代理职务报请查核事。

窃据步兵第四旅旅长潘国纲呈称,"据第七团团长胡大猷呈称,'窃职团额外团附少校一缺,前经呈请遴委,奉批以现时既未得相当人材,宁缺毋滥'等因在案。兹因职团团附中校方策、团附少校张健应陆军大学再审试验,为期已近,该员等业于本月十五日离团,际此各连分驻教练监督在在需人,以团长一人兼顾,殊有绠短汲深之虑,请迅赐遴委额外团附少校一员,以资臂助"等情转呈前来。据此,查该旅第七团团附中校方策、团附少校张健,现均离团赴应陆军大学再审试验,所有该团教育管理事宜,

自应派员襄助,查有师部参谋郑董①,堪以前往该团代理团附少校,不开底缺,仍支参谋原薪,以重职务。除由师委任克日前往到差并指令外,理合备文呈请鉴核施行。谨呈。

（原载《浙江公报》第一千六百九十二号,一二页,指令）

浙江省长公署指令第三千九百号

令松阳县知事

呈一件为增设国民学校请核奖县视学学务委员由

呈、表均悉。该县各区应增国民学校已陆续遵设,良堪嘉许。惟查分年增设国民学校一案,系自五年度起,于每年终汇案考核,应届时再行详细呈候汇办。至各校应需经费,既筹定不及三分之一,应速令加筹,以固基本,仰即分别遵照。表姑存。此令。十一月二十三日

（原载《浙江公报》第一千六百九十二号,一二至一三页,指令）

浙江省长公署指令第三千九百零二号

令代理衢县知事

呈一件查复新设学校表内二三四年级学生及米捐情形由

呈悉。新设学校表内二、三、四年级学生,既据查明系由别校转入,表开各校确系新设,该原任知事桂铸西于半年之间推广学校至二十二所之多,又复将城区各校切实整顿,具见热心任事,良堪嘉许,应予记功一次,以资激劝。惟转学学生必须校内先有相当班级方可转入,嗣后新设学校毋得再收他校旧生。至米捐一项,既有城乡之分,应即以城区各行所收,拨作城区各校基用,以清界限而免纷争。除注册外,仰即遵照并将发去记功状转行原任领报。此令。十一月二十三日

计发记功状一纸。

（原载《浙江公报》第一千六百九十二号,一三页,指令）

---

① 郑董,指令作"郑姜",未知孰是。

浙江省长公署指令第三千九百零三号

令奉化县知事屠景曾

　　呈一件呈复忠义区高小学请领官荒查明距离
里数等项开送请领计画书及绘图由

　　呈及书、图均悉。保证金一项,案照《森林法》第十四条,该荒地应令纳银二十元,缴存该县。其承领书内造林经费,查未将数目填明,计画书内又未将拟栽种类名目、栽植保护方法并栽齐年限,分别详列,应均改造各缮送两份,并将图说一并添送一份,以凭核转,仰即转令遵照办理。再,表呈具名处未盖私章,殊不足以昭慎重,应将原呈发还,补章再送。呈及承领书、计画发还,余件存。此令。十一月二十三日

　　计发还呈文及承领书、计画书各一件。

　　　　　　（原载《浙江公报》第一千六百九十二号,一三页,指令）

浙江省长公署指令第三千九百零八号

令省立第六中学校

　　呈一件呈复办理善后及回复原状情形请察夺由

　　据呈已悉。查此案前据省视学查明呈报,业经训令该校长遵照在案。兹据称邬济杰、丁善贵、江韶三名留滞本城,不遵限回校,实属自甘暴弃,自应遵前电即予除名,以示儆戒,仰即查照。此令。十一月二十三日

　　　　　　（原载《浙江公报》第一千六百九十二号,一四页,指令）

浙江省长公署指令第三千九百十七号

令仙居县知事

　　呈一件送改正义务教育程序内调查表册由

　　呈及表、册均悉。查县税小学费全数为县有款项,事项册内仅列

特定补助数目,仍属不合。又,教员表内,其他学校毕业栏种类、人数,应于县、区、私立各分栏下分别填明,不得仅于合计栏下总填,应再更正,并将事项册添造一份,以备存转,仰即遵照。表、册仍发还。此令。十一月二十三日

计发还事项册一本、表一本。

(原载《浙江公报》第一千六百九十二号,一四页,指令)

浙江省长公署指令第三千九百二十七号

令瑞安县知事

呈一件为呈报学务委员奉令裁撤拟改任讲演员由

呈悉。该县讲演员本系由学务委员兼任,现既学务委员裁撤,自应将讲演员另行专设,以重社会教育。仰即查照本年十月二十五日《浙江公报》内公布《长兴县通俗教育讲演所章程规则》,参酌当地情形,拟具所章及各项规则,连同所长员履历并预算表呈候核转。至此项讲演所将来虽可由劝学所附设,然事务既增,经费仍须另加,现在劝学所尚未成立,应需款项姑暂准在该所经费项下开支,一面仍仰妥速另筹,毋得但顾目前。又,讲演员改充劝学员兼任讲演一节,查劝学员与讲演员资格各异,能否兼任讲演,亦须俟《施行细则》颁到后,方可酌定,应届时再行核办,仰并知照。此令。十一月二十三日

(原载《浙江公报》第一千六百九十二号,一四至一五页,指令)

浙江省长公署指令第三千九百三十二号

令奉化县知事

呈一件呈报下乡巡视所得学务禁烟花会验契各现状由

呈悉。校董、校长以经费关系,必属诸发起之人,致所办学校鲜有实际,最为小学通病。要知筹款、掌教,本为两事,而掌理教务者又

必熟谙教育,方克胜任,况小学校长定章本系由教员兼任,尤无专设之理。在各发起人,既以教育为念,热诚筹款,亦应慎选师资,主持校务,方得副其兴学初心,应由该知事明白劝谕,将经费、教务各自分别掌管。校长一职,即应照章由正教员兼任,其负担经费者,依照上年通饬委为乡村学董,专掌经费事项,庶几分职任事,合力程功,教育有改进之望。至所陈禁烟情形,尚无不合,私做花会者既挂筒之地多在嵊县、宁海交界,除应由该县饬警严密访查外,并应分别咨会各该县一体协查,务获究办。验契展缓加罚,已属格外体恤,值此秋成之际,户有盖藏,并应认真办理,毋徒托诸空言,是为至要,仰即分别遵照。此令。十一月二十四日

（原载《浙江公报》第一千六百九十二号,一五页,指令）

浙江省长公署指令第三千九百三十五号

令嵊县知事

呈一件呈送县立中校事项图册请核转由

呈及图、册均悉。查阅校图,于校地地质及饮用水之性质,均未说明,应发还补填复送,再行并转,仰即转行知照。图发还,册存。此令。十一月二十四日

计发还图二纸。

（原载《浙江公报》第一千六百九十二号,一五页,指令）

浙江省长公署指令第三千九百三十八号

令鄞县知事

呈一件呈送第二次教育行政会议议决案并开支清摺由

呈、摺均悉,准予照销。其议决各案,除废止国民学校读经案前据全省教育会联合会议呈送到署,已咨请教育部核复,应俟复到再行遵办外,余均准行。仍拟具《儿童感化院章程》及《通俗教育讲演所章

程》《办事规则》《听讲规则》呈候核定,仰即遵照。摺及议决案均存。此令。十一月二十四日

（原载《浙江公报》第一千六百九十二号,一五至一六页,指令）

浙江省长公署指令第三千九百四十五号

令高等检察厅长殷汝熊

呈一件呈送十月份刑事诉讼月报表由

呈、表均悉。仰仍督饬将未结各案赶速清厘,毋任稽压。此令。表存。十一月二十四日

刑事诉讼案件月报表

民国五年十月份　浙江高等检察厅

案件	总　数			已　结						未　结	
	旧受	新收	计	送审	发还	移送他管	其他	中止	计	调查中	计
控诉	二〇	六〇	八〇	六四	四	一			六九	一一	一一
上告	三	一九	二二	六	一	一〇	一		一八	四	四
复判	一一	二三	三四	二二	二	四			二八	六	六
其他之事件	四	五	九	三	三	一			七	二	二
计	三八	一〇七	一四五	九五	一〇	一六	一		一二二	二三	二三
备考	查上告栏移送他管一〇件,系呈送总检察厅核办之件。又,其他一件,系由知事判决内乱罪,经本厅查核,案属特别管辖,呈送总检察厅核办在案,合并声明。										

（原载《浙江公报》第一千六百九十二号,一六页,指令）

浙江省长公署指令第三千九百四十六号

令高等审判厅长范贤方

　　　呈一件呈送九月分诉讼月报表由

呈、表均悉。仰仍督饬庭员将未结各案赶速清厘,毋任稽压。此令。表存。十一月二十四日

民事诉讼案件月报表

民国五年九月分　　　浙江高等审判厅

案件	总数			已结						未结		
	旧受	新收	计	驳回	变更或撤销	由审判或其他处分	和解	其他	计	审理中	停止	计
控诉	五四	一九	七三	八	一一				一九	五四		五四
上告	三八	七四	一一二	三一				一	四三	六九		六九
抗告	一二	一五	二七	八	三			二	一三	一四		一四
假扣押假处分												
其他之事件		一二	一二			一二			一二			
计	一○四	一二○	二二四	四七	二五	一二		三	八七	一三七		一三七
检察官莅庭事件　五												
备考	查本月分民事新收一百二十起,讯结新旧案件八十七起,实存未结一百三十七起,均在进行中,合并声明。											

浙江高等审判厅长范贤方
统计主任员书记官郑诵芬

刑事诉讼案件月报表

民国五年九月分　　浙江高等审判厅

案件		总数			已结								未结		
		旧受	新收	计	驳回	变更或撤销	核准	复审判决	更正	由审判或其他处分	其他	计	审理中	停止	计
控诉	刑法犯	五五	六四	二九	一五	四七						六二	五七		五七
控诉	特别法犯														
上告	刑法犯	一	一	二	一							一	一		一
上告	特别法犯														
抗告		九	二	一一	一						一	一	九		九
私诉															
复判		六	四一	四七			二七	九	七		一	四四	三		三
其他之事件		一五	一二	二七						一九		一九	八		八
计		八六	一二〇	二〇六	一六	四八	二七	九	七	一九	二	一二八	七八		七八
备考		查本月分刑事新收一百二十起,讯结新旧案件一百二十八起,实存未结七十八起,均在进行中,合并声明。													

民庭推事分配暨办结案件表

民国五年九月分　　浙江高等审判厅

推事姓名	旧受	新收	总数	已结	未结
民一庭审判长推事陈其权	二九	一三	四二	一一	三一
推事瞿鸿畴	二三	一八	四一	一〇	三一

续　表

推事姓名	旧受	新收	总数	已结	未结
推事斯　文	九	一九	二八	六	二二
民二庭审判长推事瞿曾泽	一二	一八	三〇	一七	一三
推事杨树猷	一四	二五	三九	二一	一八
推事陈　允	一七	二七	四四	二二	二二
计	一〇四	一二〇	二二四	八七	三七
备　考	查民一庭推事方壮猷,本月因病请假,所遗职务,调鄞县地审厅推事斯文代理,合并声明。				

刑庭推事分配暨办结案件表

民国五年九月分　浙江高等审判厅

推事姓名	旧受	新收	总数	已结	未结
审判长推事沈　鸿	一二	八	二〇	八	一二
推事钟洪声	一九	二三	四二	二四	一八
推事陈选庠	一一	二二	三三	二七	六
推事沈敏树	一六	二二	三八	二四	一四
推事何嵩生	一二	二三	三五	二四	一一
推事谢振采	一六	二二	三八	二一	一七
计	八六	一二〇	二〇六	一二八	七八
备　考					

（原载《浙江公报》第一千六百九十二号,一七至二〇页,指令）

浙江省长公署指令第三千九百四十八号

令浙江修筑省道筹办处

呈一件呈复该处委员工程司到差日期并遴委调查

测量制图及额外各委员请分别令知由

呈及单均悉。仰候咨请督军转令遵照可也。此令。十一月二十四日

（原载《浙江公报》第一千六百九十二号，二〇页，指令）

浙江省长公署指令第三千九百四十九号

令嘉兴县知事

呈一件沈德溥呈前控潘补一案案悬匝月

不批不理请饬县传究由

呈悉。仰嘉兴县知事遵照前令查办具报，并应查明该民潘补有无潜赴医院戒烟情事，并仰知照。此令。抄呈发。十一月二十四日

（原载《浙江公报》第一千六百九十二号，二〇页，指令）

浙江省长公署指令第三千九百五十号

令永嘉县知事郑彤雯

呈一件据叶云龙等呈请拨补经费令行永瑞两县撩除野荷由

呈悉。查此案曾据该县知事及瑞安县知事拟具章程，先后呈经前按署暨前民政厅批饬遵办，务期认真捞除，依限肃清具报在案，迄今未据只字呈报，殊属疏玩。据呈前情，仰先将此案遵办情形各行详报呈核，至关于善后办法，应如何切实捞除，以期根株尽绝之处，并仰依照前准办法，协同进行，事竣仍当呈核，毋再违玩，致干咎戾。此令。呈抄发。十一月二十四日

（原载《浙江公报》第一千六百九十二号，二一页，指令）

浙江省长公署指令第三千九百五十八号

令海宁县知事

呈一件据呈严案熙等及许寅等各请开设茧行祈核示由

呈及附件均悉。查《修正茧行条例》早经刊登《公报》公布，并通令知照各在案。各商呈请开设茧行，应以符合《条例》，手续完备，呈请在先者，方予核明转呈，在未颁《条例》前仅以一纸空文呈请者，不能认为有效。徐楷与严案熙请在斜桥设行，即可依此解决。许寅等请在郭周区内富贵桥南开设茧行，手续尚属完备，惟察阅附图，于陆路仅有铁路，其他陆路未据绘明，殊嫌简略，是否在二十里以上，尚难证实，未便遽予核准，应再绘送详图，以凭核夺。又，该处与斜桥距离不远，两处设行，不能并准，仰即分别转饬遵照。严案熙保结发还。许寅等图、结姑存。此令。十一月二十四日

（原载《浙江公报》第一千六百九十二号，二一页，指令）

浙江省长公署指令第三千九百六十二号

令财政厅长莫永贞

呈一件据富阳县知事呈送蚕业传习所饲育春蚕
标准表并请动支公益费银由

呈、件均悉。该县蚕业传习所支出开办、经常各费不敷银数，既由该知事自行弥补，应准支销银三百元，仰财政厅转饬知照。原呈抄发。附件存。此令。十一月二十四日

附原呈

呈为遵饬取表送请核销事。

案查职署等办富邑蚕业传习所经过情形，并动支款项数目暨请免追女生膳费，当经呈奉前民政厅批饬，将所内支用开办经

常费并收支细数,女生应缴膳费总数及育蚕经过成绩分具表册,送厅再核,并奉财政厅批同前由各等因,遵经饬具该所长陆衍祥分具饲育春蚕标准表、收支数目表到署。知事查核收支均系核实,虽收入支尽无余,但事属创办,置备蚕具为数在百元以外,所内必要器物亦不得不略事购置,益以所收女生尽系贫寒,不能自出膳资,知事已将当时招收及事后难追情形详细呈明,核计蚕具、膳费两项支出费银已逾二百元,本属终结,固无余利可言,按其实际尚称有盈无绌,来岁筹办模范养蚕场,所置蚕具悉可供用。窃以谓传习所、养蚕场,皆系提倡改良计划,不与营业者同一比例,总期使民观感兴起,蚕业日臻发达。此次表列不敷银五元七分八厘,系超越定章,拟由知事设法弥补。所有富邑筹办蚕业传习所,应请照章动支县税二成公益费银三百元,理合遵饬取具各表备文呈送,仰祈省长俯赐核案准销,实为公便。谨呈。

（原载《浙江公报》第一千六百九十二号,二一至二二页,指令）

浙江省长公署指令第三千九百八十三号

令高等审判厅长范贤方

电一件景宁县知事秦琪请将司法经费不敷银援照
丽水县办法在司法收入余款内尽先提拨归垫由

查丽水县垫用司法不敷经费,前据原呈声称,筹垫之款均经高等审检厅批准在司法收入内开支,故准将审检所嗣后司法收入余款尽先提拨归垫。该县司法经费不敷银八十一元零,既据册报高审厅查核,能否援案办理之处,仰高等审判厅迅即查案核明指令遵照,仍录报备查并咨会同级检察厅查照。此令。十一月二十四日

（原载《浙江公报》第一千六百九十二号,二二页,指令）

浙江省长公署批第九百二十三号

原具呈人淳安王圣进

呈一件呈与邵竹荣互控一案知事办理

不合哨官纵兵殃民请查究由

呈悉。仰候令厅查明核办具报。此批。十一月二十四日

（原载《浙江公报》第一千六百九十二号，二三页，批示）

浙江省长公署批第九百二十六号

原具呈人缙云朱士怀等

呈一件为与陈缵琳等正本校纠葛一案知事违法请饬查由

已于陈竹浔呈内批示矣。此批。十一月二十四日

（原载《浙江公报》第一千六百九十二号，二三页，批示）

浙江省长公署批第九百二十七号

原具呈人缙云麻作良等

呈一件为欧阳知事将正本书院款提拨兆岸新校请饬查由①

已于陈竹浔呈内批示矣。此批。十一月二十四日

（原载《浙江公报》第一千六百九十二号，二三页，批示）

浙江省长公署批第九百二十八号

原具呈人新昌杨秉德等

呈一件为鹿石国民校长不能胜任请撤换由

呈悉。该校长潘浪三，果有不合情事，应径呈该县核办，越渎不

准。此批。十一月二十四日

（原载《浙江公报》第一千六百九十二号，二三页，批示）

---

① 欧阳知事，即欧阳忠浩，湖北汉川人。民国四年八月至民国六年十一月任缙云县知事。

浙江省长公署批第九百二十九号

原具呈人董锡麟

呈一件为检送证书等请咨部尽先选补欧美官费由

呈悉。查本省留学官费,现准省议会议决,于每年七月由省试验选补,业已公布在案。所请一节,仰届时报名投考可也。此批。附件均发还。十一月二十四日

（原载《浙江公报》第一千六百九十二号,二三至二四页,批示）

浙江省长公署批第九百三十号

原具呈人象山赵觐璋

呈一件呈伊家被劫一案盗犯王有焜等供证
确凿请令县严办并勒缉余犯由

呈悉。查此案前据该民具呈,业经前都督府批令高等审判厅转饬该县知事查明,依法讯办在案。据称,"案已集讯,该盗王有焜等均系供证确凿"等情,如果属实,自应按律拟办,以伸国法,候令高等审判厅转令该县审检所迅予依法办理,一面会督营警并分咨玉环、温岭各县将逸犯真赃悉数缉获究报可也。此批。十一月二十四日

（原载《浙江公报》第一千六百九十二号,二四页,批示）

浙江省长公署批第九百三十二号

原具呈人余姚岑桂忠等

呈一件为业主挟恨收回佃地并四出捕人请饬发还禁捕由

禀悉。查该县业佃争议一案,前经本省长在都督任内,批饬前民政厅撤销县示,拟具示谕饬县遵办在案,原为该县业佃永息争议起见。兹阅来禀,仍称该县业主余守芝等因纠集地会之恨,尽将佃地收

回等语,究竟有无别项纠葛,殊难悬揣。至陈于生等逮捕一节,是否即是前此饬拿捣毁案内要犯,候并令行余姚县知事查案核议呈夺。此批。十一月二十四日

（原载《浙江公报》第一千六百九十二号,二四页,批示）

浙江省长公署批第九百三十三号

原具呈人候补县知事李锡畯

呈一件请续假四月以便措资由

呈悉。准予续假四月。此批。十一月二十四日

（原载《浙江公报》第一千六百九十二号,二四至二五页,批示）

浙江省长公署批第九百三十四号

原具呈人林传绶等

呈一件为呈请饬县严究陈珍生假名并宣布
学款仍将庙产归庙仓董等接管由

据呈各节,业经令县分别澈查,一俟呈复核办,毋庸哓渎。此批。
十一月二十四日

（原载《浙江公报》第一千六百九十二号,二五页,批示）

浙江省长公署批第九百三十五号

原具呈人林溥潢

呈一件为堤工较迫请将充公坦租移缓就急由

案已确定,所请仍毋庸议。此批。十一月二十四日

（原载《浙江公报》第一千六百九十二号,二五页,批示）

浙江省长公署批第九百三十六号

原具呈人公民徐文溥等

呈一件据禀请组织嘉属农业促进会缮送简章由

呈及《简章》均悉,准予备案。此批。十一月二十四日

(原载《浙江公报》第一千六百九十二号,二五页,批示)

浙江省长公署批第九百三十七号

原具呈人丝商沈桐扬

呈一件为拟在乌镇咸宁桥请设兴昌茧行遵送地图由

呈悉。既据并呈,应俟由县转呈到署,再行核夺,毋得越渎。保结、地图发还。此批。十一月二十四日

(原载《浙江公报》第一千六百九十二号,二五页,批示)

浙江省长公署批第九百三十八号

原具呈人海盐顾洪兴等

呈一件为拟在茶园添设协泰茧行核准给帖由

呈、图均悉。该商等请设茧行,既据并呈县署,仍俟由县查明转呈核办,毋得越渎。图发还。此批。十一月二十四日

(原载《浙江公报》第一千六百九十二号,二五至二六页,批示)

浙江省长公署批第九百四十号

原具呈人钱宝钧

呈一件为呈请提倡森林设立林务专员并送章程等件由

呈、件均悉。提倡森林,洵属要务,惟《林务专员规则》及预算册,前按署业准农商部咨行有案,现正筹商设置,毋庸该民干渎。又,阅该民拟上农商部条陈,所称植有苗林,究在何处及其成绩计划若何,仰即补行明白声叙,以凭核夺。件存。此批。十一月二十四日

(原载《浙江公报》第一千六百九十二号,二六页,批示)

浙江省长公署通告

平阳县知事张朝辅呈报于本月七日亲赴各乡查禁烟苗,职务委内务主任张长庆暂代。

庆元县知事张国威呈报于本月十日下乡劝募公债、查禁烟苗,职务委政务主任包振镛暂代。

桐庐县知事颜士晋呈报于本月十三日由乡公毕回署。

兰溪县知事苏高鼎呈报于本月十三日由金华北山会勘公毕回署。

义乌县知事邱峻呈报于本月十三日下乡查勘烟苗、劝募公债并积谷、花会验契各要政,职务委政务主任宋化春暂代。

瑞安县知事李藩电呈于本月十三日由乡相验公毕回署。

昌化县知事鲍湛呈报于本月十四日假满回署。

（原载《浙江公报》第一千六百九十二号,二六页,通告）

浙江省长公署委任令第六十号

令委本署教育科科员罗赓良等为
小学教员检定委员会常任委员由

令本公署教育科科员罗赓良、沈镜蓉,本公署省视学富光年,省立第一师范学校校长经亨颐,省立第一女子学校校长叶谦

案准教育部咨开,"查《检定小学教员规程》业经公布在案,此项检定办法本为郑重师表、整齐资格起见,于国民教育前途关系綦重,各省自应查照《检定规程》第四条慎选合格委员,妥为组织,克期成立,开具名册报部备案。所有筹备事项,既须察酌地方状况,以利推行,仍宜根据部定成规,以立标准,稍一不慎,贻误实多,应责成该委员会于成立两个月内将检定程序妥切拟定,咨报本部。凡分行检定

之办法、预计完竣之时期,暨关于检定事项切要之点,均宜详确列入,俟本部查核咨复后,再行依照施行。至关于试验规则,亦应依《检定规程》第十三条之规定报部备查。本部对于此事务求详审周妥,克收远效。各该检定委员会俟核复行知后,务将办法规章详刊广布,使应受检定各员得注意于修养练习,一方面为受试验之准备,一方面即为教育实际之进求。至各省区有因特别情形须展缓检定者,应查照《检定规程》第三十三条饬令确查事故,声叙理由,预期报部,以昭核实。除分咨外,相应咨行贵省长查照转饬遵办"等因。准此,除咨复并委任本公署教育科科长兼充会长外,合行查照《规程》第四条委任该视学、该科员、该校长兼充浙江小学教员检定委员会常任委员,月给津贴银一十元,由会按月支给,仰即秉承会长克日遵照任事。此令。

中华民国五年十一月二十四日

省长吕公望

（原载《浙江公报》第一千六百九十三号,一九一六年十一月二十九日,三页,训令）

浙江省长公署委任令第六十一号

令委本署教育科长冯学壹为检定小学教员委员会会长由

令本公署教育科科长冯学壹

案准教育部咨开,"查《检定小学教员规程》业经公布在案,此项检定办法为郑重师表、整齐资格起见(文云见本日委任令内),以昭核实。除分咨外,相应咨行贵省长查照转饬遵办"等因。准此,除咨复并将常任委员择委外,合行查照《规程》第四条委任该科长兼充浙江小学教员检定委员会会长,并抄发《检定小学教员规程》、教育部续咨解释疑议文、常任委员名单各一份,仰即督同各常任委员在署组织检定委员会,遵照《规程》及先后咨开事项、期限,分别详妥拟订,呈候核定转咨,毋延。此令。

计抄发《规程》一件、部咨一件、常任委员名单一件。

中华民国五年十一月二十四日

省长吕公望

检定小学教员规程

第一条 国民学校、高等小学校教员,除国立或省立师范学校本科毕业生暨别有规定外,以照本规程检定合格者充之。

第二条 凡施行检定应由各省区行政公署组织检定委员会,并得就所属地方酌量地点,分行检定。

第三条 检定委员应以左列人员组织之:

一、会长;二、常任委员;三、临时委员。

第四条 会长以各省区行政公署教育科长充之。

常任委员额设二人至六人,由各省区行政长官择其左列资格之一者充之:

一、教育科科员;二、省、道、县视学;三、师范学校校长、教员。

临时委员无定额,由各省区行政长官于施行试验时,择有左列资格之一者充之:

一、省、道、县视学;二、师范学校教员;三、中学以上学校教员。

本条第二、第三项规定之资格,遇地方特别情形得变通办理,但须报经教育总长之认可。

第五条 会长主持会务,综核检定成绩,报告该管行政长官。

会长有事故时,得由该管行政长官指定常任委员代理其职务。

第六条　常任委员承会长之指挥,分掌教员检定事务;临时委员承会长之指挥,分掌试验事务。

第七条　检定委员会得雇用书记,分掌记录及庶务。

第八条　常任委员及临时委员,均得酌给津贴,书记酌给月俸。

前项经费,由各省区支给之。

第九条　各省区行政长官每年应将检定委员会经过事实暨检定成绩报告教育总长。

第十条　检定教员分无试验检定与试验检定。

无试验检定,审查其毕业证书或办学经历,并就其品行、身体检查之。

试验检定,除检查其毕业证书及品行、身体外,并加以试验。

第十一条　有左列情事之一者,不得受检定:

一、被处徒刑以上之刑未复权者;二、失财产之信用,被人控实尚未结清者;三、受褫夺许可状之处分,尚未满三年者。

第十二条　试验检定每年举行一次,无试验检定得随时行之。

举行试验检定须于三个月前宣布日期并同时咨陈教育总长。

第十三条　关于试验规则,由各地方检定委员会定之,但须报由该管最高级行政长官转报教育总长。

第十四条　具有左列资格之一者,得受无试验检定:

一、毕业于中学校并充小学教员一年以上者;

二、毕业于甲种实业学校并积有研究者;

三、毕业于专门学校,确适于某科目教员之职者;

四、曾充小学教员三年以上,经地方最高级行政长官认为确有成绩者。

具有第一款资格经检定合格者,准充国民学校正教员、高等小学校本科正教员;具有第二、第三款资格经检定合格者,准充国民学校专科教员及高等小学校专科正教员;具有第四款资格经检定合格者,准充国民学校正教员、助教员或专科教员,并准充高等小学校本科、专科正教员或助教员。

第十五条 具有左列资格之一者,得受试验检定:

一、曾在师范学校、中学校或其他中等学校修业二年以上者;

二、曾任或现任国民学校、高等小学校教员满一年者;

三、曾任师范简易科,毕业期限在六个月以上者;

四、曾研究专科学术,兼明教育原理,著有论文者。

第十六条 高等小学校本科正教员之试验科目及其程度,应依照师范学校第一部课程。但在男子,得缺法制、经济、手工、农业、商业、外国语之一科目或数科目;在女子,得缺法制、经济、手工、家事、园艺、外国语之一科目或数科目。

助教员之试验科目与前项正教员同,但其程度应分别酌减。

第十七条 国民学校正教员之试验科目及程度,除农业、商业、家事、园艺、外国语可毋庸检定外,应比照前条第一项之规定酌减其程度行之,但有特别情事并得缺图画、唱歌、体操、缝纫之一科目或数科目。助教员之试验科目与前项正教员同,但其程度应分别酌减。

第十八条 专科教员之试验科目为图画、唱歌、体操、缝纫、手工、农业、商业、外国语之一科目或数科目,其程度与师范学校第一部课程相准,但无论试验何项专科,均须并试教育学及受验科目之教授法。

毕业于陆军学校者,检定体操科时,得免试兵式体操。

第十九条 试验检定,除用笔试外,得兼用口试,并宜酌加实地演习。

第二十条　凡受正教员或助教员试验检定者,以各科目平均分数满六十分以上者为及格,但修身、国文、算术三科目之试验分数非各满六十分者,仍作不及格论。

第二十一条　凡受专科教员试验检定者,以各科目满六十分以上者为及格。

第二十二条　凡受无试验检定或试验检定者,须填具志愿书及履历书,并由保证人填具品行证明书,陈送检定委员会查核。

前项志愿书等,由检定委员会遵照本规程所定书式分别印发。

凡现充中学校或师范学校之校长、教员,皆得为保证人。

第二十三条　凡在学校修业或毕业者,于受验时,将其修业或毕业证书陈送检定委员会查核,有教员许可状者亦同。

第二十四条　请受无试验检定或试验检定者,应纳检定费一元。

第二十五条　凡经检定委员会检定合格者,授与教员许可状。

前项教员许可状,由检定委员会遵照本规程所定书式分别印发。

第二十六条　受试验检定未能合格而关于某科目成绩满六十分以上者,检定委员会得授与证明书。

前项证明书,由检定委员会遵照本规程所定书式,分别印发。

有本条证明书者更请受试验检定时,其证明书中所载之科目得免行试验。

第二十七条　凡经检定合格者,应由各省区行政长官以其姓名、籍贯、年岁及检定之种类、成绩、年月，送登《公报》宣布之。

第二十八条　凡经检定合格领受教员许可状时，应纳费一元。

第二十九条　凡经检定合格领受教员许可状后，遇有变更姓名、籍贯或毁损遗失等情事时，应详具理由陈请受验地之行政长官换给许可状。

陈请换给许可状时，应纳费一元。

第三十条　凡经检定合格领受教员许可状后，有第十一条第一、第二款情事，及其他不正行为玷辱学校名誉者，受验地之行政长官得褫夺其许可状。

附则

第三十一条　预备学校教员，以依照本规程检定合格者，分别充之。

第三十二条　京师地方检定小学教员事务，由教育部所属学务局处理之。

第三十三条　各省区因特别情形须展缓该管地方全部或一部之检定者，得由行政长官咨陈教育总长检定之。

第三十四条　本规程自民国五年八月一日施行。

附本规程第二十二条、第二十五条及第二十六条各种书式。

志愿书	印花税票 　　　　　姓名　　原籍　　　　　　　　　现住所 （受验学科）凡授专科教员试验检定者，应填注受验学科。今志愿充当____学校____教员，应授试验（无试验）检定，除履历书及品行证明书另纸呈送外，谨填具志愿书。　　　　　　　　　　姓名印　　　　　　　年　　月　　日

履历书	姓　名	
	年　龄	
	籍　贯	
	学校出身	
	办学经历	
	备　考	

品行证明书	兹查有(受验人姓名)身家清白,品行端方,并未犯有《检定小学教员规程》第十一条各款情事。特此证明。 　　　　　　　　　　　　　　　　保证人姓名　职业　　印 　　　　　　　　　　　　　　　　　　　　　　住所 　　　　　　　　　　　　　　　年　　　月　　　日

科目成绩证明书

兹检定(受验人姓名)于某科目成绩优良。特此证明。

　　　　　　　　　　　　　　　　　　　某省区检定委员会印
　　　　　　　　　　　　　　　　　　　年　　　月　　　日

教员许可状第　号

兹许可(受验人姓名)为　学校　教员。此状。

　　　　　　　　　　　　　　　　　　　某省区检定委员会印
　　　　　　　　　　　　　　　　　　　年　　　月　　　日

附教育部原咨

教育部为咨行事。

准江西省长咨开,据检定小学教员委员会会长马庆龙详称,"窃查本省检定小学教员委员会,业经会长督率常任各委员组织成立,并呈报省长在案。所有一切事宜,均须次第筹办。惟详察《检定小学教员规程》(草案)三十四条有应请解释之处,谨为省长缕晰陈之。查《规程》第一条,'国民学校、高等小学校教员,除国立或省立师范学校本科毕业生暨别有规定外,以照本规程检定合格者充之'等语,高等师范学校选科及专修科毕业生有时充国民学校及高等小学校正助专科教员,应否援照此项条例,无庸加以检定,暨高等师范学校本科、选科及专修科未毕业学生,应予以何种之检定。又,前清曾受小学教员检定得有许可状者,可否继续有效,其许可状应否换给。再,《规程》第四条第二项,'临时委员无定额,由各省区行政长官于施行试验时,择有左列资格之一者充之'等语,如遇分行无试验检定时,可否派委临时委员,抑仍派常任委员行之。又,《规程》第二十二条第三项,'凡现充中学校或师范学校之校长教员,皆得为保证人'等语,如遇不得已时,及分行检定地点无中学师范学校者,可否变通办理,并以何项人员为合格。又,《规程》第三十三条,'各省区因特别情形须展缓该管地方全部或一部之检定者,得由行政长官咨陈教育总长检定之'。检阅《政府公报》及《教育公报》所载,均属相同,而末句'检定'二字是否系'核定'之讹。以上各节,均为将来执行检定之标准,会长未敢臆断,理合备文呈请鉴核,咨请教育部分别解释,俾便遵行"等情。据此,查小学教员检定委员会现经遵章组织成立,咨报在案。该会长所陈各节,均为执行检定手续疑窦所关,相应咨请分别核示,以凭饬遵等因到部。查高等师范选科及专修科入学资格,须在师范、中学毕业或与有同等学力者,前清优级师范选科暨专修科其入学资格,虽不以师范、中学毕业为限,然设有预科一年补习普通学科,则此项毕业学生除所习之专科及教育学外,并具有普通科学知识,以之充当小学教员自能胜任,应有《检定小学教员规程》第一条之资格,无庸加以检定。至对于此项未毕业学生办法,应先查核其曾与毕业考试否、有无修业证书及学业成绩为准,果系曾受毕业试验,得有与各该科毕业年限相当之修业凭证,并总平均分数在五十分以上者,得受无试验检定;若因事中途退学或虽有毕业考试而成绩过劣者,均应依照《规程》分别施行试验检定。又,前清时曾受小学教员检定,得有许可状并曾充教员三年以上、认为确有成绩者,方准继续有效,此项许可状经检验合格后,即由会中加盖戳记①,无庸换给。又,查临时委员之职务,专掌试验事项;是无试验之检定,应由常任委员办理,如遇必须临时委员时,亦得由会长说明理由,呈请委派。又,保证人一项,如遇不得已时,及分行地点无中学、师范学校者,凡劝学所员、学务委员或小学校之校长均得为保证人。又,第三十三条末句之"检定"二字,确系"核定"之讹,应即改正。以上各节,除咨复赣省外,相应咨行贵省长查照办理可也。此咨。

常任委员名单:

教育科科员罗赓良;

教育科科员沈镜蓉;

省视学富光年;

省立第一师范学校校长经亨颐;

省立女子师范学校校长叶谦。

(原载《浙江公报》第一千六百九十三号,四至一二页,训令)

浙江省长公署指令第三千九百六十五号

令桐庐县知事

呈一件呈送奉发调查实业报告书式现已查竣并呈图摺由

呈、件均悉。察阅调查实业报告书,尚属详晰,应予存候汇办。仍仰查照现状,随时督饬,积极进行,期收实利,切切。件存。此令。

---

① 戳记,底本误作"戮记",径改。

十一月二十四日

（原载《浙江公报》第一千六百九十三号，一八页，指令）

浙江省长公署指令第三千九百六十六号

令平阳县知事

呈一件呈送饬发调查实业报告书件由

呈、件并悉。察阅调查实业报告书，尚属明晰，应予存候汇案核办。仍仰查照就地情形，随时督饬，认真进行，期收实效，切切。件存。此令。十一月二十四日

（原载《浙江公报》第一千六百九十三号，一八页，指令）

浙江省长公署指令第三千九百八十一号

令奉化县知事

呈一件具复该县类似架房陋规早经禁革尽净由

呈悉。究竟该县有无架房相类之名目，现在推收如何办法，仰再切实声复，毋再含混，切切。此令。十一月二十四日

附原呈

呈为呈复事。

案奉财政厅第七五四号训令内开，"本年十月二十三日奉钧长令开，案准省议会咨开，'案照本会据永嘉县公民李祖侃陈请书称，窃永嘉蠹吏，莫如架房索取陋规，民不堪累（文云已见本月四日本报训令门），仍将遵办情形具报。此令'等因。奉此，除令行永嘉县知事遵办外，合行令仰该知事遵照，立即查明类似架房陋规者，一体禁革，仍将遵办情形具文通报，毋违，切切。此令"等因。奉查本县各项陋规，早经禁革尽净，并无再有此项类似架房陋规。奉令前因，理合备文呈复，仰祈钧长察核。谨呈。

（原载《浙江公报》第一千六百九十三号，一八至一九页，指令）

浙江省长公署指令第三千九百八十八号

令财政厅长莫永贞

　　呈一件呈为查明余姚县王任交案内列抵造
串费及贴现二款分别准驳请鉴核由[①]

据呈已悉。此令。十一月二十四日

附原呈

　　呈为具复余姚县王任交案内列抵造串费及贴现两款分别准驳请赐鉴核事。

　　窃奉钧长指令，余姚县知事邢炳旦造送交代存垫总册由[②]，内开，"察阅所送存垫总册，抵垫项下列有民国四、五年分地丁抵补金造串费一款，查造串造册等费，须由征收经费内提支，此处何以列垫？又，呈请动支解款贴现银一款，查各属征收现金解库，何以有贴现名目？来册均未详悉登注，仰财政厅查明具复，以凭核办。再，该县交案，业已逾限，应送分款各册并仰转行迅速呈厅核转，毋延，切切。此令"等因。奉此，查此案前据该县并呈到厅，当将存垫册内列垫贴现一款驳饬未准，指令现任转催王前知事照数补交在案。至造串经费必须先行垫付，向章应由前后任按成摊算，王前知事经征四、五年分地丁抵补金银米，尚未全数收起，其垫支串造费用，应俟后任于征务结束后，提还归垫，以示公允。册内所垫银元，既由现任承认列抵，自可准其照办。奉令前因，理合备文呈复，仰祈钧长鉴核施行。谨呈。

　　　　（原载《浙江公报》第一千六百九十三号，一九页，指令）

――――――――――

　　① 王任，即王嘉曾，江苏溧阳人。民国四年四月至民国五年八月任余姚县知事，后由邢炳旦继任。民国六年三月至民国七年一月再任余姚县知事。
　　② 知事，底本误作"知军"，径改。

浙江省长公署指令第三千九百九十号

令财政厅长莫永贞

呈一件宁镇船货捐局长来壮涛呈送

九月分征解比较等表由

据呈已悉。该局长从前办事，尚有成绩。此次委办征收事宜，原期该局长洁己奉公，并将该局积弊力加整顿，其熟于舞弊之司巡，尤应从严易换，以期征收起色，为各局模范，切不可为人所惑，改易初衷，徒以"整顿"二字，托诸空言，致负期望，仰财政厅转饬遵照。此令。表存。十一月二十四日

（原载《浙江公报》第一千六百九十三号，一九至二〇页，指令）

浙江省长公署指令第三千九百九十六号

令财政厅长莫永贞

呈一件卸任慈溪县知事夏仁溥报解

代收杨任民欠验契等银元由

据呈，该知事代收杨任民欠验契、注册补税及契税纸价等银元共一千八百六十一元九角一分五厘，业交宁波中国银行兑收等情已悉，仰财政厅查核并转行知照。惟杨任民欠四年分验契注册补税等银，是否实欠在民，应由现任林知事查案榜示并登沪、甬各报①，一面按户严催，毋任延宕，并仰核令现任知事遵办呈复。此令。抄呈发。十一月二十四日

（原载《浙江公报》第一千六百九十三号，二〇页，指令）

---

① 林知事，即林觐光，民国五年十一月至民国七年三月任慈溪县知事。慈溪市地方志编纂委员会编《慈溪县志》（浙江人民出版社一九九二年六月版，690页）所载《民国时期县民事长、知事、县长名录》，误作"林观光"。

浙江省长公署指令第三千九百九十八号

令原任衢县知事桂铸西

呈一件为呈请销假由

呈悉。仰即克日回任,并将接事日期分报备案。除令该县代理知事遵照交卸外①,此令。十一月二十四日

(原载《浙江公报》第一千六百九十三号,二〇页,指令)

浙江省长公署指令第四千零零一号

令庆元县知事

呈一件呈报筹定劝学所经费并请
委任所长开送预算履历由

呈及摺、表均悉。准如所拟办理,仍俟《施行细则》颁到再行成立,仰即知照,并将发去任命状转行给领。件存。此令。十一月二十五日

计发任命状一纸。

(原载《浙江公报》第一千六百九十三号,二〇页,指令)

浙江省长公署指令第四千零零六号

令省立第二中学校

呈一件呈送五年度管教员学生一览
及转学生证明书成绩表等由

呈、表均悉。查转学学生定章须原校性质相同者方可收受,吴祥骥、朱银嘉二名,既一系农校修业,一系商校专修科修业,核与该校性质不符,未便准收。原表发还,仰即遵照改造,再行送转。此令。十一月二十五日

---

① 代理知事,指王象泰,民国五年八月代理衢县知事。

计发还表二本。

（原载《浙江公报》第一千六百九十三号，二一页，指令）

浙江省长公署指令第四千零一十二号

令新登县知事徐士瀛

呈一件呈报志书无从搜集采访册径送通志局由

呈悉。查县志为省志依据，关系紧要，应再广为搜罗，径送通志局，俾资编纂，仰即遵照。此令。十一月二十五日

（原载《浙江公报》第一千六百九十三号，二一页，指令）

浙江省长公署指令第四千零一十三号

令奉化县知事

呈一件为作新女高小学举行毕业先送成绩表录由

查考查成绩一案，业令停止在案，该作新女学成绩表录，毋庸呈送，应照向章，于举办毕业后，将各学生履历、分数造表送核可也，仰即转令知照。表录发还。此令。十一月二十五日

计发还表录一份。

（原载《浙江公报》第一千六百九十三号，二一页，指令）

浙江省长公署指令第四千零一十五号

令於潜县知事

呈一件送更正义务教育程序内调查表册由

呈、表均悉。查塾师研究所不得认为其他学校据填七人已改入未经中等以上学校毕业栏，仰即将存县底表一并照改。表、册存。此令。十一月二十五日

（原载《浙江公报》第一千六百九十三号，二一至二二页，指令）

浙江省长公署指令第四千零一十八号

令嵊县知事

呈一件呈改送县立中校四年度管教员
学生一览表及五年度一览表由

呈、表均悉。王文翰一名,既系转学学生,应查照部颁《收受转学学生规则》抄具原校证明书或在学证书,并成绩表各二份,送候一并核转。此令。十一月二十五日

（原载《浙江公报》第一千六百九十三号,二二页,指令）

浙江省长公署指令第四千零一十九号

令江山县知事

呈一件送更正应增国民学校校数地点调查表由

呈、表均悉。应准照来表核定,仰即遵照本年公布《关于筹备义务教育之全省国民学校设齐年限办法议决案》切实办理可也。表存。此令。十一月二十五日

（原载《浙江公报》第一千六百九十三号,二二页,指令）

浙江省长公署指令第四千零四十四号

令天台县知事

呈一件送劝学所所长履历请委任由

查该陈启勤,核与《规程》所定资格不符,仰再另选呈核。履历发还。此令。十一月二十五日

计发还履历一纸。

（原载《浙江公报》第一千六百九十三号,二二页,指令）

浙江省长公署指令第四千零五十二号

令定海县知事

呈一件为呈送四月至十月份讲稿请鉴核由

呈、稿均悉,姑准备案。嗣后务须遵章先期送核,不得再有违误,仰即转令遵照,切切。此令。十一月二十五日

(原载《浙江公报》第一千六百九十三号,二二页,指令)

浙江省长公署指令第四千零六十八号

令景宁县知事

呈一件呈报遵办地方兴革事宜由

呈及附件均悉。《取缔散养家猪章程》,第一条"散放道路"应改为"散放街道";第二条删去;第三条改为第二条,余条递推;原第四条应将"扣留猪只没收拍卖"一语改为"照前次科罚数额加倍罚之"。除由本署将原稿修正外,仰即遵照修改布告,并将《违警罚法》第六章、第八章及《刑律》妨害公务各条附录布告后方,加以解释,俾居民咸晓其意,免致误罚。余均照所拟办法积极进行。附件存。此令。十一月二十五日

附修正条文

第一条 凡各居户豢养猪只,应择家内相当处所圈设猪栏,无论何时不准仍前散放街道。

第四条 经过处罚后,于六个月内再犯者,照前次科罚数额加倍罚之。

(原载《浙江公报》第一千六百九十三号,二三页,指令)

浙江省长公署指令第四千零六十九号

令代理遂安县知事千秋鉴

呈一件查复该县前知事被控侵吞公款各节尚无实据由

呈悉。该县屠宰税，该前知事陈与椿并不认真征收，辄令余永璜等认办，已属非是，应给屠户执照，又不遵用厅颁印照，复以未经编号之县照给执，恐其中难保不实不尽。虽据称，有屡催换照之卷据可征，办理究有不合，应即记过一次，以示惩儆。除注册外，仰即转咨知照，并将是项屠宰税即行收回，由县自办，藉杜流弊。一面查明县照存根，示谕各屠户，令其检照赴县换填适法印照，勿任罣漏，并查明原征收人员有无通同侵蚀情弊，切实具报。其余所控各节，既据查明多所误会，应毋庸议。此令。缴回。黏件均存。屠宰税照一纸仍发。十一月二十五日

（原载《浙江公报》第一千六百九十三号，二三页，指令）

浙江省长公署批第九百四十一号

原具呈人商民陈瓒

呈一件为请帖捐款被县中阻请令孝丰县转呈由

呈悉。查《茧行条例》业已公布，并经第一二二四号训令各该县示谕商民遵照，绘图附送各在案。各商遵照规定手续具呈到县，岂能拒不收受？该商手续如已完备，仰再催请转呈可也。此批。十一月二十四日

（原载《浙江公报》第一千六百九十三号，二五页，批示）

浙江省长公署批第九百四十三号

原具呈人杭县人民邵江

呈一件为标买丁源户佃地一案催请决定从速执行由

此案业据财政厅呈复到署，因原呈所叙事实尚有未尽明晰之处，

又经令厅查复在案,应俟复到即予核办。此批。十一月二十四日

(原载《浙江公报》第一千六百九十三号,二五页,批示)

浙江省长公署批第九百四十五号

原具呈人天台奚鸿文等

呈一件为陈启勤为劝学所长资格不符请批斥由

该县荐陈启勤为劝学所所长①,其资格是否符合,本省长自能察核,毋庸尔等干预。不准。此批。十一月二十五日

(原载《浙江公报》第一千六百九十三号,二五页,批示)

浙江省长公署批第九百四十六号

原具呈人平湖朱凤冈等

呈一件为改组平湖民智俱乐部请备案由

呈、件均悉。查此案现据该县转呈,已指令转行遵照。件存。此批。十一月二十五日

(原载《浙江公报》第一千六百九十三号,二五页,批示)

浙江省长公署牌示

为示考选海军学生各种规则由

为牌示事。照得考选海军学生一案,业经本公署定于本月二十八、三十等日举行,已一再登报布告在案。兹将应考时各种规则牌示如下,仰投考各生一体遵守毋违。特示。

中华民国五年十一月二十七日

计开:

一、投考各生限于本月二十七日以前,上午九钟起下午四钟

---

① 底本脱"陈"字,据事由一行补。

止,携带本身照片(其照片已由县备文呈送者免),亲赴本公署收发处报到,填写履历。

一、各生须于二十八日晨七点钟,诣马坡巷公立法政专门学校大门口,取齐看明照壁上榜示县属姓名前后,应点时依次而入,毋得争先拥挤。

一、第一次(即二十八日)考选点名时,本人一听点到上前应点,即由点名员给卷入场,其试场内桌上黏贴各生姓名,各须认定自己坐位,毋许儳杂。

一、第二次(即三十日)考选点名时,各生上前应点,须听候点名员先对照片,方准入场预考,至面试毕,即由右偏依次而出,勿得留延观望,以免混杂。

(原载《浙江公报》第一千六百九十三号,二六页,牌示)

浙江督军署电

为奥皇薨逝应下半旗三日由

陆军各军队机关、局、所:顷承准国务院电,"奉大总统令,奥皇薨逝,所有京外各官署,应自二十七日起下半旗三日,并于三十日大丧期下半旗一日,以志哀忱"等因。合亟通电遵照,并转知所属一体遵照。督军吕。沁。印。(中华民国五年十一月二十七日)

(原载《浙江公报》第一千六百九十三号,二六页,电)

浙江省长公署咨教育部

遵咨组织小学教员检定委员会开送名册由

浙江省长公署为咨行事。案准大部咨开,"查《检定小学教员规程》业经公布在案,各省应查照《规程》第四条,慎选合格委员组织成立,并开具名册报部备案,并责成该委员会于成立两个月内,将检定程序妥拟咨报,核复后再行施行。关于试验规则,亦应拟定报部,如各省区有因特别情形须展缓检定者预期报部,相应咨行查照转饬遵办"等因。准此,查检定小学教员为整顿小学教育根本计画,且现当筹备义务教育,凡关于师资之造成预备,尤非将现有小学教员施行检定得有确数,不能切实进行。浙省上年即拟订章举办,曾经咨报在案。嗣以大部咨颁《义务教育施行程序》内已有拟订《检定规程》之规定,故遂中止。兹准前因,自应遵照举行,并无因特别情形须展缓情事,业经依照《规程》第三、第四条,先将会长及常任委员分别委定,饬令将委员会克日组织成立,除检定程序、试验规则等项,俟该会拟送到署后,再行依期咨请核复,详刊广布施行外,相应连同委员会委员名册备文咨报大部察核备案。此咨

教育总长

浙江省长吕公望

中华民国五年十一月二十五日

(原载《浙江公报》第一千六百九十四号,一九一六年十一月三十日,四至五页,咨)

浙江省长公署公函 五年函字第三十九号

为函知浙江病院本署考验海军学生体格改于三十日举行由

径启者。本公署前因考验海军学生体格函商贵院,蒙复派定盛在珩、李鋆二君来署考验,嗣以投考人数较多,考验恐有不给,续函奉商加派数人,并先期来署接洽等情,计已达览。兹缘考验海军学生体格,本公署已改定于本月三十日举行,合亟备函知照,仍希转致派定诸君先期到署接洽一切为祷。此致

浙江病院

中华民国五年十一月二十七日

(原载《浙江公报》第一千六百九十四号,六页,公函)

浙江督军署训令第五百三十一号

令陆军各军队机关各县知事为颁发表结式样
限文到三个月调查五年以来死难将士由

令陆军各军队机关、各县知事

本年十一月二十一日准陆军部咨开,"本年十月九日奉大总统令,自民国肇兴,患难相乘(文云见本日咨文门),即作无效,相应颁发表结式样各一份,咨行查照通行一体遵照可也"等因,并附表结式样到署。准此,查此案业于本年十月三十日通令遵照在案。兹准前因,除分令外,合将表结式样随令发,仰该 转令所属遵照,限文到/除分令外,合亟令仰该知事遵照即行出示晓谕限于三个月内查明呈报本署,以凭汇转。此令。

计附表结式样 纸。

中华民国五年十一月 日

督军吕公望

表式

死难将士遗族调查表

阶级	职务	姓名	籍贯	被难事由	被难年月	被难地点	遗族姓名年龄及住址			
							父母	妻子	年	住
备考										
附注	一、该管长官对于此项被难将士,应照此表切实调查,分别填注,报部候核。 一、遗族一项,应切实调查,如有捏报情弊,应由该管长官担负完全责任。 一、未填遗族,或有遗族只填年龄而无姓名者,一律无效。									

结式

为出具切结事。今结得某职某名,确系于某年某月某日在某处被难身死，如有虚捏情弊，一经查明，甘愿照律治罪。须至切结者。

具切人某某　盖印章　（或画押）

中华民国　年　月　日结

（原载《浙江公报》第一千六百九十四号，七至八页，训令）

附　陆军部咨浙江督军署

为颁发表结式样限文到三个月调查五年以来死难将士由

陆军部为咨行事。

本年十月九日奉大总统令：'自民国肇兴，患难相乘，义烈之士，蹈死不悔，糜躯断脰，前仆后继，再造玄黄，力回阳九。兹值国庆，宜慰忠魂，著陆军部查明五年以来死难将士各职名及其后裔，各议所以抚恤之。此令'等因。奉此，自应遵照令中所载"五年以来死难将士"以为调查标准，应请贵督军通令所属，凡自辛亥以来死难将士，未经给恤者，令其后裔加具邻绅保结，呈请地方官查核，转呈督军或直接呈请督军，经核准后填具调查表，咨部核办。所有调查期限应以文到之日起，限四个月为止，其逾限仍未具报者，即作无效。相应颁发表结式样各一份，咨行查照通行一体遵照可也。此咨

浙江督军

陆军总长段祺瑞

中华民国五年十一月十七日

（原载《浙江公报》第一千六百九十四号，四页，咨）

浙江督军署训令第五千五百四十号

令各军队机关颁发黄蔡二公追悼会礼节及秩序单由

令在省陆军各军队机关

照得本年十二月一日，就省城西湖忠烈祠为黄、蔡二公开追悼大

会，业经通令知照在案。是日凡在省及驻扎附近之陆军，应由各该主管长官会商卫戍司令官，酌派军队按照订定时间，由省城钱塘门出进追悼会场，于经过会场时，行注目礼，以致敬忱。至在省各陆军官长，

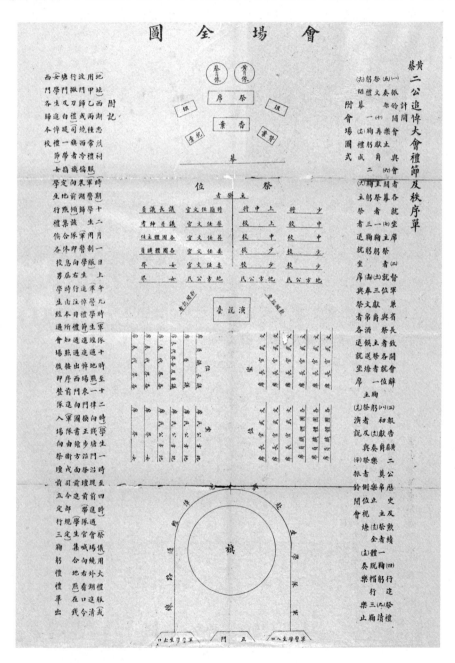

除已派往之带队官外,所有军队少校以上各军官及陆军各机关主任,均应于开会时到会,同申哀悼。合亟附发追悼大会礼节及秩序单,通令该　遵照办理。此令。

计发礼节及秩序单　份。

中华民国五年十一月二十八日

督军吕公望

（原载《浙江公报》第一千六百九十四号,八页,训令）

附　黄蔡二公浙江追悼大会筹备事务所通电

北京国务院,参众两院,各省督军、省长、都统、巡阅使、护军使转各镇守使、各师长,各省议会,各报馆,各省黄蔡二公追悼事务所、治丧事务所,上海孙中山先生转梁任公诸先生及黄蔡二公家属公鉴:

本所奉督军兼省长谕,"黄、蔡二公,再造共和,功在民国,栋摧柱折,薄海同悲,自应开会追悼,藉尽哀思。择就西湖忠烈祠,于十二月一日开追悼大会,并通饬全省文武各机关、各军队、学校并团体届期均下半旗,并饬在省文武各机关及各军队、各学校学生暨各团体届时一律到会与祭,以申哀悼外,饬即预为筹备"等因。本所遵于十一月二十三日设立筹备事务所于省城延龄大马路,筹备一切。谨电奉闻。黄蔡二公浙江追悼大会筹备事务所。印。军署代印。

（原载《浙江公报》第一千六百九十四号,二五页,电）

浙江省长公署委任令第六十三号

令徐宪章为省会第一区警察署长由

令徐宪章

案查省会第一区警察署署长向由省会警察厅长兼任,现该厅长既任警务处处长,所有第一区署势难兼顾,自应遴员接替,以重职守而专责成。查有该员堪为省会第一区警察署长,除令行警务处查照外,合行填给任命状,随文令仰该员即便祇领任事,并将任事日期报厅转呈备核。此令。

计发任命状一件。

中华民国五年十一月二十五日

省长吕公望

(原载《浙江公报》第一千六百九十四号,九页,训令)

浙江省长公署委任令第六十四号

令委施典常王济组接收疏浚西湖工程事务所物品由

令施典常、王济组

照得疏浚西湖工程事务所委员陈瀚,业经准予辞职,兹为节省经费起见,并将该机关即行裁撤,所有文卷、簿籍、银款、材料、机器、用具等项,亟应先行派员接收,以昭慎重。为此令仰该员等即便前往点收明白,造具表册,连同接收各物件一并呈核,毋稍稽延,切切。此令。

中华民国五年十一月三十日

省长吕公望

(原载《浙江公报》第一千六百九十九号,一九一六年十二月五日,五页,训令)

浙江省长公署训令第一千五百二十六号

令商务总会各县知事准农商部咨县知事对于
地方农会等团体行文程式由

令杭县总商会、各县知事

案准农商部咨开,"准安徽省长咨,'据合肥县知事呈称,知事对于地方各机关公文当用何项程式一案,经本部函请法制局详晰核定去后。兹准国务院函开,据法制局呈称,解释地方各团体对于官署行文程式,请分咨主管各部查照饬遵等因,函达查照分别饬遵'等因到部。相应钞录原文咨请查照,转饬一体遵照可也"等因,计附钞原呈一件到署。准此,除分令外,合行照录法制局原呈,仰该总理查照。/该协理查照。/该知事查照,并分别转行遵照。此令。

计钞呈一件(已见本月二十六日本报"训令"门)。

中华民国五年十一月二十七日

省长吕公望

(原载《浙江公报》第一千六百九十四号,九至一〇页,训令)

浙江省长公署训令第一千五百二十七号

令各县知事为征集最新刊之志书由

令各县知事

案据本省图书馆馆长龚宝铨呈称,"窃查《浙江公报》载钧署训令,'准教育部咨,征取最新修刊志书送部'等因。本馆藏书关于清修之浙江府州县志,多不完备,如旧杭属之仁和、钱塘、海宁、余杭、於潜、新昌、昌化,旧嘉属之秀水,旧湖属之武康,旧宁属之象山,旧绍属之会稽,旧台属州府及所属宁海,旧金属之金华、东阳、义乌、浦江、汤溪,旧严属之桐庐、遂安、寿昌,本馆均无之。此外,虽有储藏,然如教育部咨文所云,百余年前修辑之本,亦正不少。当民国二年间,曾经前行政公署通饬各县征取志书,送由本公署发馆,但各县遵送者甚属寥寥,以浙江公立之图书馆,而浙江各志或缺或旧,其缺憾实与京师图书馆同。拟请俯赐通令各县,即照部咨办法征取最新修刊之志书,其未经新修者取最后修成之本,径行邮送本馆,具报钧署备查。在各县不过多征一部,在本部可以汇成大观①,实于学人观览,馆务进行,

---

① 本部,疑为"本馆"之误。

均有裨益"等情。据此,除指令照准外,合行令仰该知事查照办理。再,此件登载《公报》,不另行文,仰并知照。此令。

中华民国五年十一月二十五日
省长吕公望

(原载《浙江公报》第一千六百九十四号,一〇页,训令)

浙江省长公署训令第一千五百二十八号

令警务处杭县等三县保护华商杨彬记新飞电汽船由

令警务处,杭县、嘉兴、吴兴等县

案准交通部咨开,"据江海关监督呈称,'准税司函,以华商杨彬记有新飞电汽油船,遵章备具呈式,请注册给照等因,理合将送到呈式呈部核办'等情前来。查该轮行驶航线起苏州,讫杭州,经过嘉兴、湖州等处,除由本部注册填就执照一纸,发交该监督转给承领暨训令苏州、杭州两关监督查照,并分咨外,相应咨请查照,分令各该属保护,至纫公谊"等因。准此,除分令外,合就令仰该处长转令该管水警/该知事妥为保护。此令。

中华民国五年十一月二十五日
省长吕公望

(原载《浙江公报》第一千六百九十四号,一〇至一一页,训令)

浙江省长公署训令第一千五百二十九号

令警务处杭县等五县保护钱江公司恒新轮船由

令警务处,杭县、富阳、绍兴、萧山、桐庐等县

案准交通部咨开,"据江海关监督呈称,'接税务司函,据华商钱江商轮公司禀,向上海招商总局价买领有部照之恒新小轮,改定航线,遵具呈式,黏连图说附缴部照,请转呈换照等因,理合检同呈式旧照,呈请核办'等情到部。并据钱江公司呈称,'公司前为便利旅客起

见,于上年十二月间添租新顺昌轮,以资转驳,遵章换领船照在案,现将满期,公司为持久计,特向招商总局价购恒新小轮一艘,船银交割手续俱已清楚,业经遵章缕叙情形呈江海关转呈换给新照'等情。又,据该公司禀缴册照费前来。查该公司前租新顺昌小轮行驶杭州城外南星桥,讫桐庐,由本部于本年七月间发给执照有案。兹据称,该轮租期将满,另购恒新一轮行驶此项航线,自可照准。除由本部涂销旧照,另注新册填就执照一纸,发交该监督转给承领,并令新顺昌租期届满,即将原领执照缴销,暨训令杭州关监督查照外,相应咨请查照分令各该属保护,至纫公谊"等因。准此,除分令外,合就令仰该处长转令该管水警/该知事妥为保护。此令。

中华民国五年十一月二十五日

省长吕公望

(原载《浙江公报》第一千六百九十四号,一一页,训令)

浙江省长公署训令第一千五百三十五号

令警务处委徐宪章为省会第一区警察署长由

令警务处长夏超

案查省会第一区警察署署长向由省会警察厅长兼任,现该厅长既任警务处处长,所有第一区署势难兼顾,自应遴员接替,以重职守而专责成。查有前本署谘议官徐宪章堪为省会第一区警察署长,除填给任命状令委任事外,合行令仰该处长转令该厅知照,并将该员任事日期呈报备核。此令。

计发任命状一件。

中华民国五年十一月二十五日

省长吕公望

(原载《浙江公报》第一千六百九十四号,一二页,训令)

浙江省长公署训令第一千五百三十六号

令吴家瑛为委充女子蚕业讲习所所长
并任筹备事宜由

令吴家瑛

卷查省议会咨送议决筹设省立女子蚕业讲习所议案,业经依法公布刊登本省《公报》第一六七八号在案,自应赶速筹备成立,以期不误来岁初春开讲之期。兹查有吴家瑛堪以委充该所所长,并任筹备一切事宜,合行令委,仰即遵照任事,悉心办理,毋负委任。其该所未成立以前,准先月给津贴银二十四元,于开办经费节省项下开支,并仰知照。委状随发。此令。

计附委任状一纸。

中华民国五年十一月二十五日

省长吕公望

(原载《浙江公报》第一千六百九十四号,一二页,训令)

浙江省长公署训令第一千五百三十七号

令高检厅为查复金华狱囚电留该县管狱员由

令高等检察厅长殷汝熊

案据金华县狱囚暨被押人二百三十五名电呈,"金华周管狱员,治狱有道,众囚感泣挽留,伏乞赐准,戴德无既"等情。据此,查该县管狱员曾否更调,未据具报有案。惟狱官在职有无成绩,暨应否准其留任,主管官厅自有考查之责,非该狱囚等所能率请。至在监人犯出入书信,照章必须检查,其呈送官厅文件,并应呈由监狱官转递。此项电稿何以该管狱员为之代管,其电费究从何处支出,殊属可疑,此中恐有别项情弊,仰该厅转令金华地方检察厅详晰查明,据实呈复,以凭察夺;一面并通令各属一律禁止,以杜流弊。为此令仰该厅遵照办理,切切。此令。

中华民国五年十一月二十七日

省长吕公望

(原载《浙江公报》第一千六百九十四号,一二至一三页,训令)

浙江省长公署训令第一千五百三十八号

令平湖等十五县准部咨请饬属仍照部颁表填报黄华鱼渔业由

令平湖、鄞县、慈溪、奉化、象山、南田、临海、温岭、永嘉、瑞安、乐清、平阳、玉环、镇海、定海县知事

案准农商部咨开,"案查民国三年五月,本部为研究黄华鱼渔利起见,制定表式咨请饬属查填汇报,并责成主管官吏将此项渔业以后逐年调查呈报在案。查此项表册,曾于民国三年秋冬两季接准各省先后饬填送部一次,去、今两年除江苏省上年照式饬属查填报部外,余均未准咨送前来,相应咨请查照前案,转饬所属仍照部颁表式将本年黄华鱼渔业限期详填汇齐,送部备核。此咨"等因。准此,查该县等四、五两年/(镇海)三、四、五三年/(定海)本年是项调查表未据造送,实属玩延。准咨前因,合亟令仰该知事查照《浙江公报》八百二十六册公布之前按署通饬及所附表式,迅行详细查明,限文到十日内填送来署,以凭汇案咨部,毋再片延干咎,切切。此令。

中华民国五年十一月二十七日

省长吕公望

(原载《浙江公报》第一千六百九十四号,一三至一四页,训令)

浙江省长公署训令第一千五百四十三号

令公报处主任自明年一月起所有本署拨给补助费停止由

令公报处主任陈焕章

查该处经费前因收支不敷,经本省长核准每月由本署杂支项下拨给

银三百元,藉资补助在案。近来《公报》篇幅渐增,销数日畅,具见该主任整顿有方,良堪嘉许。所有按月拨补银元,应即截至本年十二月为止,自明年一月起,经费设有不敷,尽可酌加报价,以期收支足以相抵。合行令仰该主任即便遵照,先事预备,一面将六月起至十月止收支各款分别旧管、新收、开除、实在四项,另开简明清摺,克日呈送察核勿延。此令。

中华民国五年十一月二十五日

省长吕公望

(原载《浙江公报》第一千七百零四号,一九一六年十二月十日,一○页,训令)

浙江省长公署训令第一千五百五十五号

令黄寿山委为开化县警察所警佐由

令黄寿山

案照新调开化县警察所警佐杨凤来,业经在浦江任内因案撤任,遗缺查有该员堪以委充,月薪照二等支给。除令行开化县警察所知照外,合行填发委任状,令仰该员遵照祗领,克日赴所视事,并将接任日期由该管所长具报备查。此令。

计发委任状一纸。

中华民国五年十一月十六日

省长吕公望

(原载《浙江公报》第一千六百九十四号,一四页,训令)

浙江省长公署训令第一千五百五十八号

令开化县知事为新调警佐杨凤来业经在浦江任内
因案撤任遗缺委黄寿山接充由

令开化县知事兼警察所长

案照该所新调警佐杨凤来,业经在浦江任内因案撤任,所遗该所警佐员缺,亟应另行遴委,以重职守。兹查有黄寿山堪以委充,月薪照二等支给。除给委并分行外,合行令仰该兼所长转令现任警佐叶其蓁,仍俟新委到所再行交卸,前赴浦江调任。此令。

中华民国五年十一月二十七日

省长吕公望

（原载《浙江公报》第一千六百九十四号,一四页,训令）

浙江省长公署训令第一千五百六十五号

令萧山县前据呈报义桥济泰典被劫案该处
警佐业经撤任留缉应即派代由

令萧山县知事

案据该县呈报,义桥济泰典被劫诣勘情形一案,业经令饬将该处警佐周顺撤任留缉在案。所有该处警察分所,应即由该县遴派妥员前往代理警佐职务,分别具报查考,一面仍遵前令督饬严缉是案赃盗,务获究办。此令。

中华民国五年十一月二十七日

省长吕公望

（原载《浙江公报》第一千六百九十四号,一四至一五页,训令）

浙江省长公署训令第一千五百七十号

令高审厅为第八区烟酒督察员王镛被控一案由

令高等审判厅长范贤方

据永嘉人民潘陈氏电称,"烟酒监察员王镛告氏侄锦春私烧移祸氏子云卿,咨县勒罚逮捕,向地厅起诉拒却。查悉地厅审检长与王镛密交,赴省声请移转,地厅又将被告所诉受理,恳饬移转管辖"等情前来。所陈各节是否属实,该案有无移转必要,仰该厅迅即查明,依法办理,仍将办理情形呈复。此令。

中华民国五年十一月二十七日

省长吕公望

（原载《浙江公报》第一千六百九十四号，一五页，训令）

浙江省长公署指令第三千九百三十四号

令开化县知事

呈一件呈报劝学所九月分经费已在学费内支给由

查此项劝学所，经前按署通饬须俟《施行细则》颁到一体成立，其关于经费地点之筹备，本系饬县办理，至此次该县呈委所长，并经前民政厅令明先予委任，仍俟《施行细则》颁到再令开办各在案。据呈，该所长自奉委后，即督同职员遵章筹备，实属误会，所有九月薪水、办公各费，未便准支，仰即转令知照。此令。十一月二十四日

（原载《浙江公报》第一千六百九十四号，一九页，指令）

浙江省长公署指令第四千零六十五号

令丽水县知事陈赞唐

呈一件为推广国民学校遵令查复并续报新增校数由

呈、表均悉。既据查明私立各校确能代用区立，其校址均在应增地点，并续又兴办五校，恢复四校，计本学年内先后增设高小、国民及半日等校共三十所，具见该知事实心振兴，各办学人员襄助得力，良堪嘉许。除关于增设国民学校，仍照原案俟本学年终汇案核办外，应将该知事及县视学裘庆昇，教育助理刘珧，前学务委员谭承祺、汤景彬、阎敦诗各予记功一次，以示鼓励，除注册外，仰即查照并将发去记功状分别领报转给。表存。此令。十一月二十五日

计发记功状六纸。

（原载《浙江公报》第一千六百九十四号，一九页，指令）

浙江省长公署指令第四千零七十七号

令财政厅长莫永贞

呈一件为新登县知事徐士瀛具报征收抵补金

遵照议决案办理并照成案酌给完户奖金由

抵补金完户酌给奖金办法，应准查照上年成案办理，并以百分之一为标准，即由县出示布告。余并悉，仰财政厅转令知照。此令。十一月二十七日

（原载《浙江公报》第一千六百九十四号，一九至二〇页，指令）

浙江省长公署指令第四千零九十号

令景宁县知事

呈一件呈送张履清等捐赀兴学事实表请核奖由

呈、件均悉。张履清、张李寿、叶殿魁、柳元先、林翼年、陈传崑准各奖给银色三等褒章，叶方本准奖给银色二等褒章，填明执照随文附发，仰即查照分别转给可也。事实表存。此令。十一月二十七日

附发银色二等褒章一座、银色三等褒章六座，执照七张。

（原载《浙江公报》第一千六百九十四号，二〇页，指令）

浙江省长公署指令第四千零九十三号

令鄞县知事

呈一件呈报教育成绩展览会情形并报销开支经费由

呈、摺均悉。应准照销。此令。十一月二十七日

附原呈

呈为呈报办理鄞县教育成绩展览会情形并报销开支经费陈请鉴核事。

　　窃查上年鄞县第一次县教育行政会议议决举行筹办教育成绩展览会一案，曾经陶前知事核定经费数目至少须银一百二十元，除在地方公款项下筹拨银八十元外，尚不敷银四十元，拟在县税小学费项下开支，亦经详奉前都督批示"应准如详开支"等因，饬由前会稽道尹转行下县在案。知事到任后，即经督同县教育会继续进行筹备一切，并通饬全县高小以下各校一体征送成绩，藉资观摩。除高小加入理科标本一门，女校加入缝纫、刺绣两科外，以国文、算术、手工、书法、图画（地理、制图附入）等必修科为限，业于本年六月一日起开始展览，至六月十五日止，当由评判员分别审查汇列等次，其成绩优美者并给予奖凭，以资鼓励。兹经该会分别办理完竣，并据开送付支款项清摺前来，复核尚属实在。除报告录尚在印刷装裱中，拟俟竣事另文呈送外，理合将办理教育成绩展览会情形，并开具经费清摺一并备文呈报，仰祈钧长鉴核照销指令备案，实为公便。再，此案因评判审查动需时日，是以呈报稍迟，合并声明。谨呈。

　　（原载《浙江公报》第一千六百九十四号，二〇至二一页，指令）

浙江省长公署指令第四千一百零七号

令桐乡县知事

　　呈一件送更正义务教育程序内调查表册由

呈及表、册均悉，仰候分别汇编存转。表、册存。此令。十一月二十七日

附原呈

呈为遵饬更正学校教员表并加造调查册请鉴核汇转事。

　　案奉钧长第一八七〇号指令，呈为造送义务教育程序内调查事项表册由，奉令："呈及表、册均悉。查教育表内，其他学校

毕业者栏,未据遵照原颁说明,将各项毕业种类于备考栏内注明,原表发还补注,并加造调查册一份再送,候分别汇编存转,仰即遵照。册存,表附还。此令。计发还表一本"等因。奉此,知事查前次填送桐邑小学教育表内其他学校毕业者栏,教员一人系县立崇实高等小学校教员,前据该校填送学校表到县,所有其他学校毕业者栏教员一人,未经遵照说明将毕业种类详晰注明。奉令前因,遵即饬该校校长查明补注去后。兹据呈复,内称,"敝校图画兼农业、唱歌教员陆洲,曾在浙江农业学校农业教员讲习班毕业,前次以农业教员讲习班不在部颁学校系统表之内,似可比照监狱、簿记等校,故即填入其他学校毕业者栏内。此次详查原颁说明载,师范讲习所毕业栏,凡实业教员讲习所毕业者,得填入之。惟法文之所谓'得'者,含有斟酌之意义,'所'与'班'又似微有不同,兹特遵饬补注。至可否改填师范讲习所毕业栏内,准予更正之处,伏候钧裁"等情前来。知事查是项农业教员讲习班之设,系纯为养成师资起见,农业又实业之一,该教员陆洲自应填入师范讲习所毕业栏内。兹特将桐邑小学教员表内其他学校毕业者栏一人删去,并于师范讲习所毕业栏内增加一人,另行缮具一纸,并饬司书补缮调查册一份,业已分别缮就,理合备文呈送,仰祈钧长鉴核施行。谨呈。

(原载《浙江公报》第一千六百九十四号,二一至二二页,指令)

浙江省长公署指令第四千一百零八号

令东阳县知事

呈一件为第八第三高小学举行毕业先送成绩表簿由

呈悉。考查成绩一案,业饬停止在案,应照向章于举办毕业后将各学生履历、分数造表送核,所有成绩表、簿即由校保存,毋庸呈送。至国民学校,亦应一律照办,毋庸派员考查,仰并知照。表、簿发还。

此令。十一月二十五日

计发还表、簿十本。

（原载《浙江公报》第一千六百九十四号,二二页,指令）

浙江省长公署指令第四千一百零九号

令省立第七师范学校

呈一件呈送五年度管教员学生一览表等请察核由

呈、表均悉。查朱锡桢等五名,系本科新生,并非转学插班,应仍填用第一号一览表;又,盛美鼎一名,原校查未核准有案,此项有无经过试验,确与预科毕业有同等学力,并应切实声复再核。一览表发还,仰即分别遵照。附属校表存。此令。十一月二十七日

计发还一览表二本。

（原载《浙江公报》第一千六百九十四号,二二页,指令）

浙江省长公署指令第四千一百一十号

令高等审判厅长范贤方、高等检察厅长殷汝熊

呈一件高审厅呈复永嘉自治议员朱华等

控警佐方秉林违法滥刑一案由

呈悉。查法定警械并无藤条名目,该警察局查复朱培起所受伤痕谓系警械所施一节,显系不实,该警察局长应记大过一次,以示惩做。至该知事已知其查复情节不符,而于该警佐究竟是否滥刑,又未切实查明,亦属含混,应即严予申斥。现永嘉地方检察厅业已成立,应由该厅另行复查明确,呈候察夺,仰高等检察厅分别转令遵照。此令。呈抄发。十一月二十七日

（原载《浙江公报》第一千六百九十四号,二二至二三页,指令）

浙江省长公署指令第四千一百一十三号

令高等检察厅长殷汝熊

呈一件海宁县呈报陆褚氏家被盗抢劫情形由

呈悉。该盗匪等持枪抢劫并敢拒伤事主,实属不法已极,仰该厅转令该知事迅速会饬营警,勒限严缉,务将此案正盗原赃悉获究报,毋得延纵干咎,切切。此令。附件存。十一月二十七日

(原载《浙江公报》第一千六百九十四号,二三页,指令)

浙江省长公署指令第四千一百一十四号

令高等检察厅长殷汝熊

呈一件平湖县呈报破获全公坊陆修荣家

盗匪抄供填表录报由

呈悉。吴阿大等三犯,既经供证确凿,并经该知事赴诉在案,应由该所专审员迅予按律办报,以寒匪胆;一面仍勒缉逸犯毒阿美等务获究报,毋稍延纵,切切。仰该厅转饬知照。此令。附件存。十一月二十七日

(原载《浙江公报》第一千六百九十四号,二三页,指令)

浙江省长公署批第九百四十七号

原具呈人花田国民校长高云卿等

呈一件呈前民政厅为赵芝兰等把持

学产一案请速赐传讯由

查是案经前民政厅令据该县复称,“据自治委员查复,该校长请拨此款,未得庙众同意,请仍照原判办理”等语,业经令准如呈办理,并饬转令该校长知照在案。仰即查照。此批。十一月二十五日

(原载《浙江公报》第一千六百九十四号,二四页,批示)

浙江省长公署批第九百四十八号

原具呈人公民张义等

呈一件为前控杭县上四乡黄酒支栈违法舞弊
一案请令厅澈查究办由

此案业经令据财政厅委员密查具复,以"该支栈经理吴敬伦办理不善,应以妨害公卖行为论,按照《烟酒公卖栈暂行章程》第二十条先行撤销经理人资格,一面另设临时稽征所接管征收捐费事宜"等情,已由本公署指令照准,并令责成分局督同临时稽征所将所发小票一律收回,与存根逐一核对明确,如果数目参差,即属舞弊证据,应查照定章没收其公栈押款,并严行惩治在案。仰即知照。此批。十一月二十七日

(原载《浙江公报》第一千六百九十四号,二四页,批示)

浙江省长公署批第九百五十号

原具呈人武康王太和

呈一件呈潘振纶霸占庵产一案请求派委澈查究办由

呈及抄件均悉。该寺产究竟因何充公,仍未声叙明白,情词支离,显有隐饰,所请不准。此批。黏抄附。十一月二十七日

(原载《浙江公报》第一千六百九十四号,二四页,批示)

浙江省长公署通告

海宁县知事刘蔚仁呈报于本月十四日由乡公毕回署。
吴兴县知事吕俊恺呈报于本月十八日由省公毕回署。
富阳县知事陈融呈报于本月十八日由乡公毕回署。

(原载《浙江公报》第一千六百九十四号,二六页,通告)

浙江督军署咨驻美公使

为咨送褚凤章赴美留学并发旅学各费由

浙江督军署为咨请事。

案据海军中尉褚凤章呈请保送赴美学习造船专科,当经据情转咨海军部查核在案。兹准先后咨复,以"该生褚凤章既愿学习造船专科,自属可行,业已饬司备案。至海军留学生所需旅费及学费等,本部订有专章,历办无异,兹将检送一本咨请察阅。应如何给发之处,仍希查案酌量径行汇美,勿庸解部转发,以免周折"等由到署。准此,查《章程》内载留美学生学费及零用等项在美时每月给美金八十四元,每年共计美金一千零零八元,兹将是项全年学费暂由本署如数发交中国银行汇寄,相应备文咨请贵公使查收,按时发给,仍希见复施行。此咨

驻美公使顾

计汇解美金一千零零八元。

浙江督军兼省长吕公望

中华民国五年十一月二十八日

(原载《浙江公报》第一千六百九十五号,一九一六年十二月一日,四页,咨)

浙江督军署咨驻美公使

咨为海军中尉褚凤章前赴美国练习造船专科由

浙江督军署为咨行事。兹有海军中尉褚凤章前赴美国练习造船专科,相应备咨给发该员,亲自赍达贵公使,请烦查照。此咨

驻美公使顾

浙江督军兼省长吕公望

中华民国五年十一月二十八日

(原载《浙江公报》第一千六百九十五号,四页,咨)

浙江省长公署咨江苏省长

据邮务管理局函请缉究行使旧废票之何元利由

浙江省长公署为咨行事。

案据浙江邮务管理局函称，"本年六月十日甬北庄市八卦门何梅庆转彬寄上海中华书局挂号信一件，所黏邮票八分，并内附购书代价邮票十一张，合洋三元，均系旧邮票拼凑，经宁波邮局察出，业经函请镇海县署饬拘原寄人到案讯究。准函复以'查得该原寄人何彬又名何元利，迭经饬警严传，始则该犯不在家中，继乃全家潜逸申江，故未拘到'等情。随由本局函请上海邮局商请地方官侦缉，嗣准上海复函以'未知该犯旅沪住址，虽经由探侦缉，颇觉困难，即询收件人，亦称素不相识'等语。复经本局再行函请镇海县署从严饬缉，务获究办，至今多日，未经缉获。案关巧用旧邮票侵害国家收入来源，必须澈底根究，以杜奸宄。现在镇海县署对于此案迄无端绪，本局报奉交通邮政总局严饬务请地方官设法多派眼线，将该犯何彬迅获究办，净绝根株，本局责任所在，事不获已，惟有函请格外鼎助，转饬镇海县知事设法将该犯何元利缉获，以便究问。如需由上海地方官帮同设法，并请费神行文接洽，勿任漏网。事关紧要，相应函达，即希查照办理，实纫公谊"等情。据此，除令行镇海县知事从严侦缉务获究办外，相应咨请贵省长转令上海县知事协力严缉，至荷公谊。

此咨

江苏省长

浙江省长吕公望

中华民国五年十一月二十七日

（原载《浙江公报》第一千六百九十五号，五页，咨）

浙江省长公署咨北京印铸局

据浙江公报处主任呈请加委政府公报浙江经理员由

浙江省长公署为咨行事。案据本署助理秘书兼公报处主任陈焕章呈称，"案查前浙江巡按使署总务科科长胡翔青，经前巡按使届咨由印铸局委任为浙省报费经理员，经理中央政府报费，承办颇久。兹查该经理员胡翔青早经离职，而印铸局所下训令，名义上尚未变更，殊非慎重公务之道。伏念经理员一职，关系财政出纳责任，至为重要，自非名实相副，不足以专责成。现在浙江公报处既归本署秘书处办理，此项经理《政府公报》职务，可否由钧长于秘书中慎择一人，咨行印铸局改委之处，出自尊裁"等情前来。据此，除以"呈悉。《政府公报》费应即由该主任经理，毋庸另行委人。惟据称非名实相副，不足以专责成，自属实在，候咨行印铸局更正加委可也。此令"等语指令遵照外，相应备文咨请贵局查照，即予加委，以专责成，实为公便。此咨印铸局

浙江省长吕公望

中华民国五年十一月二十七日

（原载《浙江公报》第一千六百九十五号，五至六页，咨）

浙江督军公署训令第五四二号
浙江省长公署训令第一五一九号

令各属保护邮政司汉呢格赴浙游历由

令特派交涉员、温州交涉员、宁波交涉员、警务处处长、各县知事、暂编第一师师长、暂编第二师师长、混成旅旅长、嘉湖镇守使、宁台镇守使

本年十一月二十一日准江苏省公署咨开，"案据特派江苏交涉员杨晟呈称，'顷准德国总领事函，以邮政司汉呢格赴江苏、江西、安徽、浙

江，随带猎枪、手枪各一枝、弹少许游历，缮给护照请盖印前来。除将护照印发外，理合呈请省长察照，转饬各属俟该德邮政司到境呈验护照时，照约保护'等情。据此，除训令各属保护并分咨外，相应咨请贵省长查照，希即转行各属照约一体保护"等由。准此，除分令外，合行令仰该 　即便转令所属一体照约保护，并将该德人出境入境日期具报备查。此令。

中华民国五年十一月二十八日

督军兼署省长吕公望

（原载《浙江公报》第一千六百九十五号，七页，训令）

浙江督军公署训令第五四四号
浙江省长公署训令第一五三四号

令定海县准陆军部咨制造水产品工厂地址应准拨用由

令定海县知事

前据该县知事会同制造水产品模范工厂厂长呈报勘定设厂地址，请准拨用等情，当经指令知照，并会衔据情转咨核复在案。兹准陆军部咨开，"查该县教场既尚在荒废，并无军用之必要，应准照拨。除咨财政部查照外，咨复查照办理"等因。准此，合亟令仰该知事查照，并转知该厂长迅遵前次指令，将该教场亩分、四至勘量明确，并绘具新旧工程计划图说，呈送本省长公署，以凭核夺，毋稍稽延，切切。此令。

中华民国五年十一月二十七日

督军兼署省长吕公望

（原载《浙江公报》第一千六百九十五号，七至八页，训令）

浙江省长公署训令第一千五百六十三号

令财政厅转令各县局嗣后征解款项务须依限办理勿稍违延由

令财政厅长莫永贞

查各县征存现金按照《征收地丁暂行章程》第二十七条之规定，

应将上月之款于下月五日以前扫解金库,征存满五千元者,应即日起解,不得迟延。各局征存现金,自本年六月起应一律按旬报解,凡征起满二千元者,即应起解,亦经由厅通电饬遵在案。乃近来各县局依限报解者固不乏人,而延不遵办者亦复不少。值此库藏奇绌,岂容任意违延,合亟令仰该厅即便通令各县局,嗣后征解款项务须依照前限办理,勿得延缓。一面列表呈报,并将起解日期及款项数目、解交何处于表内详细声叙,以凭察核。倘再违误,即由厅呈请严惩,切切。此令。

中华民国五年十一月二十七日

省长吕公望

（原载《浙江公报》第一千六百九十五号,八页,训令）

浙江省长公署训令第一千五百六十七号

令各属警务机关遇有警务处章程第十八条

径详本署事件仍并同时并报警务处由

令省会警察厅、内河水上警察厅、外海水上警察厅、各区警备队统带、宁波警察厅、永嘉警察局、各县知事

照得《浙江全省警务处暂行章程》业于一千六百七十号《浙江公报》公布在案。查该《章程》第十八条内开,"各属警务机关所有月报表册暨奉饬办理事件,均报由本处汇转省长核办,凡奉省长直接批饬命令及其他重要事件,仍径详省长核办"等语。是各属警务机关遇有该项径详本署事件发生时,自可照章办理,惟仍应同时并报警务处查考,并准其于呈内声叙"并报"字样,以凭察核。除分令外,合亟令仰该厅/该统带/该局/该县遵照。此令。（刊登《公报》,不另行文）

中华民国五年十一月二十七日

省长吕公望

（原载《浙江公报》第一千六百九十五号,八至九页,训令）

浙江省长公署训令第一千五百六十八号

令各县警务机关关于表册呈送程序由

令各县知事、宁波警察厅、永嘉警察局

案查前民政厅主管各县知事地方警察事宜,自改组政务厅后,即由本署省长公署直接办理。现在全省警务处业据呈报于本月二十一日成立,所有该处暂行章程并经本署先行公布,嗣后各属地方警务机关关于呈送各项表册及应行呈报或请示事项,均应查照《全省警务处暂行章程》办理,其有向系汇送之警务上各项表册,并应专案报由该处核转,以免纷歧。合亟训令该县/该厅/该局遵照办理。此令。(刊登《公报》,不另行文)

中华民国五年十一月二十七日

省长吕公望

(原载《浙江公报》第一千六百九十五号,九页,训令)

浙江省长公署指令第四千一百一十六号

令高等检察厅长殷汝熊

呈一件呈嵊县呈报办理钱竹安一案情形由

呈悉。现据该知事呈明钱竹安罪不成立,应准释放,仰该厅转行知照。此令。十一月二十七日

(原载《浙江公报》第一千六百九十五号,一二页,指令)

浙江省长公署指令第四千一百二十一号

令高等检察厅长殷汝熊、警务处长夏超

呈一件定海县审检所呈报岱山汤浚等家
被劫并已获盗犯金阿满等情形由

呈及图、表均悉。该镇驻有警队、警察分所,竟任该盗匪等来去

自如,平日防务废弛可知。虽据呈报,已获到金阿满、刘同岳、郑阿锡三名,然多数匪徒未经缉获,尚不能蔽其疏失之咎,应即先予严加申斥,勒令侦缉,以观后效,已获各匪应由审检所迅速判结具报。仰高等检察厅、警务处分别转令遵照。此令。图、表均存。十一月二十七日

(原载《浙江公报》第一千六百九十五号,一二页,指令)

浙江省长公署指令第四千一百二十三号

令高等检察厅长殷汝熊

呈一件呈报本厅检察官分别调派代理请转咨由

呈悉。准予转咨。此令。十一月二十七日

(原载《浙江公报》第一千六百九十五号,一二页,指令)

浙江省长公署指令第四千一百二十四号

令高等检察厅长殷汝熊

呈一件据常山徐品和呈因在剧场被营兵误为
赌徒知事挟嫌罗织请求昭雪由

呈、件均悉。该民判处赌博罪,果系被人诬报,何以当时并不依法上诉,缴洋易刑,情虚可见。惟控关官吏违法,虚实均应澈究,仰该厅迅予查明核办。此令。呈抄发。十一月二十七日

(原载《浙江公报》第一千六百九十五号,一二至一三页,指令)

浙江省长公署指令第四千一百二十五号

令桐乡县知事

呈一件据嘉兴屠敦裕呈为县署详请茧行不分
先后请饬查更正以符手续由

各商请设茧行自应于《条例》公布到达后,呈请在先而手续完备者先予核明转呈。呈称是否属实,仰桐乡县知事切实查明,呈复核

办。原呈抄发。此令。十一月二十七日

（原载《浙江公报》第一千六百九十五号，一三页，指令）

浙江省长公署指令第四千一百二十六号

令新登县知事

呈一件为商民余锦元及项康年请设恒和等茧行由

呈及附件均悉。该县商民余锦元等请在下港村开设茧行，察阅图说，核与《条例》相符，应予照准。惟项康年请在三溪镇设立茧行，图内系注三溪口，尚欠明晰，三溪镇至练头计五里强，练头至查村计十里，查村至胥口究有若干里，说明栏内所注里数含糊，及该行坐落都图庄里未注，应再查明复核。仰先将余锦元案录报财政厅备查，并予请领牙帖，项康年案俟呈复后核定饬遵。附件均存。此令。十一月二十七日

（原载《浙江公报》第一千六百九十五号，一三页，指令）

浙江省长公署指令第四千一百二十八号

令财政厅长莫永贞

呈一件平湖县知事为补送莫恒裕请设大同茧行地点图由

呈悉。查此案前据该县呈送保结并声明已缴捐税等情，经明白批示在案。兹察阅送到地图及说明，核与《条例》相符，应予照准，仰财政厅核案发帖令县给领。图存。呈抄发。此令。十一月二十七日

附原呈

呈为呈送事。

据商民莫恒裕呈称，"遵照现行《茧行条例》绘具地点图说，送请转呈"等情到县。据查该商民前呈拟开大同茧行，按照繁盛上则缴纳捐税，业经知事于本月十三日汇案呈报，并将捐税银元

汇解财政厅在案。兹据呈送图说，除批候核转外，理合具文呈送，仰祈钧长鉴核，转令财政厅填颁大同茧行帖牌下县，以便转给，实为公便。谨呈。

（原载《浙江公报》第一千六百九十五号，一三至一四页，指令）

浙江省长公署指令第四千一百五十号

令财政厅长莫永贞

呈一件据海宁县呈补送大兴等各茧行图说请核示由

呈、图均悉。查本公署前据曾源与许震等两次呈缴捐税，附送保结，请在该县袁花镇开设久成茧行，当批以"应俟《条例》公布遵办，捐税发还"。嗣据该知事为许震等转呈请帖，又经批以"《条例》业经公布，应遵照《条例》及一二二四号训令办理"。并据该县呈称，徐楷、祝景濂、唐晋昌等指定地点，各请开设茧行，缴纳捐税到县转送保结请核示前来，亦经明白指令各在案。兹察阅补送地图，许震等所择袁花镇久成茧行地点及唐晋昌所择平安桥天成茧行地点，核与《条例》均相符合，应予照准，并将曾源等前缴捐税银一百三十六元收回转发该厅核收，分别给帖。祝景濂等所捐祝家场金石墩地方附图欠明，且查《水陆道里记》及嘉靖《志》均未载此地名，难免朦混，应不准行。至徐楷等所指斜桥设行地点，前于该县为许寅呈请在富贵桥设行案内，经以地点相距较近，两行不能并准，令转饬知照，应俟许寅案查复后，并案核办，以免抵触。再，新颁《条例》未定有灶费，该商等所缴灶费，仍应连同祝景濂捐税发还，仰财政厅查照并转饬该县知事遵照。抄呈连同曾源等捐税并发。此令。十一月二十七日

附曾源、许震等捐税银一百三十六元。

（原载《浙江公报》第一千六百九十五号，一四页，指令）

浙江省长公署指令第四千一百五十七号

令瑞安县知事

呈一件为烟案罚金是否仍照旧章提成充赏由

呈悉。查烟案罚金充赏，前经内务、司法两部定有办法，登载三年五月二十四日《政府公报》。现在此项罚金既归司法报解，即应查照部定办法按成提赏，仰即知照。此令。十一月二十七日

（原载《浙江公报》第一千六百九十五号，一四至一五页，指令）

浙江省长公署指令第四千一百六十七号

令烟酒公卖局局长

呈一件为报查局务交接情形由

据呈已悉。此令。十一月二十七日

附原呈

为呈报事。

窃鉴奉委接署浙江烟酒公卖局局长一职[①]，遵即拟定十一月一日接事，呈奉指令照准。嗣以兼局长莫永贞公干留京，届期未回，未能实行，复经具呈报明各在案。兹该兼局长公毕来省，于本月二十一日咨交关防、文卷以及官有器物等项前来，当经接收无异，即日另设专局，照章办理。除交代另文呈报外，理合将局务交接情形具文呈报，仰祈钧长鉴考。再，鉴现既接署局长，原任副局长一职应即销委，合并陈明。谨呈。

（原载《浙江公报》第一千六百九十五号，一五页，指令）

---

① 鉴，即萧鉴，湖南长沙人，原浙江烟酒公卖局副局长，新署局长。

浙江省长公署指令第四千一百七十五号

令公报主处任

呈一件呈请加委浙江省经理

政府公报人员由

呈悉。《政府公报》费应即由该主任经理，毋庸另行委人，惟据称非名实相副，不足以专责成，自属实在，应咨行印铸局更正加委可也。此令。十一月二十七日

（原载《浙江公报》第一千六百九十五号，一五页，指令）

浙江省长公署指令第四千一百七十七号

令高等检察厅长殷汝熊

呈一件呈报委余鉴成接充青田

管狱员缺请转咨由

呈悉。候转咨司法部备案。此令。十一月二十七日

（原载《浙江公报》第一千六百九十五号，一五至一六页，指令）

浙江省长公署指令第四千一百七十八号

令上虞县知事

呈一件呈首盗阿四即卢盛荣漂流沪渎

请咨令协缉由

呈悉。阿四即卢盛荣逃回上海，既据盗犯张阿木等供明，何以该犯年貌、籍贯并未讯明呈报，姑念案情重要，未便再延时日，先予咨行江苏省长协缉，一面仰该知事将该犯年貌、籍贯迅即补报，以凭转咨并遵照前令严缉逸犯毋延，切切。此令。十一月二十七日

（原载《浙江公报》第一千六百九十五号，一六页，指令）

浙江省长公署指令第四千一百七十九号

令孝丰县知事

呈一件呈送监狱看守人犯一览表并监狱

破坏估工修理请照准由

呈、表均悉。前据高检厅呈该县修理监所经费可否在准备金项下提拨等情，业经指令照准由厅转饬在案，仰即知照。此令。表存。

十一月二十七日

（原载《浙江公报》第一千六百九十五号，一六页，指令）

浙江省长公署指令第四千一百八十七号

令高等检察厅长殷汝熊

呈一件据上虞王连氏呈前控上虞县知事溺职纵凶

迄未将杀子凶犯王水堂等缉获究办由

呈悉。查此案前据该县知事呈报，业将崧镇警察分所警佐叶问仲记大过一次，令由该厅转令该县知事限期严缉在案。兹据呈称，"该凶犯尚盘据村坊，日事寻祸，夜为抢掠"等情，如果属实，该知事暨该管警佐何竟一无闻知。仰该厅严饬该县迅遵前令，严密查拿究报，毋再违延干处，切切。此令。十一月二十七日

（原载《浙江公报》第一千六百九十五号，一六至一七页，指令）

浙江省长公署批第九百四十九号

原具呈人缙云陈竹浔等

呈一件为欧阳知事滥用职权乞查究由

查此项书院旧产岁入仅一百余元，该张前知事判作三股分立学校，本属无此办法，案经前民政厅批定澄川、兆岸两庄同设学校，书院旧款改由学务委员经管，两校经费亦由学务委员筹给，事至平允，何

得一再缠渎？须知此项旧产系属地方公产,应由地方正式机关管理,万不能任听私人把持,该民等如果诚心教育,既由学务委员前往筹设,自应静候该委员查明筹办。现虽学务委员裁撤,自有自治委员负责接管,乃该民等非惟不遵,乃敢率众擅收租谷①,据县知事呈报,且有辱詈学务委员情事,实属胆玩,已令县严追究办。应即回县到案候讯,毋再妄渎,切切。此令。十一月二十七日

（原载《浙江公报》第一千六百九十五号,一八页,批示）

浙江省长公署批第九百五十一号

原具呈人常山徐品和

呈一件呈因在剧场被营兵误为赌徒知事
挟嫌罗织请求昭雪由

呈、件均悉。该民判处赌博罪,果系被人诬报,何以当时并不依法上诉,缴洋易刑,情虚可见。惟控关官吏违法,虚实均应澈究,候令高等检察厅迅予查明核办。此批。十一月二十七日

（原载《浙江公报》第一千六百九十五号,一八页,批示）

浙江省长公署批第九百五十二号

原具呈人临海林叶春

呈一件禀张黄岩与洪宗水等因田纠葛
呈缴判词请予察办由

呈及抄件均悉。此案既系本年六月十二日由原县判决②,法定上诉期间早已经过,何得忽又翻渎？不准。此批。黏抄附。十一月二十七日

（原载《浙江公报》第一千六百九十五号,一八至一九页,批示）

---

① 乃,底本误作"及",径改。
② 底本"十二日"前空格。

浙江省长公署批第九百五十三号

原具呈人象山陈全恩

呈一件续控王福庭纵火烧屋一案承审员
偏袒判决请从速澈究由

据呈，此案既经高等检察厅批准查办，自应静候该厅查明办理，如因为时稍久尚未查复，亦因自向该厅呈催①。前据该民呈请节经明晰批示，乃复一再来署越渎，殊属刁玩。仍不准。此批。十一月二十七日

（原载《浙江公报》第一千六百九十五号，一九页，批示）

浙江省长公署批第九百五十五号

原具呈人丽水叶向荣

呈一件呈叶大勋侵蚀公款残害婴儿请派员澈查究办由

呈及抄件均悉。此案尚未据该县查明具复，据呈各情，应俟复到再行核办，仰即知照。此批。抄件存。十一月二十七日

（原载《浙江公报》第一千六百九十五号，一九页，批示）

浙江省长公署批第九百五十八号

原具呈人嘉兴屠敦裕

呈一件呈为县署详请茧行不分先后请饬查更正以符手续由

各商请设茧行自应于《条例》公布到达后，呈请在先而手续完备者，先予核明转呈。呈称是否属实，仰桐乡县知事切实查明呈复核办，仰即知照。此批。十一月二十七日

（原载《浙江公报》第一千六百九十五号，一九页，批示）

---

① 亦因，疑为"亦应"之误。

浙江省长公署批第九百七十一号

原具呈人上虞王连氏

呈一件呈前控上虞县知事溺职纵凶迄未将

杀子凶犯王水堂等缉获究办由

呈悉。查此案前据该县知事呈报,业将崧镇警察分所警佐叶问仲记大过一次,令由该检察厅转令该县知事限期严缉在案。兹据呈称,"该凶犯尚盘据村坊,日事寻祸,夜为抢掠"等情,如果属实,该知事暨该管警佐何竟一无闻知?候令厅严饬该县迅遵前令严密查拿究报可也。此批。十一月二十七日

(原载《浙江公报》第一千六百九十五号,一九至二〇页,批示)

浙江省长公署批第九百七十二号

原具呈人新昌梁镇韩

呈一件呈与梁考感继案纠葛知事违法袒判请律办由

案系民事,该原审官有无违法,应状请高等审判厅核办,勿得越渎。此批。十一月二十七日

(原载《浙江公报》第一千六百九十五号,二〇页,批示)

浙江省长公署批第九百七十三号

原具呈人泰顺潘祖芬等

呈一件呈前禀前知事张元成种种

劣迹恳迅批示解职讯办由

呈悉。控告官吏照章须取具本城确实铺保,并坐诬切结,方许受理,迭经本公署布告有案。来呈殊不合法,未便准理。此批。十一月二十七日

(原载《浙江公报》第一千六百九十五号,二〇页,批示)

浙江省长公署批第九百七十五号

原具人绍兴阮维宝等

呈一件完粮沙地被上虞劣绅王佐等藉学霸占用

此案既经该民等禀由上虞县批示有案,如果所称非虚,尽可续呈上虞县查明核办,毋庸率渎。此批。粮串二十五纸发还。十一月二十七日

（原载《浙江公报》第一千六百九十五号,二〇页,批示）

浙江省长公署训令第一千五百三十二号

令龙游县知事遵照部咨给奖照规则办理由

令龙游县知事庄承彝

本年十一月二十日准内务部咨开,“本部呈汇核河南等处各省区应得四等奖励各知事分别缮单拟奖一案,于本年十月二十四日奉指令:‘呈悉。准如所拟给奖。此令’等因。奉此,除将各员奖照编号查填分别咨行外,相应钞录原呈、清单,连同奖照咨行查照转发,并希分饬各该员遵照《给与规则》第四、第五两条规定办理”等因,计抄原呈、清单暨奖照二纸,《规则》二本到署。准此,除分令外,合就照钞清单连同奖照暨《条例》《规则》共一本,令仰该知事查照办理毋延。此令。

省长吕公望

中华民国五年十一月二十五日

（原载《浙江公报》第一千六百九十六号,一九一六年十二月二日,三页,训令）

浙江省长公署训令第一千五百三十三号

令余杭县知事准部咨送奖照训令该知事转咨查照办理由

令余杭县知事

本年十一月二十日准内务部咨开,“本部呈汇核河南等处各省区

应得四等奖励各知事分别缮单拟奖一案,于本年十月二十四日奉指令:'呈悉。准如所拟给奖。此令'等因。奉此,除将各员奖照编号查填分别咨行外,相应钞录原呈、清单,连同奖照咨行查照转发,并希分饬各该员遵照《给与规则》第四、第五两条规定办理"等因,计抄原呈、清单暨奖照二纸,《规则》二本到署。准此,除分行外,合就照钞原呈、清单连同奖照暨《条例》《规则》共一本,令仰该知事转咨该县前知事杨拱笏查照《给与规则》办理毋延。此令。

省长吕公望

中华民国五年十一月二十五日

（原载《浙江公报》第一千六百九十六号,三至四页,训令）

浙江省长公署指令第四千一百三十号

令义乌县知事

呈一件据呈送调查实业报告书由

呈、件均悉。察阅调查实业报告书,尚属详晰,应予存候汇办,仍仰查照现状,随时督饬,积极进行,期收实效,切切。件存。此令。十一月二十七日

附原呈

呈为呈送事。

窃查本年十月二十三日第一千六百五十六号《浙江公报》内载,钧署第八百八十五号训令开,"案查前民政厅饬发各县办理调查实业报告书式,限两个月内一律呈复。现在逾限已久,尚未据各该县陆续报齐,殊属延玩已极,合行令催。仰该知事即便遵照前发调查报告说明,悉心调查,详晰缮摺,呈送来署,以凭察夺。事关兴业要政,毋再稽延干咎,切切。此令"等因。奉此,查此案前奉发报告书式遵经分别令委,按照说明切实调查去后。

兹据各该员陆续送到,立即督饬主管人员详慎审查,犹恐或有遗漏,复经延接当地士绅逐加查询,分别补正,现已缮造齐全。奉令前因,理合将义邑调查实业报告书缮摺呈送,仰祈钧长察核汇办,实为公便。谨呈。

计呈送调查实业报告书一本。

义乌县知事邱峻谨将义邑调查实业报告缮列清摺,呈请鉴核。

计开:

一、关于大概情形之调查

(一)沿革

查义乌旧名乌伤,以颜乌得名。秦时隶于会稽郡,汉兴因之,新莽改名乌孝,东汉仍称乌伤,旋分置长山县,吴又分置永康县,复析会稽立东阳郡,乌伤隶焉。晋、宋、齐仍旧,梁又改东阳为金华郡,至隋则吴州、婺州屡改屡分,大业时州复为东阳郡。唐武德时,郡复为婺州,割乌伤一县,别立稠州,寻分置乌孝、华川二县,七年州废,复合二县为一,始名曰义乌,遂隶婺州。嗣后或分县东地置东阳县,或分县北地并割兰溪、富阳地置浦阳县,即今浦江。是则金、兰、东、永、浦五县,在秦、汉时皆乌伤之境,惟义乌旧址历唐、宋、元、明、清皆因之,为金华府属县,今则府制已废,直隶于省。此义乌建置沿革之大略也。

(二)疆域

查义乌疆域,东至下崑溪(东阳县界),西至航慈溪(金华县界),南至察岭(永康县界),北至石斛桥(浦江县界)。前自治区域分城区及稠南、稠西两镇,并稠东、龙祈、永宁、寺前四乡,合计共有七区,略图附后。

(三)面积

查义乌全境面积,计三八二五方里,其田地、山荡,约有九十余万亩。

（四）户口

查义乌各区户口总数及农、工、商、矿各业约数，列表如下。

区别	户口总数各业约数					
	户	口	农	工	商	矿
城区	一·二一二	六·二四五	八一五	一四七	一·〇六二	无
稠南镇	一四·五三七	六九·一四〇	二二·八四五	二·九〇四	二·六九七	无
稠西镇	一三·二一三	五七·一一七	二〇·五二六	二·五〇七	三八五	无
稠东乡	一〇·四二五	五一·九〇一	一七·五五一	二·〇〇八	四二五	无
龙祈乡	三·六二四	一七·一七七	六·八四四	七九六	一六七	无
永宁乡	二·八九〇	一六·〇五七	五·三三七	七七八	一三二	无
寺前乡	三·一一一	一九·一七七	四·九八〇	六四二	一三六	无
总计	四九·〇一二	二三六·八一四	七八·八九八	九·七八二	五·〇〇四	无

（五）河流山脉

查义乌河道均属细流，山脉起伏靡常，其水力有堪为工业上所利用者境内亦不多得，现只有附近溪流村庄筑堤引水、建碓舂米者数处而已。

（六）古迹名胜

查义乌实业并无各种古迹名胜，惟传闻宋名臣宗忠简遗像及明女士倪人吉发绣观音像至今犹在，但收藏家均不肯轻以示人，无从调查，亦一憾事也。

（七）地势

查义乌地势，全境确系斜长，惟东北稍高，西南略低，其险要除东北之善坑，南之挂纸、查岭等处足资防卫外，而其道途平坦，或水陆交通,有与商务相关系者,则有佛堂、二十三里、苏溪等各市镇。

（八）其他

查义乌并无其他与实业有关系者。

二、关于农业之调查

（一）农业团体

查义乌县农会事务所一,乡农会四,乙种农业学校一,另表说明。

义乌县农业团体调查表

名　　称	成立年月	办理内容	主任人姓名
义乌县农会	自民国元年八月间创办,至二年五月十五日成立。	调查,选种、辨土性,倡办森林苗圃,宣讲。	正会长黄循理,副会长楼能均。
城西市农会	自民国三年九月间成立。		正会长龚琛,副会长龚世烈。
龙祈乡农会	民国二年成立。		会长徐绅。
寺前乡农会	民国二年成立。		会长楼丙林。
同川乡农会	民国三年成立。		会长陈柏昌。
乙种农业学校	民国四年成立。		会长王栋。

（二）气候

查义乌温度最高时有华氏九十四度,最低时有二十四度,湿度未详。霜雪尚无甚大,惟大风则时伤禾稼,久雨则淹没种作。近年水旱迭见,宣统二年洪水为灾,沿江居民损失甚巨;民国三年旱魃肆虐,近山田亩颗粒无收,合就登明。

（三）土壤

查土质有三,曰杂土、曰沙土、曰胶土,粗而且瘠。杂土则肥而精,沙土、胶土各占十分之三,杂土占十分之四,分配种植禾稻、大小麦、豆粟、棉花、甘蔗等物,均沿旧法,并无特别种类。合就登明。

（四）水利

查义乌灌溉田亩之溪塘甽渎,多系天然形势,并非人力凿成,间或有之,亦非巨工,其经费概由灌溉之田亩负担。合就登明。

（五）农事

查义邑耕耘之事,耕则全赖牛力,耘则纯用人力。水田先犁后耖,务使细腻稠浊,再插秧苗。燥作则先向犁后耙,加以锄工,即种植。惟极胶之土,秋冬之交先行锄掘,因土质坚硬,块壤甚粗,必待冬冻始能化精,以便种植。至于收成丰啬,虽则由天,亦半因工作之勤惰、肥料之适宜与否而分。合就登明。

（六）农具

查义乌耕田之器具,一曰犁,每具价洋一元;二曰耙,三曰耖,每具价洋各一元五角。耘草之器具,一曰圈耙,二曰翻耙,价洋各二角。开掘则用铁锄,一曰长角板锄,二曰齿锄,价洋各五角。收割则用钞镰,价洋一角。车水器具视地形之高下,定长短之差度,故水车之式有自七尺至二十九尺之不同,车水之人亦有二人至九人之不等,然皆人登车上脚踏之,其价洋自七元起至三十元止。收获脱谷器具,曰稻斗,价洋二元,均系旧式,颇适于用,并无精细新异之制。至于养蚕,则用竹制蚕筛,或制一蚕架,架有九层,可储九筛,或用篾簟铺置楼上。合就登明。

（七）蚕业

查义邑各处均有进步,惟东北较盛,采种、栽养方法悉仿用杭省模范新法。

（八）林垦

查义邑各项荒地垦复居多,惟西北山场与邻邑壤地毗连处,官荒、民荒,约有千余亩,在西乡则曰稠山、北乡则曰黄婆山,历来纷争控讼多年，仍荒未垦。至于苗圃及森林模范正在设法整顿之，除所有一切生活强弱、苗木分配及种植之方法状况，容俟陆续造报。合就登明。

（九）渔牧

查义邑水产均在池塘，所有种类惟鱼、菱藕而已。鱼种来自九江，菱藕取诸本地。其捕鱼方法用眾网，采菱用木桶，挖藕用铁锹。至于畜牧，皆系农人兼业，却无专营家，而保护方法通用儿童看管。合就登明。

（十）农产物

查普通种类，惟谷为最大，小麦次之，豆粟又次之，数量价目另表说明。

义乌农产物谷类调查表

农产种类名称	数　量	价　格	用　　途
谷	一千二百斤	银元二十五元	民食
小麦	一千二百斤	银元四十八元	民食
大麦	一千二百斤	银元三十六元	养猪
豆	一千二百斤	银元四十八元	制豆腐、腐皮、造酱、养猪
粟	一千二百斤	银元三十元	酿酒、造糖
备考			

（十一）民食

查义邑人口有三十万零，年岁丰稔出谷约有一百八十余万担，食固有余，即稍欠收，若非贩运出境，犹可自支。合就登明。

（十二）农业习惯

查义邑佃田绝卖留种者，名曰客田，绝卖退种由受主转租于人者,名曰租田,其业主收租,或谷或钱不等。至于驱除虫病方法,均依习惯,治以石灰。合就登明。

三、关于工业之调查

(一)工业团体

查义乌向无工业团体,去年曾有工艺公会之发起,究其目的仅在增加工资,与研究技术者不同,亦未呈经官厅立案,故工业团体迄今尚未组织成立。

(二)工厂

义乌县第一平民习艺所,创办在民国二年,现在所内分设机织、缝衽、木工等料,资本金尚不敷足。自民国三年九月间吴所长接办后,所内合计物品、原料银一百二十元,今虽约计成本银四五百元,系暂行借垫,俟售品代价之收入陆续归还。其历办之成绩,上年十二月间举行第二次艺徒毕业,由陈知事查阅各料出品①,传谕嘉奖。此外,工厂有职工十人以上者,均属寥寥。查四年度义乌商会所送工厂调查票仅止七人以上,故不列入。

(三)出色之工作物

义乌之工作物大抵以本地产出之原料而加以人工之制造,作业虽勤,因思想薄弱,不肯运以匠心,别翻花样,故各项物品尚无出色之足言。

(四)普通之工作物

查普通之工作物,名式甚多,就其最著者言之,一曰陶,其工作物泥土细洁,质厚而性坚,约有九十八万之产额,而用途以筑室为大宗,其他城郭、道路亦用之。例如双开砖约有六十五万块,价值七百五十元;矿砖约有三万一千块,价值三百八十元;篏砖约有四万五千块,价值四百三十元;瓦片约有十九万块,价值

---

① 陈知事,即陈文鉴,字镜寰,浙江绍兴人,民国三年四月至八月任义乌县知事。

三千八百元。二曰石,其工作物,雕文刻镂,颜色精致,约有三千五百之产额,而用途多为装饰之品,其他庙宇、桥梁亦用之。例如石柱二百株,价值一千六百元;石磬四百五十个,价值五百二十元;石坊二十座,价值二千元;石鼓一百副,价值二百八十元;石牌三百七十块,价值三百八十五元;石版二千二百片,价值一千八百元。三曰皮,其工作物施用咸宜,朴实而耐久,约有一万二千之产额,而用途多为保卫之具,其他机器、枪亦用之。例如皮靴一千八百双,价值一千一百元;皮鞋三千四百双,价值三千五百六十元;皮箱一千只,价值二千八百七十元;皮椅二百座,价值八百八十元;皮袋六百个,价值六百六十元;皮带五十条,价值一千二百元。其次工作物,木与铁、铜为最多,木之工作物,约有二千六百之产额,而用途多为寻常之器具。例如各式花床二百八十张,价值二千七百元;各式木棺五百五十口,价值三千二百元;各式桌四百八十张,价值二千三百三十元;各式椅七百七十座,价值七百五十元;各式柜六百二十只,价值一千九百元;各式几二百三十只,价值二百元;各式桶五千七百四十件,价值二千一百元。铁之工作物,约有一万五千八百之产额,而用途半属农工之要需。例如铁钉四万斤,价值四千四百元;铁镬五百把,价值二千七百元。铜之工作物,约有一万三千之产额,而用途足以贮藏其物品。例如铜缸镴四千二百个,价值三千元;铜壶六千只,价值五千八百六十元;铜五字五十副,价值二千一百元;铜锁三千八百只,价值四百八十元;铜水枪二十具,价值一千元;铜面盆三百五十个,价值二百四十五元。以上工作物,均以品名最著而用途最广者调查之。

(五)外来之工作物

查外来之工作物,指本境无有之工作物而言。就广义言之,如学校之铅笔、粉笔、图画之仪器,军警之枪弹,印刷之石版,磨墨之石砚,吾人所用之眼镜、时计表、寒暑表以及习艺所机织之纱品,染色之颜料,工用之梭子,均属外来之物品。就狭义言之,如习艺所之缝衽机器,织袜机器,此种工作物购自德国者有之,购自本国者亦有之,本地人绝对不能制造也。

（六）工业习惯

考义乌工业之历史藐焉寡传,其称为习惯者,不过以技术之精粗,计工资之多寡。其雇佣之手续,属于口头契约者有之,属于书面契约者亦有之。至待遇之方法,就平民习艺所考察之,可分为二级,一待遇艺师之方法,每月致送薪脩若干,其从优者或给以舆马等费若干;一待遇艺徒之方法,每月给以膳费若干,其成绩优者亦得给以奖励金若干。大抵师弟之关系,管理、教授、训练之中,尤在习业之专考而已。

（七）其他

以上调查各团体、各工厂以及各式工作物,但举其办理成绩之最著者报告之。实业要政分门别类、名目繁多,调查不易。兹特就现在之状况为概念之考察,其他过去之情形,将来之计划,尤非现在调查报告书所能备详也。

四、关于商业之调查

（一）商业团体

本邑商业团体除各商会外,约有二种:（一）本地营商者各行各立小团体,如京货、南货、火腿、南枣等,均设同行,订定规则,以资遵守;（二）异乡人民寄籍本邑营商者,各省各立大团体,如福建会馆,建有天后宫以为会所,安徽、江西、绍兴等处商民均有会馆,暂借邑庙为会所。

（二）从前商业之盛衰

本邑地居山僻,商业之盛衰,全视年岁丰歉为转移。咸、同间,大乱粗平,商业衰颓,固不待言;至光绪初年,元气渐复,年岁屡丰,商业渐次发达;宣统时,更称繁盛;光复后,经济困难,年来荒旱,商业颇见冷淡,加之土匪骚扰,佛堂一区,顿呈衰减之象;近虽渐复旧观,而土酒一项,因税增歇业者十有六七,平均计之,较三年前约减十之一二。

（三）现下实在之状况

本年上半载生意未见发达,自七月后年岁丰稔,银根松动,商业渐有起色。

（甲）商贩之道路

本邑商贩道路有三：（一）赴宁波岸道,由邑之东乡过东阳等处;（二）赴苏、杭、上海大江水路,由邑之南乡过金华、兰溪等处;（三）赴临、绍小江水路,由邑之北乡过诸暨等处。

（乙）市镇之地点

本邑管辖之市镇共有二十五处。东乡有二十三里镇、华溪市、尚经市、下骆宅市,南乡有佛堂镇、江湾镇、赤岸市、毛店市、培磊市、雅墅街市,西乡有上溪镇、吴店市、义亭市、畈田朱市、低田市、夏演市、河东市,北乡有苏溪镇、楂林市、大陈市、下殿市、湖门市、寺前市、曹村市、柳村市。

（丙）钱币情形

本邑市面通用钱币行情,每大洋一元易制钱一千二百文或一千三百文不等,易铜币百四十二枚,角洋以八八折申大洋。

（丁）运脚价值

本邑运脚有二种：（一）担脚,每担百里约计钱一千文;（二）水脚,每担每百里约计大洋一角。惟担脚有时因忙闲略为增减。

（戊）入境货之大宗

本邑入境货品类繁杂不及备载,约计值洋九十余万元,其中惟官盐、京货、南货、药材、白糖、田料、冥洋钞、油、蜡油为大宗。

（己）出境货之大宗

本邑出境货品类甚多，兹举大宗者言之。火腿，每年约计五万余蹄，值洋十万余元；南枣，每年约计十六万余斤，值洋二万五千余元；毛猪，每年约计一万余头，值洋十万余元；腌肉，每年计七十余万斤，值洋八万余元；蚕丝，每年约计一万余斤，值洋五万余元；蜜糖，每年约计十万余斤，值洋五千余元；黄蜡，每年约计六千余斤，值洋二千余元；白蜡，每年约计四千余斤，值洋二千余元；皮油，每年约计十万余斤，值洋一万余元；靛青，每年约计十八万余斤，值洋一万四千余元。此外，米谷亦有出境，惟因行情涨落，运货即因之增减，故不能知其确数。

（庚）经过货之大宗

经过货物，以过塘行为枢纽，此种营业未曾开设，是以不能查其确数。

（辛）商业分行

本邑只佛堂镇有一靛行，生意仅限于本地，不能出运。其余城乡、市镇均未设立。

（壬）店栈记数

店栈分为二十六种，共计九百十四家。其盐业代表鲍周、当业代表沈鸿焕、京货业代表吴品璋、南货业代表杨重绪、腿业代表金绪新、南枣业代表金聚诚、肉业代表王荣卿、酒业代表丁廷榜、烟业代表陈鸿猷、粮食代表吴振昌、酱业代表张希甲、杂货业代表胡品元、山货业代表陈华高、药业代表吴养忻、染业代表陈就列、衣业代表王如德、竹木业代表傅朝桁、首饰业代表丁廷光、饭馆业代表虞家弟、铜业代表童延益、缝衣代表骆正红、铁业代表何升有、酒席业代表蒋德胜、工艺业代表郭庆兴、田料业代表沈良贵、锡业代表刘绍珊。

（癸）商埠

义乌全邑本无所谓商埠,现所称为商埠者如城区之雅傅埠、南乡之江湾埠、西乡之低田埠、北乡之大陈埠以及古塘埠,其性质均以贸易为主旨,其他产均系居民产业。其城区及西南乡各埠之交通区划,输出者由该埠下船载,上达东阳,下至金华,经兰溪及杭州等处;输入者由该埠上船挑载各地市镇。其北乡各埠之交通区划,输出者由该埠下篾运载,直达绍兴、临浦及杭、申等处;输入者由该埠上篾挑载各市镇及东阳。

(四)将来发达之推测

义乌天然品颇多,可充种种原料,且地居浙江中心点,若能兴筑铁路,交通便利,则工业发达,有可预决者。

(五)商业习惯

义乌卖买货物多以钱币直接交换,向无代理商与辅助商等名目,近惟京货业中有由脚友代办货物者,主顾以本邑人为多,间亦有金华、东阳、永康及台、处、诸暨等处商民来境贸易,因系邻县,乡语尚易辨别。运输陆用脚夫,近溪者则用篾。

五、关于矿业之调查

(一)前经探采之矿

查义乌县属北乡十三都地方之煤矿,于前清咸丰年间,因洪杨兵燹时废止;又,南乡八保山之金类矿产,于明嘉靖间,因邻邑奸商盗采扰乱,历奉封闭废止,其主办人以时远年隔均无考。

(二)现在探采之矿:无。

(一)公司之组织:无。

(二)代表人之姓名:无。

(三)股本:无。

(四)矿区亩数:无。

(五)矿工:无。

(六)实况:无。

（三）未经探采之矿。无。

六、结论

义乌处万山中，民俗勤俭质朴有余，而敏活不足，世守旧业，无改良进步之可言。各项实业，惟农事为差强人意。考其田器，如犁、耙、耰、锄以及人力戽水之车，尚堪适用。作物如禾、麦、豆、粟、杂粮，肥料如枯饼、鸡羽、石灰，亦各能随土性高下肥硗之所宜，而分别施种。其至尖斜屈曲，地利靡遗，苟得天时，五谷原不可胜食，然土地犹是而人口日增，徒拘泥数千年之技术，而自号于众曰，吾老农吾老农，而土址之如何改良、肥料之如何制造、树木之如何嫁接、昆虫之如何驱除，他如作物之宜于轮栽、种子之宜加选择，举皆不知研究，即使竭尽人事，岁岁有秋，而收获数量，恐终不能如曩时之供求相应，而况天灾流行，境内已难免艰食之虞，尚欲望农产物之输出得乎？自今以往，允宜设法改良。现拟与奉令举办暨农工要政案内水利、森林、苗圃、蚕桑各项，次第进行。其入手方法，先之以布告，继之以讲演，并施以种种之奖励诱掖，有不如法者，另派人实地考察，筹设试验场所，以为模范，再将农家副产物之南枣、蜜糖、柏油、黄白蜡等品，畜牧业之羊、豕等物，逐渐振兴，依法培养，获利之厚较诸昔日，或当加倍也。至于商业，境内店铺率皆赀不满万，而盐、当二业又属客商资本，除运输肉、猪腿、枣，行商贸易杭沪得获微利外，不足以云商业。交通既感不便，又无金融机关藉以流通，往往有利可图之营业欲思染指而不可得，偶有经纪贷资经商，一有折阅，则终身不振。商业状况如此可见，加之欧战及新税影响，或因负担之加重，或因货价之暴涨，以致暗中受亏，因而倒闭者时有所闻，往往接踵，均杜摊账等恶习将各户借款减折摊还，所以殷富之家自愿窖藏，不肯轻以贷人，商家信用之坠落，市面胥受其影响。欲救此弊，须遵照前按署通颁绍兴县商会条陈切实奉行，犹可挽救于万一。他如钱币价格之交换,权衡斗斛之平均以及各业行规之整顿,投机企业之禁止(佛堂镇有之),亦拟函由商会议定统一办法,转行各商家一体遵守,商业兴盛,或可有望。若工业,则尚在幼稚时代,艺徒不满十人以上,操业多有作辍之时,所有境内金、石、土、木、竹、漆各工,仅足供本邑家常日用之需,并无出色品物足以称述,即如平民习艺所亦只分机织、缝纫、染色三科,虽出品尚堪适用,而因经费支绌,未能聘用良好技师为之指导,比较外来之品,未免瞠乎若后,办理数年,尚无余利。整顿办法,宜令遴聘合格艺师,随时考查成绩。至扩充名额、添筹经费,就义邑现在情形而论,尚须俟诸异日。以上仅就管见所及略陈一二。此外应兴之事正在考察,实力提倡,姑暂从略。

(原载《浙江公报》第一千六百九十六号,六至一九页,指令)

浙江省长公署指令第四千一百三十六号

令原蚕种制造场

呈一件呈主任技术员久病不回应如何办理请示由

呈悉。该主任技术员陈渟,既已久旷责守,应即撤差,所遗技术员职掌,即由该场长兼理,以资节省,并转该技术员知照。此令。十一月二十七日

(原载《浙江公报》第一千六百九十六号,一九页,指令)

浙江省长公署指令第四千一百八十一号

令高等检察厅长殷汝熊、警务处长夏超

呈一件高检厅呈填给指挥司法警察证请转警署知照由

呈、单均悉。候令警务处/仰该厅转行各警署一体知照。此令。单存。/呈、单抄发。十一月二十七日

浙江高等检察厅填发指挥证清单

检 察 长 官 姓 名	指挥证号数	填发月日
浙江第一高等分厅监督检察官宋孟年	第二五六号	十一月十四日
浙江第二高等分厅监督检察官李廷恺	第二五七号	十一月十四日
浙江永嘉县地方检察厅检察长金文谔	第二五八号	十一月十四日
浙江永嘉县地方检察厅检察长陈备三①	第二五九号	十一月十四日
浙江永嘉县地方检察厅检察长何炳吉②	第二六零号	十一月十四日
浙江金华县地方检察厅检察长周祖琛	第二六一号	十一月十四日
浙江金华县地方检察厅检察官洪　达	第二六二号	十一月十四日
浙江金华县地方检察厅检察官陈培珽	第二六二号	十一月十四日

（原载《浙江公报》第一千六百九十六号，一九至二〇页，指令）

浙江省长公署指令第四千一百八十六号

令高等审判厅长范贤方

呈一件议驳长兴民人杨谦等呈送撰状规则一案由

呈悉。查此案前据韦培元等呈请，当经前巡按使批发该厅暨同级检察厅核议饬遵，嗣于本年二月十八日据该厅等会衔详复，以原呈所陈各节，流弊滋多，请予免议，并经批准在案。来呈乃谓并无是项卷宗，殊属不解，仰再饬科细心检核，如果遗失，应将主管人员严予处分，以为玩忽职务者戒，仍将办理情形报查。此令。十一月二十七日

（原载《浙江公报》第一千六百九十六号，二〇页，指令）

---

① 检察长，疑为"检察官"之误。
② 检察长，疑为"检察官"之误。

浙江省长公署指令第四千一百八十九号

令临海县知事

　　呈一件呈送务本高等小学校毕业生表由

　　呈及表、簿均悉。查毕业表，核与定式不符。又，林元炯、林元亭二名，由县立高小校转学，未据注明修业几年，应并查明填注，改造送核。至考查成绩一案，已令暂停，所有成绩簿毋庸同送，仰即转令知照。表、簿发还。此令。十一月二十七日

　　计发还表、簿共三份。

　　　　　（原载《浙江公报》第一千六百九十六号，二〇页，指令）

浙江省长公署指令第四千一百九十号

令常山县知事

　　呈一件为高小学办理毕业应否抽查成绩请核示由

　　呈悉。抽查成绩一案，未经令饬复行，应仍暂停，仰即转令知照。此令。十一月二十七日

　　　　　（原载《浙江公报》第一千六百九十六号，二〇至二一页，指令）

浙江省长公署指令第四千一百九十一号

令省立第三中学校

　　呈一件为呈送五年度管教员学生一览表请鉴核由

　　呈、表均悉。查瞿炳焕、邵百林、孙武、王德亲、任炳焕五名，均未经高小毕业，是否经试验确有同等学力，应于表内切实声明，再行核转。原表发还，仰即遵照。此令。十一月二十七日

　　计发还表二本。

　　　　　（原载《浙江公报》第一千六百九十六号，二一页，指令）

浙江省长公署指令第四千一百九十七号

令平湖县知事

呈一件平湖县呈送平湖民智俱乐部简章名单由

呈悉。准予备案。惟所演新剧,应先期将脚本呈由该县核准并转报本署备查,仰即查照转知。件存。此令。十一月二十七日

（原载《浙江公报》第一千六百九十六号,二一页,指令）

浙江省长公署指令第四千二百号

令镇海县知事

呈一件呈复查明方氏师范堂捐资兴学一案由

呈悉。查《修正捐资兴学褒奖条例》第三条,系以团体名义给奖,不能分奖个人,据呈办法应照第二条办理。至方舜年首倡办学,功自足多,然此项褒奖纯系以捐资为准,原捐款产既属七房公有,据拟将方舜年一人照第五条予以特奖,其余房众是否允洽,方积铨等核奖数目是否照下余捐资按人匀配,应再声复,以凭核转。此令。十一月二十七日

（原载《浙江公报》第一千六百九十六号,二一至二二页,指令）

浙江省长公署指令第四千二百零三号

令寿昌县知事

呈一件呈送第三届教育行政会议议决案由

呈、摺均悉。应准照办。惟前据该县呈送学田调查表,共田一百二十八亩九分三厘,兹据开列,方日明经收一百数十余亩,王金珊经收四十二亩零,前表何以短少,南郊坦地向由何机关经管,应即声复备核。公众运动场系属社会体育,供一般人民运动之用,原与学校无关,说明所称似不以学校学生为限,于设场本旨尚欠明澈,设置器械

亦应以宜于一般人民者为主,并仰详妥选择,并将设置计画连同场图专案呈核。议决案存。此令。十一月二十七日

（原载《浙江公报》第一千六百九十六号,二二页,指令）

浙江省长公署指令第四千二百零四号

令崇德县知事

呈一件送义务教育程序内调查表册由

呈及表、册均悉。查教员表"其他学校毕业"一栏,未据遵照说明于"备查"栏内将各项毕业人数分别注明;经费表"基本财产数　房屋价格"栏,系连校舍、校地并计在内,何以一无数目;事项册内,经费比较表"基本财产数"栏又一未填注,殊属疏忽。原表册发还,仰即逐一查明补注,并将事项册添造一份,一并送候核转。此令。十一月二十七日

计发还表三纸、册一本。

（原载《浙江公报》第一千六百九十六号,二二页,指令）

浙江省长公署指令第四千二百零八号

令第五师范讲习所

呈一件呈请更正学则请鉴察由

准予分别更正删除,仰即知照。此令。十一月二十七日

附原呈

呈为呈请更正《学则》以符部令事。

窃查本所《学则》第十一条退学规则第五款内具"陆续旷课至百日以上者"一语,似于假限太宽,并查与教育部公布《学生学业成绩考查规程令》第十六条载,"学生缺席时间逾授课时间三分之一者,不得与学期或学年试验"等语似有抵触,部令所谓"不得与学期或学年试验者",对多级学生学校仍可留级肄业而言。

兹本所甲、乙两项各一班,甲项定一年毕业限期尽短,学生假期亦不得过于久长,乙项一班虽定两年毕业,若照部定"学生缺席逾授课时间三分之一者,不得与学期或学年试验"等语办理,亦无原级可留,且讲习所修业年限尽短,学科綦繁,若不假期严为限制,诚恐期届毕业,不惟成绩难望优美,而师资岂堪适用。为此将本所《学则》第十一条退学规则第五款,"陆续旷课至百日以上者"一语拟改为"半学年中旷课逾授课时间三分之一以上者"。再,第二十四条内具"若逾三分之一者,则不得与学期或学年试验"十八字应即删除,以免抵触而符部令。是否有当,理合备文呈请鉴察。谨呈。

(原载《浙江公报》第一千六百九十六号,二二至二三页,指令)

浙江省长公署指令第四千二百一十号

令第九师范讲习所

　　呈一件呈送十二月分支出预算表请核示由

呈、表均悉。应准填具领款收据送署具领。六年分领款手续应俟预算颁布后再行令遵,仰并知照。表存。此令。十一月二十七日

(原载《浙江公报》第一千六百九十六号,二三页,指令)

浙江省长公署指令第四千二百一十五号

令高等检察厅长殷汝熊

　　呈一件据江山县方周氏呈伊夫被周正梓诬陷

　　警佐叶树藩同谋毒杀一案请归案讯办由

呈悉。查此案业经令厅转令委员查复在案。据呈各节,是否实在,仰即转令该委员迅即一并查明具复毋延,切切。此令。呈抄发。

十一月二十八日

(原载《浙江公报》第一千六百九十六号,二三至二四页,指令)

浙江省长公署指令第四千二百一十六号

令新任松阳县知事①

呈一件廖关兴呈前控习艺所长叶士龙一案请令新任查复由

呈悉。查此案前经本署并令该县新任王知事查复在案②。现在王知事业已调任鄞县,仰该知事迅行查照前令澈查具复,以凭察夺。前令及原呈均抄发。此令。十一月二十八日

（原载《浙江公报》第一千六百九十六号,二四页,指令）

浙江督军署批第二百四十八号

原具禀人张鸿校

禀一件为请予考试由

禀及部饬均悉。准予本月末日上午携带四寸照片来署与考,仰即知照。部饬发还。此批。十一月二十八日

（原载《浙江公报》第一千六百九十六号,二五页,批示）

浙江督军署批第二百四十九号

原具禀人林遇春

禀一件为请予考试由

禀及附件均悉。准于本月末日携带四寸照片来署与考,仰即知照。附件发还。此批。十一月二十八日

（原载《浙江公报》第一千六百九十六号,二五页,批示）

---

① 新任松阳县知事,指钱世昌,浙江新昌人,民国五年十二月至民国八年三月任松阳县知事。参见浙江省长公署训令第一千五百七十八号《令新委松阳钱知事查办前知事与何警佐互控各节由》。

② 王知事,指王理孚(1876—1950),字志澂,浙江平阳人。民国五年九月署理松阳县知事,十一月调鄞县知事。

浙江省长公署批第九百七十九号

原具呈人松阳廖关兴

呈一件呈前控习艺所长叶士龙一案请令新任查复由

呈悉。查此案前经本署并令该县新任王知事查复在案,现在王知事业已调任鄞县,仰候另令该县继任知事澈查具复,再行察夺。此批。十一月二十八日

（原载《浙江公报》第一千六百九十六号,二五页,批示）

浙江省长公署批第九百八十号

原具呈人江山县方周氏

呈一件呈伊夫被周正杼诬陷警佐叶树藩
同谋毒杀一案请归案讯办由

呈悉。查此案业经令厅转令委员查复在案,据呈各节,是否实在,仍候令厅转令该委员一并秉公查复核夺。此批。十一月二十八日

（原载《浙江公报》第一千六百九十六号,二五页,批示）

浙江省长公署咨农商部

据兰溪县呈送商会章程等件及钤记费请核转由

浙江省长公署为咨行事。

案据兰溪县知事苏高鼎呈称,"本年十一月十二日据兰溪商会发起人姚正型等六十三人联名禀称,'窃查《商会法》第五条第二项载,设立商会时,须由该区域内有合会员资格者三十人以上发起,依左列各款详拟章程,经由该管地方行政长官详请地方最高行政长官咨陈农商部核准,方得设立;又,第十八条第二项载,会长、副会长及会董选定后,须经由地方最高行政长官或地方行政长官报告农商部;又,《施行细则》第十八条载,商会钤记由农商部刊颁;又,本年二月七日

农商部公示内开,钤记每颗应纳公费银十五元,须先期如数随文缴由各该管官署解送到部各等语。兰溪分会自前清成立,民国继续办理,迄今已十余载,嗣《商会法》修正公布,正拟依法进行,又适浙省独立,以致迁延至今,尚未改组。现下大局已平,展限将满,合亟照章办理,以归一律。正型等忝列商界分子,爰发起召集全体选举人如法投票,先由会员选举会董,复由会董互选会长、副会长,并推选特别会董,曾先期函请县公署派员莅视开票在案。现在选举手续业经办理完竣,理应将所拟章程并当选人名册各缮三份,连同换领钤记公费银十五元,一并汇送,仰祈察核分别存转'等情。据此,知事复加查核,尚属合法,理合备文转呈,仰祈察核,俯赐咨陈农商部核准设立,并刊颁钤记发县转给,实为公便"等情,附章程、名册共八本、钤记公费银十五元到署。据此,除指令并抽存章程、名册各一份备查外,相应检同原送各件及钤记公费一并备文咨送大部,请烦核复施行。此咨

农商总长

　　附《兰溪县商会章程》,会长副会长名册、会董名册、特别会董名册各一份,钤记公费银十五元。

浙江省长吕公望
中华民国五年十一月三十日

(原载《浙江公报》第一千六百九十七号,一九一六年十二月三日,三至四页,咨)

浙江省长公署咨省议会

　　据财政厅呈为造送浙省五年度省地方岁入岁出预算书等件由

浙江省长公署为咨送事。

　　本年十一月二十七日据财政厅呈称,"前奉令准省议会咨送民国五年度预算及二年度决算,并三、四两年度收支各款册表,当因预算

事项变更年度,奉电已迟,历将整理情形陈明钧鉴在案。兹已将五年度省地方岁入、岁出预算编造齐全,理合备文呈送,仰祈鉴核咨交议决。其二年度决算及三、四年度收支各款报告,亦一并附呈,并祈咨转"等情。据此,本省长复核无异,相应咨送贵会请烦分别参考议决见复施行。此咨

浙江省议会

计咨送:

浙江省民国五年度省地方岁入预算书一本;

浙江省民国五年度省地方岁出预算书四本;

浙江省民国五年度省地方田赋附加税征费收支预算书一本;

浙江省民国二年度决算书十五本;

浙江省民国三年度收支报告书一本;

浙江省民国四年度收支报告书一本。

浙江省长吕公望

中华民国五年十一月三十日

（原载《浙江公报》第一千六百九十七号,四页,咨）

浙江督军公署训令第五三九号[①]
浙江省长公署训令第一五二三号

令各属保护日商川口益藏等赴浙游历由

令特派交涉员、温州交涉员、宁波交涉员、警务处处长、各县知事、暂编第一师师长、暂编第二师师长、混成旅旅长、嘉湖镇守使、宁台镇守使

本年十一月二十一日准江西省长公署咨开,"本年十一月八日据

---

① 底本第字号空缺,据浙江全省警务处训令第七十六号《令各属保护日本人江村喜助来浙游历由》补全(见《浙江公报》第一千六百九十九号,一二页)。

代理九江关监督兼通商交涉事宜胡上襄呈称，'案准驻浔日本领事河西信函开，兹有日本国商人川口益藏 Masuzo Kauaguehi、尾形德三郎 Tohusahuro Ogata 往湖北、江西等省游历；又，商人江村喜助 Kisuke Yemura 往江西、江苏、浙江、福建、湖北、湖南、河南、安徽等省游历，执照送请盖印掷还等因。除将各执照盖印送还外，理合呈请转令各属及警厅，并乞分咨湖北等省各省长一体转饬照约保护'等情。据此，除分别咨令保护并汇案列表咨报外交部外，相应咨会贵省长，请烦查照转饬各地方官，如遇该日商江村喜助游历到境，照约妥为保护施行"等由。准此，除分令外，合行令仰该　　即便转令所属一体照约保护，并将该日商等出境入境日期具报备查。此令。

中华民国五年十一月二十四日

督军兼署省长吕公望

（原载《浙江公报》第一千六百九十七号，五页，训令）

浙江省长公署训令第一千四百九十号

令知财政厅警政厅为省议会议决店屋捐章程情形由

令财政厅长莫永贞、警政厅长夏超

案准省议会咨，以本署咨交复议修正《浙省店屋捐章程》一案，仍执前议，咨请将原议决案公布施行等由过署。准此，查此案前据该厅会同警政厅、财政厅暨前民政厅呈送到署，当经咨交省议会议决，嗣准咨复，并经申明理由咨交复议各在案。兹准前由，除咨复外，合亟抄案令仰该厅查照。此令。

计抄发省议会原议决案一件、本署咨交复议文一件（并附摺）、省议会咨请仍照原议决案公布文一件、本署咨复文一件。

中华民国五年十一月　　日

省长吕公望

附　省议会咨省长文

浙江省议会为咨送事。

本年九月二十一日准省长咨送《浙江省征收店屋捐章程》一份交议前来，业经提付大会讨论、审查、修正，三读通过，相应缮具清摺咨送省长，请烦查照公布施行。此咨

浙江省长吕

浙江省议会议长沈定一

计附送《浙江省征收店屋捐章程议决案》清摺一扣。

《浙江省征收店屋捐章程》议决案

第一章　总则

第一条　凡在本省区域内之房屋供营业之用者，无论租屋、典屋、己屋，均适用本章程，征收店屋捐。

第二条　前条所征店屋捐，均照租价十分之一抽收，其租价每月在一元以内者免捐。

第三条　凡租屋租价，应查验其租契及租摺所列之数，计算收捐，由房主、租户各半担任。

凡押租超过月租十倍以上者，就其超过之额以十分之一作为租价，并入原有租金计算收捐。

第四条　凡典屋、己屋及租地建筑之市屋，以邻近房屋铺面大小为比例，定其租价计算收捐。

第五条　凡房屋仅以一部分供营业之用者，无论为租屋、典屋、己屋，就其供营业之一部分收捐。

第二章　编查

第六条　各县知事饬令警佐会同自治会董事将所有店屋每年编查一次，载明住屋姓名、间数、租价，编号列册，随给编查凭照一纸。

前项编查事宜,其设有警察厅地方,由县知事会同警察厅办理之。

第七条　应收店屋捐,按照编查册所列户数分填收捐凭证,每月限十五日以前一律造齐。

第八条　编查时遇有闲置之市屋,须查明房主姓名及其住址,依次列册,不得漏载。

第九条　店屋捐编查册及编查凭照、收捐凭证,由县知事编号印发。

第三章　申报

第十条　凡有新造市房及从新建筑者,应由房主将地址、间数报告警察所,转报县署注册。

第十一条　凡店屋租价有增加或减少时,应由主户报告警署,转报县署注册,改给编查凭照。

第十二条　凡有迁徙、停闭或被灾情事,及空屋出赁时,应由征收员于每月收捐期内查明,径报县署。

第四章　征收

第十三条　店屋捐由县各知事派员查照收捐凭证,按月征收之。

租屋向租户征收,其屋主应出半捐,由租户于月租内自行扣回,典屋或己屋向典主及房主直接征收之。

第十四条　店屋捐按月征收一次,以每月十六日起至末日止为收捐期限。捐款收清,随给收捐凭证。

第十五条　凡捐款均以通用银币完纳,其不及一元者,准以小银元或铜币照市核算。

第十六条　凡空屋、新赁及租价有增减时,按月计算征收之,其迁徙、停闭或被灾者,查明其时日,应即停捐。

第十七条　县知事将每月捐款,除拨充警费,并照章扣支征收费用外,于翌月二十日以前造具册表,交县参议会查核。

第十八条　关于征收店屋捐一切费用,如每月捐数在千元以内者,得照月捐二十分之一开支;在千元以上者,除千元外,余照四分之一开支。

第十九条　县知事须将所收各户捐数,按月分区榜示。

第五章　罚则

第二十条　租户或典主、房主应缴店屋捐,如有以多报少及以一户分为数户、意图朦混者,按照所应缴之捐数加倍处罚。

第二十一条　凡每月应缴店屋捐,如过月终延玩不缴者,得加十成之一处罚。

第二十二条　前两条处罚事宜,由征收员报告县署,交警察所执行之,其受罚户名及罚款数目,由县署每月榜示一次。

第二十三条　征收员怠于为第十一条之申报或申报疏漏者,处以罚薪或其他相当之处分。

第二十四条　编查员及征收员,如有向房主、租户需索,或串同舞弊及隐匿捐数情事,按照《刑律》处治之。

第六章　附则

第二十五条　本章程自公布日施行。

省长公署咨省议会文

浙江省长公署为咨行事。本年十月二十八日准贵会咨开,"本年九月二十一日准省长咨送《浙江省征收店屋捐章程》一份,交议前来,业经提供大会议论、审查、修正,三读通过,相应缮具清摺,咨请查照公布施行"等因,计清摺一扣到署。准此,查店屋捐一项前清系列作赔款,嗣经大会议决改充各县警察经费,现并饬由财政厅编入地方预算,列作省税收入,自应仍由各县报解财政厅,以资考核。贵会议决《章程》第九、第十七、第二十二各条,尚须酌改,相应抄摺,咨请大会复议为荷。此咨

浙江省议会议长沈

计咨送清摺一扣。

浙江省长吕公望

中华民国五年十一月一日

今将拟改《店屋捐章程》各条开列于后：

第九条 （原文）店屋捐编查册及编查凭照、收捐凭证由县知事编号印发。

（拟改）店屋捐编查册及编查凭照、收捐凭证由财政厅编号印发各县应用。

第十七条 （原文）县知事将每月捐款，除拨充警费并照章扣支征收费用外，于翌月二十日以前造具册表，交县参议会查核。

（拟改）县知事将每月捐款于翌月二十日以前造具册表连同缴核，送由财政厅查核。

第二十二条 （原文）前两条处罚事宜，由征收员报告县署交警察所执行之，其受罚户名及罚款数目，由县署每月榜示一次。

（拟改）前两条处罚事宜，由征收员报告县署交警察所执行之，其受罚户名及罚款数目，由县署每月榜示一次并报财政厅查核。

省长公署咨省议会文

浙江省长公署为咨复事。案于十一月六号准贵会咨开，"本年十一月一日咨开，'准省长咨开，查店屋捐一项前清系列作赔款，嗣经大会议决，改充各县警察经费，现并饬由财政厅编入地方预算，列作省税收入，自应仍由各县报解财政厅，以资考核。贵会议决《章程》第九、第十七、第二十二各条尚须酌改，相应抄摺咨请复议，并咨送清摺一扣到会。当经提付大会复议，佥谓，此项店屋捐系充各县警察经费,而各县警察经费由县自治处理,业经本会议决回复原案,咨请施行'在案。现在自治亟应回复,此项店屋捐当然由县自治处理,不得列作省税收入,在省长但将各级自治即日通饬回复,自无碍难施行之处。准咨前因,并摺开拟改各条,本会认为无庸酌改,业经出席议员三分二以上,仍执前议,相应咨复省长,请烦查照,仍将原议决案公布施行"等由。准此,查各县警察经费,由县自治处理一案,前准贵会咨请施行,当经咨复在案。现在地方自治尚未奉明令回复,贵会议决前项《店屋捐章程》第九、第十七、第二十二等条,既认为无庸酌改,自应仍俟奉到回复自治明令后,方可照章办理。准咨前由,相应备文咨复,请烦查照。此咨

省议会

浙江省长吕公望

中华民国五年十一月　日

（原载《浙江公报》第一千六百九十七号,五至一〇页,训令）

浙江省长公署训令第一千五百七十一号

令柳云递补留法学生詹汝珊递补留美学生遗缺由

令留英学生柳云、留美学生詹汝珊

案准教育部咨开,"查浙省留法官费生顾用康、留美官费生何炳松,业经毕业回国,所遗之缺,应即以从前咨准存记之留英自费生柳云、留美自费生詹汝珊顶补。除训令驻欧监督、驻美监督遵照外,咨请查照"等因。准此,合就令仰该生知照,所有应支学费即自文到日起支。此令。

中华民国五年十一月二十七日

省长吕公望

（原载《浙江公报》第一千六百九十七号,一一页,训令）

浙江省长公署训令第一千五百七十七号

令各县知事为准内务部咨行重订各省寺院及
附属财产调查表请饬属查填由

令各县知事

案于本年十一月十日准内务部咨开，"为咨行事。按照管理寺院为内务行政之一端，民国以来，曾经由部订定表式通行各省调查，以为实行管理之根据。惟各省查复到部者，除黑龙江等数省外，甚属寥寥，以致各地方寺院之创建及其住守教徒、附属财产之一切关系，多无确切册籍可考，遇有事项发生，概难知其底蕴，实于管理前途所障碍。查各省寺院林立，情状分歧，财产问题尤为复杂，其由十方劝募，或教徒自置者，固属甚多，而为国家建设、地方公立与私人所建者，亦复不少，原因不同，性质各异。值此整饬庶政之际，亟应继续前案，切实调查。兹由部重行订定各省寺院调查表及各省寺院财产调查表二种，相应各印式样、附以说明，咨行贵省长令知各地方官一体遵照，分别调查填列，汇齐送部，以资考核而便管理"等因，并附表式二纸、填载例二份到署。准此，除照原送表纸尺幅暨其格式并填载例，一并制印分行外，合亟检同印就前项表例各二份，令仰该知事切实遵照查填，呈候核转，毋稍率延。切切。此令。

附表式二纸、填载例二份。

中华民国五年十一月二十八日

省长吕公望

省（区） 县寺院调查表 中华民国 年 月填报
教字第一号

事项 寺院 名称	所在地	创建			供像	住守者	常住人数	现状	附设事业	备考
		时代	事主	原因						

填载例

一、本表系为调查寺院而设,应由各省区长官转发所属,按式切实填载,报由该长官每届年终汇总送部。

一、本表所称寺院,除旧列祀典之坛庙、祠宇应归官有者另行列表调查外,所有各地方寺院、庵观、宫殿、庙堂、禅林、洞刹等项,一律赅括在内。

一、所在地指该寺院之坐落地址、距离城治里数、方向及区、乡、村、镇、市名称。

一、创设分三项:时代,指朝代年号;事主,指开始创建之人或团体之名称;原因,指创建之宗旨及其事由;以上各项,如有碑志或志乘可考者,应一并填明。

一、供像不论雕塑、画刻或系牌位,指正殿主龛所供神像之名称而言,其偏殿偏龛有重要者,得附入记载。

一、住守者,指现时主管人之名氏,并注明其为僧尼、道士、女冠及方丈、住持、阿衡等项名目。

一、常住人数,指平日或现时应居该处之人数。

一、现状指现存或改并,及将废或已废,而基址碑记可证明者而言,如已拨为公用,亦注明其事项。

一、附设事业,指该寺院自出资财所设之学校、病院及其他公益慈善各项事业。

一、他项重要事件,表内所未列者均于备考栏内单简说明。

省(区) 县寺院财产调查表 中华民国 年 月填报

教字第二号

财产 寺院	房屋	土地	取 得				收 益			用 途		管理者	备考
			原有者		续有者		房租	地租	其他	房屋	收益		
			来历	证迹	来历	证迹							

填载例

一、本表填报程序与前表同。

一、本表所称寺院，以前表所列者为限。

一、房屋，指所有建筑物而言，并计其间数及基址、丈尺，其与本寺不同存在一处者，并注明其所在地。

一、地亩，指所有田地、园圃、山林、地皮、矿产、湖租等类，并计其亩数或幅员，与其所在地。

一、取得，分两项。来历，指资财之所由出者而言，如固有者①，系何时敕建、何人募建、何人捐建私建等是；续有者，由何处捐出或何人出资购置、何人募置等是。证迹，指碑志、志乘及文书、契约、案牍而言。

一、收益，分三项，房租一项，计其每月共数；地租一项，分计各种收入之每年总数；其他一项，指他项经常收入而言，须注明原因、种类及其每年总数；各项均以银元计算。

一、用途，分两项，房屋除供僧众居住或租出外，收益除供香火及僧众食用外，向来或现在有供给他项用途者，均分别列入。

一、管理者，指保管各项证据及帐籍之人，并记其人与该寺院之关系。

一、关于财产各项重要事项，表内未列入者，均于备考栏内简略说明。

（原载《浙江公报》第一千六百九十七号，一一至一四页，训令）

浙江省长公署训令第一千五百七十八号

令新委松阳钱知事查办前知事与何警佐互控各节由

令新委代理松阳县钱知事

案查前松阳县余知事举发该县警所何警佐朦领服装、修葺等

---

① 固有者，报表作"原有者"。

费一案①,业将该警佐停职归讯,令饬该知事派代并查办在案。兹据余知事密呈,并附呈服费钤领摄影等四纸前来,除指令仰候查明核办,合亟令发该知事秉公澈查,依法办理具报。此令。

中华民国五年十一月二十八日

省长吕公望

(原载《浙江公报》第一千六百九十七号,一四页,训令)

浙江省长公署训令第一千五百七十九号

令警务处准部咨浙省警务机关及计画有无变更呈复核转由

令警务处长夏超

案准内务部咨开,"案查贵省前经遵照《警务处组织大纲》,特设全省警务处,以期统一事权,俾就地方警务情形切实整顿。自经此次改革,所有贵省原设警务机关并关于警务全省计画有无变更,相应咨请查照,以资考核"等由过署。准此,合亟令仰该处遵照,详晰呈复,以凭核转。此令。

中华民国五年十一月二十八日

省长吕公望

(原载《浙江公报》第一千六百九十七号,一四页,训令)

浙江省长公署训令第一千五百八十一号

令富阳县知事该县公立通俗教育讲演所

章程等准部咨复备案由

令富阳县知事

案准教育部咨开,"准咨开,'据富阳县知事呈送该县公立通俗教

---

① 余知事,指余生球,江西人。民国四年十二月至民国五年九月任松阳县知事。后由平阳王理孚继任,至十二月新昌钱世昌继任。

育讲演所章程、规则、办事细则暨所长、讲演员履历到署,本公署复核无异,相应备文咨请大部查核备案'等因,附章程、规则、细则、履历等清摺二扣到部。查该规则、章程、履历等尚无不合之处,应准备案,相应咨请查照饬知"等因。准此,合就令仰该知事查照转知。此令。

中华民国五年十一月二十八日

省长吕公望

(原载《浙江公报》第一千六百九十七号,一四至一五页,训令)

浙江省长公署训令第一千五百八十三号

令桐庐县知事该县公立通俗讲演所

章程等件准部咨复备案由

令桐庐县知事

案准教育部咨开,"准咨开,'据桐庐县知事颜士晋呈送该县公立通俗教育讲演所章程、办事细则、听讲规则暨所长、讲演员履历到署,本公署复核无异,相应备文咨请察核备案'等因,附章程、细则、规则、履历各一份到部。查该章程、规则、履历等,尚无不合之处,应准备案,相应咨请查照饬知"等因。准此,合就令仰该知事查照转知。此令。

中华民国五年十一月二十八日

省长吕公望

(原载《浙江公报》第一千六百九十七号,一五页,训令)

浙江省长公署指令第四千二百一十七号

令高等检察厅长殷汝熊

呈一件平湖陆宝纷呈被劫巨赃迄未追给请令县严缉赃盗由

据呈,该盗犯唐照生已经该审检所于本月七日判决,是否为此案要犯,仰该厅转饬录判具报候夺,并勒缉余匪,务将全案赃盗悉数获

案办报,毋稍延纵,切切。此令。呈抄发。十一月二十八日

（原载《浙江公报》第一千六百九十七号,一六页,指令）

浙江省长公署指令第四千二百一十八号

令天台县知事姜恂如

呈一件为呈报委任橼属请注册由

查各县学务委员均已裁撤,劝学所尚未成立,所有教育行政事务自应由县署特设专科办理,以资进行,业经通令在案。该县除政务、财政两科外,并不另设办理教育人员,殊属非是,仰即查照前令,另行改组,呈候核夺。履历暨清摺暂存。此令。十一月二十八日

（原载《浙江公报》第一千六百九十七号,一六页,指令）

浙江省长公署指令第四千二百一十九号

令第十一中学校校长

呈一件请援文官恤金令核恤该校教员由

呈悉。该校教员胡绪昌尽心教授,积劳病故,殊堪嘉悯。惟查《文官恤金令》规定各条,系指各官署文官暨有文官待遇之资格者而言,各学校教员现时既无作为文官待遇之明文,未便援照《恤金令》第二十三条办理,仰即知照。此令。十一月二十八日

（原载《浙江公报》第一千六百九十七号,一六页,指令）

浙江省长公署指令第四千二百二十一号

令松阳县余知事

呈一件密呈举发何警佐各节请复查由

密呈暨附件悉。仰候查明核办可也。此令。十一月二十八日

（原载《浙江公报》第一千六百九十七号,一六至一七页,指令）

浙江省长公署指令第四千二百二十六号

令高等检察厅长殷汝熊

　　呈一件呈报嘉兴监狱脱逃狱员夏潢疏忽另委接充由

呈悉。候转咨司法部备案。此令。十一月二十八日

　　　　　　（原载《浙江公报》第一千六百九十七号，一七页，指令）

浙江省长公署指令第四千二百三十七号

令财政厅长莫永贞

呈一件呈为具复仙居县下忙启征小银元铜币折数已饬遵章办理由

据呈已悉。此令。十一月二十八日

附原呈

　　呈为核明具复事。

　　案奉钧长指令，仙居县呈报下忙启征日期及折价情形由，奉令："呈悉。所定小银元及银币折数是否适当，仰财政厅核明饬遵具复。此令"等因，并据该县呈同前情到厅。奉据此，查小银元、银币折数，应查照《修正征收地丁暂行章程》第七条之规定，按照市价逐日悬牌，所称小银元，每角作大银元八分七厘，铜币每枚作大银元七厘，核与《章程》不符，应即遵章办理。奉令前因，除令该县知照外，理合具文呈复，仰祈钧长鉴核。谨呈。

　　　　　　（原载《浙江公报》第一千六百九十七号，一七页，指令）

浙江省长公署指令第四千二百四十一号

令义乌县知事

　　呈一件为呈送七十两月份拟编讲稿请鉴核由

呈、稿均悉。仰即将修正讲稿发还，遵照讲演，仍缮清二份呈送

备案。嗣后各月讲稿,务须先期编送,不得违误,并仰转行该所长遵照。此令。十一月二十八日

计发还讲稿二本。

（原载《浙江公报》第一千六百九十七号,一七至一八页,指令）

浙江省长公署指令第四千二百四十三号

令义乌县知事

呈一件送更正第四高小学校毕业表并
声复第二高小黄芸修业年分由

呈、表均悉。除第二高小学生黄芸准予毕业外,该第四高小表纸长阔仍未依照二年十一月十八日通颁程式办理,应再遵式改送,仰即分别转令知照。表发还。此令。十一月二十八日

计发还表二本。

（原载《浙江公报》第一千六百九十七号,一八页,指令）

浙江省长公署指令第四千二百四十四号

令乐清县知事

呈一件为筹设通俗教育讲演所并送章程细则预算请鉴核由

据呈已悉。察阅章程、细则,尚欠详妥,原摺发还,仰即查照本年十月二十五日《浙江公报》内载本公署核准《长兴县公立通俗教育讲演所章程》《细则》等项,参酌当地情形,妥速另拟送核。预算以十个月计,亦非正办,并应改拟另送。至前送履历,系具报传习所学员,现既分别委充所长、讲演员,应仍另造各二份,一并送候核转。此令。十一月二十八日

计发还清摺一扣。

（原载《浙江公报》第一千六百九十七号,一八页,指令）

浙江省长公署指令第四千二百四十五号

令省立第十中学校

呈一件呈报选派选手赴会请予豁免摊银由

呈悉。此项摊解经费为数有限,各校应均遵解,所请应毋庸议。此令。十一月二十八日

（原载《浙江公报》第一千六百九十七号,一八至一九页,指令）

浙江省长公署指令第四千二百四十六号

令汤溪县知事

呈一件送劝学所所长劝学员履历并预算摺由

呈、摺均悉。应准照办,所长任命状随发,仍俟《施行细则》颁到再将该所开办,仰即遵照并将任命状转行给领。摺存。此令。十一月二十八日

计发任命状一纸。

（原载《浙江公报》第一千六百九十七号,一九页,指令）

浙江省长公署指令第四千二百四十七号

令衢县知事

呈一件送义务教育程序内调查表册由

呈及表、册均悉。查事项调查册经费比较表内"基本财产数"栏,漏填高等小学及国民学校各年度数目,应发还加填复送。表存。此令。十一月二十八日

计发还事项调查册二本。

（原载《浙江公报》第一千六百九十七号,一九页,指令）

浙江省长公署指令第四千二百四十八号

令省立第十中学校

　　呈一件呈报毕业试验日期请派员会考由

　　呈悉。查派员会考，业经前民政厅通饬暂停在案，届时即由该校自行举办可也。此令。十一月二十八日

　　　　（原载《浙江公报》第一千六百九十七号，一九页，指令）

浙江省长公署指令第四千二百四十九号

令省立第十一师范学校

　　呈一件呈拟将本年一月至六月分余款拨充
　　建筑费并送四年十二月报销册由

　　呈、件均悉。是项添建校舍不敷银元，准由本年一月至六月结存款内开支。惟此项建筑费既系分两次支出，所有每次支数及收据等项应各截算清楚，分列各该月四柱清册，毋庸再作为垫欠，藉免纠葛，一面仍另造建筑报销总册，呈候派员验销。原册、表仍发还改造。此令。十一月二十八日

　　计还册二分、表三分。

　　　　（原载《浙江公报》第一千六百九十七号，一九至二〇页，指令）

浙江省长公署指令第四千二百五十一号

令东阳县知事

　　呈一件为遴荐劝学所所长开送履历请核委由

　　呈悉。应准以徐绍韩为该县劝学所长，先予委任，仍俟《施行细则》颁到，再将该所成立，仰即将发去任命状转令祗领。履历一分存，一分发还。此令。十一月二十八日

计发任命状一纸、附还履历一份。

（原载《浙江公报》第一千六百九十七号，二〇页，指令）

浙江省长公署指令第四千二百五十三号

令寿昌县知事

呈一件为教育会经费支绌请由县税学费项下支拨补助由

据呈已悉。查县税小学费前经省议会议决，专充小学经费，未便移拨他用。来呈援引教育会联合会宣示学务经费建议案，殊属误会，所有该会补助费，应即另筹拨给具报。此令。十一月二十八日

（原载《浙江公报》第一千六百九十七号，二〇页，指令）

浙江省长公署指令第四千二百五十四号

令德清县知事

呈一件呈报第三届教育行政会议议决案由

呈、摺均悉。察核各案均尚可行。惟酌减乡村小学经费案内，对于私塾办法，应候本公署颁发条例遵行；小学学生成绩展览会，可改为小学成绩展览会，凡关于学校行政成绩、品类，如学校历史统计、设施管理、训练实况之纪录、章制及各项图表均可一并征集陈列，藉资观摩，毋庸限于学生一部，其经费应由县教育款内开支，亦毋庸由各校分摊，评判人员并宜由县遴聘，现任各小学校职员不得参预，仍另妥拟章程送候核定。阅报社案内所称城区民立阅报社，应查明经费性质，改称私立或公立，以符现制；参观团非私人事务，其川资不应由团员自理，并应改由联合组织各校共同担负，仰即分别遵照。议决案存。此令。十一月二十八日

（原载《浙江公报》第一千六百九十七号，二〇至二一页，指令）

浙江省长公署指令第四千二百五十七号

令高等检察厅长殷汝熊

呈一件兰溪县呈请将三年七月分兼理诉讼及

监狱经费计算书表径发高检厅由

呈悉。查本公署接管前巡按使卷内并无该县三年七月分兼理诉讼及监狱经费计算书表、收据等件，该县是否确已具报，仰该厅转令该县再行查明呈复，如业经具报被失，即令将书表补送一份，申明理由汇案核转可也。此令。十一月二十八日

（原载《浙江公报》第一千六百九十七号，二一页，指令）

浙江省长公署指令第四千二百五十八号

令高等审判厅长范贤方

呈一件诸暨县呈报奉罚俸银已悉数

修理监狱祈核销由

呈、册均悉。仰该厅会同同级检察厅核饬知照，并知财政厅查照。此令。呈抄发，册附发，仍缴。十一月二十八日

诸暨县知事魏炯，谨将奉罚俸银三十元，修理监狱支用各费造具清册，呈送鉴核。

计开：

一、支砖瓦洋六元九角七分；

一、支木料洋四元五角六分三厘；

一、支泥水匠工洋七元六角；

一、支江泥、石灰、洋钉洋三元二角四分；

一、支木匠工洋五元二角；

一、支小工工洋二元五角。

以上合计,洋三十元零七分三厘。

(原载《浙江公报》第一千六百九十七号,二一至二二页,指令)

浙江省长公署指令第四千二百六十一号

令财政厅长莫永贞

呈一件呈为造送浙省五年度省地方岁入岁出预算书等件由

呈及预算书等件均悉,仰候核明转咨可也。原件已咨送,应将各稿录送一份备查勿延。此令。十一月二十九日

(原载《浙江公报》第一千六百九十七号,二二页,指令)

浙江省长公署批第九百七十四号

原具呈人钱家驹

呈一件为禀请饬知经理员遵补官费由

呈悉。前据该生禀送证书已咨部核准存记,惟部章现已修改,从前存记各生须仍经试验,而本省议会议决《派遣留学生规程》,本省官费缺额应于每年七月由省试验选补,业经本公署公布在案。所请即予补费,碍难照准,仰即知照。此批。十一月二十七日

(原载《浙江公报》第一千六百九十七号,二四页,批示)

浙江省长公署批第九百七十八号

原具呈人平湖陆宝鈖

呈一件呈被劫巨赃迄未追给请令县严缉赃盗由

据呈,该盗犯唐照生已经该审检所于本月七日判决,是否为此案要犯,候令厅转饬录判具报候夺,并勒缉余匪,务将全案赃盗悉数获案办报可也。此批。十一月二十八日

(原载《浙江公报》第一千六百九十七号,二四页,批示)

浙江省长公署批第九百八十三号

原具呈人吴兴钮铭笙等

呈一件为吴兴县立中校借款屡索未还请拨公款清理由

查吴兴中校系属县立,历年报销清册并未据报有案。据禀各节,应径禀吴兴县查明核办,所请应毋庸议。此批。十一月二十八日

（原载《浙江公报》第一千六百九十七号,二四页,批示）

浙江省长公署批第九百九十一号

原具呈人商民胡守恒等

呈一件为拟在平湖青莲寺开设茧行附送图说由

呈、图均悉。商民请设茧行,除遵照《条例》外,尤以手续完备呈请在前为准。该县青莲寺地方,业据该知事呈准商民莫恒裕设行,令行财政厅填帖给领在案。所请同一地点,应不准行,仰即转饬知照。图发还。此批。十一月三十日

（原载《浙江公报》第一千六百九十七号,二四至二五页,批示）

浙江省长公署批第九百九十六号

原具呈人屠伟英等

呈一件呈请援照成案再令各检厅尽先录用由

呈悉。前据高检厅呈复,业经通令各厅所,遇有该所毕业生呈请录用时,应予酌量雇用等情,当经指令如呈办理在案。所请应毋庸议。此批。十一月三十日

（原载《浙江公报》第一千六百九十七号,二五页,批示）

浙江省长公署批第一千零零六号

原具呈人鄞县陈阿桃

呈一件为不服前民政厅决定阮连陞等诉愿

该作柱抑勒工资一案请再核判由

呈悉。查该县小木散匠,每日工资系按钱计算,其钱价向例概照大同挂牌,既与洋水无关,即不能强令散匠担负申水。检阅前民政厅本案全卷,对于阮连陞等诉愿之决定,应遵县署第一次牌示,散匠工资仍照旧每工给钱,其给银元准按大同牌价,每元抬高十文计算,作为散匠暗贴申水之费,俟现申减平至三元以下,即予免抬之处分办理,实属双方兼顾,至为公允。所请应不准行,仰即知照。此批。十一月三十日

(原载《浙江公报》第一千六百九十七号,二五页,批示)

浙江省长公署批第一千零零七号

原具呈人濮院同昌茧商金昌运

呈一件为遵章续请设立同昌茧行请予立案给帖由

呈悉。该商请设茧行,既据遵章呈县,应俟该县转呈到署,再行核办,仰即知照。此批。十一月三十日

(原载《浙江公报》第一千六百九十七号,二五页,批示)

浙江省长公署通告

新昌县知事金城呈报于十月十八日由乡公毕回署。

瑞安县知事李藩电呈于十一月十八日下乡禁烟、募债、验契,职务委财政主任张锡龄、警佐曹文彬、专审员周倬分别暂代。

候补县知事廖翔羽呈报于十一月二十三日回省销假。

平湖县知事张濂呈报于十一月二十二日请假赴沪劝募公债,职

务委政务主任孙晋诒暂代。

余姚县知事邢炳旦电呈于十一月二十二日下乡查勘烟苗、催征募债，职务委政务主任王承云、警佐张守坤分别暂代。

遂昌县知事沈士远电呈于十一月二十三日下乡勘烟、催征、募债、验契，职务委政务主任焦文基、警佐牟念均分别暂代。

新登县知事徐士瀛呈报于十一月二十六日赴乡点阅团丁、布置防务、查烟募债，署务委政务主任杨圭章暂代。

景宁县知事余光凝电呈于十一月二十八日准前任知事秦琪卸交前来，即于是日接印视事。

（原载《浙江公报》第一千六百九十七号，二六页，通告）

浙江省长公署训令第一千五百八十六号

令警务处妥议各县警费支配办法由

令全省警务处长夏超

照得各县警察经费支配办法，经前按署核定通行，年收年支各有定额，有盈各县均将余款解省，酌量补助贫瘠各县警费，自系为酌盈剂虚起见。嗣以各县征数多未足额，应解余款逐渐减少，转致有名无实。现在县属警队裁撤，复多以截留余款办理临时警察为请，亟应量予变通，以为整理地方警察之基础。前准省议会咨送回复，各县警费归县自治处理，并请废止由省支配之命令议决案一件，咨请公布施行过署，当以"地方自治尚未奉明令回复，自治章程自亦未便遵行适用，所议各县经费归县自治处理一节，应俟奉到回复自治明令后，方可照章办理，此时未便即将前项命令废止"等语咨复在案。惟是地方警察关系治安，至为重要，支配经费自不能不出以审慎，以后应如何变通原案，妥定办法，合亟令仰该处迅即会商财政厅悉心筹议，拟具办法，呈候核夺。省议会议决案钞发查照。此令。

中华民国五年十一月二十八日

省长吕公望

（原载《浙江公报》第一千六百九十八号，一九一六年十二月四日，三页，训令）

浙江省长公署训令第一千五百八十七号

令各属准内务部咨准教育部咨请
将奇情浪史两种淫书饬属严禁由

令省会警察厅、宁波警察厅、永嘉警察局、各县知事

十一月二十日准内务部咨开，"准教育部咨开，'据通俗教育研究会呈称，近查坊间发行《绣榻野史》暨《浪史》小说二种，均系蓄意诲淫，大伤风化之作。其《绣榻野史》一种，前奉钧部发交内务部咨，据京师警察厅开列查禁书目，内即列该书之名，今坊间又标书面曰《奇情小说》，意存蒙混；而《浪史奇观》一书，其内容与《绣榻野史》相类，请咨行内务部转饬查禁等因，据此相应咨送查照，请烦转饬所属一体严禁'等因到部。查坊间流行之淫猥书画，前经由部通行查禁在案，此项《奇情小说》及《浪史》两种，意旨文词备极猥亵，既准该部咨送前来，自应从严禁绝，以绝根株。除分饬外，相应咨行贵省长查照，即希饬属查禁，用维正俗"等因。准此，除分令外，合亟照章刊登《公报》，令仰该厅长、该局长、该知事遵照，一体从严查禁，是为至要。此令。（刊登《公报》，不另行文）

中华民国五年十一月二十八日

省长吕公望

（原载《浙江公报》第一千六百九十八号，三至四页，训令）

浙江省长公署训令第一千五百八十八号

令各属保护华侨陈后生等游历由

令各县知事

案据华侨陈后生、高茂灿面呈称，"窃侨商等与邹辉清拟在浙江

振兴实业,蒙前浙江巡按使屈发给游历护照,邹辉清偕同魏兰游历桐庐、严州、兰溪、金华、永康、缙云,以至丽水,又由丽水以达青田、温州,并由温州至海门、石浦、南田、舟山、宁波诸处,由宁返瓯,复由温州经青田而至云和,又由云和经丽、青而至温州,往返已经三月,察看地点,以青田之大崎、港头,丽水之砩埠为最合宜。今辉清拟在该处建筑工场,经营种植,惟移家至浙带有手枪三支、猎枪二支、快枪二支,本为防护之要物,应请给发护照一纸"等情。据此,除填给护照发交收执外,合亟令仰该知事遇该侨商等过境或在境时,验明护照,随时保护为要。此令。

中华民国五年十一月二十八日

省长吕公望

(原载《浙江公报》第一千六百九十八号,四页,训令)

浙江省长公署训令第一千五百九十二号

令各县知事布告赴美赛品售出物件应扣关税清册由

令各县知事

案准农商部特派驻沪经理巴拿马赛品委员函开,"查贵省运回赛品及各项清册,业经先后交由郑委员转缴及邮送贵公署各在案。惟售品应扣关税,现经本处分省逐件算出,甫经竣事,亟应将贵省售出物品按件应扣关税若干,分别造列清册一本,函送贵公署查核转饬,连同会场扣费,美术一门百分之十五,余均百分之十,照扣发给,以符总数"等由。准此,除运回赛品候另案令知派员来省请领外,合亟照抄清册先行令仰各该县知事遵照,布告周知。此令。

计发抄件。

中华民国五年十一月三十日

省长吕公望

浙江省售品　政府馆运回物品装箱清册

品　名	件数	出品者	原箱号	关　税	价　值
绣垫凳	二	朱增春	一六	一元二角五分	十六元八角 退还六元八角
拗斗	一	张永浩	二三	五分	五角
小镶骨圆桌	一	孙康宏	二〇	一元三角二分	十八元
又　方几	一	同	一五	四角四分	二十一元
桂花篮	二	娄匡增	五四	六角九分	三元
同	一	平民习艺所		六分	五角
同	二	娄匡增		九分	三元
同	一	平民工艺所		六分	六角
起花针线匾	一	王三木		二角六分	一元二角五分
竹篮	一	徐聚义		六分	五角
春花篮	一	娄匡增		一角三分	三元
同	一	同		三角五分	三元
米筛	一	王三木		六分	六角
花篮	一	娄匡增		五角	四元五角
竹帽	一	王传咸		三分	五角
竹鱼笠	一	娄匡增		一角三分	一元二角
竹帽	一	王传咸		三分	五角
竹盘	一	吴树芬		二分	三角
花藤篮	一	邱渭		九分	六角
白皮箱	二	柳德裕	二八	九角	六元

品　名	件数	出品者	原箱号	关　税	价　值
石图章	二	周芝山	六	六元九角九分	三十元
竹几 竹椅	二 二	朱增春	二三 一三	七角三分 一元七角六分	十八元
花篮	一	徐聚义	五四	六分	一角五分
捣斗	三	张永浩	二三	四分	一元五角

浙江省售品　工艺馆运回物品装箱清册

品　名	件数	出品者	原箱号	关　税	价　值
黑漆扇	一	舒莲记	五二	四角	一元六角五分
同	一	同	同	四角四分	三元
木尺	一	周梅阁	七七	二分	五角
盘	一	同	同		
同	一	同	同	八分	四元五角
同	一	同	同	六分	
帽筒	二	同	七八	二角八分	四元
泥金摺扇	一	舒莲记	五二	三角二分	二元
木杯	一二	周梅阁	七七	二角六分	三元六角
铜炉	一	同	八〇	九角五分	二十元
木尺	二	同	七七	一角	一元
嵌银盒	一	同	七八	六分	一元五角
同	一	同	同	三分	一元

品　名	件数	出品者	原箱号	关　税	价　值
黑扇	一	舒莲记	五二	二角八分	一元九角五分
扇	一	同	同	三角八分	二元
同	一	同	同	二角七分	一元八角
同	一	同	同	四角九分	三元
同	一	同	同	七角八分	三元
绿纺	一	费容舫	三八	四元八角七分	三十二元七角
扇	一	舒莲记	五二	四角六分	三元一角五分
同	一	同	同	四角九分	三元五角
白纺	一	洽记	三六	二元九角八分	十四元七角
扇	一	舒莲记	五二	五角三分	三元五角
嵌银尺	一	周梅阁	七七	二分	五角
巾环	一八	同	同	三角六分	五元四角
盘	一	同		八分	二元
同	一	同		一角	一元七角五分
同	一	同		八分	一元五角
同	一	同		六分	一元二角五分
同	一	同		四分	一元
同	一	同		一角	一元二角
螺甸盒	二	同	七八	四角二分	五元
扇	一	舒莲记	五二	四角六分	二元八角
同	一	同	二二	六角二分	三元

续 表

品 名	件数	出品者	原箱号	关 税	价 值
嵌银尺	一	周梅阁	七七	二分	五角
扇	一	舒莲记	五二	六角三分	四元二角五分
嵌丝枱	一	周梅阁	八五	二角七分	二十元
扇	一	舒莲记	五二	三角八分	二元六角
同	一	同	同	五角三分	二元六角
同	一	同	同	一角二分	一元四角
同	一	同	同	二角三分	二元五角
玉石屏	一	周梅阁	八六		二百元
扇	四	舒莲记	五二	四角九分	三元
嵌丝盘	六	周梅阁	七七	七角	五元
盘	一	同		八分	一元二角
同	一	同		六分	一元二角
同	二	同		一角四分	三元二角五分
同	一	同		四分	一元二角五分
扇	一	舒莲记	五二		二元七角五分 退还收洋三角
同	一	同	同	三角二分	二元八角
香炉	一	周梅阁	八〇	二元三角八分	三十八元
扇	一	舒莲记	五二	五角五分	三元七角五分
嵌丝盒	二	周梅阁	七八	二角五分	五元
同	一	同	同	一角	一元

品　名	件数	出品者	原箱号	关　税	价　值
同	一	同	同	一角五分	一元五角
盒	一	同	同	二角五分	一元五角
盘	一	同	七七	五分	一元
同	一	同	同	六分	一元二角五分
同	一	同	同	七分	一元五角
同	一	同	同	九分	一元七角五分
盘	一	同	同	九分	二元
折扇	一	舒莲记	五二	四角	一元六角五分
同	一	同	同	四角二分	二元八角五分
同	一	同	同	二角四分	一元六角五分
木尺	一	周梅阁	七七	二分	五角
嵌丝帽筒	一	同	同	七分	二元
螺甸盒	五	同	七八	二角七分	十二元五角
同	一	同		一角四分	一元
同	一	同		二角	二元五角
同	一	同		二角	二元五角
同	一	同		二角	三元
同	一	同		二角	三元
盘	一	同	七七	三分	一元
同	一	同			
同	一	同			

续　表

品　名	件数	出品者	原箱号	关　税	价　值
同	一	同		五角	六元八角五分
同	一	同			
同	三	同		五分	三元三角
盒	一	同	七八	一角八分	四元五角
同	一	同		一角二分	一元五角
木尺	一	同	七七	二分	五角
木盒	一	同	七八	六分	一元
扇	一	舒莲记	五二	二角三分	一元五角
同	一	同	同	三角八分	二元五角
同	一	同	同	四角	三元五角
同	一	同	同	四角九分	三元
书厨	一	周梅阁	八九	六十元	
搭夫脱绸	一	罗中符	四〇	三元二角五分	十五元
扇	一	舒莲记	五二	四角六分	二元八角
同	一	同	同	二角三分	一元五角
同	一	同	同	六角五分	五元七角
同	一	同	同	四角	二元七角七分
同	一	同	同	五角四分	三元七角五分
放於床	一	周梅阁	九〇	二元一角二分	六十元
扇	一	舒莲记	五二	二角三分	二元五角

浙江省售品　美术馆运回物品装箱清册

品　名	件数	出品者	原箱号	关　税	价　值
雕青石牡丹瓶	一	周芝山	五	三元七角	四十八元
雕木大小挂屏	二	周梅阁	十一	六元二角二分	八十五元
雕木颠僧	一	朱子常	同	七角	九元六角
雕搔背像	一	同	同	七角	九元六角
雕竹黄屏风	一	王　勋	二	八角八分	十二元
锦即人物画片	四	陈梅舟	一	三元二角五分	四十三元二角

浙江省售品　农业馆运回物品装箱清册

品　名	件　数	出品者	原箱号	关　税	价　值
茶		怡新春 郑永和 九华园		一元五角三分	十五元三角

工艺馆售品,共售美洋六百五十一元五角二分;

美术馆售品,共售美洋二百零七元四角,内扣百分十五各项费用,计美洋一百七十六元二角九分;

政府馆售品,共售美洋一百三十五元;

农业馆售品,共售美洋十五元三角。

共计,洋九百七十八元一角一分。

付工艺品美关税,计美金三十七元六角三分;

付美术品美关税,计美金十五元四角五分;

付政府馆品美关税,计美金十六元一角;

付农业品美关税,计美金一元五角三分;

付工艺馆、政府馆、农业馆扣各项费用百分之十,计美金七十九元二角四分。

（原载《浙江公报》第一千六百九十八号,四至一二页,训令）

浙江省长公署训令第　号[①]

令交涉公署转令各县知事出示晓谕
居民对于安分习教之族人不得歧视由

令交涉署长林鹍翔

十月二十八日准驻甬英领事陶照开,"鄞县石碶镇李有泰等不准教民李生才入谱,请令县秉公办理并按照《美约》第十四款出示晓谕,对于教民不得歧视"等由到署,合行抄发原文,令仰该交涉员迅即核议妥办,并咨复该领事知照。

附　浙江交涉公署训令第七十一号
令各县知事出示晓谕居民对于安分
习教之族人不得歧视由

令各县知事

案奉省长训令内开,"十月二十八日准驻甬英领事陶照开,'鄞县石碶镇李有泰等不准教民李生才入谱,请令县秉公办理并按照《美约》第十四款出示晓谕,对于教民不得歧视'等由到署。合行抄发原文,令仰该交涉员迅即核议妥办,并咨复该领事知照"等因。奉此,查《美约》第十四款内载,"所有安分传习耶稣、天主两教人等,均不得因奉教致受欺侮凌虐,华民自愿奉教,毫无限止"等语。此案李有泰等因李生才入教,不准列入族谱,本属误会,业由本署令行鄞县知事转饬李有泰等不得因李生才奉教之故,稍有歧视,并照复驻甬英领事在案。惟该领事

---

① 本文由浙江交涉公署训令第七十一号析出。编者拟题。

所请按照《美约》第十四款出示晓谕一节，系为预防民教冲突起见，亦经本署呈请省长核示，旋奉指令内开："近来民教因谱事冲突，时有所闻，令县出示晓谕不得歧视，自是正办，应由该交涉员依据《约法》并参酌《条约》，令行各县知事剀切晓谕，免因细故而起交涉"等因到署。合亟令仰各县知事按照《美约》第十四款所载并申明《民国约法》信教自由之意，剀切晓谕居民，对于安分习教之族人不得稍有歧视，以安民教而息争端。此事发端甚微，影响甚大，务即切实遵行，毋得延忽为要。此令。

外交部特派浙江交涉员林鹍翔

中华民国五年十一月二十二日

（原载《浙江公报》第一千六百九十八号，一二至一三页，训令）

浙江省长公署训令第　　号①

令全省警务处转令所属准江西督军省长咨玉山倡乱首犯栾思德等逃匿浙省等处请协缉解究由

令全省警务处长夏超

案准江西督军公署、省长公署咨开，"案据玉山县知事王朝贺，以本年春间该前县任内栾思德与土匪同谋倡乱据城纵狱一案，虽经大军剿平，而首要在逃未获，时有揭竿思逞之谣。知事抵任，拿获余犯苏天树、吴仁茂二名，供明'此案为首叛变之栾思德及栾思胜，均潜匿在浙江衢县城内孙姓饭店，又附乱滋事之林得标、范瑞呈混名范老大，于倡乱时皆执重要事务，现在潜匿浙江常山县悦来饭店，与栾思德等组织谋乱机关，约期阴历九月率党来玉起事'等语。除勒警严密查拿外，请咨浙一体协缉等情到署。据此，除指令外，相应会文咨请

---

① 本文由浙江全省警务处训令第三十六号析出。

贵省长烦为查照,转令所属一体协缉务获,解玉归案讯办,足纫公谊"等由。准此,除分令外,合行令仰该厅通令所属一体严缉务获,解究具报。

附 浙江全省警务处训令第三十六号
令各属奉省长令准江西督军省长咨玉山倡乱首犯
栾思德等逃匿浙省等处请协缉解究由

令各统带、各厅长、各知事,永嘉警局长

本年十一月二十三日奉省长训令内开,"案准江西督军公署、省长公署咨开,'案据玉山县知事王朝贺,以本年春间该前县任内栾思德与土匪同谋倡乱据城纵狱一案,虽经大军剿平,而首要在逃未获,时有揭竿思逞之谣。知事抵任,拿获余犯苏天树、吴仁茂二名,供明此案为首叛变之栾思德及栾思胜,均潜匿在浙江衢县城内孙姓饭店,又附乱滋事之林得标、范瑞呈混名范老大,于倡乱时皆执重要事务,现在潜匿浙江常山县悦来饭店,与栾思德等组织谋乱机关,约期阴历九月率党来玉起事等语。除勒警严密查拿外,请咨浙一体协缉等情到署。据此,除指令外,相应会文咨请贵省长烦为查照,转令所属一体协缉务获,解玉归案讯办,足纫公谊'等由。准此,除分令外,合行令仰该厅通令所属一体严缉务获,解究具报"等因。奉此,除分令外,合行令仰该统带、该厅长、该知事、该局长即便转令所属一体严密侦缉,务获解究具报。此令。

中华民国五年十一月二十七日

全省警务处处长夏超

(原载《浙江公报》第一千六百九十八号,一六至一七页,训令)

浙江省长公署指令第四千二百六十九号

令嘉善县知事

呈一件呈县视学高春辞职遴员请委由

呈、摺均悉。该县视学高春,既经辞职,应准以王德薰接充,仰即将发去任命状转发祗领,仍将接任日期转报备查。履历存。此令。十一月三十日

计发任命状一道。

(原载《浙江公报》第一千七百零二号,一九一六年十二月八日,一五页,指令)

浙江省长公署指令第四千二百七十八号

令武义县知事

呈一件为呈报振兴蚕业筹办情形由

呈悉。发达蚕桑,自是当务之急。该县所拟购桑分种,查有前据富阳县知事拟具《章程》,经本公署酌加改正刊登《公报》,堪以参照遵办。至拟设蚕业传习所,应即先将章程、预算书详悉拟具,送候核夺,毋延,切切。此令。十一月三十日

(原载《浙江公报》第一千六百九十八号,一八页,指令)

浙江省长公署指令第四千二百八十三号

令平湖县知事

呈一件据呈陆伯苗等请设各茧行图说请核准由

呈、图均悉。查该县呈转商民陆伯苗等请设茧行,业经明白指令,并青莲地方续据呈准莫恒裕等开设茧行各在案。兹据补送图说四份,其地点距离有无互相抵触,应由县加绘总图并注明旧有、新准各行地点及各商指定设行地点,逐一载明距离里数,连同手续完备呈

请日期,呈候核夺,仰即遵照。图姑存。此令。十一月三十日

(原载《浙江公报》第一千六百九十八号,一八页,指令)

浙江省长公署指令第四千二百八十四号

令永嘉县知事

呈一件据呈送调查实业报告书由

呈、件均悉。察阅调查实业报告书,尚属详晰,应准存候汇办,仍仰查照就地情形,随时督饬,认真进行,期收实利,切切。件存。此令。十一月三十日

(原载《浙江公报》第一千六百九十八号,一八页,指令)

浙江省长公署指令第四千二百八十九号

令海宁县知事

呈一件转送商民虞古诜在郭店开设茧行地图请核准由

呈、件均悉。查此案前据该知事来呈,当以"不合《条例》,所请不准"等语指令在案。兹察阅续送图说,郭店距县城九里,前据该知事为商民唐晋昌在城外平安桥呈准开设天成茧行,平安桥与郭店距离不及二十里,核与《条例》规定未符,所请仍不准行,仰即转饬知照。图发还。此令。十一月三十日

(原载《浙江公报》第一千六百九十八号,一九页,指令)

浙江省长公署指令第四千二百九十号

令海盐县知事

呈一件据呈张瑞张仁等请在西塘桥等处开设茧行由

呈悉。该县商民张瑞等请在西塘桥地方设立通济茧行,既据核与《条例》相符,应予照准,仰即转饬备具申请书,连同捐税银元,由县录报财政厅查核给帖。至张仁等请在茶院、兴里堰两处各设茧行,察

核附图,四周各距旧有茧行尚属合例,惟两新行相距较近,不能并准,应转饬另择适宜地点开设,或股开一行可也。张瑞图、结存。余件发还。此令。十一月三十日

（原载《浙江公报》第一千六百九十八号,一九页,指令）

浙江省长公署指令第四千二百九十四号

令严东关统捐局

呈一件为造送七月至十月经过该局输出输入货物月报表由

呈、表均悉,应准存候汇案核办。此令。十一月三十日

（原载《浙江公报》第一千六百九十八号,一九页,指令）

浙江省长公署指令第四千二百九十五号

令平湖县知事

呈一件为据商人徐介石拟在青莲庄开设茧行请核示由

呈及附件均悉。查该县青莲庄地方前据该知事呈转商民莫恒裕等请设茧行,经指令财政厅照准给帖在案。所请应毋庸议,仰即转饬知照。附件发还。再,莫恒裕前送保结因未核准,随批发还,今该商茧行既经核准,应补送备案毋延。此令。十一月三十日

（原载《浙江公报》第一千六百九十八号,一九至二○页,指令）

浙江省长公署指令第四千二百九十六号

令武义县知事

呈一件呈送调查实业报告书由

呈、件均悉。察阅调查实业报告书,尚属详明,应予存候汇办。仍仰查照现状随时督饬认真进行,期收实效,切切。件存。此令。十一月三十日

（原载《浙江公报》第一千六百九十八号,二○页,指令）

浙江省长公署指令第四千二百九十八号

令桐乡县知事

　　呈一件据嘉属茧业公所呈为桐乡县呈请

　　添设茧行请严予审查以杜取巧由

　　呈悉。查准设茧行，应以符合《条例》为断，该公所毋庸过虑，仰即转饬知照。原呈抄发。此令。十一月三十日

　　　　（原载《浙江公报》第一千六百九十八号，二○页，指令）

浙江省长公署指令第四千三百号

令桐乡县知事

　　呈一件为据商民闵宝元等遵例开设茧行绘图附结请核示由

　　呈及附件均悉。查该商闵宝元等请设茧行地点已有八处之多，内如后珠村、亭子桥、隆兴桥、泾塘桥四处，距邻县原有茧行里数能否符合《条例》，尚应详查明确。又，本公署前据商民屠敦裕呈以请设茧行呈县在闵宝元之先，经指令查复并据金昌运呈明于前数年，迭经呈请在濮院镇开设同昌茧行，已建屋筑灶，因限于《条例》中止，现在遵章续请开设到县，应得优先权等情。又经以"该商请设茧行既据遵章呈县，应俟县呈到署再行核办"等语批示各在案。兹察阅呈请案内，亦无金昌运之名，是该知事对于各商呈件，是否不紊先后、一无偏枯之处，尚难确定。所请应俟详细声复，加绘分图，呈候并案核办，以昭慎重，仰即遵照。附件姑存。此令。十一月三十日

　　　　（原载《浙江公报》第一千六百九十八号，二○至二一页，指令）

浙江省长公署指令第四千三百零三号

令奉化县知事

　　呈一件据呈复拟具种桑奖励章程由

　　呈、摺均悉。购桑分种，查有前据富阳县知事拟具《章程》，经本

公署酌加改正,刊登第一千六百七十五号《公报》,堪以参照遵办。至模范桑园,应即妥拟办法、预算,呈候核夺。余准如拟,切实进行,期收实效。清摺发还。此令。十一月三十日

（原载《浙江公报》第一千六百九十八号,二一页,指令）

浙江省长公署指令第四千三百零四号

令高等检察厅长殷汝熊

呈一件呈改委俞廷猷为龙泉县管狱员请转咨由

呈悉。候转咨司法部备案。此令。十一月三十日

（原载《浙江公报》第一千六百九十九号,一九一六年十二月五日,一三页,指令）

浙江省长公署指令第四千三百零五号

令义乌县知事

呈一件呈复骆吴两姓挟恨寻仇案查勘时
并无婴儿被焚事实由

呈悉。既据查明并无婴孩被焚之事,应毋庸议。仰仍遵照前令迅将此案刑事部分分别拘传犯证讯供,诉究具报毋延。此令。十一月三十日

附原呈

呈为呈复事。

案奉钧署第二六一〇号指令,知事呈吴兆槐等与骆志上等因争沙地酿成巨案请令高审厅再审并调派警备队弹压由,内开:"呈悉。查此案民事部分,既经大理院终审决定,照法不准翻异。惟既据吴兆槐等请求高等审判厅准予再审,究竟有无再审原因,仰该厅迅予查核,依法办理,具复察核。至吴、骆两姓挟恨寻仇,该县队警力单,拟请调拨驻义警备队十名暂驻该村,会同弹压,

自可照准,仰即转函该区统带、该营管带遵照办理。一面仍由该知事将刑事部分分别拘传犯证,讯明确情,按律拟办具报,毋稍枉纵。再,前据骆正喜等控吴姓肆行焚杀文内声叙,除烧毁房屋多间外,事后并发见婴孩一具,究竟有无其事,来呈未据叙及,事关人命重情,并仰确查具报毋延。此令"等因。奉此,除分别转函遵照,一面拘传本案犯证,研讯明确,按律诉究外,遵查本年十月三日知事访闻吴姓妇女与骆姓人乘隙烧屋情事,遂即立派代理警佐王思钦会同县警队长熊得江前往查明弹压去后。即据骆志鑫代骆志上来署状称,"民村白岸头被下湾庄吴兆槐等,于旧历九月初七日放火烧屋,幸男女奔逃,惟屋内小孩及猪畜、米谷、衣服等项,抢救不及,请诣勘"等情。当即讯据骆志鑫供称,"有无小孩烧死,我亦不知"等语,核与原状,已属不符,究竟是何实在。知事随于次日亲诣该处查勘时,据骆正喜前来指称,"因妻往田摘菜,将出生甫十四日之子,寄在骆朱式楼上床内,被焚毙命"等语。据此,知事当以人命重案,遂即详细查勘一周,所焚房屋焰火,虽已扑灭,尚有余烟未尽,当即饬令法警及雇用舆夫帮同取水,先将骆朱式家房屋余烟浇灭,并即传同骆正喜等齐至该被焚地点,由知事亲督该法警等,对众面将瓦砾灰堆遍行掘检,仅获被火烧死毛猪一个,头尾肚腹及四蹄均尚完全,并无婴儿尸体,一再检寻,又无何种形迹,足资证明。若云尸体业已成灰,难已认辨,但该婴儿虽小,究非芦苇干物可比,且该毛猪亦系同时因火致死,既能得存完全骨肉,惟仅毛革焦烂而已,人猪虽别,而体质当亦相同,岂有人独成灰,甚竟毫无遗存之形迹不可认辨之理?复查该婴儿出生仅半月,为其母者纵有要事,理应不离怀抱,何以寄于骆朱式家,且安置于楼上,骆朱式受寄他人婴儿,理应妥为保护,自家皆得逃出无恙,何以竟置他人婴儿于不顾?倘果将婴儿安置楼上,其楼被焚,断无婴儿幸存之理,此案发生之当时必能明晰,何以骆正喜于十月三日初状内并不说明有子被烧毙命情事,乃于十月六日状内声叙房屋草舍被焚后,叙及婴儿一语,似有财产重于生命之意。情节既属支离,实行检察又属毫无明证,该骆正喜等因命案被告,难保非捏词饰抵。惟刑事采真实发见,主议自应详慎澈底根查,节经批示在案。兹奉前因,除即严密侦查并将被告吴章珍、吴六势暂予管收候讯外,所有本案查勘时并无发见婴孩被焚之事,亦无何种形迹足资证明,各实在情形,理合据实备文,呈复钧长察核,深为公便。谨呈。

（原载《浙江公报》第一千六百九十八号,二一至二二页,指令）

浙江省长公署指令第四千三百零九号

令高等审判厅范贤方、高等检察厅殷汝熊

呈一件呈各县教养局不敷经费暨监督

权限应如何筹拨划分请示由

据呈已悉。司法收入均经列入预算,未便准予移用,教养局不敷经费,应准就原该局工作金五成之外,再行酌量提拨,以支挹注,仰该检厅核议饬遵具报。至教养局本附设于各监狱所,监狱事务既划归于检察厅管理,此项教养局自应概归该检厅主管,以清权限,并仰遵照。此令。十一月三十日

附高审厅原呈

呈为各县教养局不敷经费暨监督权限应如何筹拨划分各缘由,备文呈请示遵事。

窃各县教养局以经费不敷,纷纷呈请拨补,内因办理不善,致工作金收入减少者,经职厅分别指驳并纠正办法,令饬切实整顿外,其实系不敷各县,尚居多数。大县如吴兴等,每月除工作金拨充外,须垫付七八十元不等,小县如龙泉等,每月亦需二十

余元,通盘计算,每月需洋二千左右。查照部颁《简章》第四条规定,原得于司法收入项下添补。惟司法收入现方入手整顿,藉此为他项之挹注者甚多,若将此项经费逐日添补,为数颇巨。鸡口所入,不免有牛后之虞。且现在各县司法经费及司法收入,统由财政厅直解直支,已与职厅商定并呈复钧长在案,亦未便由职厅径予准拨。苟听令各县自行筹填,无米之炊难以责诸巧妇,于局务亦碍于进行。至教养局监督权限,当《高等审判厅办事权限条例》废止后,拟随同管狱员用撤惩奖暨监狱工场案卷移交同级检察厅办理,未允接收。查原章第五条,教养局办事员,由各县管狱员兼充,现管狱员用撤惩奖,划归检厅主管,审厅一面失其掉纵驾驭之术,而监督精神仍难贯澈,原章颁行在《高等审判厅办事权限条例》颁布以后,故第二条"由高等审判厅长秉承巡按使监督"一语,系根据《办事权限条例》而来。现该《条例》既经废止,则该章程所规定之监督权已失其根据,就原章大体论,虽有为收容民事、理曲人财产净绝,无可执行者等语,而第六条各款所得收容者具含有刑事或为保安警察处分之性质,且有纯属行政范围者权限,未经划清,进行殊觉多碍。所有教养局不敷经费,究应如何筹补,监督权限究应如何划分,俾利进行之处,理合备文呈请,仰祈察核训示遵行。谨呈。

(原载《浙江公报》第一千六百九十九号,一三至一四页,指令)

浙江省长公署指令第四千三百一十二号

令高等检察厅长殷汝熊

   呈一件呈复委员查明曹文郁并无

    诈财未遂及私擅逮捕情事由

既据查明曹文郁并无诈财未遂及私擅逮捕情事,应予免议。此令。书、状均存。十一月三十日

附原呈

呈为呈复事。

案奉钧署第二六八九号指令，内开，据温岭蒋共之呈控曹文郁一案取具的保请核办由，"呈及附件均悉。既据收具的保，该厅详确查明具复察夺。此令。原呈及初呈均抄发，词状一纸附发。仍缴"等因。奉此，查此案前据蒋共之状诉到厅，即经密令杭县地方检察厅严密查办去后。旋据该检察长陈毓璿呈称，遵即密派检察官郑庆章确切查复前来，查阅原报告所列查得情形，曹文郁被诉诈财未遂及私擅逮捕各节，并未发见证据，当无违法之嫌疑，其被诉事件似未便遽依该告诉人蒋共之一面之词，即认曹文郁为自构成刑事上问题。惟曹文郁系现任看守所长，控关官吏，关系匪轻，调查自应不厌求详。此案郑检察官一人所查各节，恐有未能详尽之处，应请选派干员再行复查，俾昭慎重，将报告书转呈到厅。复经令派本厅监狱科书记官沈秉衡查明呈复，曹文郁委无诈财未遂及私擅逮捕情事。兹奉前因，理合抄录各该员报告书，备文呈复，仰祈钧长鉴核施行。

谨呈。

（原载《浙江公报》第一千六百九十九号，一四至一五页，指令）

浙江省长公署指令第四千三百十九号

令疏浚西湖工程事务所

呈一件为呈明疏浚西湖情形拟具计划请核示由

据呈已悉。该员既迭次呈请辞职，情辞恳切，应即照准，候另令派员接任可也。此令。十一月三十日

（原载《浙江公报》第一千六百九十九号，一五页，指令）

浙江省长公署训令第　号[①]

令全省警务处转令各属转咨准贵州省长咨前铜仁县
知事桂福亏欠公款潜逃饬属协缉由

令全省警务处长夏超

　　案准贵州省长公署咨开,"窃本兼署省长呈报前铜仁县知事桂福
亏欠公款,弃职潜逃,请先行褫职通缉,协缉归案究追一案,兹于本月
十三日奉大总统令开,'兼署贵州省长刘显世呈称,前铜仁县知事桂
福亏欠公款,弃职潜逃,请先行褫职通缉,协缉归案,究追讯办等语。
桂福着即褫职通缉归案讯办。此令'等因。奉此,除分别咨令外,相
应钞录原呈咨请贵署查照,希即转令所属协缉前贵州铜仁县知事桂
福,务获解黔归案究追,至纫公谊,并盼见复"等由,并附钞原呈一件
到署。据此,除分令外,合行令仰该厅转令所属一体协缉。此令。

中华民国五年十一月 日

省长吕公望

附　浙江全省警务处训令第六十五号

令各属奉省长训令准贵州省长咨前铜仁县
知事桂福亏欠公款潜逃饬属协缉由

令警察厅长、区统带、县知事兼警察所长、永嘉警察局长

　　本年十一月二十五日奉省长训令,内开,"案准贵州省长公
署咨开,'窃本兼署省长呈报前铜仁县知事桂福亏欠公款,弃职
潜逃,请先行褫职通缉,协缉归案究追一案,兹于本月十三日奉
大总统令开,兼署贵州省长刘显世呈称,前铜仁县知事桂福亏
欠公款,弃职潜逃,请先行褫职通缉,协缉归案,究追讯办等语。
桂福着即褫职通缉归案讯办。此令等因。奉此,除分别咨令

---

① 本文由浙江全省警务处训令第六十五号析出。

外，相应钞录原呈咨请贵署查照，希即转令所属协缉前贵州铜仁县知事桂福，务获解黔归案究追，至纫公谊，并盼见复'等由，并附钞原呈一件到署。据此，除分令外，合行令仰该厅转令所属一体协缉。此令"等因。奉此，合行刊登《公报》，不另行文，令仰该厅长、该统带、该兼所长、该局长即便遵照，督属一体协缉。此令。

中华民国五年十二月一日

全省警务处处长夏超

（原载《浙江公报》第一千六百九十九号，八至九页，训令）

浙江省长公署指令第　号①

令警政厅、高等检察厅

据上虞知事呈报裴岐山等两家被劫勘缉情形由

呈及单、表均悉。该县于本年二月间吴尚忠家被劫，拒伤事主二人；五月间陈荣、陈馨、陈德庆、陈振炎四家被劫，拒伤一人；十月二十一、二十四两日，车式、王晋笙家被劫，拒伤一人。除据报获到王阿八一名外，其余赃盗迄未破获，今又发生连劫两家巨案，相距警察分所仅止五里，足见该县防务废弛已久，殊堪痛恨。其崧厦警察分所之巡逻不力，亦难辞咎，应将该知事及分所警佐各记大过一次，以示薄惩。至警备队负有捕盗专责，该县百官地方设有营部，乃令盗匪肆行抢劫，事前毫无觉察，事后又无破获，殊难辞咎，应由警政厅查取该处营哨官职名，从严议处，呈候察夺，仍责成该管营、县于二个月内将新旧各案盗犯悉数缉获解究，如逾限不获，定予严惩不贷。仰警政、高等检察两厅分别转令遵照。此令。单、表存。呈钞发。

---

① 本文由浙江全省警务处训令第八十一号析出。

附 浙江全省警务处训令第八十一号
令警备队第三区统带奉省长指令据上虞县
呈报裴岐山等两家被劫勘验情形由

令警备队第三区统带洪士俊

本年十一月二十四日奉省长指令，据上虞知事呈报裴岐山等两家被劫勘缉情形由，奉令："呈及单表均悉。该县于本年二月间吴尚忠家被劫，拒伤事主二人；五月间陈荣、陈馨、陈德庆、陈振炎四家被劫，拒伤一人；十月二十一、二十四两日，车式、王晋笙家被劫，拒伤一人。除据报获到王阿八一名外，其余赃盗迄未破获，今又发生连劫两家巨案，相距警察分所仅止五里，足见该县防务废弛已久，殊堪痛恨，其崧厦警察分所之巡逻不力，亦难辞咎，应将该知事及分所警佐各记大过一次，以示薄惩。至警备队负有捕盗专责，该县百官地方设有营部，乃令盗匪肆行抢劫，事前毫无觉察，事后又无破获，殊难辞咎，应由警政厅查取该处营哨官职名，从严议处，呈候察夺，仍责成该管营县于二个月内将新旧各案盗犯悉数缉获解究，如逾限不获，定予严惩不贷。仰警政、高等检察两厅分别转令遵照。此令。单、表存。呈钞发"等因。奉此，查王晋笙家被劫后，曾据该统带先后呈报缉获案内盗犯俞小来、罗正顺、张阿木等，均经前警政厅据情转报。又车式家被劫，亦经前警政厅饬缉各在案。阅时未久，又复发生连劫重案，该管长官巡防不力，概可想见。奉令前因，合亟钞录原呈，令仰该统带即便遵照，督饬所属务将令指新旧各案盗犯早日悉获解报，并查取该管疏防长官衔名暨被劫地点距离该管营哨里数，呈候核转，毋稍违延，切切。此令。

计抄发原呈一纸。

中华民国五年十二月二日

全省警务处长夏超

附上虞县知事原呈

呈为呈报事。

本年十一月四日,据属县西乡裴屠村事主裴岐山同侄德桢报称,伊等"居住比屋连垣,于昨夜十二句钟时候被盗,由岐山家后门捂进,明火执械直入九间楼房中搜劫衣饰等物,转至德桢家账房外偏后门,复肆揭毁入内,凡账房及楼上各房间所有席卷无遗,负赃而逸。除报明崧厦警察分所外,报请勘缉"等情到所。据此,查该处离城七十里,距崧厦警察分所五里,随带书记员并吏警人等前诣勘明,德桢房屋前后共三进,而岐山之房屋附在左侧计九间,另有门户出入,盗匪之先劫德桢家,因德桢第三进房屋左首之外偏门,又直达岐山处,该二家被盗失赃属实。当场填列勘表,并令被盗毁损门户等物自行修整完好,除会营饬警严缉是案赃盗务获究报外,兹据事主开送赃单前来,理合备文呈报钧长察核。除呈高等审检厅外,谨呈。

（原载《浙江公报》第一千七百号,一九一六年十二月六日,七至八页,训令）